한국화교사

韓國華僑史

이 책은 2021년도 한국학중앙연구원 해외한국학지원사업의 지원을 받아 연구되고
출판되었음.(AKS-2021-T-002)

한국화교사

韓國華僑史

楊昭全 · 孫玉梅 지음

조영래 옮김

學古房

일러두기

1. 이 책은 楊昭全, 孫玉梅 《朝鮮華僑史》(華僑出版公司, 1991年)를 완역한 것 이다.
2. 본문에서 인용한 고대 한어, 조약문 등은 모두 한국어로 번역했고, 그 원문은 각주로 처리했다.
3. 원문의 도표에는 원래 번호가 없었는데 장章에 따라서 구분하고 번호 로 나열했다.
4. 본문 속의 인명과 지명은 한국 독자의 편리를 위해서 한국식 한자음에 따라서 표기하는 것을 원칙으로 삼았다.
5. 사료 인용의 출전 표기 방식은 한국의 형식에 따라서 한국 독자에게 익숙하도록 바꾸어 표기했다.
6. 본문 이해에 필요하다고 판단되는 개념과 용어는 (역자 주)의 형식을 통해 각주로 설명했다.

서론

1 화교의 명칭과 의미

화교라는 명칭은 오래전부터 "당인唐人"·"민월인閩粵人"·"중국가인中國賈人" 등으로 불렸고, 이후에는 다시 "화민華民", "화공華工", "화상華商" 등으로 불렀다. 현재 "화교華僑"라는 명칭은 근대에 이르러 비로소 사용된 용어이다. 세계 제2차 대전 이후에 다시 "화인華人", "화예華裔" 등의 말이 등장했고, 이런 단어는 모두 해외로 이주해서 해당 국가의 국적을 보유한 중국인을 지칭했다. 화교라는 용어에는 광의와 협의의 2가지 의미가 있다. 광의로는 해외로 이주에서 거주하는 중국인을 지칭하고, 협의로는 중국 국적을 보유한 채 해외에 거주하는 중국인을 말한다.

2 화교의 역사적 역할

화교의 역사적 역할에는 대략 4가지를 들 수 있다.

첫째, 화교와 거주하고 있는 국가의 국민과 평화롭게 교류하고 함께 경제생활을 영유하며 해당 국가의 경제번영과 문화를 발전에 공헌하고 사회발전의 역할을 수행했다.

둘째, 화교는 중국과 거주하는 해당 국가 간의 경제교류와 문화교류를 통해 중국과 해당국의 경제와 문화교류의 촉진자 역할을 했다.

셋째, 화교는 중국과 해당 거류국의 국민과의 우호적인 협력을 촉진시켜 양국 국민 간의 우호적인 교류가 가능하도록 하는 역할이다.

넷째, 화교는 자신의 나라를 사랑하고 '조국'의 혁명과 발전을 적극 지지하며 이에 헌신했다.

3 화교사의 역사적 지위

첫째, 화교사는 중국사를 구성하는 중요한 일부라는 사실이다. 중국인의 해외 이주와 정착은 근대에 이르러 더욱 빈번하게 발생했다. 1840년 아편전쟁에서 1941년 태평양 전쟁이 발발하기 이전까지 해외로 이주한 중국인의 수량은 1,000만 명을 넘어서서 매년 평균 10만 명 이상에 달했고, 이들은 세계 5대 주 10여 개 국가와 지역으로 이주해 정착했다.[1] 현재까지 세계 각지에 분포된 화교와 화인華人은 이미 3,000만 명에 이르고 있다. 중국 화교의 역사는 유구하다. 은殷나라 말기에서 주周나라 초기에 최초로 발생했고, 이때부터 중국인은 해외에 거주하기 시작했다. 수천 년 이래로 해외에서 활동한 화교의 역사는 마땅히 중국사에 기록되어야 한다.

둘째, 화교는 해외에 장기간 거주하면서 해당 국가의 사람들과 우호적인 관계를 유지하며 함께 경제적 풍요를 창조했다. 또한 적극적

---

1) 游仲勳, 《東南亞華僑》, 11~12쪽과 李長傅, 《中國殖民史》, 제10쪽 등을 참고

으로 경제와 문화 건설에 참여하며, 이에 큰 공헌을 했다. 이로 인해 이들 화교의 역사적 활동과 의의는 마땅히 해당 국가 역사의 일부로 기록되어야 한다.

셋째, 화교사는 세계사를 구성하는 일부라는 점이다. 정확하게 말하면 근현대사 가운데 화교사는 이 시기 발생한 세계 이민사의 중요한 구성 부분이라 할 수 있다.

고대 시기의 이민과 근대의 이민은 분명한 차이를 갖는다. 첫째는 고대 이민은 생산력의 미발달로 더 이상 많은 인구를 부양할 수 없어서 강제적으로 이주를 선택해야 했다. 반면 근대의 이민은 생산력이 급속히 발전하는 자본주의적인 생산방식이 출현하는 과정에서 등장했다. 둘째는 고대의 이민은 자연경제가 주도적인 지위를 점유한 상태에서 국부적이고 우연적으로 발생했다. 이에 비해 근대 시기의 이민은 노동력이 특수한 상품으로 변화해 세계 노동력시장에서 유통되는 글로벌적인 형태로 등장했다.

다시 말해 고대 중국의 이민은 봉건시대의 국지적 성격, 혹은 지역적 성격의 이민에 불과했다. 당시 세계는 하나로 일체화되지 못했기 때문에 보통 세계사란 시각에서 고대 중국의 이민 문제를 연구한다는 주장은 성립할 수가 없다. 그러나 근대 중국의 이민은 세계자본주의 시대의 이민으로 자본주의 생산방식이 이미 세계를 점령했고, 자본주의 세계 시장과 경제체제가 보편화되는 역사 조건 하에서 등장했다. 이 시기 자본주의 발전은 이미 구시대의 지역적인 한계를 돌파해서 세계 각국의 문명 지역을 하나로 엮으면서 글로벌한 세계역사를 창조해 냈다. 중국의 이민 그 자체는 사실상 노동력을 자본주의 세계 시장에 제공하는 역할을 했다. 이는 근대 중국의 대규모적인 이민은 화교가 폭증하는 국면을 초래했고, 이는 세계자본주의 발전과 불가분의 관계에 있다.

대규모 이민의 발생은 현대사에 등장하는 세계적인 역사 현상 중 하나이다. 이런 현상은 근본적으로 사회생산력의 발전과 자본주의 원시축적의 심화와 자본주의 생산방식이 유럽에서 전 지구적으로 확대되며 등장한 현상이기도 하다.

근대 세계의 이민사는 시기적으로 2차 걸쳐 고조기가 출현했다. 첫 번째 고조기는 17세기 초에서 19세기 중엽까지이다. 이때는 "지리상의 대발견" 이후로 스페인, 포르투갈, 네덜란드, 영국, 프랑스 등이 선후로 아메리카에 식민지를 건설하면서, 이곳에 다량의 인구를 이주시켰다. 그 후에 서방의 제국주의는 아프리카에서 흑인을 생포해 이들을 노예로 아메리카에 판매했다. 또한 이들 노동력을 통해서 농업 경작과 광산 개발을 추진했다. 19세기 중엽에서 10세기 중엽까지 두 번째 이민 고조기가 도래했다. 자본주의가 독점자본주의로 변화하는 과도기에서 자본주의 국가 사이에는 원산지의 확보와 상품시장 개척 및 자본 수출을 위한 지역 쟁탈전이 날로 첨예해갔다. 이에 따라서 노동력의 필요성 역시 날로 높아져만 갔다. 이러한 상황에서 유럽에 존재했던 과잉인구는 국제이민이란 성격을 띠고 아메리카와 오세아니아 등지로 이주했다. 이와 동시에 중국을 포함하는 아시아의 넓은 지역에서도 수천만의 인구 역시 식민지배자와 체결한 계약노동이란 형식으로 식민지로 이주 되었다. 이주 된 이들은 농업과 광산업 및 건설업 등에 종사했다. 이렇게 유럽과 아시아 지역의 인구가 하나로 결합하며 세계 역사상 그 유래를 찾아볼 수 없는 이민 고조기를 출현시켰다. 이처럼 근대 시기 중국의 대규모 해외 이민은 폭발적인 화교가 증가를 현상을 출현시켰다. 이는 비단 아시아뿐만 아니라 세계적으로도 중국은 이미 이민의 큰 흐름을 주도하는 중요한 일부가 되었다.

　마땅히 지적하고 넘어가야 할 부분은 근대 시기 대규모 이민으로 등장한 중국의 화교는 결코 중국자본주의가 심화되어 나타난 결과가 아니라는 점이다. 또한 중국 사회 자체가 정상적인 발전을 통해 요구되는 내적 수요에 의한 것도 아니었다. 그뿐만 아니라 중국의 대외팽창의 필요성이나, 타국의 자원과 재화를 약탈하거나 자국의 정치제도를 타국에 강요하면서 등장한 이민도 아니었다. 이런 이유와는 정반대로 서방식민주의자의 중국침략과 중국자본주의 맹아를 말살하고, 중국의 민족자본의 발전을 구속하며, 중국을 반식민지·반봉건 사회로 전락시키기 위한 목적에서였다. 즉 서방식민주의자가 중국 노동력을 약탈한 결과였다.

　이상과 같이 화교사는 매우 중요한 역사적 지위를 갖고 있다. 그럼에도 중국의 화교사 연구는 오히려 이러한 중요성을 깨닫고 있지 못한 듯하다. 중국의 역사학자는 화교는 해외로 이주해 거주하는 중국인이기 때문에 화교사는 자신의 시야 밖에 있는 것이라 여긴다. 다시 말해 이들의 활동이 중국사에 일정한 영향을 주었을 때만 비로소 언급했다. 예를 들면 손중산孫中山이 주도한 동맹회同盟會가 화교 사회에서 혁명운동을 전개했거나, 화교들이 혁명운동을 지지했을 때와 같은 경우이다. 세계사를 연구하는 학자들 역시 화교는 외국에 거주하는 중국인으로만 인식하고 외국의 역사나 세계통사에서도 이들을 무시하고 제외시킨다. 그래서 화교사는 여러 해 동안 중국의 역사과목의 각 분야에서도 주변에 처해 사람들의 관심과 주목을 받지 못했다. 바로 이런 원인으로 중국은 지금까지 체계적이면서도 총체적으로 중국의 해외 이민을 기술한 화교통사華僑通史가 없었던 것이다. 게다가 각국 별로 화교사를 전문적으로 기술한 저술 역시 매우 찾아

보기 힘든 상황이다. 이러한 필요에 부응하기 위해 중국 사학계는 이런 인접 분야 학문에 더욱 관심을 기울여야 한다. 그리고 어려움을 두려워 말고 더욱 부지런히 노력해서 각국마다 화교사를 기초로《화교통사華僑通史》를 하루 빨리 일반 독자에게 내놓아야 할 것이다.

4 한국 화교사의 시대구분

(1) 화교사 시대구분의 주요 근거

화교사의 시대를 구분하는 핵심 근거는 마땅히 중국사회의 발전과 궤를 같이해야 한다.

이러한 이유는 다음과 같다.

① 역대 화교는 모두 중국에서 해외로 이민을 했고, 중화민족은 화교의 유일한 모체母體이기 때문이다. 중국인구의 해외 이주는 주로 당시 중국의 사회조건에 의해 결정되었다.

② 중국의 정치, 경제, 사회, 문화 등의 각 방면에서 화교는 비교적 큰 영향력을 갖고 있고, 이는 오래전에도 그러했다.

③ 중국의 역사는 유구하며 찬란한 문명의 꽃을 피웠다. 화교는 강한 애국과 애향의 정서를 품고서 약간의 경제적 여유가 생기면 고향으로 돌아가길 원한다. 설사 귀국하지 못할지라도 송금을 통해 친척을 부양하거나, 혹은 고향의 자선사업을 위해 기부하며 중국과 긴밀한 관계를 유지했다.

④ 화교는 국외에 거주하면서 종종 생존을 위해서 다수가 함께 모여서 거주했다. 그리고 비교적 분명한 민족적 특성과 전통문화를 내재한 화인華人 사회를 형성했다. 아울러 이들은 다른 민족

들과 쉽게 동화되지 않았다.

(2) 화교사의 시대구분 기준과 한국 화교사의 시대구분

화교사를 중국 봉건왕조의 교체를 기준으로 시대를 구분한다면 비교적 쉽게 이해할 수 있다. 그렇다고 이것이 완벽한 것이라 볼 수 없다. 왜냐하면 사회경제의 기초를 간과하거나, 혹은 민중들이 화교의 역사발전에 크게 영향을 주었다는 사실을 발견할 수 없기 때문이다. 그래서 비교적 합리적인 방법은 중국 사회의 경제발전과 그 변화를 기준으로 시대를 구분하는 것이다.

중국 사회경제의 발전과 변화를 기준으로 한국의 화교사를 다음과 같이 3단계인 고대와 근대, 그리고 현대로 나누고자 한다.

① 고대 : 은말殷末과 주초周初에서 시작해 청나라 중기까지 이르는 시기이다. 은말·주초에서 청나라 중기까지 대부분의 시기는 봉건사회이다. 그중에 은말과 주초에서 춘추까지는 노예사회에 속한 시기였다. 이 시기는 다시 은말~남북조, 수~송, 원~청 등 3단계시기로 나누어 기술했다.

② 근대 : 1840~1949년 중화인민공화국의 건국 이전까지를 포함한다. 이때는 시기적으로 중국 사회는 반봉건·반식민지 사회로 대략 3단계로 나누어 기술했다. 즉 일제의 한국 강점 이전 시기 (1882~1910), 일제의 한국 강점에서 9.18 만주사변까지(1910~1931), 9.18 만주사변에서 중화인민공화국 건국 이전까지(1931~1949) 시기이다.

③ 현대 : 1949년 중화인민공화국 건국 이후의 시기이다.

5 한국 화교사의 특징

(1) 해외이주가 가장 먼저 발생했다

《상서대전尚書大傳》·《사기史記》등의 기록을 보면 기원전 1066년에 주나라 무왕武王이 걸桀을 정벌하고 은殷을 멸망시켰다. 이때 은나라 왕족인 기자箕子는 5천 명의 백성을 이끌고 조선으로 이주했다고 기술했다. 이는 중국인의 해외로 거주했던 가장 최초의 연대로 기자는 화교의 선구자라 할 수 있다.

(2) 생계 도모가 용이했다

중국과 한국 양국은 인접해서 국경이 육지로 연결되었고, 산동 반도와 요동반도는 한국의 해협과 근거리에 있다. 이로 인해 한국은 중국인이 가장 용이하게 이민이 가능한 나라가 되었다. 아울러 중국과 한국의 문화는 상통했고 습속도 유사했으며, 특히 고대 시기 함께 한자를 사용했기 때문에 이런 환경은 화교의 거주와 생계 도모에 매우 편리한 조건을 제공했다.

(3) 조화로운 관계를 유지했다

수천 년 장구한 역사의 흐름 속에서 중국과 한국은 전쟁도 있었지만, 전체적으로 양국은 장기간 평화로운 관계 속에서 우호적인 왕래를 지속해왔다. 중국과 한국은 역대 왕조시기 오랫동안 종번宗藩의 관계를 유지했다. 그로 인해 한국의 역대 왕조는 화교를 매우 우대했고, 무상으로 의식을 제공했고, 심지어 수전授田과 봉작封爵을 통해 관직에 중용하기도 했다. 일반 백성들 역시 화교와 매우 우호적인 관계를 유지했다. 이러한 조화로운 관계는 근대와 현대까지 계승되었다. 그렇기 때문에 한국의 화교 생활은 1910~11945년의 일제강점기를 제외하면 상대적으로 비교적 안정된 상태를 유지했다.

(4) 계층이 비교적 복잡하다

한국의 화교는 그 역사가 유구하다. 수천 년 이래 한국에 거주하면서 화교의 구성이 복잡해졌다. 이는 전란과 빈곤에 힘들었던 평민들의 수량이 가장 많고, 경제적 이득을 추구하는 상인이 다음을 차지했다. 이들 외에도 왕공王公, 대신大臣, 명신名臣, 문인文人 등의 후손과 화가, 의사, 장인匠人, 승려 등 계층도 다양했다.

(5) 종족이 번성해도 오랫동안 동화되지 않았다

가장 특이한 사례로 1351년 원나라 노국공주를 따라서 고려로 이주한 공자의 53대 후손인 공완孔浣 아들인 공소孔昭 자손들이 있다. 이들은 1792년에 이르러 "수원水原에 30여 가구가 거주했고, 그 사이인 용인龍仁에도 다수가 머물렀다. 그리고 영남에는 공씨 성씨가 제법 많다."[2]라 했다.

(6) 한국 화교 사회의 형성은 근대에서 시작되었다

한국 화교는 비록 가장 오래전에 이주했지만, 그 발생한 빈도는 시

---

2) 《朝鮮王朝實錄》卷35, 正祖16年 8月 21日 : "居水原者三十餘家, 而間多流寓於龍仁。至於嶺南, 則孔姓者甚多矣。" 〈실록〉에는 이상과 같은 원문이 없는 것을 보면 저자의 인용은 원문 그대로가 아닌 전체 내용을 종합해서 언급하듯 하다.(역자 주)

간에 비해 높지 않았고, 규모 역시 크지 않았다. 이로 인해 영구적인 민족 특성의 유지가 힘들어지면서 독자적인 화교 사회를 형성하지 못했다. 하지만 근대 이래로 한국 화교가 점차 증가하고, 인구가 도시에 집중하면서 점차 화교 사회를 형성하기 시작했다.

(7) 한국 사회발전에 크게 공헌했다

화교는 한중이 경제와 문화교류를 촉진시켰고, 특히 한국의 경제와 문화발전이란 측면의 공헌은 실로 막대했다. 그리고 한국의 민군民軍이 협력해서 침략 세력을 몰아낸 사례는 너무 많아 흔히 볼 수 있는 일이 되었다. 예를 들면 원나라 말기에 이르러 고려의 군민들은 힘을 합쳐 왜구를 섬멸했고, 명대에 이르러서는 중국은 조선을 도와서 임진왜란에 참가해 일본을 격퇴했고, 청 말에 이르러 화교는 한국의 항일 의병운동에 참가했다. 그리고 일제강점기에 화교는 노동자 파업과 3.1운동, 그리고 한국전쟁 등에도 참여했다.

(8) 화교의 경제력은 비교적 빈약했다.

한국 화교의 경제력은 다른 지역의 화교와 비교해 볼 때 빈약한 편에 속했다. 이는 우연한 일이 아니라 주된 원인은 1910년에서 1945년 일제가 한국을 강점했고, 중국과 아시아대륙의 침략을 위해서 가혹하고 참혹하게 한국 화교를 약탈했기 때문이다. 가장 가혹했던 탄압은 1931년 7월에 일제가 날조한 화교 배척 사건이었다. 이때 무수히 많은 화교 사상자를 초래했고, 화교의 재산이 남김없이 약탈당하는 지경에 이르기까지 했다. 심지어 당시 많은 화교가 귀국해야만 할 정도였다. 이후부터 한국 화교의 인구는 급속히 감소했고, 화교경제 역시 큰 타격을 입은 후 더 이상 재기하지 못했다. 1945년 일제가 무조건 항복한 후에 한국의 화교경제는 점차 회복되기 시작했다. 1950년 한국전쟁이 발발한 후에 북한지역의 화교는 재차 귀국해야 했고, 남북의 화교경제가 전쟁으로 입은 피해는 매우 참혹했다.

(9) 한국 화교는 지속적으로 감소했다

현재 한국에 거주하는 화교는 그리 많지 않은 편에 속한다. 50년대 이래로 북한 화교가 대다수 귀국을 했고, 한국의 화교 역시 다수가 아메리카나 오세아니아 지역으로 이주하는 경우가 점차 증가했다.

제1장
한국 역사와 지리 개황

제1절 지리 개황

한국은 아시아대륙 동부 중앙에 위치하고 있다. 북단의 위도는 북위 43도 36분, 남단의 33도 6분 32초, 서쪽으로 경도는 동위 124도 10분 47초, 동단은 동경 131도 52분 40초에 달한다.

한반도와 그 주변에는 부속하는 4,198개의 크고 작은 도서들이 위치한다. 전체 국토의 면적은 222,209km²이고 그중에 도서의 면적은 5,974km²에 달해 전체 면적에 2.69%를 차지한다.

한국의 지형은 다양한 형태가 있지만 그중에 산지가 차지하는 면적이 가장 커서 전체 영토에 80%에 달하고, 높은 산맥은 주로 북부와 동부에 위치한다. 일부 높은 산은 경치가 아름다워 세계적으로 알려진 유명한 곳도 많다.

한국은 세계적으로 강과 하류가 차지하는 비중이 비교적 높은 국가이다. 또한 하수의 유량도 풍부하고 수질도 우수하다. 기후는 전형적인 온대기후에 속해서 사계절이 뚜렷하고 연평균 기온은 대략 8℃에서 12℃에 달한다.

한국은 자원이 풍부한 나라로 대다수 이를 개발해서 이용하고 있다. 수력자원의 개발 여지가 많고, 동식물의 종류도 매우 다양하다. 또한 지하자원도 풍부해서 유용한 광물이 전체 국토의 80%에 걸쳐 매장되었고, 비철금속 광물의 경우는 매장이 세계에서 손꼽힐 정도이다. 또한 각종 희귀 금속과 경금속도 풍부하다.

제2절 역사 개황

한국은 역사가 유구한 나라로 그 역사는 대략 고대, 근대, 현대 3
가지로 구분할 수 있다.

1 한국의 고대사

한국 고대사는 기원전 1,000년 전부터 시작해서 원시사회가 해체
된 후에 등장한 노예제 국가인 고조선으로부터 시작하고, 봉건제도
가 붕괴하는 19세기 초기까지 지속되었다.

한국 역사상 가장 먼저 건국된 고대국가는 고조선이다. 고조선은
광범위하게 철기를 사용하며 농업생산과 수공업이 발전했고, 대외무
역 역시 매우 활발했다. 기원전 3세기에 이르러서도 고조선은 여전히
경제문화가 발달한 국가였다. 이후에 통치계급 내부의 권력투쟁과
계급 모순이 촉발되면서 국력은 점차 쇠락했다. 기원전 108년에 고조
선은 멸망하고 말았다.

기원전을 전후에서 7세기에 이르는 시기에 고구려高句麗, 백제百
濟, 신라新羅의 삼국 시기가 전개되었다.

삼국 시기에는 고구려의 국력이 가장 강성했다. 6세기 후반에 이르
러 고구려 통치계급 내부의 권력투쟁과 무사안일을 탐하며 국력도

쇠락하다가 668년에 멸망하고 말았다.

백제는 고구려 보다 약간 늦게 1세기 정도에 건국했다. 건국 초기에 한강 남쪽인 경기도 광주廣州에 수도를 정했다. 건국 이후 영토를 확장하며 농업과 수공업 및 상업과 문화가 신속하게 발전했다. 4세기 초에 이르러 국력이 강성해졌다. 이후 왕실 귀족이 부패하며 국력도 쇠퇴해 600년에 멸망했다.

백제보다 늦게 한반도 동남지역에 위치한 신라는 2세기를 전후로 건국했다. 신라는 경주慶州에 수도를 정했다. 3세기에 이르러서도 국력이 여전히 약해서 최대한 고구려, 백제와 충돌을 피하는 정책을 유지했다. 이후에 농업과 수공업 및 상업이 발전하면서 국력도 강성해졌다. 6세기 초에 고구려와 백제가 대립하는 기회를 이용해 영토를 확장하며 세력범위를 넓혔다.

918년 고려高麗가 개경開京, 즉 현재의 개성에 수도를 정하며 건국했다. 이에 비로소 한국 역사상 최초로 강력한 중앙집권적 통일국가로 발전했다. 11세기 고려는 농업과 양잠업이 발전하면서 가정 수공업의 발전을 촉진시켰고, 유명한 고려청자와 각종 공예품을 생산했다. 그뿐만 아니라 상업도 왕성히 발전하면서 수많은 상점과 정기 및 부정기 시장이 등장했고, 중국과 아라비아 상인과 빈번하게 상업 교역을 전개했다.

고려는 12세기 20년대에 이르러 국력이 쇠락했다. 1392년 고려는 이성계가 건국한 조선에 의해 멸망했다.

태조 이성계는 새로운 국가를 건국하며 국호를 조선朝鮮이라 하고, 개경에 수도를 정했다가, 얼마 후에 다시 한양漢陽으로 천도했다.

이 시기 국가의 안정과 함께 경제와 문화 등이 신속히 발전했다. 연근해 지역 황무지를 개간해 농전農田으로 만들었다. 그중에 논이

1/3을 차지했고, 아울러 다양한 경작 방식을 사용했다. 이에 국가는 충분한 식량을 비축하면서 수공업과 상업도 흥성했다. 동시에 명나라, 여진, 일본 등의 나라와 국제무역도 매우 활발하게 전개했다.

조선은 마지막 왕조로 500여 년을 지속했고, 일제에 의해 강점되었다.

2 한국의 근대사

한국의 근대란 봉건제도가 철저히 붕괴되는 19세기 후반부터 자산계급 민족주의 운동인 1919년 "3.1운동"까지를 지칭한다. 한국의 근대는 한편으로는 제국주의자의 침략에 의해 조선이 식민지로 전락하며 한민족이 유린당했던 시기였다. 다른 한편으로는 한국인이 국가의 독립과 민족의 주권을 수호하기 위해 적극적으로 투쟁하던 시기이기도 하다.

전국을 휩쓴 농민 기의와 서구자본주의 열강의 빈번한 침략으로 조선은 심각한 위기에 직면했다. 이런 상황에서 대원군 조선을 위기에서 구하려고 했다.

대원군 이하응李昰應은 1863년 즉위한 고종의 부친이다. 그는 안으로 견해가 다른 정치세력을 배척하고 자신의 심복을 심어 왕권을 강화했다. 아울러 일련의 조치를 통해서 국가 수입을 증가하며 국가의 경제적 기초를 마련했다. 밖으로 철저한 쇄국정책을 단행하며 일본과 서구자본주의가 제기한 외교 관계의 수립과 통상의 요구를 모두 거부했다. 대원군은 군사기관을 정비하고 함대를 건조하며 신식 무기 도입을 통해 국방력의 강화를 도모하기도 했다. 그러나 그가 실행한 정책은 봉건제도의 지속을 도모하려 조치였을 뿐 시대적 흐름과 역행하면서 실패하고 말았다.

1893년 민비는 국왕의 "친정親政"을 구실로 대원군을 축출하고 자신이 권력을 장악했다. 민비는 외세에 의존하며 국가의 주권을 훼손시켰고, 이에 국민들은 더욱 곤란한 지경에 빠지게 되었다.

19세기 30년대를 시작으로 미국은 줄곧 조선을 점령해 아시아 침략의 발판으로 삼으려 했다. 1866년 8월 미국은 제너럴셔먼General Sherman호를 파견해 대동강을 침범하는 만행을 자행하자, 격분한 평양 군민은 이들을 섬멸하고 셔먼호를 불태워버렸다.

같은 해 10월 7척의 선박으로 조직된 프랑스 함대가 강화도를 침략했고, 이들은 해당 지역의 백성을 살해하는 만행을 저지르자 분노한 백성은 반격을 통해 이들을 격퇴했다.

1868년 독일인 오페르트가 충정도 덕산군에 잠입해 대원군의 부친 묘지를 도굴하고 시신을 훔쳐 조선을 협박하려 했지만, 현지 백성의 완강한 저항에 실패하고 말았다.

1871년 미국 함대가 다수의 병력으로 한강에 침입하자 강화도의 요충지인 초지진草芝鎭과 광성진廣城鎭의 수비군은 용감하게 이들을 저지해 물리쳤다.

당시 전국 각지에 "서양 오랑캐의 침입에 맞서서 싸우지 않는 것은 화평하자는 것이며, 싸우지 않고 화평을 주장하는 자는 나라를 팔아먹는 것이다.洋夷侵犯, 非戰則和, 主和賣國."라고 새겨진 척화비를 세워 외세에 대한 군민軍民의 투쟁 의지를 분명히 밝혔다.

이후 민비 일파의 부패와 타락, 낭비로 인해 국고가 바닥나고 말았다. 1882년 임오년에 10개월이나 밀린 군대의 급료로 모래가 섞인 식량을 지급하기에 이르렀다.

1882년(임오년)에는 10개월이나 밀린 군의 급료로 부패한 곡식과 모래가 섞인 군량이 지급되었다. 이에 불만을 제기한 군인은 오히려 처벌받는 상황이 발생했다. 결국 참다못한 군인들은 같은 해 7월 폭동을 일으켜 악덕 관리를 처단하고, 일본 군사 교관도 주살했다. 이때 민비는 궁녀로 가장해서 충주忠州로 도주했고, 청조에 군사 파견을 요청했다. 이후 군인의 폭동은 청군에 의해서 잔혹하게 진압되었다.

농민봉기의 폭발과 자본주의의 심화로 봉건제도는 총체적으로 붕괴되어 갔다. 1884년 조선에는 제1차 자산계급의 개혁운동이 일었다.

19세기 중기에 일부 진보 지식인과 관리들은 낙후하고 부패한 봉건제도의 개혁과 자본주의의 노선을 주장했다. 70년대에 이르러 김옥균을 비롯한 개화파는 문호개방과 국가 위기의 심화에 따라 왕에게 근대적 개혁을 권유하며 개혁을 적극적으로 추진했다. 하지만 보수적인 관료의 방해로 개혁은 결국 실패하고 말았다. 1884년 12월 개화파는 우정국 개국 연회를 계기로 정변을 일으켜 보수 대신을 처형하고, 아울러 새 정부수립을 위한 정강을 반포했다. 그러나 개화파 정부는 결국 "3일 천하"로 끝이 나고 말았다. 이번 정변의 실패는 한국 자산계급의 취약성을 단적으로 반증하는 사건이었다. 그럼에도 이는 한국의 근대화를 최초로 시도한 자산계급의 개혁운동이라는 점에 큰 의미가 있다.

전국에서 반反침략과 반反봉건 투쟁이 지속적으로 전개되었고, 이는 1894년 갑오년甲午年에 이르러 대규모의 농민전쟁으로 발전했다. 같은 해 2월 전라도 고부高阜 농민들은 군수의 폭정과 가렴주구에 저항하며 폭동을 일으켰고, 짧은 시일 안에 전라도와 충정도 전역으로 확대되었다.

봉기를 주도한 전봉준全琫準은 약 8,000명의 농민군을 조직해서 "척양척왜斥洋斥倭"과 "보국안민輔國安民"이란 구호를 내걸었다. 5월 말에 농민군은 정부군을 격파하고 전라도의 중심도시 전주全州를 점령했다. 그리고 12가지 개혁안을 제시하며 정부가 이를 수용해 전주에서 철수하도록 압박했다.

당시 일제는 조선의 침략을 호시탐탐 노리고 있었고, 청조가 조선에 군사를 파견했다는 소식을 듣자마자 바로 일본 거류민의 보호를 구실로 병사를 출병해 내정에 간섭했다. 일제는 무력으로 조선의 왕궁을 점령하고 청군을 공격해 결국 중일전쟁을 촉발시켰다.

일제의 무력 침략으로 민족이 위기에 직면하자 전봉준全琫準은 수만 명의 농민군을 이끌고 재차 봉기해서 구국투쟁을 전개했다. 농민군은 피비린내 나는 전투를 20여 일 가까이 전개했지만, 역량 부족으로 결국 참패당하고 말았다. 특히 이때 일제는 농민군 진압을 빌미로 처참하게 40여만의 무고한 백성을 학살했다.

농민전쟁은 비록 실패했지만, 일제 침략자에게 심각한 타격을 주었을 뿐만 아니라 한국의 근대와 운동을 촉진하는 데 크게 이바지했다.

일제의 한국 강점을 전후로 한국 백성들은 대대적으로 일제의 잔혹한 침략을 반대하며 반일 의병투쟁과 애국 문화 운동을 전개했다. 한국인이 전개한 반일 의병투쟁은 1905년 망국의《을사보호조약》체결을 계기로 더욱 고조되어 그 투쟁의 범위도 60여 개 군으로 확대되었다. 이후 농민을 중심으로 각계각층 애국적인 시민이 참여하는 전국적인 구국투쟁으로 발전했다.

항일 의병투쟁은 외국에서도 동시에 전개되었다. 1908년 3월 애국 청년인 전명운田明雲, 장인환張仁煥 등은 미국의 샌프란시스코에서 조선 정부의 외교 고문으로 일제의 침략을 적극적으로 협력한 미국인 스티븐슨을 처단했다. 그리고 1909년 10월 애국지사 안중근은 중국 하얼빈 기차역에서 조선을 침략해 초대 통감을 지낸 이등박문伊藤博文을 저격해 사살하기에 이르렀다.

이 시기 애국적 지식인은 애국 계몽운동을 전개했다.

1910년 일제가 조선을 강점한 이후에 통감부를 총독부로 바꾸고 악명 높기로 유명한 일본육군 대신인 데라우치寺內正毅를 총독으로 삼았다. 그는 이른바 "무단정치"를 단행하면서 한국은 감옥으로 전락하고 말았다. 즉 "조선인은 일본 법률에 복종하지 않으면 죽음을 선택해야 한다."라며 떠들어 냈다.

일제 강점 후에 지속해서 싸여온 백성의 고통스러운 삶은 분노로 폭발했다. 1919년 3월 1일 독립 국가를 실현하려는 강렬한 염원을 담은 전 국민적 기의가 분출했다. 서울과 평양 시민의 반일 시위를 기점으로 이번 기의는 삼천리강산을 휩쓸었다. 만세운동에 참가한 백성들은 구호를 외치며 일제 관청을 파괴하고 맨손으로 군경과 용감한 투쟁을 전개했다.

3.1 민중 기의는 그해 연말까지 지속되었다. 200여만 명의 다양한 계층이 참여해 3,200여 차례 시위와 폭동을 벌였다. 이런 투쟁의 영향은 국외에 한국인이 사는 곳이면 어디든지 전파되었다.

3.1 민중 기의는 일제 탄압에 직면했지만, 오히려 한국인의 단결 역량과 불굴의 투쟁 의지를 보여주었다. 3.1 민중 기의를 계기로 자산계급 민족운동의 종말을 고했고, 노동자가 주도하는 민족해방 운동이 시작되었다.

3 한국의 현대사

러시아의 10월 혁명의 영향을 통해 한국 초기 공산주의 운동은 1920년대 초부터 시작했다. 정당의 지도가 없어 혁명은 많은 우여곡절을 겪어야 했다. 1930년대부터 김일성은 중국 동북 지방에서 인민혁명군을 조직하며 항일 무장투쟁을 주도했다.

1931년 9월 일제는 중국 동북 지역을 무력으로 침공했고, 후방을 공고히 한다는 구실로 미친 듯 한국인을 유혈 진입하며 학살했다. 이때 김일성은 1932년 4월 25일 처음으로 무력 혁명 역량으로 일제에 저항하는 인민유격대, 즉 '조선인민혁명군'을 정식으로 창설했고, 중국의 동북 항일세력과 함께 적극적으로 항일 무장투쟁을 전개했다.

1936년 5월 5일 김일성은 '조국광복회'를 조직했고, 아울러 '조국광복회' 10대 행동 강령과 창립선언을 통해 반제反帝와 반봉건의 민주혁명 단계에서 필요한 기본 임무를 규정했다.

이를 통해 '조국광복회'는 짧은 기간 동안 수많은 애국 군중을 단결시켰고, 항일 무장투쟁의 대중적 저변을 확대하고 강화했다.

1945년 8월 15일 일제가 항복했고, 한국은 해방되었다.

한국이 해방되자 김일성은 당黨과 국가, 군대를 건국을 최우선 과제로 내세웠다. 1945년 10월 6일 평양에서 창립대회를 열고 중앙조직위원회를 구성했다. 1946년 8월 조선공산당과 기타 정당이 합병하며 북한 노동당을 창당했다. 1949년 6월 남북한의 노동당을 합병한 후에 조선노동당을 발족했다.

1946년 2월 8일 북한은 새로운 형태의 정권으로 임시위원회를 건립하고 김일성은 임시위원회 위원장으로 추대되었다.

1946년 3월 5일 북한은 토지개혁법을 발표하고 "경작자만이 토지를 점유할 권리가 있다"는 원칙에 따라서 일제와 친일파, 그리고 반민족 반역자와 5정보町步 이상의 토지를 보유한 지주의 토지를 모두 몰수했다. 그리고 이를 70여만 호의 농민에게 무상으로 분할 해 주면서 토지 소유권을 국가로 귀속시켰다.

1946년 8월 10일, 공업과 교통 운수, 체신과 은행 등을 국유화하는 법령을 반포했다. 그리고 일제와 매판 자본가가 점유한 90% 이상에 해당하는 1,000여 개 산업 시설을 몰수 해서 국유화하거나 혹은 국민 소유로 삼으며 제국주의와 매판자본의 경제적 기초를 일소했다. 이를 통해 사회주의적 생산관계를 건립하는 동시에 일련의 개혁을 단행하며 민족경제발전을 위한 기초를 체계적으로 수립했다.

북한은 해방 후 단시간 안에 반제와 반봉건적인 민주혁명의 임무를 완수하고 강력한 인민민주제도를 건립했다.

순조로운 사회주의 이행을 위해 1947년 2월 북한은 최초로 무산계급 정권, 즉 북한인민위원회를 건립하고 김일성을 위원장으로 추대했다.

1948년 8월 25일, 북한 전역에서 최고인민회의 의원 선거를 실시했다. 1948년 9월, 평양에서 최고인민회의 제1차 회의를 개최했다. 이 회의에서 김일성은 조선민주주의 인민과 내각수상 및 국가 원수로 선발되었다. 그리고 9월 9일 조선민주주의인민공화국의 건국을 정식으로 선포했다.

한국은 이승만을 중심으로 미 군정기를 거치면서 독자적인 정권을 수립했다. 1950년 6월 25일 한국전쟁이 발발했다. 전쟁은 남한과 북한 모두에게 큰 상처를 주었다.

전후의 북한은 폐허로 변했고, 북한 주민들은 전후 복구와 건설 투쟁에 뛰어들면서 낡은 생산 관계에 대한 전면적인 사회주의 개조를 단행했다. 1958년 8월 농업 협동화와 도시 수공업 및 자본주의 상공업에 대한 사회주의 개조를 완료함으로써 사회주의 생산 관계의 주도적 지위를 확립하였다.

전쟁이 끝난 후에 북한은 폐허가 되었고 북한 주민 역시 전후 회복과 건설 투쟁에 매진했다. 이를 통해 낡은 생산 관계를 사회주의 바꾸는 개혁 조치를 실행했다. 1958년 8월 농업의 합작화 및 도시수공업자와 자본주의적 공업과 상업을 사회주의로 개조했다.

사회주의 기초건설 5개년 계획을 완성하기 위해서 북한 노동당은 사회주의 건설 총노선을 관철했고, 천리마 운동을 대대적으로 전개하며 사회주의 건설의 절정기를 맞이했다.

1961년 9월 북한 노동당은 7년이라는 장대한 계획을 내놓으며 본격적인 사회주의 건설 단계에 진입했다. 김일성의 〈우리 사회주의 농촌에 관한 제강〉이란 정신에 따라 북한 농촌은 기술혁명과 문화혁명, 사상혁명을 통해 농촌의 모습을 근본적으로 변화시켰다. 공업도 매우 빠르게 발전하여 사회주의 공업화라는 역사적 과업을 실현했다. 이로 인해 낙후된 식민지 농업국이었던 북한은 현대화된 공업과 발달 된 농업을 가진 사회주의 공업국으로 탈바꿈했다.

1970년 11월 김일성은 6년 계획을 제시하며 인민들에게 사상·기술·문화 3대 혁명을 전개, 사회주의 제도를 더욱 공고히 했다. 1974년 북한 노동당은 사회주의 건설을 위해 모든 역량을 총동원해 최고의 발전기를 만들겠다는 방침을 제시했다. 그리고 북한 주민들은 김일성과 조선노동당의 지도 아래 사회주의의 승리를 위해 매진했다.

1945년 8월 15일 일제가 무조건 항복한 후에 미군은 9월 8일에 인천에 상륙했고, 9월 9일에 서울에 주둔하면서 38도 이남인 남한 영토에 대한 모든 일본군대와 군사시설, 무기, 선박, 항공기 및 기타 군사

물품과 물자 등을 장악했다. 태평양 지역의 미국의 육군 사령부는 38도 이남에 대한 영토와 한국인에 대한 통치권을 선포했다. 이는 미국이 한국에 대해 미군정의 시작을 알리는 것이었다.

9월 19일 미군정이 정식 출범했다. 다음 날 미군은 북한의 정권 수립 이전까지 군정은 남한을 통치하는 임시정부이며 남한은 유일한 정부라고 발표했다.

1946년 8월 24일 미군정은 한국의 과도기적 정부로 입법의회의 건립을 선언했고, 미군정 장관이 입법의회의 정치·사회·경제정책 등에 관한 법령 제정에 거부권을 갖도록 했다. 이로써 입법의원의 역할은 사실상 무력화 되었다.

1947년 2월 10일 미국은 안재홍安在鴻을 군정청의 민정장관으로 임명했다. 1947년 6월 3일 군정을 한국의 과도정부로 개칭하고 개혁위원회를 설치하고 서재필을 특별의정관으로 삼았다.

일제의 항복을 전후로 한국의 일부 민족주의와 애국지사는 줄 곧 한국의 독립을 위해서 적극적으로 노력했다. 조선건국동맹의 지도자인 여운형呂運亨은 1945년 8월 15일에 건국준비위원회를 조직하며 위원장을 자임했고, 안재홍은 부위원장을 담당했다. 9월 6일 서울에서 조선인민공화국 수립을 선포했다. 그러나 미군정은 "38도 이남의 한국영토에는 오로지 미국 정부만이 있을 뿐 어떤 정부도 존재할 수 없다"는 성명과 함께 조선인민공화국의 합법성을 인정하지 않았다.

일제 식민 통치에 고통을 받은 백성들은 항상 독립과 자주적인 국가 건설을 갈망했다. 미국은 남한을 점령한 후에 새로운 군정을 실행하며 남한 사람들의 강렬한 반대를 촉발시켰다.

미국 정부는 3년간 한국을 군정 통치를 하며 이승만과 연합했다. 1945년 10월 16일 전용기를 보내 그를 남한으로 보냈다. 미국의 요청에 감격한 이승만은 귀국 후 미국을 물론 남한에 주둔한 미군을 한껏 치켜세우며 미국과 협력하는 데 최선을 다했다.

미국 측의 개입과 이승만의 영향력으로 1945년 10월 25일 각 정당과 단체 대표 등 200여 명이 합의한 대한독립촉성중앙협의회大韓獨立促成中央協議會의 회의에서 이승만을 의장으로 선출했다.

1946년 2월 14일 미군정은 남한 사람으로만 구성된 최고 자문기관인 민주의원을 설치하고 이승만을 의장으로 선출했다. 이승만은 신속하게 자신이 정권을 장악하기 위해 몰두했다. 그리고 모든 백성이 염원하는 한반도 통일 대신에 1946년 6월에 공개적으로 한반도를 분할해야 한다는 발언을 하며 "남한의 단독 임시정부, 혹은 유사한 위원회 기구 설치"를 요구했다.

1948년 5월 10일 남한은 단독 선거를 통해 5월 31일 이승만이 임시 의장으로 선출해 국회를 구성했다. 아울러 헌법기초위원회의 구성을 승인했다. 이승만은 7월 20일 국회에서 대한민국 초대 대통령으로 당선되었다.

1948년 8월 15일 "대한민국" 건국을 선포하고 이승만이 대통령으로, 이시영李始榮은 부통령으로, 이범석李範錫은 국무총리가 되었다.

1950년 6월 25일 한국전쟁이 발발했다. 7월 7일 미국의 의지에 따라 연합국 안전보장이사회는 미국의 지휘하에 유엔군 사령부를 설치한다는 제안을 통과시켰다. 이후에 16개국의 연합군으로 구성된 유엔과 한국군은 북한군과 싸웠고, 여세를 몰아 3.8선을 돌파하며 압록강까지 전운을 감돌게 했다. 이에 1950년 10월 25일 중국의 의용군은 북한으로 건너가 한국전에 참전했다. 1953년 7월 27일 미국은《정전협정》에 서명했다.

이승만 정권은 친미경향을 고수하며 국내에서는 독재정치를 관철했다.

1960년 이승만은 대통령직을 유지하기 위해서 헌법에 규정한 7월 17일 거행하는 선거일을 갑자기 3월 15일로 앞당겼고, 3월 12일부터 남한 전역에 특별 계엄을 선포하고 다수의 경찰과 헌병을 동원해 공황 정국을 만들며 투표를 압박했다. 이외에 이승만과 자유당은 스파이를 동원해 암살 활동을 전개하며 이승만이 재차 대통령으로 당선되도록 했다.

이승만의 독재와 만행은 시민들의 강한 불만을 일으켰다. 3월 15일 마산시의 수천 명 학생이 시위를 거행하며 불법 선거를 규탄하며 선서 무효를 주장했다. 그리고 당시 전국 각지의 군중들 역시 지속적으로 시위 활동을 전개하며 그 열기는 신속히 전국으로 확산했다.

4월 19일 투쟁 열기는 최고조에 달했다. 서울과 부산, 광주에서 수만, 수십만의 시위군중은 "독재 정부 타도", "이승만 하야"라는 구호를 외치며 서울의 신문사와 우파조직인 "대한반공청년회" 본부가 있는 반공회관을 습격했다. 시민의 투쟁에 충격을 받은 이승만의 자유당 내각은 4월 21일 총 사태를 결정했고, 4월 27일 이승만 역시 하야를 선포했다. 이를 통해 이승만 12년의 독재정권인 제1공화국은 4.19 시민의 궐기로 종식되었다.

이승만 정권이 끝난 후에 4월 28일 허정許政 수석 국무위원이 과도정부 내각을 설립했고, 그는 대통령권한대행 겸 외무부 장관을 대신했다.

과도정부는 7월 29일 대통령 선거를 선포했다. 이번 선거에서 민주당이 승리하며 정권을 장악했다. 윤보선尹潽善이 대통령으로 당선되었고, 장면張勉은 국무총리가 되었다. 이렇게 제2공화국이 출범했다.

장면은 1960년 8월 23일 처음으로 책임 내각제를 만들어 새로운 인사를 중용하려 했지만, 연합내각까지는 이르지 못했고, 오히려 신구 세력의 관계가 더욱 악화되는 결과를 낳고 말았다. 그리고 장면 정권의 등장 후에 3월 15일 부정선거를 조작한 일당을 서울지방법원에서 기소 중지시켰고, 4.19시민기의를 진압했던 자를 비호하며 시민들을 크게 실망시켰다. 장면 정권은 당시 경제가 붕괴하는 상황에 대해 속수무책으로 대응하며 통치 내부의 갈등은 더욱 첨예와 했다. 이런 사회 위기의 심화는 결국 군인에게 쿠데타를 일으키는 빌미를 제공하고 말았다.

1961년 5월 16일 자정을 기점으로 자신의 처지에 불만을 품은 제2군단 소장 박정희朴正熙와 소장파 장교들이 연합해 반란을 음모했다. 즉 한국의 육해공 국군國軍은 갑자기 서울점령을 목표로 하는 "봉화작전"이란 비상 연습을 빌미로 군사 쿠데타를 일으켰다. 박정희는 권력 장악을 위해서 군사 쿠데타 성공 후 과감하게 정적들을 제거하고 중앙정보부를 만들었다. 1962년 3월 박정희는 윤보선에게 압력을 가해 사임케 하고 자신이 대통령직을 대행했다.

박정희는 긴박하게 대통령 선거를 준비했다. 정권 장악을 위한 포석을 끝낸 후에 박정희 정권은 10월 15일에 제5차 대통령 선거를 실시했고, 이를 통해 대통령에 취임하며 제3공화국이 출범했다.

박정희는 자신의 장기 집권 목적 달성을 위해 1972년 10월 17일 한국 전역에 계엄령을 선포했고, 국회해산과 일부 헌법 조항의 집행 정지 등을 포함하는 대통령 특별선언을 발표했다. 이는 이른바 "유신 쿠데타"로 박정희는 스스로 종신 대통령이 되는 길을 열었다. 1972년 12월 22일 통일주체국민회의는 제8대 대통령으로 박정희를 6년 재임의 대통령으로 선출했다.

유신체제 하에서 박정희 정권의 독재가 강화되면서 각계각층의 반

독재와 민주쟁취 투쟁이 광범위하게 전개되었고, 시민과 독재정권 간의 갈등은 급속히 격화되었다. 이로 인해 통치계층 내부의 갈등도 더욱 심화되었다. 1979년 10월 26일 박정희는 결국 궁정동 중앙정보부 안가安家에서 김재규金在奎에 의해 피살되었다. 다음날 최규하 국무총리가 대통령을 대신한다는 성명이 발표되었다. 하지만 이때 박정희 노선을 추종하는 강경파의 대표이며 국군 군사보안 사령관을 지낸 전두환이 1979년 12월 12일 저녁 무장한 군인으로 다시 쿠데타를 일으켰다.

전두환의 신군부는 의견이 다른 세력을 연이어 제거하면서 자신의 추종 세력을 핵심 자리에 배치했다. 1980년 8월에 전두환은 당시 대통령인 최규하를 협박해 하야시키고 강제로 국회를 동원해 스스로 제10대 대통령이 되었다. 9월 1일 전두환은 대통령에 취임하며 새로운 독재자로 등장했다.

1981년 2월 25일, 전두환은 7년을 임기로 하는 제12대 대통령에 당선되었다. 1981년 3월 1일 전두환은 정식으로 제5공화국 대통령에 취임했다. 전두환 등장 후 박정희 권력을 계승해 일당 독재와 독재정치를 관철하고, 대외적으로는 친미 정책으로 일관하며 광범위한 시민의 저항에 직면했다.

1982년 4월 26일 장영자張鈴子와 그의 남편 이철희李哲熙가 3.6억 달러 달하는 대형 금융사기 사건이 세상에 폭로되었다. 그 영향은 직접적으로 대통령 전두환과 집권당인 민주정의당과 연루되었다. 이에 전두환은 부득불 5월 20일 민주정의당 책임자 4명을 바꾸고, 선후 2차례에 걸쳐 내각을 교체했다. 하지만 시민들, 특히 학생들의 민주운동이 날로 고조되자 전두환 역시 일 보 후퇴할 수밖에 없었다. 7월 30일 국회는 헌법개정특별위원회를 구성하고 1986년 연내의 개헌을 준비했다.

1987년 12월 25일 노태우盧泰愚가 대통령으로 당선되고, 1988년 2월 25일에 취임하면서 "제6공화국"이 시작되었다.

제2차 세계대전이 끝난 후에 한반도는 남북으로 나뉘게 되었다.

1947년 11월 14일 제2차 유엔총회 통해 한반도 문제에 대한 불간섭 결의가 채택되었다. 이에 남한에 주둔한 미군정과 이승만 정권은 1948년 5월 10일에 남한만의 단독 선거를 통한 정부수립을 계획했다. 이로써 한반도는 영구히 분단되는 위기에 처하게 되었다. 미군정과 이승만의 "단독 선거와 정부수립"계획을 반대하고 한반도 통일을 위해서 1948년 3월 25일 북한의 민주주의 통일전선은 각 정당과 사회단체의 대표가 참석하는 연석회의를 제의하자 남측은 이에 적극적으로 호응했다.

같은 해 4월 20일 평양에서 열린 회의에는 남북한 정당과 사회단체 50곳의 대표 695명이 참석했다. 이 회의는 유엔이 한반도 문제에 개입한 것을 규탄하고, 미군정과 이승만 정권이 주장하는 "단독 선거와 정부수립"과 한반도의 영구적인 분열 시도를 결사적으로 반대했다. 그리고 미소 양국이 동시에 한반도에서 철수할 것을 요구함은 물론 미소가 철군한 후에 한반도 전역에서 보통선거를 통한 통일 민주정부 수립하겠다고 밝혔다.

계속해서 1948년 4월 30일과 6월 29일 두 차례에 걸쳐 남북한 정당 단체 대표자협의회를 거행했다. 본 회의를 통해 남한의 비합법적인 국회와 정부의 불인정, 보통선거의 실행, 북한의 최고회의와 최고인민정부의 성립, 외국 군대의 동시 철수 등을 결의했다.

남북한 당국은 분단으로 수많은 남북의 분단 가족이 직면한 이산가족의 문제를 해결하고자 했다. 이를 위해 1971년 9월 20일에서

1972년 8월 11일까지 거의 1년 가까이 판문점에서 25차례 예비회의와 본회의를 개최했다. 1972년 8월 30일 제1차 남북적십자 회담이 평양에서 개최되었다. 이후의 회담은 서울과 평양에서 번갈아 가며 열렸다가 1978년 3월에 이르러 회담은 중단되었다.

1972년 5월 김일성은 한반도 통일 3개 원칙을 제시했다. 첫째, 외세의 간섭을 배격하고 민족자결 원칙에 근거한 자주적으로 통일문제를 해결한다. 둘째, 이념과 사상, 신념과 제도의 차이를 극복하고 민족의 대단결을 도모한다. 셋째, 평화적 방식으로 통일을 구현함에 무력 방식을 반대한다.

같은 해 7월 남북은 고위급 회담을 열고 조국 통일의 원칙을 재확인했다. 그리고 "외세의 의존과 간섭 없이 자주적으로 평화적인 통일을 실현한다. 사상과 신념 및 제도적 차원을 극복하는 민족 대통합을 실현한다. 남북한 긴장 완화를 위한 상호비방과 금지와 무력 충돌을 억제하며 쌍방은 다방면의 교류를 통한 중단된 민족 관계를 회복한다."라는 등의 내용을 담은 연합성명을 발표했다.

1977년 1월 25일 조선노동당 등 18개 정당과 사회단체는 연석회의를 열고 《남한의 각 정당과 사회단체 및 인민과 해외동포에게 드리는 글》을 통해 조속한 국가통일 실현을 위한 구국 방안을 제안했다.

1980년 10월 김일성은 조선노동당 제6차 전국대표대회에서 통일국가 수립을 위한 《고려민주연방공화국》 방안을 제시했다. 이 방안의 주된 내용은 남북은 서로의 사상과 제도를 인정하고 수용하는 기초에서 쌍방이 동등한 자격으로 민족통일정부를 세워 연방공화국을 수립한다는 것이다. 연방의 국가명은 《고려민주연방공화국》으로 삼고, 어떠한 정치와 군사 연합 및 집단에도 전혀 가입하지 않는다는 중립 국가를 표명했다.

북한은 국가를 건국한 후에 원래 행정구역을 수차례 개편했고, 현재 행정구역은 중앙, 도道 및 직할시, 시市와 구區, 군郡과 리里, 리에는 읍邑, 공인구工人區 등으로 조직했고, 7개 도道와 4개의 중앙 직할시를 설치했다. 도道와 도의 행정 중심은 다음과 같다.

수도인 평양과 개성, 청진, 남포南浦는 중앙직할시에 속한다.

표 1.1

행정 구획	행정 중심지
평안남도平安南道	개성開城
평안북도平安北道	신의주新義州
자강도慈江道	강계江界
양강도兩江道	혜산惠山
함경북도咸鏡北道	청진淸津
함경남도咸鏡南道	함흥咸興
강원도江原道	원산元山
황해북도黃海北道	사리원沙里院
황해남도黃海南道	해주海州

한국의 행정 구획은 몇 차례 조정했지만, 전체적으로 일제 시기와 대체로 비슷했다. 현재 한국의 행정 구획은 도道와 직할시, 군郡과 시市, 면面과 읍邑, 리里 4가지 등급으로 나누고 특별시 1곳, 직할시 4곳을 설치했다.1) 도와 행정 중심지를 열거하면 다음과 같다.

1) 현재 직할시는 1994년부터 6개의 광역시로 개편되었다.(역자 주)

표 1.2

행정 구획	행정 중심지
경기도京畿道	수원水原
강원도江原道	춘천春川
충청북도忠淸北道	청주淸州
충청남도忠淸南道	대전大田[2]
전라북도全羅北道	전주全州
전라남도全羅南道	광주光州
경상북도慶尙北道	대구大邱
경상남도慶尙南道	부산釜山
제주도濟州道	제주濟州

특별시는 서울, 직할시로는 부산, 대구, 인천, 광주가 있다.

---

2) 현재 충청남도의 행정 중심지는 예산과 홍성군이고, 대전은 광역시로 독립했다.
(역자 주)

제2장

고대 시기 한국의 화교

제1절 은말殷末에서 남북조南北朝 시기

중국은 오래전부터 인접 국가들과 폭넓게 교류해 왔다. 한중 양국은 영토가 연접했고 교통이 편리했기 때문에 오래전 중국인은 한국으로 이주해 정착하며 생계를 도모했다. 그럼에도 여러 가지 이유로 고대 시기 한국의 화교는 화교 사회를 형성하지는 못하고, 역사적으로 시대 변화와 함께 한민족에게 동화되었다.

1 은말殷末과 주초周初시기

고대 시기 한국 화교의 기원을 거슬러 올라가면 은말殷末과 주초周初까지 이른다.

기원전 1066년 주나라 무왕은 주紂를 정벌, 상商을 멸망시키고 서주를 건국했다. 이때 은나라 왕족인 기자箕子는 백성 5천여 명과 함께 조선으로 이주했는데, 이것이 조선 화교의 기원이 되었다.

중국에서 최초로 기자의 조선 이주 문헌은 복생伏生의《상서대전》이고, 다음이 사마천의《사기》이다. 이후 역대 다양한 저술에서 기자 사건을 언급했다.《상서대전》에 의하면 이르길 "무왕이 기자를 석방하니 기자가 주나라가 석방해 주는 것을 차마 받아들이지 못하여 조선 땅으로 도망쳤다. 무왕이 그 사실을 듣고는 인하여 조선에다가 기자를 봉하였다. 기자가 이미 주나라에서 봉해 주는 것을 받고는 신하로서의 예를 갖추지 않을 수 없으므로 13년 만에 와서 조회朝會하였다. 무왕은 기자가 조회에 참석하자 홍범洪範에 대해 물었다."1)고 했다. 《사기·주본기》에 따르면 무왕은 은을 멸한 후에 "얼마 있다가 소공에게 명하여 감옥에 갇혀 있던 기자를 풀어 주었다."라고 했고, 또한 "무왕이 이미 은殷을 이기고 난 뒤 2년에 기자에게 은이 망한 바에 관하여 물으니 기자는 참지 못하고 은나라가 악하여 나라가 망하는 것이 당연하다고 말하였다. 무왕은 역시 부끄럽게 생각하였고, 그래서 천도天道에 대하여 물었다."2)라고 했다. 계속해서 《사기·송미자세가》에 의하면 무왕이 은을 정벌한 후에 기자를 방문한 후에 "무왕이 기자를 조선에 봉했지만, 신하로 삼지는 않았다."3)고 했다. 《역경》에는 이르길 "기자의 밝음을 감춘다."4)고 했다. 이후 한나라 시기의 기록인 《한서·지리지》에 의하면 "은나라의 도가 쇠퇴하자, 기자가 조선으로 가서 그 백성에게 예의禮義와 농사와 양잠·길쌈 등을 가르쳤다. 낙랑의 조선 백성들이 법금 8개 조를 범함에, (만약 사람을) 죽이면 즉시 사형에 처하고, (사람을) 상하게 하면 곡식으로써 배상하며, 도둑질한 자는 남자는 가노家奴로 삼고, 여자는 비婢로 삼았다. (중략) 이로써 그 백성들이 마침내 도둑질하지 않아서, 문을 닫는 일이 없어지고, 부녀자들은 정조를 지켜 간음하지 않았다. 그 농민들

---

1) 《尙書大傳》 "武王勝殷, 繼公子祿父, 釋箕子之囚。 箕子不忍為周之釋, 走之朝鮮。 武王聞之, 因以朝鮮封之。 箕子受周之封, 不得無臣禮, 故於十三紀來朝。 武王因其朝間洪範。"

2) 《史記·周本紀》 "已而命召公釋箕子之囚。 (中略) 武王已克殷, 後二年, 問箕子殷所以亡。 箕子不忍言殷惡, 以存亡國宜告。 武王亦醜, 故向以天道。"

3) 《史記·宋微子世家》 "武王乃封箕子於朝鮮而不臣也。"

4) 《周易·明夷》 "箕子之明夷。"

은 먹고 마심에 변籩과 두豆를 사용했다."5)라 했다. 그리고 《후한서》
와 《삼국지》 등의 사서 역시 이와 유사한 기록을 볼 수 있다. 예를
들면, 《삼국지》에는 "옛날에 기자가 이전에 조선에 가서 8조의 가르
침을 지어 이들을 교화하였으니, 문을 닫아두지 않고도 백성들이 도
둑질하지 않았다."6)고 했다.

한국의 가장 오래된 역사 문헌인 《삼국사기》와 《삼국유사》 등에도
기사 관련 기사를 수록했다. 《삼국사기》의 연표에는 기 씨箕氏 조선
을 조선의 첫 번째 왕조라고 표기를 했고, 고구려의 제사 가운데 기
자신箕子神이 있다고 언급하기도 했다. 시기적으로 후에 편찬된 《삼
국유사》에는 이르길 "주周나라 무왕이 즉위한 기묘己卯년에 무왕이
기자箕子를 조선에 봉했다."7)라고 했다. 고려시기 이승휴가 저술한
《제왕운기帝王韻記》 역시 기자조선에 관한 역사를 아래와 같이 비교
적 상세하게 언급했다.

> 후조선後朝鮮의 시조는 기자箕子인데
> 주 무왕 원년 기묘년 봄에, 이곳으로 도망해 스스로 나라를 세우니,
> 주 무왕이 멀리 떨어진 이곳 봉토에 조서詔書를 내리셨네.
> 예로써 사례하지 않을 수 없어 찾아가 뵈니,
> 홍범구주洪範九疇로 인륜을 물으셨네.8)

---

5) 《漢書·地理志》 "殷道衰, 箕子去之朝鮮, 教其民以禮義·田蠶織作。樂浪
朝鮮民犯禁八條, 相殺以當時償殺, 相傷以穀償, 相盜者, 男沒入為家奴, 女
子為婢。…… 是以其民終不相盜, 無門戶之閉, 婦人貞信不淫辟, 其田民飲
食以笾豆。"

6) 《三國志·東夷傳》 "昔箕子既適朝鮮, 作八條之教以教之。無門戶之閉而民
不為盜。"

7) 《三國遺事》 "周虎(武)王即位己卯, 封箕子於朝鮮。"

조선은 고려왕조를 계승하며 시작되었다. 기자를 추존하며 이를
자신 조상으로 여기며 기자조선이라고 칭하기도 했다. 고려왕조의
경우 "숙종 9년(1102) 10월 초하루 임자일. 예부禮部에서 이르길 '우
리나라의 교화와 예의는 기자箕子로부터 비롯되었으나 기자에 관한
일은 사전祀典에 실려 있지 않습니다. 바라옵건대, 그 무덤을 찾아 사
당을 세워 제사 지내도록 하십시다.'하고 아뢰자 그 말을 따랐다."9)
고 했다. 이렇게 하여 기자 사당을 세웠다. 이후에 기자조선에 관한
내용은 한국사에서 끊이지 않고 언급되었다. 《조선사략》은 이르길
"주나라 무왕이 상을 정벌하자 기자는 중국인 5천 명을 통솔하고 조
선으로 들어갔다."10)고 했고, 《해동역사》에서는 "기자가 중국사람 5
천 명을 거느리고 조선으로 들어갔는데, 시서詩書, 예악禮樂, 의약醫
藥, 복서卜筮를 하는 자들이 모두 따라갔다. 시서詩書로써 사람들을
가르쳐서 사람들로 하여금 중국 예악과 제도를 알게 하였으며, 위문
衛門, 관제官制, 의복衣服 등의 제도를 모두 중국의 것을 따랐다."11)
고 했다. 이외에 《기자지箕子志》와 《기자외기箕子外紀》 등의 전문 저
술이 등장해 기자 관련 기사와 사서를 고증하기도 했다.

앞서 언급한 바와 같이 한중 양국의 수많은 사서 기록 중에 은나

---

8) 《帝王韻紀》卷下 :
　　後朝鮮祖是箕子, 周虎(武)元年己卯春,
　　逋來至此自立國, 周虎(武)遙封降命綸;
　　禮難不謝乃入觀, '洪范'九疇問彝倫。
9) 《高麗史》卷63 禮志雜記 : "肅宗九年十月, 壬子朔, 禮部奏我國教化禮義,
　　自箕子始, 而不載祀典。乞求其墳塋, 立祠以察之。從之。"
10) 《朝鮮史略》 "周武王克商, 箕子率中國人五千, 入朝鮮。"
11) 《海東繹史》 "箕子事五千人入朝鮮。其詩書禮樂·醫藥蔔筮, 皆從而往, 教
　　以音書, 使知中國禮樂之制, 衙門官制衣服, 悉隨中國。"

라 왕족인 기자가 직간直諫으로 인해 주왕의 미움을 받고 투옥되었
다는 사실을 수록했다. 기원전 1066년 주나라 무왕은 은을 멸하고 소
공召公에게 명해 기자를 석방하도록 했다. 이에 기자는 은나라 멸망
의 참담한 모습을 볼 수가 없어서 백성 5천명을 거느리고 조선으로
이주했다. 주나라 초에는 봉건제를 실시했고, 각지에 제후를 분봉했
다. 분봉과 조공제도란 노예제 국가가 소속된 후侯와 백伯, 그리고 부
락을 정치와 경제적으로 통치하는 방식을 말한다. 이외에 국왕은 사
방의 민족에게 책봉을 실행하고 중원 왕조에 조공하며 신하 관계를
유지하였다. 그뿐만 아니라 분봉과 조공 관계를 국외에도 확대해 다
른 나라와 민족 이런 방식을 적용해 통치했다. 주나라 무왕은 기자가
조선으로 이주했다는 소식을 접하고 그에게 후侯의 봉호를 내리고
기후箕侯로 삼았다. 기자가 5천명의 중국인을 통솔하고 조선에 도착
한 후에 그 지역의 조선인과 함께 생활하면서 국가를 건설했고, 지금
의 평양인 왕검성王儉城에 수도를 정했다. 사서는 이를 기자조선이라
고 한다. 기자조선은 주나라의 봉호를 받고서 주나라의 번속藩屬이
되었다. 이후에 매년 12년마다 한 번씩 조공했다. 무왕 13년에 기자
는 무왕의 부름에 응하여 주나라 호경鎬京에 도착했고, 무왕과 함께
치국의 이치를 토론하였다. 이때 기자는 '홍범洪範'이란 제목의 문장
을 작성하기도 했는데, 무왕이 이를 보고 매우 만족했다. 기자는 조
공 후에 중국의 선진적인 생산기술과 사상문화를 함께 도입하기도
했다. 예를 들면 농경과 양잠기술, 시서와 예약, 의약과 점복, 팔조법
금 등이 그것이다. 팔조법금八條法禁이란 8가지 법령으로 아쉽게도
현재는 그중 3가지 조항만이 전한다. 즉《한서》에 이르길 "사람을 죽
인 자는 사형에 처한다. 남에게 상해를 입힌 자는 곡물로써 배상한다.
남의 물건을 훔친 자는 데려다 노복奴僕으로 삼고, 여자는 노비奴婢

로 삼는다."[12]라 했다. 이런 선진문화의 흡수를 통해 고조선 사회는 신속하게 발전했다.

기자가 5천명을 이끌고 조선으로 이주했다는 기사는 한중의 역사 문헌 외에도 많은 고적을 통해 방증이 가능하다. 고려왕조시기에 세 웠다는 기자의 사당은 비록 소멸하고 지금은 없지만 북한이 등장 이 전까지 평양에는 기자묘箕子墓와 기전箕田이 있었고, 기자묘는 보존 이 비교적 온전한 반면 기전은 그 흔적만이 남았다고 한다.

기전은 평양의 남쪽에 위치했고, 담문毯門과 정양문正陽門에 있었 다고 한다. 조선 중기시대의 한백겸은 일찍이 《기전고箕田考》[13]를 저 술했고, 기전에 대해서 다음과 같이 언급하기도 했다. 즉 기전이란 '전田'자로 각 전은 넷이 모여 구區가 된다. 1구는 70무畝이고, 횡계橫 計가 4전 8구이며, 수계竪計 역시 4전 8구로서 8구가 8개인 64구가 가지런하게 정렬되었다. 구와 구 사이에는 1무畝 넓이의 길을 남겼 고, 전과 전 사이에는 3무 정도 크기의 길을 두었다. 16전이 기본적인 구분이고 64구획을 1전甸으로 구분하였다. 이런 3전 옆에는 다시 9무 넓이의 길을 두어 성문에서 시작해 바로 대동강大同江에 이르도록 했다. 모서리가 있거나 기울어져 버린 땅은 방형으로 구획할 수 없기 때문에 1~2개의 전과 2~3개의 구로 지세에 따른 것을 "여전余田"이 라 했고, 구마다 70무로 구획했다. 이상과 같은 한백겸의 설명을 보

---

12) 《漢書·地理志》 "相殺以當時償殺; 相傷以穀償; 相盜者, 號沒入為家奴, 女 子為婢。"

13) 《箕田考》: 한백겸의 제시한 주장으로, 주된 내용은 정전법井田法에 기초를 두 되, 평양 기전의 전형田形과 묘법畝法은 맹자의 논법과 다르다. 즉 모든 구획의 기초를 전자田字에 두고, 전이 넷이 모여 구區가 되고, 1구는 70묘畝이며 횡계 橫計인 가로가 4전8구이며, 수계竪計인 세로가 4전8구로서 사방은 64구로 되어 16전을 기본적인 구분이고, 64구획을 1전甸으로 구분했다.(역자 주)

면 알 수 있듯이 기전은 가지런한 방형으로 이는 상대商代 갑골문의 전田 자와 서로 부합한다. 그리고 1구 10무는 맹자가 말한 "은나라 삶은 70무畝으로 조법助法을 실행했다."[14]와도 일치한다. 이로 볼 때 기전의 구획 방법은 기자가 상商나라에서 전래한 것으로 볼 수 있다.

기자묘는 다른 말로 기림箕林이라 불렸고, 평양의 현무문 밖에 위치했으며 그 규모는 비교적 작다. 묘 앞에는 비석이 있고, '기자릉箕子陵'이란 글자가 적혀있다. 묘의 정면 양측에는 2명의 인물 석상이 있다. 기자묘는 언제부터 조성되었는지 알 수 없고, 후대에 이르러 훼손이 되었다가 광서光緒 15년(1889)에 다시 중건되었다. 황염배黃炎培와 추노鄒魯는 1928년, 1945년 선후로 북한 평양을 방문해 이를 직접 목격했다고 전한다.

이외에 100여 년 전에 상주常州 출신의 이李모라는 사람의 석관에서 기씨箕氏 족보가 발견되기도 했다. 족보에는 기자에서 41대 애왕哀王까지 이르는 왕의 시호諡號와 재위 연수를 상세히 기록했고, 마한 시대에 진입한 후에도 8명의 왕명을 수록했다.[15]

기자조선의 역사는 한중의 역사 문헌 자료 외에도 고고 자료를 통한 방증도 가능하다. 1973~1974년 사이에 중국 요녕성 객좌현喀左縣 북동촌北洞村 교혈窖穴에서 청동기 군群이 2곳이 발굴되었다. 2호 교혈에서 은주시기 청동기 6점이 출토되었다. 그중에 명문으로 기록된 "기후아관罝侯亞旣"라는 방정方鼎은 은나라 말기의 것과 동일한 것이다. 관련 고증에 의하면 "아화亞盉와 북동 방정의 씨족은 모두 기후아관罝侯亞旣의 것이다. 즉 기후罝侯를 씨족으로 하는 기족의 지파의

---

14) 《孟子·藤文公上》 "殷人七十而助。"
15) 潘公昭, 《今日的韓國》, 74쪽.

후손이다"16)고 했다. 은말의 기戛는 기자의 기箕이고, 명분에 보인 기후아관箕侯亞虎은 어떤 경우 감廿을 생략하고 "아관亞虎"이라고 적었다. 문자의 자형으로 보면《설문해자》는 "감廿은 고문의 기箕이다."17)라고 했다. 즉 다리를 뻗고 앉는다는 뜻의 기거箕踞의 기箕로《설문해자》는 이를 기戛로 수록했다. 이처럼 명문의 기戛는 기자의 기箕이고 기戛와 함께 사용되었다. 앞서 언급한 출토 문물은 산동 지역에 거주한 기족箕族의 상황을 반영한 것이고, 은말과 주초에 이르러 이들 부족의 지파 후손들이 요녕에서 생활을 했다는 것을 말한다. 1호 교혈窖穴에서 출토된 5개의 술잔罍과 작은 항아리甌는 모두 상대 후기의 식기류이다. 그중 술잔에 "父丁䇂火兇亞"라는 명문이 있다. 저명한 고고학자인 당란唐爛 교수는 "䇂火"를, 즉 고죽孤竹이라 주장했고, 근거로는 "요녕 객좌略左라는 지역 일대는 상나라 시기 고죽국孤竹國이 활동했던 지역이다."18)라는 점을 언급했다. 이상과 같이 요녕 지역은 은말과 주초에 기족箕族의 지파 후손이 거주했던 지역이고, 이를 통해 기자, 혹은 기족이 고조선으로 이주했음을 증명하는 자료이다.

1941년 요녕 객좌현의 작은 성곽 유적에서 은주 시기의 동정銅鼎이 발굴되었다. 1955년 같은 현의 북동촌의 유적지에서 재차 서주 초기의 교혈에서 그릇류의 유물군이 발견되었다. 1958년 같은 현재 노합하老哈河에서 중원문화와 밀접하게 관련된 청동기가 출토되었고, 그 연대는 동주東周 시기에 근접했다. 이 외에도 요녕에서 많은 춘추 말과 진한 시기의 묘장墓葬이 발굴되었고, 이곳에서 중원문화와 동일

---

16) 晏琬,〈北京·遼寧出土青銅器與周初的燕〉,《考古》, 1975, 第5期.

17)《說文解字》"甘, 古文箕."

18) 唐爛,〈從河南鄭州出土商代前期青銅器談起〉,《文物》, 1973, 第1起.

한 도기陶器와 동기銅器가 발견되었다.

고조선의 경내에서 출토된 많은 동기는 요녕의 것과 매우 근접하거나, 혹은 유사했다. 이점에 대해 북한의 저명한 고고학자인 도유호都有浩[19] 교수는 "북한의 나진 초도草島의 청동 문화는 아마도 중국 요녕 지역의 것과 관련이 있는 것 같다."라고 언급하기도 했다.《조선통사》에서도 역시 이르길 "조선에서 출토된 청동기 가운데 많은 것은 중국 계통의 세형동검, 동쟁銅錚, 동렴銅鐮 등의 무기와 동령銅鈴, 장신구와 동경銅鏡 등은 시기적으로 중국의 고전古錢와 함께 출토되었다."[20]고 하였다. 이상과 같이 기원전 11세기인 은말과 주초에 중국과 한국인은 이미 광범위하게 서로 접촉했고, 많은 중국인이 한국으로 이주해서 거주했다. 이로 인해 서로 비슷하고 유사한 문화가 탄생하기 시작했을 것으로 보인다.

이상 언급한 바와 같이 은말과 주초에 기자는 백성을 인솔해 고조선으로 이주하면서 상商의 문화를 유입했고, 이는 고조선의 사회발전과 함께 화교사의 시작을 알렸다.

---

19) 도유호都有浩 : 함경남도 함흥출생으로 광복 이후 북한 고고학 발전에 큰 공적을 남긴 학자이다. 수많은 유적발굴조사를 하고 보고서를 발표했고, 많은 논문과 저서를 남겼다. 그중에서 가장 중요한 주장과 저술은 '고조선의 위치 비정설'과 『조선원시고고학』의 출간이다. 북한의 역사학계에서는 고조선의 위치에 대해 '만주설滿洲說'과 '평양설平壤說'로 갈리게 되었다. 이후 10여 년간 토론을 통해 1961년 김석형金錫亨을 비롯한 이지린李趾麟·백남운白南雲 등의 문헌사가들이 '재만주설'을 주장했다. 반면 고고학계의 도유효 등은 '평양설'을 주장했지만 1963년에 다시 개최된 토론회에서 '평양설'은 사라지고, 고조선의 '만주설'이 북한 학계의 정설이 되었다.(역자 주)

20) 조선과학원역사연구소,《朝鮮通史》, 賀劍城譯, 吉林人民出版社, 1975, 4쪽.

2 진秦나라 시기

전국 말기에 진은 날로 강성해졌다. 기원전 221년 진은 전국의 6국을 통일하고 중앙집권적인 통일 제국을 건설했다. 이때 한반도에는 북부의 고조선과 남부의 마한, 변한 등의 여러 나라가 있었다. 마한은 충청, 전라와 경상 일부 지역을 점령하며 그 세력이 가장 막강했다. 고조선 왕인 부否는 진을 견제하기 위해 "진秦의 공격을 두려워하며 진에게 복속할 것을 약속했다."[21]라며 칭신稱臣했다.

진시황은 중국을 통일한 후에 가혹한 형벌로 백성을 혹사시켰고, 2세二世의 폭정은 이루 말할 수가 없을 정도가 되어 백성의 삶은 도탄에 빠지고 말았다. 기원전 209년인 진의 이세 원년에 진승陳勝과 오광吳廣이 기의를 했고, 연이어 항우項羽와 유방劉邦이 이틈을 이용해 패권을 장악하려고 했다. 진나라는 기의로 멸망하고 수년간의 초한 전쟁이 지속되었다.

진의 6국 통일하고 멸망했던 이 시기에 수많은 중국인은 전란과 과중한 부역을 피해서 한반도로 도망해 이주했다. 이런 사람 중에 어떤 이는 산동 반도를 통해 해로로 한반도의 중부와 남부에 도달했고, 어떤 이는 요동에서 육로로 한반도의 북부 지역에 도착하기도 했다.

해로를 따라 한국 중부와 남부에 도착한 중국인은 해당 지역의 한국인과 우호적인 관계를 유지하며 점차 융합되며 진한辰韓을 건국하기도 했다. 《후한서·동이전》 기록에 의하면 "진한辰韓은 늙은 노인이 스스로 말하길 진秦 나라에서 도망쳐온 사람들인데 고역을 피해 한국韓國에 도착하자 마한이 동쪽 변두리 땅을 떼어 주었다고 한다.

---

21) 《三國志·魏志·魏略》 "畏秦襲之, 略服屬秦。"

나라를 방邦이라 하고 활을 호弧라 하며 도적을 구寇라 하고 술을 따르는 것을 행상行觴이라 하며 서로를 부를 때 도徒라 하는데 진나라 말과 비슷해서 때로는 진한秦韓이라고 부르기도 한다."[22]라고 했다. 《진서·동이전》에도 유사한 기록을 볼 수 있는데, 이르길 "진한은 마한의 동쪽에 위치하고 있다. (우리들은) 옛날의 망명인으로 진秦나라의 고역을 피하여 한국韓國으로 왔는데, 마한이 그들의 동쪽 땅을 분할하여 우리에게 주었다. 그곳에는 성책城柵이 있다."[23]고 했고, 《양서·동이전》에는 "진한辰韓은 또 진한秦韓이라고도 하는데, 중국과 만萬 리의 거리에 있다. 전해 오는 말에 의하면, 진나라 시대에 부역을 피해 도망친 사람들이 마한으로 오자, 마한이 역시 동쪽 경계를 떼어 주며 거주하게 하였는데, 그들이 진나라 사람들이기 때문에 진한이라고 이름 붙였다. 언어와 사물 명칭은 중국인과 유사하다."[24]고 했다.

이상의 내용처럼 진의 6국 정벌과 전국 통일 이후에 원래 제齊·초楚·한韓 등의 백성들은 전란과 과중한 요역을 피해서 산동 반도를 통해 한반도 중부와 남부로 이주했다. 그리고 한반도 남부의 마한은 중국인과 우호 관계를 유지하며 이주민을 도왔고, 지금의 경상북도 경주 지역 동부 연해안에 부근에 중국인을 거주하도록 했다. 이후에 해당 지역 사람과 함께 진한辰韓을 건국하고 경주를 수도로

---

22) 《後漢書·東夷傳》"辰韓耆老自言, 秦之亡人, 避苦役, 適韓國, 馬韓割東界地與之。其名國為邦, 弓為弧, 賊為寇, 行酒為行觴, 相呼為徒, 有似秦語, 故或名之為秦韓。"

23) 《晉書·東夷傳》"辰韓在馬韓之東。自言秦之亡人避役入韓。韓割東界以居之。立城柵, 言語皆類秦人, 由是或謂之為秦韓。"

24) 《梁書·東夷傳》"辰韓亦曰秦韓, 相去萬里。傳言：彙世亡人避役來適馬韓。馬韓亦割其東界居之。以秦人故, 名之曰秦韓, 其言語名物, 有似中國人。"

삼았는데, 이를 진한秦韓으로도 불렀다. 이후에 한반도 남부의 마한과 변한은 진한과 병립했다. 마한은 세력이 가장 강했고 서부에 위치했고, 진한은 동부의 북부 지역에, 변한은 동부의 남단에 각각 위치했다. 진한의 토지는 비옥해서 생산력이 신속하게 발전하며 국력도 점차 강성해졌다. 이에 대해 이르길 "토지가 비옥하여 오곡五穀을 키우기에 마땅하다. 누에 치는 법을 알며, 면포를 길쌈한다. 소와 말을 탄다. 시집가고 장가가는 일은 예禮에 맞게 한다. 행인들은 길을 양보한다. 나라에서는 철鐵이 나오는데, 예濊·왜倭·마한이 나란히 이를 좇아 사들인다. 무릇 모든 무역과 교역에 모두 철을 화폐로 삼는다. 그 풍속에 노래하며 춤추며 북을 치고 거문고 뜯는 것을 좋아한다."25)라고 했다.

이와 같은 시기에 현재 하북과 요녕 지역에 위치했던 연燕·제齊·조趙의 백성은 전란과 과중한 요역을 피해 육로를 통해 요동에서 한반도 북부인 고조선으로 이주했는데, 그 인원이 무려 수만에 달했다. 이때 고조선 국왕인 부否는 이미 사망하고 그 아들인 준准이 왕위를 계승했다. 고조선의 준왕은 중국인의 이주를 지지하며 이들을 서부에 안착시켰다. 이에 대해서 이르길 "(진나라 말년에) 진승陳勝 등이 기병하여 천하가 진秦에 반기를 드니, 연燕·제齊·조趙 지역의 백성 수만 명이 조선으로 피난하였다."26)라 했고, 또한 "진승과 항우가 봉기하고 천하가 어지러워지자, 연·제·조의 백성들이 괴로움을 겪어 서서히 준에게 망명하니, 준은 이에 이들을 서방에 거처하게 했다"27)

---

25) 《後漢書·東夷傳》 "土地肥美, 宜五穀。知蠶桑, 作縑布。乘駕牛馬。嫁娶以禮。行者讓路。國出鐵, 濊·倭·馬韓並從市之。凡諸(貨)[貿]易, 皆以鐵爲貨。俗喜歌舞飮酒鼓瑟。"
26) 《三國志·魏志·濊》 "陳勝等起, 天下叛秦, 燕·齊·趙民避地朝鮮數萬口。"

라고 했다. 그리고 "한나라 초기에 큰 난이 일어나 연·제·조의 사람들로서 다른 땅으로 피해 가는 자가 수만여 구口에 달했다."[28]고 했다. 이와 같이 1만여 명의 중국인이 고조선 서부에 정착했다.

3 서한西漢 시기

기원전 202년 서한이 건국되었다. 서한 초에 변방의 안정과 통치 강화를 위해 동북 지역에 군현을 설치했다. 한 고조는 노관盧綰을 연왕燕王으로 삼고 지금 북경인 계薊란 곳에 봉했다. 연은 동북의 어양漁陽·우북평右北平·요서遼西·요동遼東 등의 지역을 관할했다. 기원전 195년인 한고조 12년에 연왕 노관은 흉노와 결탁해서 한을 배반했다. 이에 고조는 이듬해 2월에 번쾌樊噲와 주발周勃에게 노관의 정벌을 명했다. 이에 번쾌는 신속히 연국燕國의 수도인 계를 점령하자 노관은 흉노로 도주했고, 연이 관할한 지역을 중앙에 복속시켰다.

연왕의 모반과 한의 출병과 정벌 과정에서 연의 많은 백성들은 전란을 피해 도망했다. 이때 연나라 사람 위만衛滿은 천여 명을 이끌고 강을 건너 고조선으로 도망했다.

고조선의 왕인 준準은 위만 등 천여 명을 예우하며 "연왕 노관이 반란을 일으켜 실패한 뒤에 흉노로 망명했고, 위만은 무리 천명을 이끌고 장성을 나와서 조선 사람의 복장을 하고 조선 사람처럼 머리를 땋아서 장성을 나온 뒤 패수浿水를 건너 진나라의 빈터인 장성의 위

---

27) 《三國志·魏志·魏略》 "陳·項起, 天下亂。 燕·齊·趙民愁苦, 稍稍亡往准。 准乃置之四方。"

28) 《後漢書·東夷傳》 "漢初, 大亂。 燕·齊·趙人往避地者數萬口。"

와 아래에 거처했다."29)고 했다. 그리고 "준왕이 믿고 그를 총애해 박사를 제수하고 규圭를 하사하고, 백리의 봉지封地를 주고는 서쪽 변경을 지키도록 했다."30)라고 했다. 그래서 위만 등 천여 명은 이곳에 정착하게 되었다.

이후 위만과 연합한 새로운 정치세력은 고조선의 수도인 왕검성王儉城을 공격하자, 준왕은 버티지 못하고 패하여 도망했다. 이르길 "위만이 중국의 망명자들을 유인하여 그 무리가 점점 많아지자, 준왕에게 사람을 보내 거짓으로 알리기를, '한漢 나라의 군대가 열 군데로 쳐들어오니, 왕궁王宮에 들어가 숙위宿衛하기를 청합니다.'라고 하고는 드디어 되돌아서서 준왕을 공격하였다. 준은 위만과 싸웠으나 상대가 되지 못하였다."31)고 했다. 이후 위만은 왕검성을 점령한 후에 스스로 왕이 되고 국호를 조선이라 하니 사서는 이를 일컬어 위만조선이라 했다.

이후 위만조선은 한에게 신속臣屬을 했다. 위만은 한으로부터 많은 물자와 병력의 지원을 획득하고 부근의 진번과 임둔 등의 부락을 정벌하기도 했다. 이곳은 지금의 청천강淸川江 이남에서 한강漢江 이북과 동해안 함경남도 및 강원도 일부 지역을 포함하는 곳으로 그 영향력을 사방 천 리까지 확대되었다.

위만조선은 위만의 손자 우거왕右渠王에 이르렀을 때 그는 더 이

---

29) 《史記 · 朝鮮列傳》 "燕王盧綰反, 入匈奴。滿亡命, 聚党千餘人, 魋結蠻夷服而東走出塞, 渡浿水, 居秦故空地下上障。"

30) 《三國志 · 魏志 · 魏略》 "(朝鮮王)准信寵之, 拜一為博士, 賜以圭, 封之百里, 令守西邊。"

31) 《三國志 · 魏志 · 魏略》 "滿誘亡黨, 衆稍多, 乃詐遣人告準, 言漢兵十道至, 求入宿衛, 遂還攻準。準與滿戰, 不敵也。"

상 한나라 황제를 알현하지 않았고 계속해서 한나라의 도망자를 초무했다. 특히 남방의 진번 등의 부락들이 한과 직접 교류하는 교통로와 사신을 가로막았다. 이에 한 무제는 원봉元封 2년인 기원전 109년에 섭하涉何를 사신으로 고조선에 파견해서 우거왕의 태도 변화를 권유했다. 그러나 우거왕은 이런 경고를 무시하자 섭하는 귀국하며 패수浿水에 도착하자 호송을 해주던 고조선 비왕장裨王長의 주살을 명했고, 이후에 강을 건너 무제에게 귀국 보고를 했다. 이에 무제는 섭하를 요동군 동부도위東部都尉로 임명했다.

이후 우거왕은 비장왕의 피살을 목도하고 바로 요동군을 공격해서 섭하를 주살했다.

같은 해 가을에 무제는 수륙의 두 갈래로 5만의 병사를 이끌고 위만조선을 공격했다. 수로는 양복揚僕이 군사를 이끌고 산동에서 황해를 건너 한반도의 대동강 입구인 열구列口에 도착한 후에 왕검성을 공격한다는 계획을 세웠다. 육로의 경우 순체筍彘가 군사를 이끌고 요동에서 출발해 왕검성으로 진격하고자 했다. 이에 위만조선의 강력하게 저항했고, 한의 수륙 군사는 순조롭게 진격하지 못했다. 결국 무제는 담판을 제안하기에 이르렀다. 그럼에도 담판은 성사되지 못했다. 다급해진 무제는 재차 수륙의 군사를 동원해 공격을 강화하며 양복을 왕검성으로 진격할 것을 명했다. 이에 위만조선은 연이어 패배했고, 수도인 왕검성은 한나라 군사에 포위되며 6개월을 버텼다. 그러나 최후에 우거왕은 신하에게 피살되고 왕검성이 함락되며 위만조선은 멸망하고 말았다.

한 무제는 위만조선을 멸망시킨 후에 이곳에 낙랑樂浪, 임둔臨屯, 진번眞番 등 3개의 군을 설치했다. 이에 대해 사서에서 이르길 "여름에 조선이 그 나라 왕인 우거를 죽이고 항복하자, 그 땅을 낙랑·진번·임둔·현도로 만들었다."32)라 했다. 한은 이후에 다시 현토군玄菟郡을 추가로 설치해 이를 한사군漢四郡으로 불렀다.

한사군의 최초 위치는 낙랑군의 경우 청천강淸川江 이남과 자비령慈悲嶺 이북으로 지금의 평안남도와 황해도 북부에 해당한다. 진번군은 이전 진번眞番이란 지역으로 자비령 이남과 한강 이북으로 지금의 황해도 대부분과 경기도 일부가 속한다. 임둔군은 이전 임둔지역으로 동북 해안과 지금의 함경남도의 단천端川 이남과 철령鐵嶺 이북 전역을 포함한다. 현토군은 지금의 압록강 유역과 혼강渾江인 동계강佟桂江 유역이다. 한사군을 설치한 후에 그 아래에 다시 많은 현을 설치하였다. 이후 한사군의 위치는 누차 변화했다. 그리고 무제武帝는 한인을 임명해서 사군과 각 현의 관리로 삼았다. 동시에 원래 위만조선의 귀족에게 작위를 주고 통치에 참여하도록 했다. 한나라 소제昭帝 5년(기원전 82년)에 임둔과 진번군을 철수시키고 그 관할 지역을 낙랑과 현토에 나누어 분할시켰다. 이를 사서 이르길 "임둔과 진번을 파하고 낙랑과 현토에 합병했다."33)고 했다.

한사군 설치 이후에 한인 관료들이 이곳에 임관했고, 또한 수많은 중국인이 이주했다. 이외에 적지 않은 중국 상인들이 이곳의 경제 무역을 촉진시켰다.

양국의 무역 관계가 밀접해지면서 당시 중국의 금속화폐와 금속 제품이 다량으로 조선에 유입되었다. 그래서 한반도 경내에는 중국의 전국 시기 금속화폐와 다양한 금속 도구들이 출토되기도 했다. 예를 들면 한반도 북부 자강도慈江道의 위원군渭原郡·강계군江界郡과

---

32) 《漢書·武帝紀》 "(元封三年)夏, 朝鮮斬其王右渠, 降。以其地, 爲樂浪·臨屯·玄菟·真番郡。"

33) 《後漢書·東夷傳》 "罷臨屯·真番, 以並樂浪·玄菟。"

평안도의 영원군寧遠郡 등지에서 다량의 도전刀錢과 철제 농기구가 발굴되었다. 이러한 화폐와 금속 제품의 일부는 전국 시기 이래로 한중의 무역 관계 속에서 유입된 것으로 보이고, 다른 일부는 전국 말기에 한반도로 이주해 정착했던 화교들이 유입한 것으로 판단된다. 이러한 가설이 옳다면 중국의 금속 제품뿐만 아니라 비단과 칠기 등도 조선에 유입되었을 것으로 보인다. 금속 제품과 비단과 칠기 등의 전래로 당시의 생산기술은 상당히 촉진되었을 것이다.

철기의 유입보다도 더욱 중요한 것은 한자의 전래였다. 중국의 한자는 상대 후기부터 이미 성숙 된 단계에 진입해서 "갑골·복사卜辭·기물의 명문銘文에서 문자가 등장했고, 그 수량은 3,500개 정도에 이른다."[34]고 했다. 진말秦末과 한초漢初에 이르러 금속 기물에 명문을 새겼다. 현재 한반도 경내에는 다수의 금속 제품이 출토되었고, 그중에 특별히 1925년 평양에서 진나라 과戈가 발굴되기도 했다. 이는 기원전 220년인 진시황 25년에 만들어진 것으로 표면에 새겨진 명문은 "진시황 25년 상군수上郡守의 묘廟□ 고노현高奴縣의 공사工師인 조竈·승신丞申인 공工, 신염薪鹽이 제작했다."[35]라고 했다. 관련 조사 보고서에 의하면 한반도 서북 6개 지방에서 출토된 명도전明刀錢을 주조하는 거푸집에는 새겨진 한자가 중복된 것을 포함해 3,000개에 달했다.[36] 평양 부근에서 발견된 한자 명문이 새겨진 효문孝文의 문묘 동종銅鐘은 한나라 원제 영광永光 3년(기원전 41년)에 주조된 것이었다. 동종 표면에는 "효문묘孝文廟의 동종銅鐘이며 용량

---

34) 郭沫若 主編,《中國史稿》第1冊, 200쪽.
35) "廿五年上郡守廟(?)□造高奴工師竈(?)丞申工□薪鹽。",《古迹調查特別報告》第4冊, 344쪽.
36)《朝鮮考古學研究》, 196-236쪽.

은 10승升이다. 무게는 47근斤이다. 영광永光 3년(기원전 41년) 6월에 제조하다."[37]라는 명문이 새겨있다.

이외에도 한 무제는 일찍이 치수에 능했던 팽오彭吳를 한반도로 보내서 조선의 강을 치수했다. 이를 조선의 사서는 이르길 "팽오는 국내의 하천을 다스리어 백성들의 거주 터전을 만들었다."[38]라고 했다. 그리고 《본기통람》에는 이르길 "우수주牛首州에 팽오비彭吳碑가 있다."[39]라고 했다. 이처럼 팽오는 한반도에 거주하면서 많은 업적을 세워서 사후에도 당시 사람들은 그를 위해 기념비를 세우기도 했다.

다른 사례를 보면 한나라 초기에 전란을 피해 한반도로 이주한 왕중王仲과 그의 8대 후손인 왕경王景은 역시 한국의 문화발전에 크게 공헌했다. 왕중과 후손인 왕경은 특히 천문 지식에 정통했다. 이들은 한국에 거주하면서 한중 양국의 천문학 교류와 발전에 이바지했다.

4 동한東漢에서 남북조南北朝 시기

서기 25년 유수劉秀는 전국을 통일하고 한 왕조를 재건해 낙양洛陽에 수도를 정하니, 사서는 이를 후한後漢, 혹은 동한이라 칭했다.

184년에 황건黃巾 기의가 일어나고 동한이 멸망하자 각 지역의 호족이 할거하기 시작했다. 220년을 시작으로 위魏·촉蜀·오吳 3국이 잇달아 건국했고, 이때부터 중국은 바야흐로 삼국 시기에 접어들기

---

37) "孝文廟銅鐘容十斤重卅十斤永光三年六月造", 《朝鮮考古學硏究》, 196-236쪽.
38) "彭吳治國內河川, 以奠民居。", 《華僑志·韓國》, 150쪽.
39) 《本紀通覽》 "牛首州有彭吳碑。"

시작했다. 265년에 서진西晉의 건국과 함께 중원은 다시 통일되었다. 316년에 서진이 멸망한 후에 동진이 건국했다. 동진은 국력이 매우 약했기 때문에 통치 세력의 영향력은 장강의 이남으로 한정되었다. 장강 이북의 북방은 후조後趙·전조前秦·연燕 등의 16국 시대가 전개되었다. 386년에 북위北魏가 건국되어 북방을 통일했는데, 사서는 이를 북조北朝라고 한다. 420년 강남에 동진은 송宋으로 교체되면서 남조南朝 정권이 시작되었다. 이후에 중국은 남북조 시대로 접어들었다. 이 시기 남조는 송宋·제齊·양梁·진陳의 4개 왕조를 거쳤고, 북조는 북위, 북제北齊, 북주北周로 이어졌다. 이후 589년에 남북조 시대가 막을 내렸다.

이상의 언급과 같이 25년에서 589년에 이르는 564년간 중국은 왕조의 교차가 거듭되었고 전란이 빈번히 발생하는 형국이 지속되었다.

이와 동시에 한반도에는 시기적으로 전기에는 진한·마한·변한과 후기에 이르러 신라·백제·고구려가 서로 대립하는 삼국시대가 전개되었다.

중국과 한국의 각 왕조는 종번宗藩이란 관계 속에서 무역 관계를 계속 유지했다. 그사이에 자연스럽게 많은 중국인이 한국으로 이주해 거주했고, 이상과 같은 500여 년 사이의 중국에서 발생한 빈번한 전란으로 한국으로 피난한 중국인은 더욱 증가했다. 하지만 사서에는 이에 관련 기록을 상세하게 언급하지 않아서 그 전체적인 모습을 정확히 알 수는 없다. 그럼에도 단편적인 사실을 통해서 그 대략적인 상황을 파악해 볼 수 있다.

561년 백제는 남조인 양梁나라에 사신을 파견해 열반경의涅槃經義과 모시박사毛詩博士 및 장인匠人과 화가를 요청하기도 했다. 이에 양나라는 육후陸詡를 백제로 파견해서 경학을 강의했고[40], 장인과 화가를 백제로 파견했다.

550년 북조의 북제北齊는 동위東魏를 공격했고, 이에 동위의 많은 사람이 고구려로 피난했다. 또한 북제가 동위를 멸한 후에 즉시 고구려로 피난을 갔던 중국인의 환송을 요구하기도 했다. 고구려는 처음에 이런 요청을 거부했지만 결국 압박에 견디지 못하고 5천 호의 중국인을 환송 조치하였다.[41] 이와 같이 당시 고구려로 피난을 갔던 화교는 매우 많았다는 사실을 알 수 있다.

565년 진陳은 유사劉思와 승려 명관明觀을 신라로 파견하면서 석씨경론釋氏經論 1,700여 권을 함께 보내기도 했다.[42]

이상과 같은 사실을 보면 이 시기 삼국에 거주한 화교는 그 수가 매우 많았고, 특히 그중에는 전란을 피해 이주한 사람들 외에도 황제의 명을 수행한 문인, 승려, 장인, 화가 등도 있었다. 375년 동진의 박사인 고흥高興은 백제에 도착했는데 이르길 "이때 이르러 박사博士 고흥高興을 얻어 비로서 서기書記를 갖게 되었다."[43]고 했다. 이처럼 중국의 문인은 백제문화 발전에 중요한 역할을 했다.

---

40) 《三國史記·百濟本紀》, 같은 내용이 《南史·百濟》에도 보인다.

41) 《北史·高麗傳》

42) 《三國史記·新羅本紀》

43) 《三國史記·百濟本紀》 "至是得博士高興, 始有書記。"

제2절 수隋에서 송宋까지

1 수당隋唐과 오대십국五代十國 시기

1) 수隋

581년 양견楊堅이 황제를 칭하고 국호를 수隋로 정했다. 수나라는 양제煬帝에 이르러 618년에 멸망했다. 수나라 시기에 한반도는 여전히 신라·백제·고구려의 삼국이 경쟁하며 대립하던 시기였다. 이 시기 한국에 거주한 화교는 문헌을 보면 대략 2가지 부류가 있다. 하나는 평화적으로 이주한 평민들이 있고, 다른 하나는 전란으로 이주한 수나라 장수와 병사 등이 있다.

수나라와 백제, 신라는 우호적인 관계를 유지했다. 백제와 신라에는 모두 화교가 거주하고 있었다. 《수서·동이전》 조항을 보면 백제는 "(백제) 사람들은 신라, 고려, 왜 등의 사람들과 섞여 산다. 심지어 중국인도 있다. (백제의) 옷은 대체로 고려와 비슷하다."[44]라고 했다. 그리고 《수서·동이전》의 신라조항을 보면 신라인은 "그래서 그 나라 사람들에는 중국인이 섞여 있다"[45]고 했다. 신라와 백제 지역에 거주

---

44) 《隋書·東夷傳》 "其人雜有新羅·高(句)麗·倭等, 亦有中國人, 其衣服與高(句)麗略同。"
45) 《隋書·東夷傳》 "其人雜有華夏。"

한 화교는 아마도 평화적으로 이주한 평민으로 보인다.

　수와 고구려의 관계는 비교적 대립하는 관계에 있었고, 쌍방은 모두 4차례에 걸쳐 전쟁을 벌이기도 했다. 598년 고구려는 수나라의 요서遼西를 공격했고, 수나라는 이를 격퇴했다. 그럼에도 문제文帝는 이 소식을 접하고 양량楊諒에게 수륙으로 30만의 군사를 이끌고 고구려를 공격하도록 했다. 하지만 양량은 대패당하여 퇴각하고 말았다. 이에 수나라 양제煬帝는 612년·613년·614년에 연속해서 3차례 고구려를 공격했지만, 역시 크게 참패하고 말았다. 패배한 수나라 군사는 가운데 일부의 낙오자는 아마도 돌아오지 못했을 것이다. 예를 들면 612년 양제가 제1차로 고구려를 공격할 때 "처음 9군이 요동에 도착했을 때는 총수가 30만 5천 명이었는데, 요동성으로 돌아갔을 때는 다만 2천 7백 명뿐이었다."[46]라고 했다. 이처럼 수나라 군사 중 죽음을 면한 자 외에도 상당한 수량의 군졸들은 해당 지역에서 정착했음을 알 수 있다. 622년에 당나라 고조인 이연李淵은 고구려의 영류왕榮留王에게 수나라의 군졸을 중국으로 반환하라고 요청했다. 이에 고구려는 이르길 "중국인을 모두 수색해서 예의를 갖춰서 송별하니 전후 그 수량이 5만에 이르렀다."[47]라고 했다. 이처럼 많은 수의 사람이 있었음을 알게 한다. 특히 여기서 반드시 언급해야 할 점은 수나라와 고구려는 영토를 인접하면서 평화롭게 고구려로 이주한 화교들이 백제와 신라에 비해서 훨씬 많았지만 아쉽게도 관련 기록이 거의 없다는 점이다.

---

46) 《資治通鑑》卷161 "九軍渡遼, 凡三十萬五千。 及還, 至遼東城, 唯二千七百人。"
47) 《舊唐書·東夷傳》 "悉搜括華人以禮賓送, 前後至萬數。"

2) 당唐

618년 당나라가 건국되었다. 이때 한국은 여전히 삼국이 대치하며 경쟁하던 시기였다. 당은 세력은 강성했고, 대외 교류도 광범위했다. 당시 삼국의 고구려·백제·신라는 모두 당에게 조공했다. 이때 당시 한국의 화교는 대략 3가지 종류로 분류할 수 있다. 첫째는 평화롭게 이주한 평민이고, 둘째는 전쟁으로 몰락한 군졸이며, 셋째는 백제와 고구려가 통치 이전 행정 지역의 당나라 관리와 아역衙役·수졸戍卒 등이다. 이를 종류별로 살펴보면 다음과 같다.

(1) 평화롭게 이주한 평민

당시 당나라와 고구려는 영토를 인접했고, 동시에 당시 중국인은 해로를 통해 신라와 백제로 유입할 수 있어서 매우 편리했다. 일본 고승인 원인圓仁이 저술한 《입당구법순례행기》를 보면 당나라 시기 양주揚州·초주楚州·밀주密州·해주海州·사주泗州·등주登州·청주青州 등에 거주하는 많은 신라 상인들과 농민과 승려들이 있다고 언급했다.[48] 이러한 상황은 《신당서》에서도 신라인의 거주지역에서 활동한 화교 상인의 상황을 기술하기도 했다. 그리고 당태종은 신라에 진대덕陳大德을 사절단으로 파견하자 그 지역 화교에게 크게 환영받기도 했다. 이르길 "대덕大德이 그 나라에 들어가 방비하는 관리에게 후한 뇌물을 주어 실정을 샅샅이 파악하고, 중국 유민들을 만나 친척들의 존망存亡을 말해주니, 사람마다 눈물을 흘렸다. 그러므로 가는 곳마다 사녀士女들이 길 양옆에 나와 구경하였다."[49]라고 했다.

---

48) 《入唐求法巡禮行記》卷22.

(2) 전쟁으로 몰락한 사졸

당나라 초기 신라와 백제, 그리고 고구려의 관계는 매우 복잡해지면서 전쟁이 촉발되는 긴박한 상황이 전개되었다. 초기에 고구려와 백제는 신라를 공격했고, 신라는 누차 당나라에 지원을 요청했다. 이에 백제와 고구려의 연합군은 신라를 공격하면서 당과 교류하는 요충지인 당항성黨項城을 점령해 나당의 교통로를 단절하려고 했다. 신라는 위기에 처하자 재차 당에게 지원을 요청했다. 645년 당태종은 수륙 10만 대군을 이끌고 고구려 공격을 감행했고, 신라 역시 병력을 출격시켰지만 결국 패배하고 말았다. 이후 당태종은 647년과 648년에 두 차례에 걸쳐 고구려를 공격했지만 역시 실패하고 말았다. 3차 전쟁 중에 많은 병사가 고구려 진영에 낙오되기도 했다. 흥미로운 것은 현재 한국《중앙일보》문화부 기자인 이하경李夏慶 씨는 자신을 당시 고구려 진영에 낙오되었던 당나라 병사의 후손이라고 사실을 언급하기도 했다.[50]

(3) 백제와 고구려 지역을 통치했던 당나라 관리와 아역衙役·수졸戌卒

655년 백제와 고구려는 연맹을 형성하며 신라를 공격했다. 이에 신라는 30여 개의 성을 빼앗기며 수세에 몰리면서 당에 지원을 요청했다. 660년 당나라는 소정방蘇定方이 통솔하는 13만 대군을 파견해 백제를 공격했고, 신라 역시 출병하여 공격에 가세했다. 이때 백제의 수도는 포위되었고, 국왕이 투항하며 멸망하고 말았다. 당은 백제의

---

49) 《新唐書·東夷傳》"大德入其國, 厚餉官守, 悉得其纖曲。見華人流客者, 爲道親戚存亡, 人人垂涕。故所至士女夾道觀。"

50) 金堅範, 〈中國作家來到漢城〉, 《新觀察》第1期, 1988.

땅위에 5개의 도독부都督府를 세웠고, 왕문도王文度를 웅진도독으로 삼고, 이곳에 유인원劉仁願이 통솔하는 1만 명의 당나라 군사를 주둔시켰다.

667년에는 당과 신라의 연합군이 고구려를 공격했다. 연합군은 평양을 포위하자 고구려 국왕이 투항하고 고구려 역시 멸망하고 말았다. 당나라는 고구려의 영토에 안동도호부安東都護府를 세웠고, 그 아래 9개의 도독부와 42개의 주州, 100개의 현縣을 설치했다. 그리고 설인귀薛仁貴를 안독도호부의 도독으로 임명하고 당나라 군사 2만 명을 이곳에 함께 주둔시켰다.

이후에 백제인은 반란을 일으키며 당나라에 저항했다. 670~671년 사이에 신라는 백제는 연합해서 당군 축출 운동을 지속해서 전개했고, 백제 땅에 주둔한 15만의 당나라 세력은 연합군의 공격을 받고서 결국 백제 땅에서 축출되었다. 이로써 당의 백제 통치 시대도 막을 내리고 말았다.

670~676년에 당은 신라와 수차례 교전을 벌이기도 했지만 모두 실패했고, 당의 안동 도호부는 결국 요동성으로 퇴각하고 말았다. 그리하여 신라는 패강浿江, 즉 지금의 대동강 이남의 한반도 산하를 다시 통일하였다. 패강 이북은 원래 고구려의 부족들이 분포했던 지역이지만 여전히 당의 통치를 받았다. 당나라는 고구려의 옛 땅에 안동도호부를 설치했고, 이는 당나라 말까지 계속 유지되었다. 이렇게 당나라는 많은 관리와 아역衙役, 수졸戍卒 및 이들의 가솔들은 오랫동안 해당 거주지에 머물게 되었다. 이들은 당나라 시기 한국에 거주하는 가장 큰 부류의 교민이 되었다.

3) 오대십국五代十國

907년에 당나라가 망하고 중국은 오대십국五代十國이란 혼란 시기로 접어들었다. 오대란 후량後粱·후당後唐·후진後晉·후한後漢과 후주後周를 지칭한다. 오대는 서로 왕조가 바뀌며 중원을 점령했다. 십국이란 오월吳越·오吳·나당南唐·민閩·남한南漢, 초楚·형남荊南·전촉前蜀·후촉後蜀·북한北漢 등 오대와 함께 공존했던 10개의 정권을 지칭한다. 이 외에도 북방에는 새롭게 등장한 거란의 요遼와 일찍이 동북에서 흥성한 발해가 있었다. 발해는 일찍이 698년에 속말갈의 대조영大祚榮이 건국했는데, 발해는 당과 책봉冊封 관계를 유지했다.

오대십국 시기 한국에 정착한 화교의 수는 상당히 많았는데, 주된 계층은 발해인이었다. 925년에 발해 장군 신덕申德 등은 500인을 통솔하고 고려로 투항했다.[51] 계속해서 발해 예부경禮部卿인 대화균大和鈞은 백석 100호를 인솔하고 고려로 귀속했다.[52] 같은 해 거란이 대거 발해를 공격해 멸망시켰고, 이에 수많은 발해 유민은 대거 고려로 투항하며 이주했다. 《고려사》는 이에 대해 이르길 "거란이 발해의 대인선大諲譔[53]을 공격해 홀한성忽汗城을 포위했다. 패배한 대인선이 항복함으로써 마침내 발해는 멸망했다. 이후 우리에게로 망명해 오는 발해 사람들이 줄을 지었다."[54]라고 했다. 12월 발해의 좌수위소

---

51) 《高麗史》卷1, 太祖8年 "渤海將軍申德等五百人來投。"
52) 《高麗史》卷1, 太祖8年 "渤海禮部卿大和鈞·均老, 司政大元鈞·工部卿大福謨·左右衛將軍大審理等, 率民一百戶來附。"
53) 대인선大諲譔 : 발해의 제15대 왕으로 재위시기는 불명하다. 926년 거란에게 발해가 멸망당해 시호가 없다. 재위했던 기간은 906~926년이다.(역자 주)
54) 《高麗史》卷1, 太祖8年 "乃大擧, 攻渤海大諲譔, 圍忽汗城。大㝷望諲戰敗, 乞降。遂滅渤海。於是其國人來奔者相繼。"

장左首衛小將 모두간冒豆干과 검교개국남檢校開國男인 박어朴漁 등은 백성 1,000호를 인솔하고 고려로 투항했다.[55] 927년 공부工部 경호흥卿昊興 50명과 승려 재웅載雄 등 60명이 고려로 투항했다.[56] 928년 3월에서 9월 사이에 김신金神·대유범大儒範, 은계종隱繼宗 등은 백성을 이끌고 고려로 귀속했다.[57] 이듬해 다시 홍견洪見·정근正近 등은 300여 명을 거느리고 고려에 투항했다.[58] 934년 발해의 세자인 대광현大光顯은 백성 1만 명을 인솔하고 고려로 귀부했다. 이에 고려 태조는 그를 예우하면서 "왕계王繼라는 이름을 내려주고, 종실의 족보에 올렸다. 또 특별히 원보元甫 벼슬을 주어 백주白州[59]를 지키면서 집안 제사를 지내게 했다. 따라온 막료들에게는 벼슬을 주고, 군사들에게는 토지와 집을 차등을 두어 내려주었다."[60]라고 했다. 같은 해 12월에 진림陳林 등 160명이 고려로 투항했다.[61] 938년에 발해 출신 박승朴昇 등 3,000여 호가 고려로 귀속했다.[62]

---

55) 《高麗史》卷1, 太祖8年 "渤海左首衛小將冒豆干, 檢校開國男朴漁等, 率民一千戶, 來附."
56) 《高麗史》卷1, 太祖10年 "渤海工部卿吳興等五十人, 僧載雄等六十人來投."
57) 《高麗史》卷1, 太祖11年 "渤海人大儒範率民來附. (中略) 渤海人隱繼宗等來附."
58) 《高麗史》卷1, 太祖12年 "渤海人洪見等, 以船二十艘, 載人物來附. (中略) 渤海正近等三百餘人來投."
59) 백주白州 : 황해도 연백 지역의 옛 지명이다. 원래 고구려의 도랍현刀臘縣이었는데, 뒤에 치악성雉岳城으로 개명했다. 신라 경덕왕 16년(757)에 구택駒澤으로 고치고 해고군海皐郡의 영현領縣에 편재했다. 그러다가 고려에 들어와 태조 23년(940)에 백주로 고쳤다.(역자 주)
60) 《高麗史》卷2, 太祖17年 "賜姓名王繼, 附之宗籍, 特授元甫, 守白州, 以奉其祀. 賜僚佐爵軍士田宅有差."
61) 《高麗史》卷2, 太祖17年 "渤海陳林等一百六十人來附."
62) 《高麗史》卷2, 太祖21年 "渤海人朴昇, 以三千餘戶來投."

오대 십국시기 발해인이 고려로 대거 이주한 것 외에 오대십국의
백성들 역시 고려로 이주에 정착했다. 그중에 가장 유명한 사람이 후
주後周 출신의 쌍기雙冀였다. 쌍기는 후주에서 무승군절사순관武勝軍
節使巡官 등의 관직을 역임했다. 이후 후주에서 책봉사冊封使로 고려
에 왔다가 병으로 정착하고 귀국하지 않았다. 고려 국왕인 광종은 그
를 극진히 예우하며 관직을 주었다. 958년 쌍기는 광종에게 당나라의
과거제 실행을 건의했고, 이에 "광종光宗이 쌍기雙冀의 말을 채택하
여 과거로써 선비를 선발하였으며, 이로부터 학문을 숭상하는 문풍文
風이 비로소 일어났다. 대체로 그 (과거의) 법은 자못 당唐의 제도를
채용하였다."63)라고 했다. 그리고 이르길 "쌍기는 건의하여 이르길
조정에 과거제를 설치해 인재를 선발하기를 요청했다. 쌍기가 지공
거知貢擧가 되어 시詩·부賦·송頌 및 시무책時務策으로 시험하여 진
사進士을 선발했고, 겸하여 명경明經, 의복醫卜 등도 뽑아서 최섬崔暹
등에게 급제를 내려주었다. 이로부터 인재를 선발하는 법으로 오로
지 과거를 사용했고, 매년 인재를 선발함에 일정하게 정해진 숫자가
없었다. 이런 방법은 대략 당나라의 제도를 계승한 것이다. 쌍기는
누차 공거貢擧를 담당하며 후학을 장려했고, 이로 인해 문풍文風이
비로서 진흥되었다."64)고 했다. 이처럼 쌍기는 고려의 문화발전에 커
다란 공헌을 했다.

---

63) 《高麗史》卷73, 志27, 選擧 "光宗用雙冀言, 以科擧選士, 自此文風始興。大
抵其法頗用唐制."
64) 《東史綱目》卷4下, 光宗9年 "雙冀建議, 請依中朝設科取士。遂以冀知貢擧,
試以詩賦頌策, 取進士兼明經醫卜等業, 賜崔暹等及第。自是取人之法專
在科擧, 逐年取士, 無定數, 其法大抵皆襲唐制。冀屢典貢擧, 獎勸後學, 文
風始興."

2 북송北宋과 요遼나라 시기

960년 조광윤趙匡胤은 황제를 칭하며 송宋을 건국했고, 사서는 이를 북송이라 부른다. 이 시기 중국 북방과 동북 지역에는 거란족이 요나라를 건국했다. 한반도에서는 고려왕조가 흥성했다. 고려와 북송, 요나라는 모두 조공 관계를 유지하고 있었다.

북송과 요나라시기에 고려에 거주한 화교의 수는 매우 많았다. 이때를 고대 시기 가운데 가히 화교가 가장 전성했던 시기라고 볼 수 있다. 북송 사람은 해로를 통해 고려 중부로 유입해 정착했고, 요나라가 통치하는 동북은 원래 발해와 거란 및 여진 등의 민족이 육로를 통해서 고려 북부로 유입해 정착했다.

1) 북송인의 고려유입과 정착

북송인의 고려유입과 정착은 큰 비중을 차지했다.

북송은 고려와 민간무역은 상당히 빈번하게 진행되었다. 많은 상인이 고려를 방문해 무역에 종사했다. 《고려사》·《고려사절요》의 통계를 보면 고려를 방문했던 송상은 송나라 진종眞宗 때가 9차례에 걸쳐 271명이었고, 인종仁宗 시기는 39차례 1,387명이었고, 영종英宗은 3차례 7명이었고, 신종神宗은 21차례 451명이었고, 철종哲宗은 18차례 763명이었고, 휘종徽宗은 13차례 270명에 각각 달했다.[65] 이와 같이 북송 시기 103차례에 걸쳐 모두 3,169명의 상인이 고려를 방문해 무역 활동을 촉진했다. 이런 수량은 가장 최소한의 것으로, 송상宋商

---

65) 문헌 중 '××等'은 모두 2명으로 계산했다.

은 어떤 경우 한 번에 수십에서 수백 명이 고려를 방문해 상업 활동을 전개했다. 예를 들면 1019년 영주永州의 진문궤陳文軌 등은 100여 명에 달했고, 같은 해 복주福州의 노선盧瑄 등 역시 100여 명에 이르렀다. 1038년 명주明州의 진량陳亮과 태주台州의 이준적李准績 등은 147명이었고, 1089년에 황증黃拯 등은 105명이었고, 황조黃助 등은 48명이고, 엽덕총葉德寵 등은 87명에 달했다. 1089년에 영구李球, 양보楊甫·양준楊俊 등은 127명에 이르렀다. 1090년 서성徐成 등은 150명에 달했다. 이러한 대규모 송상 출신의 상인단이 고려를 방문했고, 그중에 다수는 수차례 방문했던 상인들도 많았다. 예를 들면 4차례 방문한 자로는 임밀林宓·곽만郭滿이 있고, 3차례는 임경林慶·평간平簡이 있고, 2차례는 서성徐成·이문통李文通·진준적陳准績·서집徐戢·엽덕총葉德寵·조수趙受·황조黃助·황신黃慎 등이 있다.

북송의 상인은 큰 인원이 고려를 방문했을 뿐만 아니라 고려에 정착해 귀국하지 않고서 북송 시기 고려 화교로 중요한 역할을 수행하기도 했다.

송상인 황흔黃忻은 두 아들인 포안蒲安과 세안世安을 데리고 고려에서 무역에 종사했고, 후에 고려에서 임관하며 결국 귀국하지 않았던 대표적인 사례가 되었다. 1055년 7월에 황흔은 고국에 계신 노모를 돌볼 사람이 없자 고려 국왕에게 장자인 포안을 귀국시켜 부모를 봉양할 수 있도록 간청했다. 이때 고려왕 문종文宗은 그의 요청에 흔쾌히 동의하면서 다음과 같이 말했다. 즉 "신미 예빈성禮賓省에서 상소를 올려 아뢰기를, 송나라 도강都綱 황흔黃忻이 글을 올려 말하기를 '신臣은 자식 포안蒲安과 세안世安을 데리고 내투來投하였는데, 82세의 노모老母가 본국에 있어서 슬플 뿐입니다.'라고 합니다. 큰아들 포안을 돌려보내서 (노모를) 공양하도록 하시길 청한다고 하였다. 이에 왕이 이르기를, '월越 새도 (고향을 생각하며) 남쪽 가지에 깃든다고 하였으니 하물며 사람의 경우에랴!'라고 하며 이를 허락하였다."66)라고 했다.

황흔 외에도 천주泉州의 상인인 구양정歐陽征 역시 고려에 정착했고, 현종顯宗은 그를 "좌우습유左右拾遺"67)에 임명했다. 같은 천주의 상인 황문경黃文景·초종명肖宗明 역시 고려에 정착했고, 문종으로부터 초종명은 "권지경문지후權知閤門祗侯"68)라는 작위를 받기고 했다. 이외에 어떤 송상은 해당 지역의 한국 여성과 결혼한 후에 가정을 꾸리기도 했다.69)

당시 고려에 정착하며 임관했던 송상의 수량은 매우 많았다.《송사》에 이르길 "중국인이 수백 명 있는데, 장사 때문에 배를 타고 간 민閩 지방 사람들이 많았다. (고려는) 몰래 그들의 재능을 시험하고 벼슬을 주어 유혹하거나 강제로 일생을 머물게 하기도 했다."70)라고 했다.

북송 시기 고려에 정착했던 문인과 무사는 큰 비중을 차지했다.

(1) 주저周佇

주저는 온주溫州 출신을 고려 목종穆宗 시기 상선을 따라 고려에

---

66) 《高麗史》卷7, 文宗9年 "禮賓省奏, 宋都綱黃忻, 狀稱, 臣攜兒蒲安·世安來投, 而有母年八十二, 在本國悲戀不已。請遣還長男蒲安供養。王曰'越鳥巢南技, 況於人乎?許之。"

67) 《高麗史》卷4.

68) 《高麗史》卷8.

69) 《鄞縣通志》卷5〈食貨志·通商略史〉.

70) 《宋史·外國傳》高麗 "(高麗王親)有華人數百, 多閩人因賈舶至者, 密試其所能, 誘以祿仕, 或强留之終身。"

도착해서 고려인 채충순蔡忠順과 교류했다. 채충순은 주저의 재능을 알아보고 고려 국왕에게 상주上奏를 올려 이르길 "긴밀히 왕에게 아뢰어 그를 머물게 하였다. 처음에 예빈성주부禮賓省注簿로 임명했다가 몇 달도 안 되어 습유拾遺로 임명하였고, 마침내 제고制誥를 맡겼다."[71]라고 했다.

학사學士 채충순蔡忠順이 그가 재주가 있음을 알고서 긴밀히 왕에게 아뢰어 그를 머물게 하였다. 처음에 예빈성주부禮賓省注簿로 임명했다가 몇 달도 안 되어 습유拾遺로 임명하였고, 마침내 제고制誥를 맡겼다."[72]라고 했다. 후에 고려 현종은 거란인을 피해 남하해 이주한 주저에게 "주저가 호종하여 공을 세웠으므로, 이로 인해 크게 현달하여 단계를 뛰어넘어 예부시랑禮部侍郎·중추원직학사中樞院直學士로 옮겼다. 내사사인內史舍人·비서감秘書監·우상시右常侍를 거쳐 한림학사승지翰林學士承旨·숭문보국공신崇文輔國功臣·좌산기상시左散騎常侍·상주국上柱國·해남현개국남海南縣開國男으로 봉해졌고, 식읍食邑 300호를 받았으며, 얼마 후 예부상서禮部尙書로 승진했다."[73]라고 했다. 1024년 주가 사망했고, 그를 "성품은 겸손하고 공손하였고, 문필에 능하여 외교문서가 그의 손에서 많이 작성되었다."[74]라고 했다. 이처럼 주의 문재文才는 출중해서 고려는 북송과 요나라로 보내는 외교문서는 대다수 그의 손을 거쳤다.

---

71) 《高麗史》卷94, 〈諸臣傳〉 "密奏留之, 初授禮賓省注簿, 不數月, 除拾遺, 遂掌制誥。"
72) 《高麗史》卷97 〈諸臣傳〉.
73) 《高麗史》卷94, 〈諸臣傳〉 "扈從有功, 由是大顯, 驟遷禮部侍郎中樞院直學士歷內舍人秘書監右常侍, 拜翰林學士, 承旨崇文輔國功臣左散騎常侍上柱國海南縣開國男, 食邑三百戶, 尋進禮部尙書。"
74) 《高麗史》卷94. 〈諸臣傳〉 "性謙恭, 工文翰, 交聘辭命, 多出其手氣。"

(2) 대익戴翼

대익은 1031년부터 고려에 정착했다. 현종은 그를 유림랑儒林郎과 수궁령守宮令 임명하고 의복과 토지를 사여했다.[75]

(3) 신수慎修

신수는 개봉開封 출신으로 송에서 진사에 합격했다. 문종文宗 시기에 고려를 방문했다. 그에 대해서 "학식이 있고 의술에도 정통하였으며, 과거에 급제하여 벼슬이 수사도 좌복야守司徒 左僕射에 이르렀다가 참지정사參知政事로 치사가 되었다."[76]라고 했다.

(4) 신안지慎安之

신안지는 신수의 아들로 자는 원로元老이다. 이르길 "예종睿宗과 인종仁宗[77] 두 임금을 섬겼으며, 지수주知水州로서 정사를 청렴하고 공정하게 하니 향리는 두려워하고 백성들은 편안히 여겼다. 여러 차례 승진하여 병부상서兵部尙書·삼사사三司使·판합문사判閤門事를 역임했다."[78]고 했다. 또한 "몸가짐이 빼어나고 아름다웠으며, 성격과 도량이 너그럽고 넓어 일하는데 청렴하고 공평하였다. 의약醫藥에 능통하였고 한어漢語에 밝아 무릇 남북조南北朝로 보내는 문첩文牒은 그의 손에서 많이 나왔다."[79]라고 했다.

---

75) 《高麗史》卷4, 顯宗4年 "宋閩人戴翼來投, 授儒林郎守宮令, 賜衣物田莊。"
76) 《高麗史》卷97〈諸臣傳〉"有學識, 且精醫術, 登第, 官至守司徒·左僕射, 參知政事致仕。"
77) 고려 예종睿宗의 재임은 1106~1122년, 인종仁宗은 1123~1146년이다.
78) 《高麗史》卷97,〈諸臣傳〉"事睿·仁宗二朝, 知水州, 爲政淸肅, 吏畏民懷。累遷兵部尙書·三司使·判閤門事。"

(5) 진위陳渭

진위는 송의 진사 출신으로 문인인 초정肖鼎·초천肖遷·엽성葉盛
과 함께 1061년에 고려에 정착했다. 고려 문종은 "진위는 문예에 재
능이 있고, 소정 등 3인은 음률에 밝았다."[80]라 하며 진위를 비서교
서랑秘書校書郎에, 초정과 초천은 각문승지閣門承旨에, 엽성은 전전
승지殿前承旨에 각각 임명했다.

(6) 주항周沆

주항 역시 "송인宋人 예빈성주부禮賓省注簿 주항周沆은 본래 문예
로 임용되었다."[81]고 했다.

(7) 유재劉載

유재는 천주泉州 출신으로 고려 선종宣宗 시기에 상선을 따라 고
려에 정착했고, "시부詩賦로 시험을 보고 천우위녹사참군千牛衛錄事
參軍을 제수받았다. 예종睿宗 때 좌산기상시左散騎常侍, 이부상서吏部
尙書, 예부상서禮部尙書를 역임했다."[82]라 했고, 후에 "수사공守司空
상서우복야尙書右僕射"가 되었다. 1118年에 사망했고, 그에 대해서
"글을 잘 짓고 성품이 소박했다."[83]라 했다.

---

79) 《高麗史》卷97,〈諸臣傳〉"容儀秀美, 性度寬弘, 臨事廉平, 善醫藥, 曉漢語,
凡移南北朝文牒, 多出其手。"
80) 《高麗史》卷8, 文宗 15年 "渭有文藝, 鼎等三人曉音律。"
81) 《高麗史》卷8, 文宗 25年 "宋人禮賓省注簿周沆, 本以文藝見用。"
82) 《高麗史》卷97,〈諸臣傳〉"試以詩賦, 授千牛衛錄事參軍。睿宗朝, 歷左散
騎常侍·吏·禮部尙書。"
83) 《高麗史》卷97.〈諸臣傳〉"守司空·尙書右僕射(中略)載能文, 性朴素。"

(8) 전성田盛

전상은 서철 작성에 능했고, 동양東養은 무예에 능했다. 1091년 선종宣宗은 이들을 모두 관리로 임용했다.[84]

(9) 소규邵珪 · 육정준陸廷俊 · 유급劉伋

이들은 1101년에 고려에 왔고, 숙종肅宗은 이들을 8품관으로 임용하고 육정준은 정걸廷傑이란 이름을 사여했다.[85]

(10) 명종단明宗旦

명종단은 복주福州 출신으로 예종睿宗 시기에 고려에 도착해 정착했다. 그에 대해서는 "예종睿宗이 특별히 총애하여 좌우위녹사左右衛錄事로 보임하였고, 곧이어 권직한림원權直翰林院이 되었다가 보문각대제寶文閣待制로 승진했다."라고 했다. 또한 이르길 "품이 총명하고 민첩하며 학문이 넓고 문장에 능숙한데다가 조촐하고 스스로 즐거워하였다. 또한 잡예雜藝에 능통했다."[86]라고 했다. 인종仁宗 시기에 기거사인起居舍人이 되었다.

(11) 임완林完

임완은 고려 인종仁宗 시기 고려에 도착해서 처음 예부원외랑禮部

---

84) 《高麗史》卷10, 宣宗8年 "宋人田盛善書札, 東養有武藝, 敦請留止, 且加職秩, 以勸來者。"

85) 《高麗史》卷11, 肅宗6年 "宋人邵珪 · 陸廷俊 · 劉伋來投, 王召試于文德殿, 並授八品官, 賜廷俊名廷傑。"

86) 《高麗史》卷97, 〈諸臣〉 "睿宗寵顧優厚, 補左右衛錄事, 尋權直翰林院, 驟遷寶文閣侍制。(中略) 性聰敏, 博學能文, 楚楚自喜, 兼通雜藝。"

員外郎으로 임관으로 임관했다. 후에 인종은 수창궁壽昌宮에서 서적
소를 만들고 임완은 문신 김부식과 함께 고문 역할을 담당했다. 후에
관직은 구자사업國子司業까지 이르렀다. 일찍이 인종에게 상소를 올
려 이르길 "교만과 사치가 날로 더하여 염치의 도리가 없어지고, 권
력을 끼거나 세력에 기대어 (민을) 착취하고 주구誅求한다."하여 권
귀權貴의 경계를 건의했고, 아울러 인종에게 "많은 사람을 동원하여
백성百姓들이 원망하고 한탄하였습니다."[87]라며 사실을 간언하기도
했다.

이외에 송나라 문인이 고려에 정착하며 관직을 역임한 경우는 장
정張廷 · 노인盧寅 · 장침章忱 · 유지성劉志誠 · 두도제杜道濟 · 축연작祝延
祚 등이 있다. 그중에 장정, 노인, 장침은 모두 송의 진사進士 출신으
로 고려는 이들을 모두 고관에 임명했다.

북송인으로 고려에 정착했던 사람에는 의사와 술사術士[88]와 화공
畵工 등이 있다.

의사 강조동江朝東은 1058년 천주의 상인 초종명 등과 함께 고려
에 왔다. 이후에 강과 초 등이 귀국하려고 했지만, 고려의 문종은 이
들을 만류하자 고려에 정착했다.[89] 1074년 고려는 북송에 요청하길
"표문을 올려 의약醫藥 및 화공畵工, 소공塑工들로 고려 사람을 가르
치고자 합니다."라고 했다. 이에 신종은 복건의 전운사轉運使인 나증
羅拯으로 하여금 "(고려로) 가기를 원하는 사람들을 모집하도록 하였
다."[90]라 했다. 송나라는 의사와 화공 등을 고려로 보내고 둔갑遁

---

87) 《高麗史》卷97, 〈諸臣〉 "挾權恃勢, 剝削誅求。(中略) 勞民動衆, 百姓怨咨。"
88) 술사術士 : 음양陰陽, 복서卜筮, 점술占術에 정통한 사람을 지칭한다.(역자 주)
89) 《高麗史》卷8 文宗13年 "宋泉州商黃文景 · 蕭宗明, 醫人江朝東等將還, 制,
    "許留宗明 · 朝東等三人。"

甲91)과 풍수를 강의하는 장완張琬은 고려에서 태사감후太史監侯를 역임했다.

이상과 같이 북송 시기 해로를 통해 고려에 유입해서 거주한 화교들은 대체로 상인, 문인, 의사 및 화공 등 3가지로 분류를 할 수 있다.

그렇다면 북송 시기 이러한 많은 상인이 어떻게 고려에서 무역 활동을 했고, 또 어떻게 많은 상인과 문인이 고려에 정착하는 일이 가능했을까?

북송의 입장에서 보면 원인은 3가지로 분석해 볼 수 있다.

첫째, 북송, 실제로 남송을 포함해서 해외무역을 통해서 적극적으로 개방적인 정책을 유지했다는 점이다. 북송은 대외적으로 개방정책을 채택하고 해외무역을 중시했다. 그럴 뿐만 아니라 방대한 규모의 관방 무역외에도 민간무역 역시 지지하고 독려했다. 그로 인해 해외무역 활동은 매우 번영했다. 중국은 역대 양송 시기만큼 사회생산력이 빠르게 발전한 시대는 없었다. 농업과 수공업을 불문하고 다방면에 걸쳐 이 시기에 눈부신 발전을 이루었다. 농업과 수공업의 발달로 많은 생산품을 공급할 수 있었고, 이는 해외무역의 규모가 대규모로 발전할 수 있는 전제 조건이 되었다. 특히 주목할 점은 중국의 봉건사회 경제가 발전하는 과정에서 당대 중기부터 커다란 변화의 조짐이 발생하기 시작했다. 즉 강회江淮 이남 지역에서 생산력이 신속

---

90) 《宋史》卷487 〈外國傳·高麗〉 "又表求醫藥·畫塑之工以教國人。(中略) 募願行者。"
91) 둔갑遁甲 : 기문둔갑奇門遁甲의 약자로 고대부터 내려온 점술의 한 가지다. 십간十干 가운데 을乙·병丙·정丁이 삼기三奇이고 무戊·기己·경庚·신辛·임壬·계癸가 육의六儀이다. 이 삼기와 육의를 구궁九宮, 즉 팔괘의 궁과 중앙의 궁을 합한 것에 나누어 배치하고 갑甲으로 거느려 다가올 길흉을 피하는 것을 말한다. 특히 병법에 많이 응용되어 사용되었다.(역자 주)

히 발전했다. 그중에 동남 연해안의 발전이 특히 신속해서 전체 중국의 경제 중심이 북방에서 남방으로 이동하는 현상이 출현하기도 했다. 중국의 대외무역 항구 역시 주로 동남 연해안에 집중했다. 항구 인근의 도시의 사회경제적 발전은 해외무역의 발전에 더욱 유리하게 작용했다. 중국경제 중심이 남방으로 이동하면서 이는 대외무역이 적극적인 촉진제 역할을 했다. 이러한 변화로 인해 송상 중에는 다수가 천주泉州와 명주明州 출신이 많았고, 송상과 문인 중에도 역시 복건 출신이 다수를 차지했다.

북송과 남송 시기 중국의 사회는 농업이 주된 경제 구조의 핵심을 담당했다. 농업의 상황은 다른 경제 분야, 즉 해외무역을 포함해서 가장 직접적인 영향을 주었다. 주식인 곡물 가운데 쌀과 보리는 이 시기 주된 수출품이 되었다. 경제 작물인 뽕나무와 비단은 밀접한 관련이 있어 비단 제품은 수출품의 중추 역할을 담당했다. 그리고 당시의 차茶의 생산과 발전 역시 해외무역의 발전과 불가분의 관계를 갖게 되었다.

양송 시기 대외무역 수출품은 수공업이 주류를 이루었다. 도자기와 방직, 광물, 금속 제품 등은 유래를 볼 찾아볼 수 없을 정도의 발전을 거듭했다. 인쇄업의 발전은 이때 등장한 새로운 수공업 분야로 서적의 대량 출판을 가능하게 했고, 아울러 대외무역에 새로운 원동력을 제공했다. 이처럼 송대 시기 도자기, 비단, 명주, 금단錦緞, 삼베, 철, 철과 동의 금속 제품, 서적 등은 이 시기 해외무역을 촉진한 주된 수출품이 되었다.

양송 시기 조선업과 해양기술은 크게 발전했고, 또한 이는 해외무역이 발전하는 근간을 제공했다.

둘째, 북송은 자국의 상인과 문인 등의 고려 방문과 경제활동 및 정착을 적극적으로 허가했다.

북송은 해외무역의 촉진과 발전을 위해서 대규모의 관방 무역을 전개했다. 이것 외에도 민간 차원이 무역 역시 독려하면서 본국 상인의 해외무역 활동을 적극적으로 허가했다. 반면에 북송 이전에 상황을 보면 북방의 요와 금은 서로 대립했다. 요는 고려의 인접국으로 송상이 고려와 무역을 하며 요와 금 관계에 변화가 생길 것을 경계했다. 그래서 송상을 적대하며 적으로 간주했고, 이로 인해 한때 송상과 고려의 무역 관계가 한때 금지되기도 했다. 북송은 시박市舶[92]의 규정 조항인 《경력편칙慶曆編敕》과 《가우편칙嘉祐編敕》에 명문으로 규정하길 "해로로 먼 길을 떠나는 상인은 고려와 신라로 갔다가 등주登州와 내주萊州 지역으로 갈 수 없다."[93]라고 했다. 심지어 송나라 신종 시기의 《희녕편칙熙寧編敕》에서는 "북쪽으로 고려, 신라로 갔다가 등주와 내주 지역으로 가는 자는 도형徒刑 2년에 처한다."[94]라고 했다. 1079년에 송의 인종仁宗은 고려와 연대해 요와 항전하는 정책을 실행하기도 했는데, 송상을 귀국길에 고려와 소통하는 창구 역할로 이용하려 했다. 이후 고려와 관계가 수복되고 금령을 취소하

---

92) 시박市舶 : 원래는 중국에 도착한 외국 상선을 지칭하는 용어였다. 이후 시박사市舶司로 제도화 했다. 시박사는 중국에서 해상 무역 관계의 사무를 담당한 관청을 지칭하고, 무역세의 징수, 무역품 판매허가증의 교부, 항구 수속, 화물검사, 관용품의 매입, 불법행위 단속 등의 임무를 담당했다. 당唐나라 개원연간(713~741)에 나타나지만, 제도로서 실질적인 정비가 있었던 것은 남해무역이 크게 발전한 송宋나라 이후부터로 천주와 항주, 영파 등에 시박사가 설치되었다. 명대는 해금 정책으로 그 기능이 크게 축소되기도 했다.(역자 주)

93) 《慶曆編敕)》·《嘉祐編敕》, "客旅於海路商販者, 不得往高麗·新羅及登·萊州界。"

94) 《熙寧編敕》 "往北界高麗·新羅, 並登·萊界者, 各徒二年。"

며 이르길 "원풍元豊 2년(1079)에 상인이 고려에 들어가려면 재물이 5천 면緡을 부과한다. 명주明州 출신자는 해마다 보증을 세우고 인표引票를 지급하여야 배를 낼 수 있다. 인표가 없는 경우에는 도둑질로 장사한 법盜販法으로 다스린다고 하였다. 이보다 앞서 사람들이 사사로이 (고려와) 교역하는 것을 금지하였으나 단절되지 않았다. 이때 이르러 다시 고려가 중국과 통교하였기 때문에 이런 법을 분명히 세운 것이다."95)라고 했다. 하지만 송상은 이런 금령에도 불구하고 고려와 무역을 지속했다. 여기서 주목해야 할 점은 북송과 고려의 외교 관계는 수차례 중단이 되었다는 점이다. 이때 북송은 수차례 송상 출신인 황신黃慎·홍만래洪萬來·부선傅旋·간평簡平 등을 통해 고려와 소통하고 관계 회복에 주력했다. 이로 인해 송상의 대對 고려 무역은 북송 정부로부터 매우 중시되었고 지지받았다. 예를 들면 송나라 신종神宗 시기 밀주密州 출신의 상인 간평은 "3차례 고려로 국서를 전하러 갔다."96) 등 황제의 사신 역할을 수행하며 "삼반차사三班差使"라는 직함을 부여받기도 했다. 북송은 송상의 고려와의 무역을 독려했을 뿐만 아니라 송상과 문인에 대해서 고려 정착을 허가했다. 예를 들면 1124년 5월에 이르길 "송宋의 상인 유성柳誠 등 49인이 왔다. 처음에 송의 명주明州 사람 두도제杜道濟와 축연조祝延祚가 상선商船을 따라 우리나라에 왔다가 돌아가지 않자, 명주에서 두 차례나 공문을 보내 그들을 찾아서 돌려보내라고 하였다. 우리나라에서 표문表文을 보내 그들을 머물게 해달라고 요청하였는데, 이제 유성 등이 와서

---

95) 《宋史》卷186, 食貨·市舶法. "元豊二年, 賈人入高麗, 賚及五千緡者, 明州籍其名, 歲責保給引發船, 無引者如盜販法。先是, 禁人私販, 然不能絕。至是, 復通中國, 故明立是法。"

96) 《高麗史》卷77, 〈百官志〉 "三往高麗通國信。"

황제의 지시를 받들도록 명주에 전달하였는데, 첩문에 이르기를 '두 도제 등이 자기 의사대로 거주할 것을 허락한다.'라고 하였다."[97]고 했다.

셋째, 북송과 고려는 지속적으로 우호 관계를 유지했기 때문이다. 북송과 고려의 관계는 북방의 요나라로 인해 간혹 중단되기도 했다. 하지만 1079년 송의 인종은 고려와 연합해 요에 저항하는 정책을 결정했고, 이로 인해 양국의 관계는 처음처럼 문인, 승려, 의사, 화공, 악공 등의 고려 방문이 다시 허가되었다. 예를 들면 1074년 고려는 송에 "의약醫藥 및 화공畫工, 소공塑工들로 고려 사람을 가르치고자 합니다."라고 요청했고, 송은 이에 화답하며 전운사인 나증羅拯에게 "고려로 가기를 원하는 사람들을 모집하도록 하였다"[98]라고 했다. 또한 신종 희녕熙寧 연간(1068~1077)에 고려는 송에 사신을 파견하고 "악공을 요청請樂工"하자 송은 이에 화답해 악공을 파견했다.

고려의 관점에서 보면 송나라와 긴밀하게 교류한 원인은 3가지로 볼 수 있다.

첫째, 고려는 중국문화를 숭상하며 적극적으로 중국의 선진문화를 흡수하며 자국의 발전을 도모하고자 했다. 앞서 언급한 바와 같이 한국은 오래전부터 중국문화의 영향을 받아왔다. 역대 왕조는 중국문화를 숭상하며 적극적으로 이를 흡수했다. 고려왕조 역시 그러했다. 이를 위해 많은 인원의 사절단, 학생, 승려, 장인, 상인 등이 북송을 방문했고, 혹은 유학, 불교, 문학, 공예를 배우기 위해서, 혹은 중국문

---

97) 《高麗史》卷15, 仁宗2年 "宋商柳誠等四十九人來。初, 明州杜道濟·祝延祚 隨商船到本國, 不還, 明州再移文取索。國家上表請留。至是, 誠等來傳, 明 州率聖旨牒云, 杜道濟等, 許令任便居住。"

98) 《宋史》卷487, 外國·高麗 "醫藥·畫塑之工以教國人。(中略) 募願行者。"

화와 접촉하기 위해서, 혹은 다량의 서적 구매를 위해서 북송과 부단히 교류했다. 또한 북송의 문인이 고려에 정착해서 관직을 역임하기도 하면서 고려문화 발전에 촉진제 역할 수행하기도 했다. 송나라 문인은 고려에서 귀국할 때, 고려는 이들을 예우하며 진심으로 만류했다. 예를 들면 1091년 8월에 이르길 "제서制書를 내려 말하기를, '송인宋人 전성田盛은 서찰을 잘 쓰고 동양東養은 무예가 있으니 머물러 줄 것을 간청할 것이며, 또 관직 품계를 더하여서 오려는 사람들을 권장하라.'고 했다."[99] 또한 송나라의 저명한 인물인 신수慎修가 고려에 정착하자 고려는 그에게 참지정사參知政事라는 요직에 임명시켰다. 이후 그가 사망하자 국왕 숙종은 사람을 보내 위로했고, 아울러 "공헌恭獻이란 시호"를 하사하기도 했다.

둘째, 고려는 송과 대외무역을 적극적으로 권장하는 태도를 유지했다. 아울러 고려는 자국의 경제발전을 위해서 적극적으로 해외무역을 권장하는 제도를 마련했다. 그리하여 북송의 관방 무역뿐만이 아니고, 민간 차원의 무역도 적극적으로 권장했다. 고려는 중국 상인과의 해외무역을 독려하고 북송 상인의 고려 방문과 무역을 환영했다. 송상은 고려에 대량의 중국 제품을 소개했는데, 그중에 수출품은 비단과 견직물이 주류를 이루었다. 고려는 비록 비단 제품을 생산하기는 했지만 "견사絹絲 만드는 사람은 모두 산동·복건·절강에서 온 상인에게 의지한다."[100]고 했을 정도였다. 이외에 도기와 칠기 등의 수공 제품과 약재와 차茶 등도 주류를 이루었다. 서적은 특히 고려에

---

99)《高麗史》卷10 宣宗 8年 "制曰, 宋人田盛善書札, 東養有武藝, 敦請留止, 且加職秩, 以勸來者。"

100) 徐兢,《宣和奉使高麗圖經》卷19, 工技 "其絲綾織紝皆仰賈人自山東·閩·浙來。"

큰 환영을 받았다. 1027년 송상인 이문통李文通은 한 번에 서적 597
권을 고려로 운송하기도 했다. 1087년 고려는 고가로 송상인 상서산
商徐散에게 항주에서 2,900여 편片으로 출간된《협주화엄경夾註華嚴
經》의 구입을 부탁하자 이를 구입해 고려에 보내기도 했다. 이에 고
려는 사례금으로 3천 량의 백은을 지급했다.[101] 송상은 고려에 향약
香藥·침향沉香·서각犀角·상아象牙 등을 서남아시아의 제품을 공급
하기도 했다. 송상은 중국과 서남아시아의 상품을 대량으로 운송해
고려왕의 사치 생활을 충족시켰고, 동시에 고려의 생산기술 발전과
경제성장에 촉진제 역할을 했다. 이런 이유로 고려 조정은 송상의 고
려 방문을 매우 환영했고, 수도인 개성에는 특별히 송상을 영접하는
"객관客館" 4곳을 설치하기도 했고, 행사 때마다 이들을 초청했다. 예
를 들면 1019년 중양절重陽節에 국왕 현종顯宗은 "중양절重陽節이었
으므로 저관邸館에서 송宋과 탐라耽羅, 흑수黑水의 여러 나라 사람들
에게 잔치를 베풀었다."[102]라고 했다. 1034년 12월에 고려는 입관회入
關會를 거행할 때 "송宋의 상인, 동번東蕃, 서번西蕃, 탐라국耽羅國이
각각 토산물을 바쳤으므로, 의례를 관람할 수 있는 자리를 하사하였
는데 후에는 이것이 상례가 되었다."[103]라고 했다. 1055년 2월 한식寒
食에는 국왕인 문종은 "한식寒食이므로 송宋 상인 섭덕총葉德寵 등 87
인은 오빈관娛賓館에서, 황증黃拯 등 105인은 영빈관迎賓館에서, 황조
黃助 등 48인은 청하관淸河館에서, 탐라국耽羅國 수령首領 고한高漢
등 158인은 조종관朝宗館에서 음식을 대접하였다."[104]라고 했다. 고려

---

101) 蘇軾,〈乞禁商旅過外國狀〉,《東坡奏議》卷8.
102) 《高麗史》卷6, 靖宗卽位年 "以重陽節宴宋及耽羅, 黑水暗國人于邸館."
103) 《高麗史》卷6, 靖宗卽位年 "宋商客·東西蕃·耽羅國, 亦獻方物, 賜坐觀
　　　禮。後以爲常。"

는 송상의 정착을 허가하고 이들에게 관직에 임명하기도 했다.

셋째, 고려와 북송은 지속적으로 우호 관계를 유지해왔다. 이는 앞에서 이미 언급한 바가 있다.

이와 같이 북송과 고려는 적극적으로 개방정책을 실행하며 해외무역을 선도했다. 이에 다수의 송상과 문인은 고려에서 정착할 수 있었고, 고대 한국의 화교는 전성시기를 맞이할 수 있게 되었다.

송상은 특히 송나라 문인의 고려 정착하며 관직의 임관이 많아졌다. 송나라 인재 중용이 가능했던 원인은 당시 고려는 한자를 사용하면 한문을 통용했기 때문이다. 앞서 기술한 바와 같이 일찍이 진말秦末과 한나라 초기에 한자는 이미 한국에 전래 되었다. 이후에 각 왕조마다 한자를 채용했고, 한자를 사용해 문장을 작성했다. 고려 시기 역시 이러했다. 이는 송상과 문인의 고려 정착과 임관에 비교적 유리한 요소로 작용했다. 또한 고려는 한자와 한문의 사용자를 더욱 중용했다.

당연히 고려는 송인의 임용에 일정한 조건이 있었다. 즉 현실에서 사용가능한 실학實學을 요구하였다. 이를 위해 고려에 정착한 송나라 문인은 시험을 거쳐서 실학의 여부 능력을 판단한 후에 중용했다. 예를 들면 1101년 송나라 사람 소규邵珪·육정준陸廷俊·유반劉伴 등은 고려에 온 후에 고려는 "왕이 문덕전文德殿으로 불러들여 시험을 보았다."[105) 이를 통해 이들의 문재文才를 확인하고서 관직에 임용했다. 그리고 1081년 양진楊震의 경우는 "송인宋人 양진楊震이 상선을 따라와서 스스로 과거 응시생으로 여러 번 응시하였어도 합격하지

---

104) 《高麗史》卷7, 文宗9年 "寒食, 饗宋商葉德寵等87人於娛賓館, 黃拯等105人於迎賓館, 黃助等48人于淸河館。"
105) 《高麗史》卷11, 肅宗6年 "王召試于文德殿。"

못하였다고 하니, 요청하건대 보고하는 바에 따라 본국으로 돌려보내도록 하소서."106)라고 했다. 정착 후에 관직에 임용된 송인이 범법 행위를 했을 때 고려는 가치 없이 본국으로 강제 소환시켰다. 예를 들면 1070년에 이르길 "송인宋人 예빈성주부禮賓省注簿 주항周沆은 본래 문예로 임용되었으나, 지금 뇌물을 수수하는 죄를 범했으니 직전職田을 회수하고 돌려보내기를 요청합니다."라고 하니 제서制書를 내려, "그렇게 하라."고 하였다."107)

2) 북송과 고려의 해상 항로

북송의 상인과 문인이 고려를 방문할 때 모두 해로를 이용해 고려 중부에 도착했다. 당시 북송의 해상 교통이 매우 발달해 있었기 때문이다. 고려로 향하는 해로 역시 매우 빈번했는데, 이에 대해 이르길 "해도海道로는 하북河北·경동京東·회남淮南·양절兩浙·광남廣南·복건福建 등이 있는데 모두 왕래가 가능하다."108)라고 했다. 해로에는 주로 남로와 북로가 있다.

(1) 북로北路

북로는 산동반도의 등주登州, 혹은 밀주密州에서 출발해 황해를 건

---

106) 《高麗史》卷9, 文宗35年 "宋人楊震隨商船而來, 自稱擧子, 屢試不中, 請依所告, 遣還本國。"

107) 《高麗史》卷8, 文宗25年 "禮賓司奏, 宋人禮賓省注簿周沆, 本以文藝見用, 今犯法, 請收職田遣還。制可。"

108) 徐兢,《宣和奉使高麗圖經》卷3 封境 "若海運, 則河北·京東·淮南·兩浙·廣南·福建皆可往高麗。"

너 대동강 입구인 초도椒島에 이르는 항로이다. 이곳에서 다시 남으로 향하면 고려의 수도인 부근인 개경의 예성강 입구에 도달할 수 있다. 북송 초기에 등주는 북송과 고려 양국의 사신, 상인, 문인이 왕래했던 항구였다. 이르길 "천성天聖[109] 연간 이전에는 고려 사신은 등주登州로 입국했다."[110]라고 했다. 이후에 요나라의 세력이 점차 강성해지면서 동북과 화북 대부분은 북송과 대치하는 국면이 되고 말았다. 이에 산동 반도 동쪽 끝에 위치한 등주는 요나라가 관할하는 요동반도와 바다를 두고 서로 마주 보게 되었다. 북송은 상선이 몰래 무기와 병기를 요나라로 반출하는 불법을 막기 위해 한때 송상에게 "해로로 먼 길을 떠나는 상인"과 "등주와 내주 지역"[111]등을 금지 시키는 조치를 내리기도 했다. 이로 인해 이후 등주 항구는 한때 폐쇄하기도 했다. 송나라 신종 희녕熙寧 연간 이후에 다시 "등주의 해로는 모래와 자갈이 있어 갈 수가 없다."[112]라는 이유로 항구는 거의 폐지 지경까지 이르렀다. 이후 북송과 고려의 교류는 주로 남로인 지금의 절강 영파寧波에 해당하는 명주明州로 이어져 지속되었다.[113]

밀주密州는 당시 북로의 또 다른 중요한 항구 중 하나였다. 이곳은 황하와 인접했고, 항만도 많았기 때문에 해외무역 발달에 적합한 지리 조건을 구비했고, 또한 교주만 북부에 있는 판교진板橋鎮에 위치했다. 이곳은 북송 시기에 해외무역 항구로 신속히 발전했다. 1088년

---

109) 천성天聖 : 송나라 인종 시기 연호로 1023~1032년에 해당한다.(역자 주)
110) 《續資治通鑑長編》卷339 "天聖以前, (高麗)使由登州入。"
111) 蘇軾, 〈乞禁商旅過外國狀〉, 《東坡奏議》卷8 "客旅于海路商販者(中略) 登・萊州界。"
112) 《續資治通鑑長編》卷339 "登州路有沙磧不可行。"
113) 《續資治通鑑長編》卷339.

북송은 판교진에 시박사의 설치를 결정했고, 아울러 이곳을 교서현膠西縣으로 승격시켰다.[114] 밀주는 점차 북송 시기 고려를 겨냥한 또 다른 무역 항구로 고려로 향하는 배가 출항하는 곳이 되었다. 이후 밀주항은 북송과 고려를 연결하는 중요한 역할을 수행했다.

(2) 남로南路

남로는 명주明州·천주泉州·항주杭州, 광주廣州에서 출발해 고려에 도착하는 해로를 말한다. 이 중에 명주와 천주는 주로 해외 무역항의 역할을 수행했다. 명주는 바다는 그리 깊지 않았고, 자연스럽게 형성된 항구지만 해외무역 항구로 발전할 수 있는 유리한 조건을 구비하였다. 명주에 대해서 이르길 "그 바닷길 교차해 집중되는 지역인데 남쪽은 복건과 광동이고, 동쪽은 왜인이 있고, 북쪽으로는 고려가 있어 상선의 왕래하여 물산이 풍성했다."[115]라고 했다. 명주에는 고려와 페르시아를 위한 사행관使行館을 건립하며 각별히 외국 사절과 객상客商을 영접했다. 송상의 선박이 명주를 출발해서 동북으로 항해하면 한반도의 흑산도에 도착하고, 좀 더 북상하면 한반도 서남 해안의 많은 도서를 거쳐서 예성강 입구에 도달할 수 있다.

천주泉州는 복건의 동남 해안에 위치하고, 진강晋江를 끼고 강과 바다가 교차하는 지역에 위치해서 뛰어난 항만을 조건을 갖추고 있다. 북송 중기에 천주는 신속히 발전해서 "외국에서 입항한 배가 매우 많았고, 일반 화물이 산처럼 쌓였다."[116]라 불릴 만큼 번화한 항구

---

114) 《續資治通鑑長編》卷409 "可發船至高麗。"
115) 《乾道四明圖經》卷1 "乃海道輻較之地, 故南則閩廣, 東則倭人, 北則高麗, 商舶往來, 物資豐衍。"

였다. 천주는 당시 고려 무역을 담당하는 중요한 항구가 되었다. 천주에서 고려로 향하는 선박에 대해서는 《고려사》는 19차례 관련 사실을 언급했다. 그중에 16차례는 송상에 관한 내용이고, 나머지 3차례는 송대 문인에 관한 것이었다. 소식은 이르길 "복건의 교활한 상인이 고려의 교통로를 멋대로 독점하면서 폭리를 취했다. 이에 서전徐戩과 같은 자가 많이 나왔다."라고 했고, 또한 "천주泉州에 많은 선박은 고려를 통해 입항해서 거래했다."[117]라고 했다. 이런 언급은 《고려사》에도 있어 교차 검증이 가능하다.

북송과 고려의 선박 항해는 계절풍을 이용했다. 북송의 명주에서 고려 예성강 입구까지는 항해하는 선박에 대해서는 이르길 "배를 탈 때는 언제나 하지夏至 다음의 남풍南風을 탔으니, 바람이 순조로우면 닷새도 안 돼 해안에 도착할 수 있다."[118]라고 했다. 그렇기 때문에 송상과 문인들은 모두 7·8·9월에 고려로 출발했다. 북송에서 고려로 떠난 상인은 《고려사》 가운데 모두 103곳에서 언급했고, 그중 확실히 7~9월에 출발한 경우는 54곳에 달했다. 송상은 귀국 길에서는 북풍을 이용했다. 이르길 "떠날 때는 남풍을 이용하고 돌아올 때는 북풍을 이용했다."[119]라고 했다. 예를 들며 북송의 사절인 서경徐兢은 선화宣和 연간(1119~1125)에 고려로 떠날 때 그 행적을 상세히 기록했다. 이르길 "처음 명주를 출발한 것은 그해 5월 28일이었다. 먼

<hr>

116) 《宋史》卷330〈杜純傳〉"有蕃舶之饒, 雜貨山積。"

117) 蘇軾,〈乞禁商旅過外國狀〉,《東坡奏議》卷8 "福建狡商專擅交通高麗, 引惹牟利, 如徐戩者衆。(中略) 泉州多有海舶入高麗往來買賣。"

118) 徐兢,《宣和奉使高麗圖經》卷3 城邑 "舟行皆乘夏至後南風。風便不過五日, 即抵岸焉。"

119) 徐兢,《宣和奉使高麗圖經》卷39 海道 "去日以南風, 歸以北風。"

바다로 나가서는 순풍을 타고 6월 6일 군산도에 도달하였다."120)라고
했다. 하지만 귀국길에서 역풍을 만나 매우 힘든 여정을 겪어야 했다.
같은 해 7월 15일에 배에 올라 고려를 떠나서 "고려를 떠나서 명주明
州의 경계까지 오는 데 무릇 바닷길로 42일이 걸렸다."121)라고 했다.
귀국길에 만나 역풍으로 인해서 걸린 시간은 고려에 도착했던 때 보
다 6배가 더 소요되었던 것이다.

3) 요遼나라 시기 고려에 정착한 다양한 민족

요나라 시기 동북 지역의 각 민족 사람은 고려로 이주해 정착한
수가 상당히 많았다. 이들은 거란·여진·한족 및 발해인 등이 있었
고, 이들은 고려에 정착한 화교의 주요 구성원이 되었다.

(1) 발해인渤海人

발해인은 발해가 요나라에 멸망한 후에 그 백성들은 고려로 이주
에 정착한 경우이다. 특히 이들의 수량은 상당히 많았고, 이들을 시
대별로 나열하면 다음과 같다.

- 979년 수많은 백성이 고려로 투항했다.122)
- 1030년 1월 발해 550인이 고려로 투항했다.123)

---

120) 徐兢,《宣和奉使高麗圖經》卷39 海道 "初發明州, 以其年(1123年)五月二
  十八日, 放洋得順風。至六月六日, 即達群山島。"
121) 徐兢,《宣和奉使高麗圖經》卷39 海道 "自離高麗, 至明州界, 凡海道四十
  二日云"
122) 《高麗史》卷3 景宗 4年 "是歲, 渤海人數萬來投。"
123) 《高麗史》卷5 顯宗 21年 "是月, 契丹奚哥, 渤海民五百餘人來投, 處之江

- 1031년 3월 발해 40여 명이 투항했다. 7월에 발해 감문사監門寺, 대도행랑大道行郎 등 14명이 투항했다. 같은 달 발해 제군판관 諸軍判官 고진상高真祥·공목孔目·왕광록王光祿 등이 거란에서 투항해 왔다.[124]

- 1032년 1월 발해 사지명동沙志明童 등 29명이 투항했다. 발해의 사통史通 등 17명이 투항했다. 발해 살오덕薩五德 등 15인이 투항했다. 발해의 휴음약虧音若 등 12명이 투항했다. 발해의 소을 사所乙史 등 17명이 투항했다. 발해의 고성高誠 등 20명이 투항했다. 10월에 발해의 사관司官인 이남송李南松 등 10여 명이 투항했다.[125]

- 1033년 4월 발해 수을분首乙分 등 18명이 투항했다. 발해의 가수可守 등 3명이 투항했다. 발해의 감문대정監門隊正인 기질화奇叱火 등 19명이 투항했다. 6월 발해의 선송先宋 등 7명이 투항했다.[126]

- 1050년 4월 발해의 개호開好 등이 투항했다.[127]

南州郡。"

124) 《高麗史》卷5 顯宗 22年 "渤海民四十餘人來投。七月, 丁卯 渤海監門軍 大道行郎等十四人來投。同月, 己巳 渤海諸軍判官高眞祥·孔目·王光 祿, 自契丹, 持牒來投。"

125) 《高麗史》卷6 德宗 元年 "渤海沙志·明童等二十九人來投。"戊申, 渤海史 通等十七人來投。四月, 丁丑, 渤海薩五德等十五人來投。六月, 辛亥, 渤 海亏音若己等十二人來投。渤海虧音若等十二人來投; 乙卯, 渤海所乙史 等十七人來投。丙申, 渤海高誠等二十人來投。冬十月, 丙午, 渤海押司 官李南松等10人來奔。"

126) 《高麗史》卷5 德宗2年 "夏四月, 戊戌, 渤海首乙分等十八人來投。戊午, 渤海可守等三人來投。癸巳, 渤海監門隊正奇叱火等十九人來投。六月, 辛丑, 渤海先宋等七人來投。"

- 1116년 12월 발해인 44명이 투항했다.[128]
- 1117년 1월 발해인 52명이 투항했다.[129]

이상과 같이 979년부터 1117년까지 고려로 이주한 발해인은 979년 1차 수 만 명 이외에 다시 772명에 이르렀다. 주목할 점은 이런 사람은 대다수가 발해국의 관료가 통솔하고 왔다는 점이다.

(2) 거란족契丹族

거란족이 고려로 피난 후에 정착한 수도 매우 많았다.

- 1061년 2월 왕미정상王美廷相 등 7명이 투항했다. 조은고홀曹恩高忽 등 6명이 투항했다. 요두要豆 등 3명이 투항했다. 6월에 지보志甫 등 3명이 투항했다. 장렬마현신두유아왕충張烈麽現申豆歔兒王忠 등 30호가 투항했다. 7월에 유도고종由道高宗 등 9명이 투항했다. 8월에 주간종도朱簡從道 등 8명이 투항했다. 9월에 나간羅墾 등 5명이 투항했다. 봉대고리奉大高里 등 19명이 투항했다. 11월 광우아匡又兒 등 10명이 투항했다. 슬불달瑟弗達 등 6명이 투항했다.[130]

---

127) 《高麗史》卷7 文宗 4年 "癸酉, 渤海開好等來投。"
128) 《高麗史》卷14 睿宗 11年 "壬寅, 渤海人四十四人來投。"
129) 《高麗史》卷12 睿宗 12年 "壬辰, 渤海五十二人來投。"
130) 《高麗史》卷4 顯宗 7年 "二月, 王美廷相等七人來投,曹恩高忽等六人來投。五月, 要豆等3人來投。六月, 志甫等三人來投。張烈麽現申豆歔兒王忠等三十戶來投。七月, 由道高宗等九人來投。三月, 朱簡從道等八人來投。九月, 羅墾等五人來投。奉大高裡等十九人來投。十一月, 匡又兒等十人來投。瑟弗達等六人來投。

- 1018년 2월 장정張正 등 4명이 투항했다. 3월에 송광공이개宋匡襲伊蓋 등 10여 명이 투항했다. 사부래史夫來가 투항했다.[131]
- 1022년 2월 맹류연거孟流演擧 등 4명이 투항했다. 9월에 거란의 首于昧烏於乙 등 19명이 투항했다. 12월에 불대등弗大等 11명이 투항했다.[132]
- 1023년 1월 초복焦福 등 11호가 투항했다. 3월에 마허저麻許底 등 13호가 투항했다. 대세노제화나大世奴齊化那 등 8명이 투항했다.[133]
- 1024년 1월 마사도馬史刀 등 3명이 투항했다.[134]
- 1029년 4월 조올설가曹兀挈家가 투항했다.[135]
- 1030년 5월 거란의 수군지휘사호기대도水軍指麾使虎騎大道인 이경李卿 등 6인이 투항했다. 10월에 해가래奚哥來가 투항했다.[136]
- 1031년 10월 왕수남王守男 등 19명이 투항했다.[137]
- 1032년 4월 해가내을고奚家內乙古등 27명이 투항했다. 10월에 제을남濟乙男 등 10명이 투항했다. 나골羅骨 등 10명이 투항했

---

131) 《高麗史》卷4 顯宗9年 "二月, 丙戌, 張正等四人來投。三月, 宋匡襲伊蓋等十餘人來投。五月, 史夫來投。"
132) 《高麗史》卷4 顯宗13年 "二月, 孟流演擧等四人來投。九月契丹首于昧烏於乙等十九人來投。十二月, 弗大等十一人來投。"
133) 《高麗史》卷5 顯宗14年 "六月, 焦福等十一戶來投。三月, 麻許底等十三戶來投，；大世奴齊化那等八人來投。"
134) 《高麗史》卷5 顯宗14年 "一月, 馬史刀等三人來投。"
135) 《高麗史》卷5 顯宗20年 "四月, 曹兀挈家來投。"
136) 《高麗史》卷5 顯宗21年 "五月, 契丹水軍指麾使虎騎大道李卿等六人來投。十月, 奚哥來投。"
137) 《高麗史》卷5 德宗卽位年 "十月, 王守男等十九人來投。"

다.[138)

- 1033년 1월 구내仇乃 등 18명이 투항했다. 3월에 奚家左要 등 11
  명이 투항하자 강남에 정착시켰다.[139)
- 1040년 4월 동경민무의로오지걸東京民巫儀老吳知桀 등 20여 명
  이 투항했다. 12월 동경민東京民 20여 호가 투항했다.[140)
- 1047년 6월 고무제高無諸 등이 투항했다.[141)
- 1050년 11월 한아조일漢兒曹一이 투항했다.[142)
- 1055년 7월 강경준康慶遵 등 15명이 투항했다.[143)
- 1059년 10월 다어이남어릉多於伊男於陵등 2명이 투항했다.[144)
- 1116년 12월, 거란인 33명이 투항했다.[145)
- 1117년 1월, 거란인 18일 투항했다. [146)

이상과 같이 1016년에서 1117년까지 모두 거란인 882명과 82호가
고려도 피난해 정착했다.

---

138) 《高麗史》卷5 德宗元年 "四月, 奚家內乙古等二十七人來投; 十月, 濟乙男
    等十人來投, 羅骨等十人來投。"
139) 《高麗史》卷5 德宗3年 "一月, 仇乃等十八人來投, 三月, 奚家左要等十一
    人來投, 處之江南。"
140) 《高麗史》卷6 靖宗6年 "四月, 東京民巫儀老吳知桀等二十餘人來投; 十二
    月, 東京民二十餘戶來投。"
141) 《高麗史》卷7 文宗1年 "六月, 高無諸等來投。"
142) 《高麗史》卷7 文宗4年 "十益月, 漢兒曹一來投。"
143) 《高麗史》卷7 文宗9年 "七月, 康慶遵等十五人來投。"
144) 《高麗史》卷7 文宗13年 "十月, 多於伊男於陵等二人來投。"
145) 《高麗史》卷14 睿宗11年 "契丹人三十參人來投。"
146) 《高麗史》卷14 睿宗21年 "契丹人十八人來投。"

(3) 여진족女眞族

여진족의 경우 고려로 피난해 정착한 경우는 다음과 같다.

- 1017년 8월에 양다불糧多弗 등 4명이 투항했다.[147]
- 1018년 3월에 목사목개木史木開 등 200호가 투항했다.[148]
- 1024년 3월에 서여진의 고두로高豆老와 동여진 슬불달瑟弗達 등 90명이 투항했다.[149]
- 1028년 1월에 골부骨夫는 부락 500호를 통솔하고 귀부했다. 7월에 동여진 쾌발噲拔이 부락 300호를 이끌고 투항했다.[150]
- 1029년 7월에 동여진 대상쾌발大相噲拔은 부락 300여 호를 통솔하고 귀부했다.[151]
- 1030년 11월에 서여진 만두曼鬥 등 27명이 투항했다.[152]
- 1031년 8월에 여진 장군 아두문阿豆聞 등 340호가 투항했다. [153]
- 1032년 1월에 서여진 자곤者昆 등 8명이 투항했다.[154]
- 1033년 6월에 서여진 중윤고사中尹古舍 등 6명이 투항했다.[155]
- 1040년 10월에 서여진 잉화로仍化老 등 13명이 투항했다.[156]

---

147) 《高麗史》卷5 顯宗8年 "八月, 蓋多弗等四人來投。"
148) 《高麗史》卷5 顯宗9年 "三月, 木史木開等二伯戶來投。"
149) 《高麗史》卷5 顯宗15年 "三月, 西女真高豆老·東女真瑟弗達等九十人"
150) 《高麗史》卷5 顯宗19年 "一月, 骨夫率部落五百戶來附; 七月, 東女真噲拔部落三百餘戶來投。"
151) 《高麗史》卷5 顯宗20年 "7月, 東女真大相噲拔率其族三白餘戶來投。"
152) 《高麗史》卷5 顯宗21年 "11月, 西女真曼鬥等二十七戶來投。"
153) 《高麗史》卷5 顯宗22年 "8月, 女真將軍阿豆聞等三百四十戶來投。"
154) 《高麗史》卷5 顯宗23年 "一月, 西女真等八人來投。"
155) 《高麗史》卷5 德宗3年 "六月, 西女真中尹古舍等六人來投。 "
156) 《高麗史》卷6 靖宗6年 "十月, 西北女真仍化老等十三人來投。"

- 1047년 동여진 장군인 야우해耶于害 등 6명은 각기 무리를 이끌고 투항했다. 9월에 동여진 몽라蒙羅와 촌고무제村古無諸 등은 312호를 이끌고 투항했다.157)
- 1052년 동여진 정보마파正甫馬波 등은 남녀 48명이 투항했다.158)
- 1070년 11월에 서여진 추장 만두불漫頭弗 등은 무리를 이끌고 투항했다.159)
- 1072년 2월에 동여진의 마두한麼豆漢 등 25명이 투항했다.160)
- 1078년 9월에 여진 고마수高麻秀 등 14명이 투항했다.161)
- 1081년 8월에 서여진 만두漫豆 등 17명이 가족을 데리고 투항했다.162)
- 1101년 5월에 여진 전공고사모甎工古舍毛 등 6명이 투항했다. 9월에 서여진 고시모古時毛가 투항했다.163)
- 1107년 12월에 동여진 요을내嫋乙乃 등 3,230명이 투항했다.164)
- 1116년 12월 숙여진 15명이 투항했다.165)
- 1117년 1월에 숙여진 8명이 투항했다.166)

---

157) 《高麗史》卷6 文宗元年 "東女眞將軍耶于害等六人各率其衆來投。";"九月, 東女眞蒙羅等村古無諸等三百十二戶來投。"

158) 《高麗史》卷7 文宗6年 "一月, 東女眞正甫馬波等男女四十八人來投。"

159) 《高麗史》卷8 文宗24年 "十一月, 西女眞酋長漫頭弗等率其衆來投。"

160) 《高麗史》卷8 文宗26年 "二月, 東女眞麼豆漢等二十五人來投。"

161) 《高麗史》卷9 文宗32年 "九月, 女眞高麻秀等十司人來投。"

162) 《高麗史》卷9 文宗35年 "八月, 西女眞漫豆等十七人挈家來投。"

163) 《高麗史》卷11 肅宗6年 "五月, 女眞甎工古舍毛等六人來投; 九月, 西女眞古時毛來投。"

164) 《高麗史》卷14 睿宗2年 "十二月, 東女眞嫋乙乃等三千二百三十人來投。"

165) 《高麗史》卷14 睿宗11年 "一月, 熟女眞十五人來投。"

166) 《高麗史》卷14 睿宗12年 "十二月, 熟女眞八人來投。"

이상과 같이 1017년에서 1117년까지 동여진, 서여진, 숙여진 등을 포함하는 여진은 모두 5,621명과 1,676호가 고려로 피난해 정착했다.

(4) 한족의 고려 정착 상황

동북 지역의 한족이 전란을 피해 고려에 정착했다. 《고려사》에 의하면 1116년 12월에 한인漢人 52명이 투항했다.[167] 1117년 1월에 한인 5명이 투항했고, 2월에 3명이, 4월에는 6명이 각각 투항했다.[168] 모두 67명에 달했다.

이상과 같이 979년에서 1117년 사이에 요遼가 할거한 동북 지역의 각 민족은 전란을 피해 고려에 정착했다. 그 수량은 발해인의 경우 처음에 1만여 명, 그 후에 772명, 거란족의 경우 882명과 82호, 여진족은 5,621명과 1,676호, 한족은 67명이 각각 고려에 정착했다. 이들은 모두 육로를 통해 고려 북부 지역으로 진입했다.

그렇다면 요遼가 할거한 동북 지역에 이렇게 많은 사람이 고려로 이주한 원인은 무엇일까?

당시 동북 지역에는 전란이 빈번하게 발생했다. 우선 발해는 거란족이 세운 요나라에 의해 멸망했고, 요가 동북 지역을 통일했다. 이때 다수의 민족이 저항했고, 후에 여진족의 금나라가 흥기해서 요와 금이 서로 대립했다. 결국 요는 금에 의해 멸망했다. 이때 전란은 각 민족에게 생명과 재산을 크게 위협했고, 이로 인해 많은 사람이 고려

---

167) 《高麗史》卷14 睿宗11年 "是月, 契丹三十三人, 漢五十二人, 奚一百五十五人, 熟女眞十五人, 渤海四十四人來。"

168) 《高麗史》卷14 睿宗12年 "壬辰 渤海五十二人, 奚八十九人, 漢六人, 契丹十八人, 熟女眞八人, 自遼來投。"

로 도피해 정착했다.

고려는 이런 외국인의 정착을 적극적으로 수용했다. 이는 중국의 문명을 흡수하면서도, 동시에 인구의 증가와 영토의 확장, 그리고 경제발전에 중요한 역할을 했다.

고려는 이렇게 유입된 외국인을 정중히 예우하며 거주지를 제공하며 안치시켰고, 전택田宅을 제공했으며, 경우에 따라서 관직을 임명하기도 했다. 예를 들면 1029년 8월에 이르길 "동여진東女眞의 대상大相쾌발噲拔이 자기의 족속 300여 호를 인솔하여 내투來投하자, 발해渤海의 옛 성터를 하사하고 그곳에 살게 하였다."[169]고 했다. 1033년 11월 "서여진西女眞의 우화虧火 등 156인이 관성關城을 개척할 때 모두 공로가 있어 관작官爵을 1급씩 더하였다."[170]고 했다. 1040년 4월에는 "거란契丹 동경東京의 백성 무의로巫儀老와 오지걸吳知桀 등 20여 인이 내투來投하자, 물자 및 밭과 집을 하사하였으며 영남嶺南에서 살게 하였다."[171]라고 했다. 1047년에는 "동여진 장군將軍인 야어해耶於害 등 6인이 각각 많은 사람을 거느리고 귀순해오니, 토지와 주택을 하사하고 내지內地에 살 수 있도록 하였다."[172]라고 했다. 1070년 11월에 "서여진의 추장 만두불漫頭弗 등이 여러 사람을 거느리고 내투來投하니, 관직과 상을 차등 있게 하사하였다."[173]고 했다. 이외에

---

169) 《高麗史》卷5, 顯宗20年 "乙未 東女眞大相噲拔率其族三百餘戶, 來投, 賜渤海古城地, 處之。"

170) 《高麗史》卷5 德宗2年 "辛卯 以西女眞虧火等一百五十六人, 開拓關城時, 並有功勞, 加爵一級。"

171) 《高麗史》卷6 端宗6년 "契丹東京民巫儀老·吳知桀等二十餘人來投, 賜物及田宅, 處之嶺南。"

172) 《高麗史》卷8 文宗元年 "東女眞將軍耶於害等六人, 各率其衆, 款塞, 賜田宅, 處之內地。"

도 고려는 외국 교민에 대해서 "입을 것과 일상용품을 하사했다."라고도 했다. 예를 들면 1031년 11월에 고려 국왕은 "유사有司에 명하여 여러 나라에서 내투來投한 자들에게 의복과 솜을 내려주도록 하였다."[174]고 했다. 1039년 12월에는 "제서制書를 내리기를 '지금 대한大寒으로 눈보라가 매서운데, 가난하고 빈궁한 이들을 생각하니 필시 얼어 죽거나 굶주릴 것이다. 외국에서 귀화한 사람과 번국蕃國에서 잡혀 와 고향을 그리워하는 남녀 모두 80여 인을 유사有司에서는 그들의 나이를 헤아려 각각 비단과 베를 하사하라'라고 하였다."[175] 고려 정부는 외국인의 정착을 환영하면서 자연스럽게 수많은 중국인이 고려로 이주해 정착하게 되었다.

③ 남송南宋과 금金나라 시기

1115년 동북 지역의 여진족은 금나라를 건국했다. 1125년 금은 요遼를 멸망시키고 동북을 통일하며 화북의 대부분 지역을 신속히 점령했다. 1127년 1월 금은 북송마저 멸망시켰다. 같은 해 5월 강남에서 남송이 건국되었다.

남송과 금이 대치하는 시기에 한반도는 여전히 고려가 번성하고 있었다.

남송 시기에 고려로 이주하는 화교의 수는 북송에 비해 감소했고,

---

173) 《高麗史》卷8 文宗25年 "西女眞酋長漫頭弗等率衆來投, 職賞有差。"

174) 《高麗史》卷3 德宗卽位年 "命有司賜諸國來投人衣服綿絮。"

175) 《高麗史》卷6 端宗5年 "制曰,候在大寒, 風雪嚴凝, 言念貧窮, 必至凍餒. 其外國投化人, 及沒蕃懷土男女共八十餘人, 有司量其老幼, 各賜綿布。"

이는 남송과 금과의 대치가 매우 심각했기 때문이다.

　남송에 시기 강남에서의 국력은 점차 쇠약해졌다. 대신 동남 연해안에 경제가 신속히 발전하면서 해외무역이 발전하는 물적 토대를 만들었다. 동시에 국가 역시 대외무역에 의존도가 점차 증가하면서 해외무역의 필요성은 더욱 강조되었다. 남송의 해외무역은 발전했지만, 그 주된 대상은 동남아와 남아시아 제국 간의 무역으로 고려와는 교역은 비교적 침체되었다. 그 원인은 남송과 금이 엄준하게 대치하는 국면이 전개되었기 때문이다.

　금나라의 세력은 날로 강성해졌고, 금은 남송의 경제를 약탈했다. 고려는 금이 점령한 북방 지역과 인접하고 있기 때문에 남송은 고려를 의심하며 직접적인 고려와의 교류를 주저하고 있었다. 이로 인해 남송과 고려와의 관계는 점차 소원해졌다. 예를 들면 1146년 고려의 사신이 명주明州에 도착했지만, 남송은 이를 금나라가 파견한 정탐꾼으로 판단했다. 즉 남송의 강절江浙 지역의 해양 방어 상태를 염탐하고 돌아가는 것으로 여기며 고려 사신을 맞이하지 않았다. 1162년에 고려는 다시 남송에 사신을 파견하려 했지만, 남송은 다시 "뜻밖의 사고를 두려워했다"176)는 이유로 환영의 뜻을 표시하지 않았다. 남송과 고려는 이런 이유로 관계가 소원해지면서 자연히 양국의 해상 무역에 심각한 영향을 주었다.

　효종孝宗 이후에 남송은 금나라의 세력이 점차 약화됨에 따라서 금과 남송의 관계는 장기간 현상만을 유지하는 형국이 전개되었다. 이런 정세를 틈타서 남송은 고려와의 관계를 회복하려고 했다. 이에 양국의 경제 관계는 교류가 진전되었고, 해상 교통 역시 회복국면에

---

176) 《寶慶四明志》卷6 "懼有意外之虞。"

접어들었다.

비록 이렇다고 할지라도 남송 정부는 여전히 자국의 상인이 몰래 금이 통치하는 북방 항구에 도착하거나, 남송의 상인이 북방 정권과 교류하지 않을까 까지를 염려했다. 그리하여 "사태가 누설되지 않도록 차단하고 변고 발생을 막으려고 했다."[177]고 했다. 또한 강절江浙 지역의 넓은 해안선의 방어 역시 걱정했다. 이로 인해 얼마 되지 않아 남송은 선박에게 강소와 절강 지역 범위에서만 무역 활동을 하도록 그 활동 지역을 제한하기도 했다. 1189년 광종이 즉위한 후에 선포하기를 "상선의 감포澉浦 정박을 금지했다."[178]고 했다. 1194년 영종寧宗이 즉위하고 남송은 재차 "상선의 강음江陰, 수주秀州 정박을 금지했다. (중략) 무릇 중국 상선과 고려와 일본, 그리고 제번諸藩이 중국에 도착할 때는 오직 경원慶元에서만 입항과 출항을 한다."[179]라는 조치를 단행했다. 이로 인해 항주杭州·온주溫州·강회江陰·수주秀州 등의 항구는 해외무역 활동이 중단되는 상태에 이르렀고, 오직 경원 한 곳만이 가능하게 되었다. 이는 남송과 고려의 해외무역에 심각한 영향을 주었다. 이후에 경원은 남송과 고려가 해외무역을 거래하는 유일한 항구가 되었다. 남송 말 매년 여름에 "고려와 일본 및 외국 선박이 도착했다."[180]라고 했다. 송상 역시 고려와 무역을 했다. 남송의 상인도 북송과 같이 경우에 따라서 정부의 사자로 고려를 방문해 양국의 관계의 가교 역할을 수행하기도 했다. 예를 들면 "명주

---

177) 《寶慶四明志》卷6 "保其不洩事體以挺釁召變。"
178) 《寶慶四明志》卷6 "禁賈舶至澉浦。"
179) 《寶慶四明志》卷6 "禁賈舶至江陰及溫·秀州。(中略) 凡中國之賈高麗與日本, 諸蕃之至中國者, 惟慶元得受而遣焉。"
180) 《宋會要輯稿·職官》"高麗·日本外國舶船到來。"

明州의 지방 관부는 고려를 예로써 맞이했고, 문첩文牒을 간소화했으며, (고려인을) 응대하면서 이를 모든 상선에게 알렸다."[181]고 했고, 또한 "지금 (송나라의) 조서를 가지고 온 사신들은 원래 상인商人이고 일찍이 우리나라에 들어와서 시정市井 사람과 장사하였습니다."[182]라고 했다. 비록 이렇다 할지라도 남송 상인의 대帶 고려 무역은 북송과 비교해서 크게 감소했고, 양국의 전체무역도 매우 침체될 수밖에 없었다.

남송은 금과 대치하는 결과로 고려와의 무역이 침체되는 국면이 전개되었다. 이로 인해 남송인의 고려 정착은 자연히 감소하게 되었다. 관련 사서 기록을 보면 1132년에 "윤4월, (中略) 정해현定海縣은 고려로 도망한 백성 약 80명을 (고려에) 공문을 보내 환송 조치할 것을 건의했다."[183]라고 했다.

이때 금나라가 통치한 화북지역의 각 민족이 고려로 이주해 정착 가능성은 거의 없었다. 관련 사료를 보면 고려 명종 시기(1171~1197)에 거란인 위초尉貂는 고려에 정착해 관직을 역임했고, 부모에 대한 효심이 지극해서 고려 국왕 명종明宗이 그를 포상하기도 했다. 이르길 "위초尉貂는 본래 거란契丹 사람으로 명종明宗 시기에 산원동정散員同正이 되었다. 부친 위영성尉永成이 난치병을 앓게 되자 의원이 말하기를, 자식의 살을 먹으면 치료가 될 수 있다고 하였다. 위초는 즉시 넓적다리 살을 베어 만두소를 만들어 먹이니 병이 차도를 보였

---

181) 《寶慶四明志》卷6 "明州地方官府與其(高麗)禮賓省以文牒相酬酢, 皆賈舶通之。"
182) 《高麗史》卷99〈諸臣傳〉"今(宋)詔使本國商人, 嘗到我國, 與市井人販賣。"
183) 《宋史》卷487〈外國傳〉"閏四月(中略)定海縣言民亡入高麗者, 約八十人, 願奉表還國。"

다. 왕이 이를 듣고 조서를 내려 이르기를, '위초의 효성은 고금에 으
뜸이다. 전傳에 이르기를, '효는 모든 행실의 근원이다.'라고 하였고,
또 '충신은 효자의 집안에서 구한다.'라고 하였으니, 위초의 효성은
상을 받아 마땅하다.''[184]라고 했다.

---

184) 《高麗史》卷121 〈尉貂傳〉 "尉貂, 本契丹人, 明宗朝, 爲散員同正。父永成
患惡疾。醫云, '用子肉可治'。貂卽割股肉, 雜置餛飩中饋之, 病稍間。王
聞之, 詔曰, '貂之孝, 冠絶古今。傳云, 孝百行之源。又曰, 求忠臣率子之
門。則貂之孝, 在所必賞, 命宰相議加褒賞。"

제3절 원元에서 청淸 중기까지의 한국 화교

1 원元나라 시기

1206년 몽골족의 칭기스칸은 몽골을 건국했다. 몽골을 건국한 후에 사방으로 정복 전쟁을 전개했다. 1234년 몽골은 남송과 연합해 금을 멸망시켰다. 1271년 몽골의 쿠빌라이忽必烈는 국호를 원元으로 고치고 세조가 되었다. 1276년에 다시 남송을 멸하고 중국을 통일했다.

원나라 시기 한반도는 여전히 고려가 번성하고 있었다.

원과 고려의 관계가 긴장되면서 수차례 고려를 침략하기도 했다. 1218년 몽골의 군사는 거란군의 토벌을 명분으로 고려에 진입해 고려군과 연합해 거란을 격퇴하기도 했다. 이로 인해 고려와 몽골은 "양국은 영원한 형제"185) 관계를 맺었다. 고려 국왕 고종高宗은 매년 몽골에게 조공하고 지원에 감사를 표시했다. 하지만 몽골은 고려를 도리어 수탈의 대상으로 삼았고, 매년 많은 사신을 고려로 파견해 끊임없이 조공을 요구했다. 특히 몽골 사신의 오만과 방자함은 고려 백성들의 많은 불만을 야기시켰다. 그러다가 1225년 몽골 사신이 귀국하는 길에 피살되는 사건이 벌어졌다. 1281년 몽골은 군사와 함께 살리타撒禮塔를 파견해 "군사를 동원해 죄를 묻는興師問罪" 조치를 취하며 고려 북방을 강점하고 고려를 압박했다. 고려 국왕은 화친을 요

---

185)《高麗史》卷103,〈金就礪傳〉 "兩國永爲兄弟。"

청했고, 이에 살리타는 고려의 수도와 북방 지역에 다루가치達魯花赤
라는 관리 72명을 배치하고서 직접 고려를 감시하며 백성들을 억압
했다. 이에 고종은 몽골 장군의 폭정에 수도를 강화도로 천도하고
사람을 파견해 북방의 몽골 다루가치를 암살했다. 이듬해 몽골이 다
시 고려를 침략했다. 고려의 군사와 백성들은 항거하며 몽골 장수인
살리타를 주살하고서 몽골 군사를 고려해서 축출했다. 1235년 몽골
군사는 재차 고려를 침략해서 북방지역을 강점했다. 1241년에 고려
의 고종은 화친을 청하자, 왕족인 준綧을 몽골의 수도인 카라코람
Karakoram까지 보내 인질로 보냈다. 이후에 1247~1259년 사이에 몽
골은 다시 조공을 핑계 삼아 4차례 연속 고려를 침략했다. 1259년 고
종은 재차 화친을 요구하며 세자 왕공王倎을 몽골 수도에 인질로 보
냈다. 그리고 고려의 수도를 강화도에서 다시 개경으로 옮기고 신하
의 예로 몽골을 섬기며 매년 조공을 보내기로 했다. 이듬해 고종이
사망하자 쿠빌라이는 왕공王倎을 귀국시켜 왕위를 계승하도록 하여
원종元宗이 되었다. 동시에 쿠빌라이는 조서를 내려 고려는 "(원은)
옛 영토를 완전히 회복시켜 주었고, 그대 나라를 안정시키고 가문을
보전해준 것이다."186)라고 했다. 그리고 "아울러 이전에 거병해 몽골
에 반대했던 자의 죄를 다시 묻지 않겠다."187)고 선포했다. 이로부터
몽골은 고려를 침략해 약탈하는 전쟁을 멈추었다.

　하지만 원나라는 여전히 치밀하게 고려를 감시했다. 한편으로는
고려 수도에 다루가치를 파견해서 국왕을 감시했고, 때때로 원에게
고려의 상황을 보고하도록 했다. 동시에 고려의 세자를 몽골의 인질

186) 《元史》卷208 〈外夷傳〉 "完復舊疆, 安爾田疇, 保爾室家。"
187) 《앞의 책》卷208 "並宣布對以前擧兵反蒙者不再追究。"

로 삼았다. 이후에 원은 일본 공격을 계획하며 고려의 지리적 조건과
인력, 물력을 이용했다. 아울러 고려에 정동행성을 설치하고 고려를
압박해 군대와 요역을 징발해 일본 정벌에 발판으로 삼았다. 예를 들
면 1274년에 원이 일본을 공격할 때 고려에 전함 900척을 만들도록
하자, 이에 동원된 인원만 3만 명에 달했다. 이 외에도 원은 수시로
고려 내정에 간섭했고, 심지어 병사를 파견해 백성들의 기의起義도
진압했다. 다른 한편으로 원나라 세조부터 고려 국왕의 감시를 은폐
하기 위해 혼인 정책을 단행, 원의 황실 여성과 고려 국왕과의 혼인
을 강제했다.

원나라는 해외무역을 독려하는 정책을 추진하며 적극적으로 해외
무역을 장려했다. 당시 원은 97개 나라와 무역 관계를 유지했다. 원
과 고려의 무역은 초기에는 고려 침략을 일삼았기 때문에 별다른 진
전이 없었다. 1260년 이후 양국의 관계가 전환기를 맞으면 무역 관계
도 점차 회복하며 발전 국면을 맞이했다.

원과 고려의 무역 경로는 해로와 육로 두 가지가 있다. 해로의 경
우 여전히 명주에 있는 경원慶元이 주된 무역 항구가 되었다. 경원에
서 출발해 3~5일 후에는 고려에 도착할 수 있었는데, 보통 여름에 출
항하면 가을과 겨울 초에 돌아올 수 있다. 이외에 천주泉州 역시 남
방에서 고려로 향한 대표적인 무역항이었다. 남방의 경원과 천주를
제외하면 원나라 시기 북방의 대 고려 무역항은 산동 반도의 밀주密
州와 등주登州가 있고, 현재 천진의 당고塘沽인 직고直沽라는 곳이
있다. 육로의 경우는 동북 지역에서 직접 고려로 진입하는 방법이다.
원나라 시기 양국의 무역은 매우 밀접한 관계를 유지했다. 예를 들면
1259년에 고려는 일찍이 사람을 파견해 "배를 타고 익도부益都府에
가게 하여 마포麻布 14,000필을 저폐楮幣로 바꾸었다."188)고 했다. 고

려는 원의 지폐였던 저폐楮幣로 바꾸었다. 목적은 원의 물품을 구입하기 위해서였다. 다른 사례를 보면 13세기 말에 고려는 주周씨 성씨의 시랑侍郞을 파견함에 해로를 통해 항주로 보내고 원의 지방관과 양국의 무역 문제를 논의하도록 했다. 이에 원나라 지방관이 고려 사신을 후하게 환대하기도 했다.[189] 이 외에도 원나라에 와서 상업에 종사한 고려 상인도 적지 않았다. 이 시기 고려에서 유행했던 중국어 교과서인《박통사언해朴通事諺解》에는 두 명의 고려 상인이 원의 수도인 대도大都에서 만나 나눈 이야기를 수록하기도 했다. 한 사람이 "육상으로 왔다."고 하자, 다른 사람은 "나는 배를 타고 왔다."고 대답했다. 또한 "바다에 해적이 너무 많다."는 상황도 언급했다.[190] 이처럼 고려 상인이 원에서 무역할 때 역시 해로와 육로 두 가지 경로를 이용했음을 알 수 있다.

원과 고려의 무역은 상당한 수준에 이르렀다. 1977년 한국의 목포 부근 바다에서 침몰한 중국 함선이 발굴되었다. 침몰한 배에서 7,168점의 유물이 발굴되었다. 유물 가운데는 6,457점의 도자기가 있었고, 그중에 청자는 3,466점, 백자는 2,281점, 검은색 흑요黑窯는 117점, 균요鈞窯에서 제작된 자기는 79점, 기타 도자기는 574점에 달했다. 금속 제품은 280점이고, 그중에 청동기는 130점, 황동으로 만든 바라와 가마솥, 동전 33개 꾸러미 10.6만 개와 돌절구, 칠기, 부채, 수정 구슬, 바둑판, 후추, 계피 등이 출토되었다.[191] 발굴된 유물의 수량은 앞서 언급한 물품은 침몰한 전체 화물의 1/3 정도로 나머지 2/3의 화물과

---

188) 《高麗史》卷33〈食貨志〉"航海往(元)益都府, 以楮布一萬四千匹, 市楮幣。"
189) 姚燧,〈史公神道碑〉,《牧庵集》卷16, 商務印書館, 1936.
190) 《朴通事諺解》"旱路里來, (中略) 水賊廣多, (中略) 我只船上來了。"
191) 李德金,〈朝鮮新安海底沉船中的中國瓷器〉,《考古學報》第2期, 1979.

선체는 아직도 20미터 아래 해저에 남아있다.

　유물의 연대에 대해서는 "침몰한 배의 도자기 연대는 원대 후기 것으로 구체적으로 원대 대덕大德인 14세기 초의 제품이다."[192]라 했고, 계속해서 "침몰한 배가 만약 경원慶元에서 도자기를 실었다면 그 연대는 마땅히 지정至正 27년(1367) 이전 것이 된다. 다시 말해 원말 방국진方國珍[193]이 절강에서 할거하던 시기에 해당한다."[194]고 했다. 이 배의 유물은 원과 고려 사이에 무역 관계를 증명하고, 그 규모 역시 방대했음을 말해준다.

　원말에 강절江浙 일대에는 장사성張士誠[195]과 방국진 등이 할거했고, 경원과 상해 등 해외무역 항구 역시 이들의 영향을 받았다. 장사성과 방국진은 고려와의 무역을 중시했기 때문에 지속적으로 사람을 파견했고, 해로를 통해 고려 국왕에게 예물을 바치며 무역 관계의 유지와 발전을 요망했다. 장사성 예하의 관리는 고려 국왕에게 서신을 올리며 "만약 서로 상인이 왕래하며 무역을 틀 것 같으면 백성이 큰 혜택을 받을 수 있을 것입니다."[196]고 했다. 이에 고려 역시 적극적인 태도를 취했다. 이에 원말 중국 내지에는 대규모의 농민기의가 발생

---

192) 李德金, 〈앞의 논문〉, 《考古學報》第2期, 1979.
193) 방국진方國珍. 원나라 말기 절강 출신의 소금행상으로 1348년 해적이 반란을 일으킨 틈을 이용해 조운선漕運船을 약탈하며 자신의 세력 키웠다. 원과 주원장에게 반란과 투항을 거듭하다가 명군의 공격을 받고 결국 항복해 명明에서 관직을 역임했다.(역자 주)
194) 李德金, 〈앞의 논문〉, 《考古學報》第2期, 1979.
195) 장사성張士誠. 원나라 말기 태주泰州의 출신의 소금 중개인으로 1353년 염장鹽場 관리와 염정鹽丁 사이의 분쟁이 일어난 것을 틈타 난을 일으켰다. 그 세력이 강소와 절강일대에 미쳤으나 주원장朱元璋과의 오랜 항쟁 끝에 명군의 총공격에 대패하고 자살했다.(역자 주)
196) 《高麗史》卷39 恭愍王7年 "儻商賈往來, 以通興販, 亦惠民之一事也。"

해서 사회는 혼란하고 불안했지만, 원과 고려의 무역 관계는 중단 없이 지속되었다.

이상의 언급처럼 원과 고려의 정치, 경제적 관계는 원대 한국 화교의 특색을 규정했다. 즉 첫째는 많은 인원이고, 둘째는 그 성분이 비교적 복잡하다는 점이다.

원대 화교의 구성은 다음과 같은 계층으로 구성되었다.

1) 황실 공주

원나라 세조시기부터 고려를 은밀하게 통치하기 위해 원은 고려 세자를 원의 볼모로 보내도록 했다. 동시에 황실의 여성과 세자를 결혼하도록 했다. 이후 고려의 국왕이 사망하면 인질이었던 세자를 귀국시켜 왕위를 계승시켰다. 세자와 결혼한 황실의 여성은 세자와 고려로 간 후에 왕비가 되었다. 이렇게 원나라 공주 출신 귀족이 한국 화교의 구성원이 되었다. 이 공주가 낳은 자식은 다시 세자가 되었다. 원의 이러한 혼인 정책의 목적은 매우 분명하고, 의도적이며, 매우 치밀했다. 충렬왕의 왕후인 제국대장공주齊國大長公主의 이름은 홀도로게리미실忽都魯揭里迷失이고, 원래는 세조 쿠빌라이의 딸이었다. 1274년 충렬왕이 원의 볼모로 체류했을 때 쿠빌라이는 그의 딸과 충렬왕을 결혼시켰다. 1275년 고려의 원종元宗이 사망하자 공주는 충렬왕과 함께 고려로 귀국해서 왕비가 되었다. 같은 해 9월에 아들을 낳아 왕원王源이라 하니, 그가 후에 충선왕이다.[197] 1296년에 공주는 사망했다.

---

197) 《高麗史》卷28 忠烈王元年 "丁酉 公主生子諶于沙坂宮。"

충선왕의 비妃는 계국대장공주薊國大長公主로 이름은 보탑실련寶塔實憐이다. 원래는 원나라 진왕晉王인 감마자甘麻刺의 딸이었다. 1296년에 충선왕이 원에 볼모가 되었을 때 공주와 결혼했다. 1298년 충렬왕이 사망하자 귀국해서 충선왕이 왕위를 계승하고, 공주는 왕비가 되었다. 1315년 공주는 사망했다.[198]

충선왕의 의비懿妃 이름은 야속진也速真이고 원래는 원나라 황실의 여성이었다. 의비가 아들을 낳자 왕추王儔라고 이름을 지었다. 그가 후일의 충숙왕忠肅王이다. 1316년에 의비는 사망했다.[199]

충숙왕의 비였던 복국장공주濮國長公主의 몽골 이름은 역련진팔랄亦憐眞八刺이고, 원래는 원의 원영왕元營王인 야선첩목아也先帖木兒의 딸이다. 1316년 충숙왕과 혼인했고, 같은 해 고려로 귀국한 후, 1319년에 사망했다.[200]

충숙왕의 비인 조국장공주曹國長公主의 이름은 금동金童이고, 1324년에 충숙왕과 혼인했다. 이듬해 고려에 왔고, 18세에 사망했다.[201]

충숙왕의 비인 경화공주慶華公主는 이름이 백안홀도伯顔忽都로, 원에서 충숙왕과 혼인했고 후에 고려로 왔다.[202]

---

198) 《高麗史》卷89〈后妃傳〉"薊國大長公主寶塔實憐, 元晉王甘麻刺之女。忠烈二十二年, 忠宣以世子在元 尙主. 二十四年, 公主自元來, 帝使太子阿木罕, 丞相雍吉刺歹護行. 忠烈幸金郊, 百官郊迎, 儀仗妓樂, 如迎王禮. 是年, 忠宣受禪, 號公主宮曰中和, 府曰崇敬。"

199) 《高麗史》卷89〈后妃傳〉"懿妃也速眞, 蒙古女, 生世子鑑·忠肅王。忠肅三年, 薨于元, 還葬于國, 追贈。"

200) 《高麗史》卷89"濮國長公主亦憐眞八刺, 元營王也先帖木兒之女。忠肅三年, 王在元, 娶之. 是年冬, 與王來. 六年薨. 殯于延慶宮, 追贈靖和公主。"

201) 《高麗史》卷89〈后妃傳〉"曹國長公主金童, 元順宗子魏王阿木哥之女. 忠肅十一年, 王在元, 娶之, 明年, 與王來. 公主薨于行宮, 年十八。"

202) 《高麗史》卷89〈后妃傳〉"慶華公主伯顔忽都, 蒙古女, 王在元, 娶之。後

충혜왕의 비인 덕녕공주德寧公主의 이름은 역련진반亦憐眞班이고, 원래는 원나라 진서무정왕초팔鎭西武靖王焦八의 딸이었다. 1330년에 충혜왕과 혼인했다. 후에 고려로 와서 1375년에 사망했다.[203]

공민왕의 휘의로국대장공주徽懿魯國大長公主의 이름은 보탑실리寶塔失里이고, 원래는 원나라 종실인 위왕魏王의 딸이었다. 후에 고려에 왔고, 1365년에 사망했다.[204]

이상과 같이 8명의 원나라 황실의 여성이 고려 국왕과 혼인했다. 이들은 원나라 시기 처음으로 귀족 출신 한국 화교가 되었다. 이로써 고려의 충선왕, 충숙왕, 충목왕은 모두 원나라 황실이 여성이 낳은 왕들로 중국혈통을 갖게 되었다.

2) 관리

원은 고려를 통제하기 위해서 수차례 고려에 각종 감시기구를 설치하고 관리를 파견했다. 이런 관리는 장기간 고려에 거주했고, 심지어 귀국하지 않은 경우도 있었다. 1231년 원군이 고려를 침공할 때 고려는 화친의 의지를 보이지 않았다. 이에 원은 고려 수도와 북부에 설치된 주현에 다루가치 72명을 배치했다. 1260년 원은 장기간 전개한 고려에 대한 침략 정책을 중단했지만, 여전히 삼엄하게 고려 정부를 염탐했고, 이때 다루가치를 수도에 파견해서 고려왕과 조정을 감

二年, 與王來。五年, 開府曰慶華, 置官屬。"

203) 《高麗史》卷89 〈后妃傳〉 "亦憐眞班, 元鎭西武靖王焦八之女。忠肅十七年, 忠惠在元尙公主, 生忠穆王・長寧翁主。"

204) 《高麗史》卷89 〈后妃傳〉 "徽懿魯國大長公主寶塔失里, 元宗室魏王之女。王在元, 親迎于北庭, 元封承懿公主。王卽位, 與之東還, 置府曰肅雍。"

시했다. 이후 원조는 일본을 공격할 때 고려의 유리한 지리적 조건과 인력, 물력을 총동원했고 또한 정동행성征東行省을 설치하기도 했다. 이외에 고려 국왕과 원조 황실 여성과의 결혼 정책을 강제했다. 결혼 후에 공주는 고려에 정착했다. 이때 공주 보호를 명목으로 함께 온 많은 원나라 출신 신하들이 고려에 정착했고, 일부는 영구히 귀국하지 않았다. 원의 노국공주가 공민왕을 따라 고려에 왔을 때 원은 공자의 53대 후손인 공완孔浣의 차남 공소孔昭를 한림학사의 신분으로 고려에 보냈고, 그의 자손은 후에 고려에 정착해 후손을 이어갔다.

3) 무사

원대 한국 화교에는 다수의 무사를 포함하고 있었다. 그중에 나세羅世와 변안렬邊安烈이 가장 유명하다.

(1) 나세羅世

나세羅世는 고려 우왕禑王 초에 전라도상원수全羅道上元帥 겸 도안무사都安撫使에 임관했다. 이때 왜구 50척이 노략을 위해 행안산幸安山에 상륙했다. 이때 나세와 변안렬은 고려 장수인 조사민趙思敏과 함께 응전하여 왜구를 대패했다. 이후 나세는 개성부사開城府使에 임명되었고, 왜구가 다시 수도를 약탈하려 하자 병사를 통솔해 재차 이들을 격파했다. 1380년 8월 왜구가 다시 50척의 함선으로 진포鎭浦에 상륙에 약탈을 자행했다. 이에 나세와 고려 장수 침덕부沈德符 등은 100척의 전함을 이끌고 진포에서 "최무선이 만든 화포를 이용하여 그들의 배를 불살랐는데 연기와 불길이 하늘을 뒤덮었다. 배를 지키는 적이 거의 타죽고 바다에 뛰어들어 죽은 자 또한 많았다."[205)고 했다. 나세 등은 고려를 노략질하는 일본 왜구를 격퇴해 큰 공적을 세웠다. 고려왕은 그에게 "돌아와 잡희雜戲를 크게 열어 환영하였으며 나세 등에게 금을 각각 50냥씩 하사했다. (중략) 이후에 (나세는) 문하평리門下評理에 제수되었다."[206]고 했다.

(2) 변안렬邊安烈

변안렬邊安烈의 경우 사서에 이르길 본래 심양瀋陽 사람으로, 원 말기 병란兵亂으로 고려로 이주했다. 고려 우왕 시기에 변안렬은 처음 고려의 양광楊廣과 전라도의 도지휘사都指揮使 겸 조전원수助戰元帥를 역임했다. 특히 나세羅世와 함께 행안산幸安山과 진포구鎭浦口에서 왜구와 싸워 섬멸시켰다. 이후에 당시 도체찰사都體察使와 양광·전라·경상도의 도순찰사都巡察使인 이성계李成桂와 함께 남원南原에서 왜구를 대파했다. 이어 왜구가 담양군을 노략질할 때 변안렬은 한방언韓邦彦과 군사를 통솔해 이들을 격파, 80여 명의 참수하고 군마 200여 필을 획득했다. 다시 한방언과 함께 안동安東의 왜구를 격퇴하며 30명을 참수하고 60필의 말을 포획했다.[207]

4) 문인

원대 한국 화교 가운데 문인文人 역시 다수를 차지했다.

---

205) 《高麗史》卷114〈諸臣傳〉 "用崔茂宣所制之火炮, 焚其船, 煙焰漲天。賊守船者, 燒死殆盡, 赴海死者亦衆。"

206) 《高麗史》卷114〈諸臣傳〉 "大設雜戲迎之, 賜(羅)世等金各五十兩, (中略) (羅世)後拜門下評理。"

207) 《高麗史》卷126〈姦臣傳〉.

(1) 공소孔昭

이미 앞에서 언급했듯이 고려에 도착 후에 수원 중규면中逵面 구
정촌九井村에 정착했다.[208] 공소는 수원에서 사당을 만들어 공자상을
봉양했다. 그 이전에 고려에는 공자상과 함께 존호를 추존하여 공자
를 숭배하기도 했다. 당시 민간에서는 아직 공자를 숭배하거나 제사
를 지내지는 않았다. 공소가 수원에서 사당을 세워 공자상을 올리니
고려의 민간에서도 공자에게 제사를 지내기 시작했다. 공소 이후 후
손들이 《동국궐리지東國闕里志》를 저술하기도 했다.

(2) 주찬朱贊

주찬의 자는 경도景陶이고 송대 성리학자 주희의 후손이다. 1225
년 주찬은 원대의 7명이 학사와 함께 고려에 정착한 후에 영구히 귀
국하지 않았다. 그의 후손은 고려에서 세대를 이루며 번성했다. 성리
학이 고려에 유입된 후에 고려 문인인 안유安瑜 · 백이정白頤正 등이
그의 학문을 계승했고, 주찬 등의 주자 후손은 고려에 정착해서 학술
발전에 상당한 역할을 했다.

(3) 설손偰遜

설손의 원래 이름은 백료百遼이고 원대 회골回鶻, 즉 위구르족 출
신이다. 1358년 사서에 이르길 "전란을 피해 동쪽으로 왔다."라 했고,
고려는 그를 "매우 후하게 대우하였다. 집을 하사하고 고창백高昌伯
으로 봉하였다가 부원후富原侯로 고쳐 봉하였고 부원富原에 토지를
하사하였다."[209]라고 했다. 1360년 그는 고려에서 사망했다. 저술로

---

208) 《正祖實錄》卷35, 16年 8月 "孔聖後裔之東來者, 居于水原之中逵面九井村。"

는 《근사재일고近思齋逸稿》이 있고, 장수長壽·연수延壽·복수福壽·
경수慶壽·미수眉壽 등의 5명의 아들이 있었다. 그중 장자인 장수는
고려에서 판전농사사判典農寺事를 역임했고, 왜구를 격퇴하는 간언을
올렸지만 아쉽게도 채택되지 못했다. 이후에 지밀직사知密直事와 천
판삼사사遷判三司事 등의 관직을 역임했다.[210]

(4) 한복韓復

한복의 원래 이름은 배주拜住였고, 문장이 뛰어났다. 1341년 원나
라에서 진사進士에 장원을 했고, 관직은 추밀원부사樞密院副使까지
올랐다. 1370년 고려에 정착했고, 중용되며 판사농사사判司農寺事에
오르면서 한복이란 이름을 사여 받기도 했다.[211] 후에 대광서원군진
현관대제학大匡西原君進賢館大提學에 임용되었다. 한복은 고려 문인
인 이인복李仁復과 이색李穡 등과 긴밀하게 교류하여 깊은 우정을 쌓
기도 했다.

이외에도 한일방韓日方·이원필李原弼·당성唐誠 등은 모두 원말
시기에 고려에 정착한 문인이다. 이들은 주로 조선 시기에 중용되며
임관했고, 이들 관련 사적은 다음 장에서 기술하고자 한다.

5) 상인

원과 고려의 무역은 밀접한 관계를 유지하며 많은 상인이 고려와

---

209) 《高麗史》卷114 〈諸臣傳〉 "避兵東來。(中略)待之甚厚, 賜第, 封高昌伯,
改封富原侯, 賜田富原。"
210) 《高麗史》卷45 恭讓王2年 "偰長壽並爲門下贊成事, 我恭靖王判密直司事。"
211) 《高麗史》卷112 〈諸臣傳〉 "朝人, 本名拜住。順帝至正元年, 擢進士第一
名, 官至樞密院副使。(中略) 拜判司農寺事, 賜姓名韓復。"

교류하였다. 그중에 이원李元 양국 무역 관계 촉진에 크게 공헌했다. 원나라는 이미 화약과 화포의 기술을 장악하고 관련 정보를 엄격하게 통제했다. 당시 고려는 수시로 왜구의 침략을 받고 있었고, 최무선은 이를 보고 "일찍이 왜구가 창궐해도 억제시키지 못함을 근심하며 수전水戰과 화공火攻의 대책을 생각해서 염초焰硝를 끓여 화약을 만드는 방법을 강구했다."212)라고 했다. 이를 위해 최무선은 당시 원나라 상인이 도착했던 무역항인 예성강禮成江을 찾아서 "항상 중국 강남江南에서 오는 상인이 있으면 이내 만나보고 화약 만드는 법을 물었다."213)라고 했다. 1373년 최무선은 결국 예성강에서 화약 제조 경험이 있는 원나라 상인 출신 이원을 알게 되었다. 이에 최무선은 극진히 이원을 예우하고 자신의 집으로 초청해서 의식을 제공하면서 자문을 구했다. 이렇게 하여 핵심 기술을 파악했고, 결국 화약의 제조 기술을 습득할 수 있게 되었다.214) 그리고 최무선은 "집안의 노비 몇 사람으로 하여금 개인적으로 이를 익혀 시험"215)을 했고, 천신만고 끝에 무수한 실패를 거치면서 화약 제조에 성공했다. 이후 이런 사실을 조정에 알리고 화약과 화포 제조국의 설치를 건의했다. 1377년 고려는 그의 건의를 받아들여 중앙에 "비로소 화통도감火㷁都監을 설치했는데, 판사判事 최무선崔茂宣의 말을 따른 것이다. 최무선이 원元 염초焰硝 기술자인 같은 마을 사람 이원李元을 후하게 예우

---

212) 《朝鮮王朝實錄》卷7 太祖4年 "嘗患倭寇之陸梁難制, 思水戰火攻之策, 求焰硝煎用之術。"

213) 《朝鮮王朝實錄》卷7 太祖4年 "每見商客自江南來者, 便問火藥之法。"

214) 《朝鮮王朝實錄》卷7 太祖4年 "有一商以粗知對, 請置其家, 給養衣食, 累旬諮問, 頗得要領。"

215) 《高麗史節要》卷30 辛禑1年 "使家僮數人私習其效。"

하여 몰래 그 기술을 묻고, 가동家僮 몇 명으로 하여금 익혀 시험해
본 후 마침내 왕에게 건의하여 (제조국을) 설치하였다."[216]고 했다.
화통火㷁의 제작은 모두 최무선의 감독하에 진행했다. 고려는 결국
다량의 화약 제조는 물론 과거 "포기炮機"와 "총통銃筒"를 근간으로
새로운 무기를 다량으로 제조할 수 있게 되었다. 이후 고려는 한층
진일보한 화기를 발명해 전함에 설치했고, 이는 당시 왜구 섬멸에 상
당한 위력을 발휘했다. 1380년 왜구가 500척의 함선으로 대규모 고
려의 해안을 노략하려 할 때 고려 함선에 장착된 신형 화포는 왜구를
격파하는 결정적인 역할을 수행했다.

6) 장인匠人

원에서 고려로 이주한 장인은 앞서 언급한 화약을 제조한 장인 이
외에도 건축 방면의 장인도 있었다. 원대의 장인이 고려의 경천사敬
天寺 다층 석탑을 축조하기도 했다. 노사신盧思愼의 《동국여지승람》
에는 산천사散天寺라는 조항에 이르길 "세상에 전하는 말에 원나라
탈탈 승상脫脫丞相이 원찰願刹로 만들고, 진령군晉寧君 강융姜融이
원나라에서 공장工匠을 뽑아다가 이 탑을 만들었다."[217]라고 했다.
고려는 대규모의 건축을 수리하거나 창건할 때 원나라에 장인을 요
청하기도 했다. 예를 들면 1276년에 이르길 "원나라 공주는 궁실을

---

216) 《高麗史》卷33 禑王3年 "始置火㷁都監, 從判事崔茂宣之言也. 茂宣與元
   㷁焇匠李元同里閈, 善遇之, 竊問其術, 令家僮數人, 習而試之, 遂建白
   置之."

217) 《新增東國輿地勝覽》卷13 京畿 "諺傳元脫脫丞相以爲願刹, 晉寧君姜融
   募元朝工匠造此塔。至今有脫脫·姜融畫像。"

수리하려고 함에 원에게 장인을 요청했다."[218]라고 했다.

이상과 같이 원나라 장인은 고려 건축의 수리와 축조에 참여했고, 고려의 건축은 원대의 영향을 크게 받게 되었다.

7) 죄인

13세기 후반부터 원나라는 범죄를 저지른 죄인을 고려의 탐라에 유배하는 정책을 실행했다. 이러한 죄인 가운데는 일부는 원나라 황실의 귀족이나 대신도 포함되어 있었다. 이들은 정치적 모략을 도모하다 이국으로 유배당한 경우에 해당한다. 이외에 다수는 원나라 통치에 저항하던 일반 백성들로, 원조는 이들을 "도적", "죄인", "범죄"라는 명목으로 고려에 유배시켰다. 그중에 석방된 죄인의 경우 그 유배 기간의 장단에 따라서 귀국했지만, 대다수는 영원히 죄인으로 고려에 정착하기도 했다. 고려에 유배된 원나라 죄인을 유형별로 구분하면 다음과 같다.

(1) 황실 귀족과 황족 대신

1310년 9월에 사서에는 이르길 "원나라 영왕寧王을 우리나라에 유배를 보내왔다. 영왕은 세조世祖의 서자인데 반란을 모의하다가 발각되어 그의 가속家屬 50여 명과 함께 (고려로) 왔다."[219]고 했다.

1330년에 "원나라 명종明宗의 태자太子 타환첩목이妥懽帖睦爾를

---

218) 《東國通鑑》卷37 "元公主將修宮室，請工匠于元。"
219) 《高麗史》卷33 忠宣王2年 "元流寧王于我國。寧王世祖庶子，謀叛事覺，與其家屬五十餘人偕來。"

우리나라의 대청도大靑島로 유배되어왔는데, 나이가 11살이었다."[220]
라 했고, 이듬해 다시 소환되었다.

1340년에 "원나라의 패란해孛蘭奚 대왕이 탐라耽羅로 유배 보내져
왔다."[221]라고 했다.

1347년 6월에 "원나라는 원사院使 고용보高龍普를 (고려의) 금강
산金剛山으로 추방했다."[222]고 했고, 10월에 원은 다시 그를 소환시
켰다.

(2) 일반 백성

원나라는 일반 백성들을 "도적"과 "죄인"이라 부르며 가장 많이
고려에 유배시켰다. 1275~1340년 사이에 5차례에 걸쳐 250여 명이
고려에 유배되었다. 1277년 5월에는 "원나라에서 죄인 33인을 탐라
耽羅로 유배 보냈다."[223]라고 했고, 8월에 "원나라에서 죄인 40인을
탐라耽羅로 유배 보냈다."[224]라고 했다.

8) 유민流民

원나라 말기 각지에서 농민기의가 구름처럼 일어나면서 사회는 더
욱 불안에 빠졌다. 동북 지역의 경우, 많은 백성은 전란을 피해 육로

---

220) 《高麗史》卷36 忠惠王卽位年 "元流明宗太子妥懽帖睦爾于我大青島, 年
　　 十一歲。"
221) 《高麗史》卷36 忠惠王(後)1年 "元流孛蘭奚大王于耽羅。"
222) 《高麗史》卷33 "元放院使高龍普于金剛山。"
223) 《高麗史》卷28 忠烈王3年 "元流罪人三十三人于耽羅。"
224) 《高麗史》卷28 忠烈王3年 "元流罪人四十人于耽羅。"

를 통해 고려로 이주해 정착했다. 예를 들면 1359년 11월에 "요심遼瀋
의 유민流民 2,300여 호가 내투來投해 오자 서북군현西北郡縣에 나누
어 거주하게 하고 관청에서 생필품과 식량을 공급하였다."[225]라고 했
다. 1361년에는 고려의 공민왕은 이르길 "근래 병란과 흉년으로 백성
들이 제대로 목숨을 이어가지 못하며, 또한 요양遼陽과 심양瀋陽에서
온 유민 가운데 귀화해온 자가 많다."[226]라고 했다.

명나라기 건국한 후 1386년 12월에 고려에 사신을 파견해서 1359
年에 고려로 이주한 중국인에 대해서 "기해년 고려로 피난을 왔던 심
양瀋陽 군민軍民 40,000여 호를 추쇄하였다."[227]라고 했다.

9) 포로 출신 평민

전란에 빠진 원나라는 더 이상 고려를 통제할 수 없게 되었다. 이
에 고려는 이런 기회를 이용해서 친원파 세력을 척결하기 시작했고,
아울러 북방의 영토를 개척하는 과정에서 원나라 백성을 포로로 삼
기도 했다. 당시 포로로 전락한 백성의 수량도 상당히 많았다. 예를
들면 1356년 8월에 "평양도순문사平壤都巡問使 이여경李餘慶이 포로
로 잡은 여진女眞 남녀 20여 명을 바치자 그들을 양광도楊廣道에 나
누어 거주시키게 하였다."[228]고 했다. 같은 달에 고려는 "동북면병마
사東北面兵馬使가 포로로 잡은 여진女眞 여자 20명을 바치자 각 관청

---

225) 《高麗史》卷39 恭愍王8年 "遼瀋流民二千三百餘戶來投, 分處西北郡縣,
    官給資糧。"
226) 《高麗史》卷33 恭愍王10年 "近因兵荒, 民不聊生, 又遼瀋流民, 歸化者衆。"
227) 《高麗史》卷36 禑王12年 "刷己亥, 避寇東來瀋陽軍民四萬餘戶。"
228) 《高麗史》卷39 恭愍王5年 "平壤都巡問使李余慶, 獻俘女真男女二十餘
    人, 分置楊廣道。"

의 노비로 나누어 소속시켰다."[229]라고 했다.

원대 한국 화교는 그 수량이 매우 많았고, 그 계층도 복잡했다. 이들은 고려에 정착해 거주시키면서 고려에 대한 공헌도 매우 컸다. 국방의 경우 외세의 침략을 방어했던 나세와 변안렬은 고려의 군민과 함께 왜구를 격퇴하며 고려의 영토를 수호했다. 문화와 관련해서는 공소·주찬·공장수·한복 등은 중국문화를 고려에 전파하는 데 크게 공헌했고, 화약 제조법과 건축 기술을 전파하며 고려의 문화 수준을 향상하는 데 이바지했다. 이와는 반대로 고려 수도와 군현에 설치되었던 다루기치는 고려 조정과 백성을 감시하고 수탈했다는 부정적 측면도 간과할 수 없다.

2 명明나라 시기 한국 화교

1368년 원이 멸망하고 명나라가 건국되었다. 1393년 조선왕조가 고려를 계승하며 건국했다.

1) 명나라 초기의 한국 화교

명나라는 건국 후 인접한 국가와 선린정책을 폈고 지속해서 교류관계를 유지하며 우호적인 외교관계를 유지했다. 명나라 태조인 주원장朱元璋이 재임하던 시기에 황명조훈皇明祖訓에 따라서 세자를 훈계하며 이르길 "사방의 이족夷族들이 산과 바다로 막히고 둘러싸

---

229) 《高麗史》卷39 恭愍王5年 "東北面兵馬使, 獻俘女真女二十人分, 屬谷司 為婢。"

여 한 구석에 치우쳐 있다. 토지가 있지만 자급자족이 부족하고 백성이 있지만 사역하기에 부족하다."라고 했다. 계속해서 "내가 두려워하는 바는 후대 자손이 중국의 부강만을 의지해 일시의 전공을 탐해서 무고하게 군사를 일으켜 인명을 살상하는 것이니 이를 반드시 기록하기 바란다."230)라고 했다. 이와 함께 12개 국가를 "선황이 남겨 놓은 훈계訓戒에 정벌해서는 안 되는 나라"231)로 지정하기도 했다. 이때 조선은 첫 번째 국가에 오르기도 했다. 명나라 전체를 통틀어 양국은 매우 우호적인 관계를 유지했다. 1592~1598년 사이에 명은 2차례에 걸쳐 10만 대군을 조선에 파견해서 일제 침략에 대응하기도 했다. 이는 양국 관계를 단적으로 알 수 있는 사건이다.

양국의 관계는 긴밀했지만, 무역에 있어서는, 특히 민간무역의 경우 그다지 발전하지 못했다. 무역 관계는 북송과 원과도 비할 바가 되지 못했다. 이런 주된 원인은 명나라는 해외무역에 대해 해금海禁정책과 쇄국鎖國정책을 유지했기 때문이다.

대외 개방정책이 가져온 정치, 경제적인 장점은 이미 당송과 원대로 이어지는 700여 년 역사가 이를 증명하고 있다. 그렇기 때문에 이런 역사적 흐름 속에 내재 된 경향성과 관성은 명초 태조 주원장까지 지속되며 대외무역 정책은 계속 유지되었다. 해외무역을 촉진시키기 위해 명초는 조공무역을 통해 중국을 방문한 상선에게 면세혜택을 주는 정책을 펴기도 했다.

명초의 대외 개방정책은 성조成祖시기까지 기조가 유지되며 발전

---

230) 《明實錄》卷105 孝宗敬皇帝 弘治8年, "四方諸夷, 皆限山隔海, 僻在一隅, 得其地不足以供給, 得其民不足以使令. (中略) 吾恐後子孫, 倚中國富強, 貪一時之戰功, 無故興兵, 殺傷人命, 切記不可."
231) 《明實錄》卷105 孝宗敬皇帝 弘治2年, "祖訓所載不征之國."

했다. 성조는 조선 등의 나라에 선위宣慰를 파견해 초무를 강조했다. 특히 1405~1433년 사이에 정화鄭和를 동남아시아, 인도, 중동, 아프리카까지 파견하기도 했다. 정화의 7차에 걸린 항해는 대외경제와 무역 사상 중국의 찬란한 업적이 아닐 수 없다. 이때 관방 무역이 발전하면서 민간무역 역시 발전의 계기를 마련했다. 명초의 태조와 성조 시기 대외무역은 흥성시에 이르렀다.

2) 명나라 중기 한국 화교

명대 가정제嘉靖帝는 1천 년 동안 유지해온 대회개방 정책을 철회하고 어리석게도 쇄국정책을 감행하고 말았다. 이로 인해 공·상업의 발전은 억제되었고, 사회경제의 자생적인 발전도 억눌렸다. 또한 경제외적 수단을 통해 민영의 공·상업을 약탈하며 경제발전을 파괴하고 말았다. 이 시기 동남 연해안에서는 왜국의 침탈이 끊이지 않았고, 이에 통치 집단은 속수무책으로 수수방관하였다. 그러다가 1523년 결국 시박市舶 제도까지 폐지했고, 나라와 항구도 폐쇄하고 대외무역을 중단하는 쇄국정책을 단행했다. 이런 해금 정책은 왜구의 노략과 위협에서 벗어나기 위한 목적이었지만, 그 폐해는 오히려 시간이 지날수록 심해져만 갔다. 이후 용맹한 장수 척계광戚繼光의 왜국 토벌에 힘입어 왜구의 폐해는 일시적으로 평정되었다. 그러나 명의 대외무역 정책은 이미 완고하고 수구적인 태도에서 벗어나지 못했고, 쇄국의 사조는 당시 조정의 정치적 분위기를 압도했다. 결국 폐쇄정책은 대외무역 방면에서 명나라의 재정과 경제에 커다란 부담을 안기며 일부 지역에서 해금 정책을 해제하기도 했다. 그러나 해금 정책 근본 기조는 변화하지 않았다. 명나라 신종 만역萬曆 연간(1573~1620)

에 이르러 대외무역은 더 이상 회복의 기미가 보이다가 다시 쇠락하고 말았다. 이런 국면이 명나라 후기인 융경隆慶에서 숭정崇禎 시기까지 70여 년간 지속되다가 해금 정책의 일부를 완화하기도 했다. 이후 해외무역은 일부 새로운 활기를 맞이했지만, 이전의 수준을 회복하지 못했다.

전체 명대를 볼 때 비록 적극적으로 대외무역 정책을 추진했던 태조와 성조시기 역시 관방무역 중심으로 인접국에게 조공무역을 실행했던 정도였고, 민간 차원의 사무역과 해외무역은 철저히 금지되었다.

주원장이 즉위한 후 4년째 되던 해인 1371년에 "수차례 해안에 거주하는 백성에게 출항하지 못하도록 금지조치를 내렸다."[232]고 했다. 후에 재차 사인이 해로를 이용한 무역행위를 엄격히 금지시켰다. 1381년 10월에 "해안에 거주하는 백성에게 사사로이 해외의 여러 나라들과 무역하는 것을 금지시켰다."[233]고 했고, 1397년 4월에는 "거듭 백성들에게 마음대로 출항해 외국과 교역하는 것을 금지시켰다."[234]라 했다. 주원장은 이렇게 개인의 사무역 종사를 엄금했고, 심지어 민간의 외국 제품 사용도 금지시키기도 했다. 1394년에 이르길 "민간에서 외국산 향료와 외국산 물건을 사용하지 못하도록 금했다."[235]고 했다.

명나라 성조成祖 시기에 이르러 외국과 중국 상인 간의 사무역은 이전보다 완화되었다. 그럼에도 이후 재차 개인의 해외무역은 철저

---

232) 《明實錄》卷139 太祖, 洪武4年 "仍禁瀕海民, 不得私出海。"
233) 《明實錄》卷139 太祖, 洪武14年 "禁瀕海民私通海外諸國。"
234) 《明實錄》卷139 太祖, 洪武30年 "申禁人民, 無得擅出海與外國互市。"
235) 《明實錄》卷231 太祖, 洪武27年 "禁民間用番香番貨。"

하게 금지되었고, 명말에 이르러 극히 제한적인 범위에서 개인의 해외무역이 가능하게 되었다.

명나라가 이렇게 개인의 해외무역을 금지한 원인은 개인이 외국과 교류를 통해 집단화하여, 명나라 사회통치를 위협한다고 생각했기 때문이다.

그 결과 명과 조선의 민간무역, 특히 해상 무역은 거의 발전할 수가 없게 되고 말았다. 명과 조선의 육로무역은 1560년을 전후로 조선의 요구로 명은 비로소 양국 백성들의 변방 무역인 정기적인 집시集市[236) 무역만을 허가했다. 즉 당일만 거래되는 호시互市[237)로 이르길 "중강中江 개시는 비록 우리나라의 요청에 의하여 생긴 것이지만 시행한 지 여러 해 동안에 중국과 우리나라의 백성들이 다 같이 이득을 보고 있습니다."[238)고 했다.

해외무역이 이전처럼 흥성하지 못하고 개인의 해외무역마저 엄격히 금지되면서 자연스레 명나라 백성들의 조선 이주와 정착 및 상업활동의 기회는 거의 제공되지 못했다. 이것이 바로 명대에 한국 화교

---

236) 집시集市 : 주로 상품경제가 발달하지 않은 지역에서 정적으로 모여서 진행하는 상품 거래와 무역 형태를 말한다. '집集'이란 사람과 물건이 함께 모인다는 뜻에서 유래했고, 집결해 거래하는 상품교역의 형태를 말해준다.(역자 주)

237) 호시互市 : 고대 시기 중국과 한국에서 외국과의 교역 및 물물 교역이 행해지는 무역 형태를 말한다. 주로 양국의 변경 지역과 연해안에서 호시互市를 열고 교역을 진행했다. 당나라 때까지는 호시를 호시胡市 또는 관시關市라고 했고, 북방민족과 제한적인 범위에서 이들을 통제하기 위한 수단으로 무역이 진행되었다. 그러다가 송宋나라 이후부터는 변경에 요遼·금金·서하西夏·몽골 등의 강력한 민족국가가 발흥하며 호시의 시장 수도 많아졌고 무역액도 증가했다.(역자 주)

238)《朝鮮王朝實錄》卷124 宣祖33年 "中江開市, 雖出於我國之請, 而行之累年, 彼此之民, 均蒙其利。"

가 북송과 원대에 비해 급감하게 된 가장 주요한 원인이었다.

명대 한국 화교의 주된 구성원을 살펴보면 다음과 같다.

(1) 유민과 산만군散漫軍

명나라 건국 초기에 중원과 강남, 복건, 광동은 이미 수복해 명이 관할했지만, 여전히 원나라 잔당 세력이 동북 정권을 근거로 할거했다. 원의 승상 나하추納哈出는 20만 원군을 지금의 요녕 개원開原의 금산金山에 주둔시켰다. 1387년 명 태조는 풍승馮勝에게 대군을 통솔해 나하추 토벌을 명했다. 이에 나하추는 포위되었고 결국 명군에게 투항했다. 그리고 나머지 잔여 세력 역시 계속해서 투항해 왔다. 동북에 있는 원의 잔당이 소멸된 후에 명은 동북을 통일하고 요동도지휘사사遼東都指揮使司를 설치했다.

명나라가 동북을 통일하는 과정에서 이 지역에 수많은 사람이 전란을 피해 고려로 이주했다. 이렇게 전란을 피해 이주한 사람을 일컬어 유민流民이라 한다. 이와 함께 원군의 잔당 세력 역시 고려도 도주했는데 이들을 산만군散漫軍이라 부른다. 당시 유민과 산만군은 명대 조선의 화교의 주요한 구성원이 되었다.

고려와 이후의 조선은 중국에서 유입된 유민과 산만군을 적극적으로 수용했고, 고려 정부는 이들에게 피난처는 물론 거주지역을 제공하기도 했다. 예를 들면 1402년 3월에 조선은 "요동에서 도망하여 온 사람들을 강원도와 동북면에 나누어 배치했다. 처음에 요동 사람 남녀 90명이 의주義州로 도망처 왔고, 또 백성 1백 50호가 뗏목을 타고 강을 건너 이성泥城에 이르러서 말하기를, '연군燕軍이 크게 일어남에 위령군衛領軍 양 대인楊大人이 성城을 버리고 연燕에 항복하였기 때문에, 두려워서 도망쳐 온 것이다.'라고 하였다. 임금이 의정부에서 나누어 두어 양식을 주고, 서북면 각 고을에 옮기어 살도록 하였다. 기묘년 이후에 우리나라로 도망해 온 사람들을 하삼도下三道 각 고을로 안치安置하고, 양식을 주었다."239)고 했다. 같은 달 역시 "중국의 만산군漫散軍 2천여 명이 강계江界에 이르렀다."라고 했다.240) 그리고 다시 같은 달에 "처음에 임팔라실리林八剌失里가 1만 8천 6백호戶를 거느리고 도망해 왔다."241)라고 했다. 9월에 조선 정부는 "요동에서 도망하여 온 군사 임팔라실리 등을 여러 도에 나누어 안치했다. 팔라실리 등의 가족이 서울에 오매, 곧 나누어 두었는데, 경상도에 1천 2백 97명, 충청도에 8백 54명, 좌·우도左右道에 4백 88명, 전라도에 1천 5백 85명을 각각 안치했다."242)고 했다. 같은 해 5월에 조선은 "만산군漫散軍을 풍해도豐海道에 나누어 배치하였으니 남녀노소를 합하여 8백 69명이었다. 각관各官으로 하여금 양식을 주게 하였다."243)라고 했다.

하지만 앞서 언급한 바와 같이 태종 시기부터 민간의 해외무역을 엄격히 금지시켰다. 이후에도 일반 백성이 해외무역에 종사하는 행위를 더욱 엄격히 금지되었다. 심지어 자국민의 해외 거주 역시 엄금

---

239) 《朝鮮王朝實錄》太宗2年3月 "分置遼東逃來人等於江原道及東北面。初, 遼東人男女九十名逃來義州, 又民一百五十戶乘艄越江到泥城, 云 : 燕軍大興, 衛領事楊大人棄城降于燕, 故畏而逃來。上令議政府分置之, 給糧。又移西北面各州安置。已卯年以後, 向國逃來人於下三道各給糧。"

240) 《朝鮮王朝實錄》太宗2年3月 "中國散漫軍二千余人到江界。"

241) 《朝鮮王朝實錄》太宗2年5月 "初, 林八剌失里率一萬八千六百戶逃來。"

242) 《朝鮮王朝實錄》太宗2年9月 "分置迂東逃軍林八剌失國等於諸道。林八剌失裡等家小來京, 乃分置之。慶尚道一千二百九十七, 忠清道八百五十四, 左右道四百八十八, 全羅道一午五百八十五。"

243) 《朝鮮王朝實錄》太宗3年 "分置漫散軍于豐海道, 男女老幼總八百六十九, 令各官給糧。"

했다. 이로 인해 명나라 초기에 동북 지역에서 전란을 피해 조선으로 이주한 동북 출신 유민의 송환을 요구했다. 그리고 당시 이런 송환 요구를 쇄환刷還이라고 불렀다. 그리고 조선으로 유입된 원의 산만군에 대해서도 역시 강력하게 송환을 요구했다. 이렇게 명의 강력한 요구에 조선 정부는 각 지방관에게 명해 관련 유민과 산만군을 조사하도록 했다. 아울러 사람을 파견이 이들을 요동으로 압송해서 명의 요동도지휘사사에 넘기도록 했다. 이르길 "황제는 우리나라에 유시하기를 '중국사람 10만여 호가 조선으로 귀부歸附하였으니, 즉시 쇄환하도록 하라.'"244)고 했다. 조선왕조는 1402년 12월에 이르길 "각도各道에 이문移文하여 요동遼東에서 도망하여 온 군인軍人을 추쇄推刷하였다. 명나라에서 사신을 보내어 도망한 군사들을 추쇄하게 한다는 소문을 듣고, 사신이 오기 전에 돌려보내려고 한 것이었다."245)고 했다. 조선은 이내 "형조 전서刑曹典書 진의귀陳義貴가 만산군漫散軍 임팔라실리林八剌失里를 압령하여 요동遼東으로 갔다."246)라고 했다. 이후에 조선은 계속해서 중국 유민과 산만군을 요동으로 압송했다. 1403년 1월에 조선의 사신이 명을 방문해 명나라 황제에게 상소를 올려 이송한 산만군의 상황을 보고함에 "도망해 온 만산군漫散軍의 총계는 13,641명입니다. 그 안에 현재 호송하는 남녀 가속이 모두 10,920명이고, 도망 중인 사람이 2,225명이고, 병고病故가 496명입니다."247)라고 했다. 이후 조선은 계속해서 조선에 거주하는 유민과 산

---

244) 《燕山君日記》卷31 燕山 4年 "(明)皇帝諭我國曰：中朝人萬餘戶, 歸附朝鮮, 即須刷還。"

245) 《朝鮮王朝實錄》卷4 太宗2年 "移文各道, 推刷自遼東逃來軍人。聞朝廷遣使臣推刷逃軍, 欲及使臣未到之前還送也"

246) 《朝鮮王朝實錄》卷4 太宗2年 "鮮遂派"刑曹典書陳義貴, 押漫散軍林八剌里等, 如遼東。"

만군에 대한 송환조치를 단행했다. 그중에 송환되었던 인원수가 가장 많았던 경우를 나열하면 다음과 같다.[248]

- •1403년 4월   남자와 부녀자 60명
- •1403년 10월   산만군 230명
- •1406년 8월   산만군 417명
- •1406년 8월   산만군 419명
- •1407년 3월   산만군 2,000명
-            5월   746명
-            6월   831명
- •1408년 4월   산만군 781명
-            5월   산만군 159명(부녀자 포함)
-            7월   99명
-            9월   114명(부녀자 포함)

1403년 4월에서 1408년 9월까지 조선은 9차에 걸쳐 5,439명 유민과 산만군을 요동으로 송환했다.

비록 이렇게 많은 수를 송환했지만 조선 각지에 은거한 유민과 산만군은 여전히 많았다. 앞서 언급한 사료 중에 "도망 중인 사람이 2,225명이다."라고 한 것은 일부에 불과했다. 다른 예를 들어보면 1406년 명나라는 재차 조선에게 풍해豐海 등에 은거한 산만군 4,940 명을 돌려보낼 것을 요구했지만 조선은 끝내 보내지 않았다. 이처럼 많은 사람이 조선에 은거하며 정착했다.

---

247) 《朝鮮王朝實錄》太宗3年 "散漫軍摠計一萬三千六百四十一名。內見解男女家小共一萬九百二十名, 在逃二千二百二十五名, 病故四百九十六名。"
248) 《朝鮮王朝實錄》太宗 3年 · 6年 · 7年 · 8年.

사실상 조선은 유민과 산만군의 추쇄 요구에 특히 유민에 대한 추쇄는 그다지 철저하지 않았다. 그리고 조선은 유민을 박해하지 않았고 오히려 정착을 허가하며 거주지를 제공했다. 예를 들면 1461년 6월에 조선의 승정원承政院은 세조의 명을 받들어 전라도 관찰사에게 서신을 보내 이르길 "이제 중국사람을 보내니, 왕인王仁은 광주光州로, 제자除刺는 전주全州로, 양인梁寅은 순창淳昌으로, 동주보童周保 및 처자妻子는 남원南原으로 보내어 부호富戶에게 보수保授하게 하고 놀리는 밭을 주어 경작耕作하되, 5년을 한하여 관가에서 의복을 주고, 아내가 없는 자는 부호의 (딸을) 골라서 장가들여 주고, 급복給復하는 것과 같이 살게 하여 처소處所를 잃는데 이르지 말게 하고, 절계節季마다 이름을 기록하여 아뢰라."[249]고 했다. 그리고 1520년에 이르길 "야인野人 30여 호戶가 정축년(102)에 여연閭延·무창茂昌에 와서 산지 2주년周年 사이 이미 90여 호가 되었습니다."[250]라고 했다. 그리고 1526年에 조선의 김경성金京成은 아뢰길 "신이 전일 평안도 감사 때 보건대, 의주義州의 압록강 건너편에 와서 사는 중국 사람들이 매우 많습니다."[251]라고 했다. 또한 1528년에는 "신도薪島에 와서 사는 중국사람이 40여 가구나 되는 것은 매우 놀라운 일이다."[252]라

---

249) 《朝鮮王朝實錄》卷24, 世祖7年 "今送唐人, 王仁則光州, 徐刺則全州, 梁寅則淳昌, 童固保及妻子則南原, 保授富戶, 給閒田耕作, 限五年, 官給衣服。 其無妻者擇嫁富戶, 如給復居之, 毋致失所, 每節季錄名以啟。"

250) 《朝鮮王朝實錄》卷38, 中宗15年 "野人三十余戶, 丁丑年來居閭延·茂昌, 二周年間, 已成九十餘戶。"

251) 《朝鮮王朝實錄》卷56, 中宗21年 "臣前任平安道監司時, 觀之義州鴨綠江越邊唐人來居者甚衆。"

252) 《朝鮮王朝實錄》卷62, 中宗23年 "薪島來居唐人, 至於四十餘家, 甚爲駭愕。"

했다. 하지만 1628년 조선은 "당인唐人 남녀 2백 39인을 평양에 유치시키고 각각 식량을 지급하게 하였다."[253]라고 했다.

이상과 같이 명대 동북 지역의 백성들과 원군 출신의 패잔병이 조선에 유입되어 거주한 수량은 매우 많았음을 알 수 있다.

(2) 노략으로 이주한 평민

명나라 시기 한국 화교 중에는 많은 사람 가운데는 약탈을 당한 백성들이 많았다. 이들을 유형별로 분류하면 대략 3가지로 나눌 수 있다.

① 고려에 노략된 평민

14세기 후반에 고려는 원말과 명초의 혼란을 이용해 북방의 넓은 영토를 확장하며 원나라 세력을 축출했다. 동시에 중국 변경의 관민을 생포했다. 1370년 1월에 고려의 장군 이성계는 "태조는 기병 5천 명과 보병步兵 1만 명을 거느리고 (중략) 압록강鴨綠江을 건넜다. 이때 동녕부東寧府 동지同知 이오로첩목아李吾魯帖木兒는 3백여 호戶를 거느리고 와서 항복하였다. 여러 산성山城들은 소문만 듣고 모두 항복하니, 호戶를 얻은 것이 무릇 만여 호萬餘戶나 되었다. 전쟁에서 얻은 소 천여 마리와 말 수백여 필을 모두 그 주인에게 돌려주니, 북방 사람이 크게 기뻐하여 귀순歸順한 사람이 저자와 같았다. 이에 동쪽으로는 황성皇城에 이르고, 북쪽으로는 동녕부東寧府에 이르고, 서쪽으로는 바다에 이르고, 남쪽으로는 압록강에 이르기까지 텅 비게 되

---

253) 《朝鮮王朝實錄》卷18, 仁祖6年 "命以唐人男女二百三十九人, 置于平壤, 各給口糧。"

었다. (중략) 3백여 호戶가 와서 (왕에게) 바쳤다. 임오壬午에 양백연楊伯淵는 동녕부의 우두머리 50여 명과 함께 돌아왔다."254)라고 했다. 1379년 1월에 명나라는 고려로 사신을 파견해 약탈한 백성의 송환을 요구했다. 이르길 "홍무洪武 3년(1370) 11월 고려군이 사로잡은 요양遼陽 지역의 관민官民 남녀 1,000여 명과 각 위衛의 군인, 그쪽으로 도망간 사람들은 모두 돌려보내 주길 바란다."255)고 했다. 같은 해 3월에 명은 재차 고려에게 "그리고 억류된 요동 사람들은 몇만 명이든지 간에 모두 송환하도록 하라."256)하였다. 이를 통해 당시 고려에 약탈당해 이주된 중국 백성이 많다는 사실을 알 수 있다.

② 왜구에게 피랍되었다가 조선으로 도망한 백성

명나라 초기에 왜구는 중국 연안을 노략했다. 그 지역은 요동반도, 산동반도, 절강 연해안에서 광동연해안까지 이르렀다.

바다는 길고 긴 해안선을 끼고서 "섬나라 도적 왜적들이 도처에서 출몰했다."257)라고 했다. 그리고 "틈만 나면 근해에 출몰해 약탈을 자행하니 연안 백성들을 괴롭혔다."258)고 하였다. 예를 들면 1369년

---

254) 《朝鮮王朝實錄》卷1, 太祖1年 "以騎兵五千·步兵一萬, (中略)渡鴨綠江。(中略)時東寧府同知李吾魯帖木兒, 聞太祖來, 移保亏羅山城, 欲據路以拒。太祖至也頓村, 李原景來挑戰。吾魯帖木兒, (中略)率三百餘戶來降。(中略)諸山城望風皆降, 得戶凡萬餘。 以所獲牛二千餘頭·馬數百餘匹, 悉還其主, 北人大悅, 歸之如市。於是, 東至皇城, 北至東寧府, 西至海, 南至鴨綠江, 爲之一空。(中略)三百餘戶來獻。"

255) 《高麗史》卷134, 禑王5年 "洪武三年十一月, 高麗軍所虜, 遼陽官民男婦千餘人, 及各衛軍, 逃往彼處者, 悉發解送。"

256) 《高麗史》卷134, 禑王5年 "仍將所拘遼東之民, 無問數萬, 悉送回還方。"

257) 《明史》卷91, 兵志 "島寇倭夷, 在在出沒。"

258) 《明史》卷130, 列传 "乘間輒傅岸剽掠, 沿海居民患苦之。"

왜구는 "수차례 소주를 약탈했고, 숭명崇明시기에 백성을 주살하고 재물을 약탈했다."²⁵⁹⁾고 하였다. 명나라 태조가 해방海防을 강조할 때 왜구는 아직 큰 걱정거리가 되기 이전이었다. 하지만 명의 세종인 가정嘉靖 연간에 이르러 중국 연해안을 약탈하는 왜구는 창궐하기 시작했다. 게다가 중국의 해적 역시 왜구와 결탁하며 그 폐해는 더욱 극심했다. 각 지역 연해안의 백성은 재물을 약탈당하고, 참혹히 피살되거나, 혹은 다수는 일본으로 피랍되기도 했다. 이렇게 피랍되어 일본에 도착한 중국인은 학대를 피해 목숨을 걸고 조선으로 도망하기도 했다. 어떤 사람은 조선 관부에 본국 송환을 요구했고, 어떤 사람은 조선에 정착하기도 했다.

③ 여진에게 노략되어 조선에 정착한 백성

명나라 시기 동북 지역의 북부와 동부는 많은 여진족 부락이 거주했다. 동북 지역의 일부 한족은 종종 여진족에게 피랍되어 노비가 되거나 혹은 팔려 가기도 했다. 이렇게 노략된 백성들은 이후 다수가 조선으로 도주했다.

명나라는 재차 조선에게 중국인의 송환을 요구했고, 조선은 수차례 왜구, 혹은 여진에게 피랍된 중국 백성을 요동으로 송환 조치했다. 관련 사례를 예로 들면 다음과 같다.

1427년에 "포로가 되었던 한인漢人 고충高忠 등 남녀 대소인 모두 86명에게 의복·갓·신·저마포苧麻布 등을 하사하고, 사역원 판관司譯院判官 김척金陟을 보내어 요동遼東으로 석방해 보내었다."²⁶⁰⁾라고

---

259) 《明史》卷130, 列传 "數侵掠蘇州·崇明殺掠居民, 劫奪貨財."
260) 《朝鮮王朝實錄》卷33, 世宗8年"賜被虜漢人高忠等男婦大小共八十六名口, 衣服·笠·鞋·苧·麻布, 差司譯院判官金陟, 解送遼東."

했다.

1427년 1월에 "사로잡힌 중국사람 김용金用 등 남녀 41명을 요동遼東에 돌려보내고, 김용 등에게 의복·갓·신·저포苧布·마포麻布를 내렸다."261)고 했고, 7월에 "포로가 된 한인 지휘관 등 97명을 압송해 요동으로 갔다."262)라고 했다. 8월에 "포로가 된 한인 106명을 압송해 요동으로 갔다."263)고 했다. 1442년 7월에 조선은 "수차례에 걸쳐 야인이 된 자와 왜적倭賊에게 포로가 된 한인과 여진인 1,275명이 중국으로 돌아갔다."264)고 했다. 1452년에 이르러 "홍무洪武 25년 (1392)에 우리 조정이 개국한 이래로 해송한 인구가 8백 30여 명입니다. 그러나 이것은 다만 야인野人들에게 사로잡히어 갔다가 도망하여 온 인구일 뿐입니다. 만일 왜·야인에게 사로잡혔다가 도망하여 온 인구와 값을 주고 사 와서 해송한 인구를 합하면 또 1,850여 명입니다."265)라고 했다. 이상과 같이 당시 조선으로 이주한 중국백성의 수는 대단히 많았다.

비록 조선은 계속해서 중국인을 송환 조치했지만, 그럼에도 상당수의 사람은 도피하며 돌아가지 않았다. 그중에 조선에 관직을 역임한 경우도 있다.

---

261) 《朝鮮王朝實錄》卷35, 世宗9年 "解送被虜唐人金用等男婦四十一名于遼東, 賜用等衣服·笠·靴·苧·麻布。"

262) 《朝鮮王朝實錄》卷35, 世宗9年 "押解被虜漢人指揮等九十七人去遼東。"

263) 《朝鮮王朝實錄》卷35, 世宗9年 "押解被虜漢人一百六名去遼東。"

264) 《朝鮮王朝實錄》卷107 世宗27年 "曆次解回中國被野人及倭賊所掠漢人·女真人一千二百七十五名。"

265) 《朝鮮王朝實錄》卷2 端宗 卽位年 "自洪武二十五年我朝開國以來, 解送人口八百三十餘名。然此新被野人虜去逃來人口耳。若並系倭·野人搶虜逃來, 及買來解送人口, 則又一千八百五十餘名。"

(3) 문인

명대 한국의 문인화교는 북송과 원나라 시기와 비교해 대폭 감소했다. 이들은 대략 3가지 종류로 분류할 수 있다. 첫째, 원대에 고려로 이주해 정착했던 화교로 전후 고려와 조선왕조에서 관직을 역임했다. 예를 들면 설장수偰長壽 등이 이런 사례이다. 둘째, 조상이 원대에 이주했던 경우이다. 공소孔昭의 후손이 이런 경우이다. 셋째, 여진에게 피랍되었다가 조선으로 도피한 경우로 이상李相 등이 있다.

① 설장수偰長壽

그는 일찍이 고려에서 관직을 역임했다. 이성계가 조선을 건국할 때 그는 이성계를 지지했고, 그를 옹립하며 중용되었다. 일찍이 8차에 걸쳐 명나라에 사신으로 건너가서 "여러 번 가상嘉賞을 입었다."[266] 는 등의 예우를 받았다. 관직은 문하시중門下侍中까지 올랐고, 나중에 연산부원군燕山府院君에 봉해졌고, 1399년에 사망했다.[267]

② 설미수偰眉壽

그는 설장수의 동생으로 관직은 판합判閤 · 호조전서戶曹典書 · 병조전서兵曹典書 · 한성부사漢城府使 · 의정부참찬議政府參贊 등을 역임했다. 일찍이 2차례 사신으로 명을 방문했고, 1415년에 사망했다.[268]

---

266) 《朝鮮王朝實錄》卷2, 定宗元年 "屢蒙嘉賞"
267) 《朝鮮王朝實錄》卷2 定宗元年 "除檢校門下侍中, 封燕山府院君。建文元年(1399)六月, 奏奉聖旨, 準請回還, 十月, 以疾卒, 年五十九。"
268) 《朝鮮王朝實錄》卷25, 太宗13년。

③ 당성唐誠

원말에 이르러 고려에 정착해 "율령律令에 통하고 밝아서 일을 만날 적마다 용감히 말했다."라고 했고, 조선에서 공안부윤恭安府尹을 역임했고, 1413년 77세로 사망했다.[269]

④ 조숭덕曹崇德

그는 "중국사람 조증曹証의 아들로서 우리나라 과거科擧에 출사하여 이문吏文에 능하고 중국어도 통달하였다."[270]고 했고, 1425년에 사망했다.

⑤ 장현張顯

조선에서 사역원司譯院을 역임했다.[271]

⑥ 서임영徐仕英

그는 원래 포로가 되어 도망해 온 한인 출신으로, 문자를 조금 알고 있었다가, 후에 조선에 정착하며 중용되었다.[272]

---

269) 《朝鮮王朝實錄》卷26, 太宗13年 "通曉律令, 遇事敢言。(中略)再遷恭安府尹。(中略)卒年七十七。"
270) 《朝鮮王朝實錄》卷29, 世宗7年 "中國人證之子也。本國科第出身, 能吏文, 通華語。"
271) 《朝鮮王朝實錄》卷63, 世宗16年 "漢語訓導, 加差司正徐士英·張顯等。(中略) 士英與顯, 本唐人也。"
272) 《朝鮮王朝實錄》卷36, 世宗9年 "被擄逃來漢人徐仕英。(中略)又稍解文字, 將爲可用, 依自願留之爲便。"

⑦ 이상李相

　　요동의 철령위鐵嶺衛 출신으로 정통正統2년(1334) 9월에 "탈륜위脫
輪衛 야인에게 포로가 되어, 여러 번 팔려서 종이 되었다가 변경에
이르렀다."라고 했고, 조선에 정착했다. 1441년 처음 조선에 포로가
되었다가 요동으로 압송될 위기에 처했다. 하지만 "이상은 글을 대강
알고 한음漢音이 순수하고 정확했다. (중략) 의술醫術도 대강 알았
다."라고 했다. 조선은 "한두 대신들이 머물러 두기를 청하므로 임금
이 그대로 따른 것이었다."273)라고 했다. 그리하여 조선은 그에게
계속 정착과 거주를 허가했다. 아울러 "이문吏文을 배우는 생도로
서 문리文理에 밝게 통하는 자를 골라 매일 이상李相의 곳에 내왕
하면서 《지정조격至正條格》과 《대원통제大元通制》 등을 배우게 하
고, 본원 관원 두세 명을 차례로 내왕하면서 이문을 질문하게 하고
또 강습생講習生 여섯 사람으로 하여금 내왕하면서 글을 읽게 하소
서."274)라고 세종에게 건의했다. 1442년 조선은 "당인唐人 이상李相
으로 승문원 박사承文院博士를 겸하게 하고, 의복과 갓·신·모대帽
帶·안마鞍馬·노비와 가사家舍를 주어 사역원 주부司譯院主簿 장준張
俊의 딸에게 장가들였다."275)라고 했다.

---

273) 《朝鮮王朝實錄》卷94, 世宗23年 "被脫輪衛野人虜掠, 輾轉賣訖爲奴, 到
　　來邊境. 李相粗識文字, 漢音純正. (中略)粗知醫術. (中略)一·二大臣請
　　留, 上從之. (中略)擇更文生徒文理通曉者, 每日往來李相處, 學《至正條
　　格》·《大元通制》等書. 本院(承文院)二·三人較次來往質問吏文, 又令肄
　　業生六人來讀書. (中略)李相兼承文院博士, 賜衣服·笠·靴·帽·帶·鞍
　　馬·奴婢·家舍, 使娶司譯院注簿張俊女."
274) 《朝鮮王朝實錄》卷94, 世宗23年 "擇更文生徒文理通曉者, 每日往來李相
　　處, 學《至正條格》·《大元通制》等書. 本院(承文院)二·三人輪次來往, 質
　　問吏文, 又令肄業生六人來讀書."

⑧ 한방韓昉과 이원필李原弼

두 사람은 원말에 고려로 이주해 정착했다. 조선왕조에 들어서 이들은 중국어를 강의했고, 조선을 위해 통역사인 통사通事를 양성하면서 "생도들을 가르쳐 대국을 섬기는 임무를 삼가 갖추도록 했다."276)라고 했다.

⑨ 공순孔順

공소의 후대 자손이다. 조선왕조 태종시기 태학사太學士를 역임했다.277)

(4) 의사와 장인

예를 들면 선박 제고 기술을 보유한 유사의劉思義와 이선李宣은 조선에 정착했고, 1415년에 조선은 "당인唐人 유사의劉思義·이선李宣을 전라도全羅道에 보내어 당선唐船을 만들었다."278)라 했다. 그리고 이민도李敏道는 의사로 원말에 강절江浙에서 장사성이 할거할 때 고려인 성준成准을 알게 되었다. 이후 이민도는 성준을 따라 고려로 이주해 정착했고, "의술醫術과 점술占術로 이름이 나타나 왕왕 효과가 있었다."고 했다. 조선왕조가 건국된 후에 "공신功臣의 열列에 참예하여 벼슬이 상의중추원사商議中樞院事에 이르고, 추충 협찬 개국 공

---

276)《朝鮮王朝實錄》卷94, 世宗23年 "訓誨生徒, 謹備事大之任。"
277)《朝鮮王朝實錄》卷34, 正祖16年.
278)《朝鮮王朝實錄》卷30, 太宗15년 "遣唐人劉思義, 李宣于舍羅道, 造唐船。"

신推忠協贊開國功臣의 호를 받았다."[279]라고 했고, 이후 1395년에 사망했다.

(5) 죄인

명나라는 초기에 죄인을 타국에 유배시키는 원대 제도를 답습했다. 1372~1392년 사이에 명은 선후로 4차에 걸쳐 항복한 원의 귀족과 할거세력의 잔당들을 고려로 유배를 보냈다. 그중에 3차에는 무려 450명에 달하기도 했다.

명대 한국의 화교는 전대에 비해서 그 수량이 축소했지만, 이들의 공헌한 역할 만은 여전과 비교해 전혀 손색이 없었다. 명대 한국 화교 가운데 이미 일부 화교는 후손이 가계를 전승했다. 예를 들면 구씨俱氏·공씨孔氏·주씨朱氏 및 이씨李氏 등은 비록 사서에 관련 기록을 볼 수 없지만, 이 중에 두 가문은 조선시대에도 계속 계승되고 있었다. 이점에 대해서는 다음 장에서 설명하고자 한다.

3 청淸 초기와 중기의 한국 화교

명나라 후기에 이르러 동북 지역의 여진이 흥성하였다. 1616년에 여진족의 누루하치가 칸에 등극하며 대금大金, 즉 후금後金을 건국하고 여진족을 통일했다. 1619년 후금과 명나라는 싸얼후 전투[280]를 벌

---

279) 《朝鮮王朝實錄》卷7, 太祖4年 "以醫卜見稱, 往往有驗。(中略)得與功臣之列, 官至商議中樞院事, 賜號推忠協贊開國功臣。"

280) 사얼후 전투: 1619년 중국의 싸얼후 산Sarehu山에서 후금後金의 누르하치와 명明의 군대가 벌인 전투이다. 이 전투에서 누르하치가 압승하며 후금 세력이

였고, 명은 참패하고 말았다. 1636년에 후금은 국호를 청淸으로 바꾸었다. 1644년 3월 말에 이자성李自成의 농민군이 북경을 공격하자 이때 명은 멸망하고 말았다. 같은 해 5월 청은 이틈을 이용해 군사를 출병시켜 산해관山海關을 통해 입성했다. 10월에 청나라 순치제가 북경을 점령한 이후부터 청조는 중앙집권 국가로 변모하기 시작했다.

청나라 시기 한반도에는 조선이 있었다.

청과 조선왕조는 초기에는 매우 긴장 관계를 지속했지만, 점차 관계가 개선되며 점차 우호 관계로 발전했다.

누루하치의 흥성은 조선 정세에도 큰 변화를 유발시켰다. 당시 후금과 명조가 모두 조선과 우호 관계를 유지하고 경쟁했다. 후금의 목적은 조선과 명과의 왕래를 단절시켜서 명의 모문룡毛文龍 군대가 조선을 지원하지 못하도록 관계를 차단, 후일의 근심을 제거하는 것에 있었다. 반면에 명의 의도는 조선과 연합하여 후금을 견제하려 했다. 그래서 명군은 "조선 군사의 위풍과 기세를 빌어 등주登州와 내주萊州에서 소식을 때에 따라 통하면 원조하는 데 도움이 될 것이다."281)라고 했다. 후금은 모든 수단을 동원해 조선과 명을 이간질 시키려 했다. 그러나 명과 조선은 오랫동안 우호 관계를 유지해왔고, 특히 1592~1598년 사이 두 차례의 왜란에 명은 군사를 파견해 조선을 지원하기도 했다. 이로 인해 조선은 청의 위협에도 불구하고 명과의 우호 관계를 고수하려고 했다.

황태극皇太極이 누루하치를 계승해 황제에 즉위했고, 그는 조선 문제를 근본적으로 해결하고자 했다. 1627년 후금은 전쟁 선포도 없

확대되는 계기로 작용했다.(역자 주)

281) 《明熹宗實錄》卷12 "麗兵聲勢相倚, 與登萊音息時通, 斯於援助有濟。"

이 아민阿敏에게 3만 대군을 보내어 조선을 침략했다. 조선의 인조는 강화도로 도피해 화친을 제안했고, 이에 후금과 강도화약江都和約 체결했다. 이후 조선은 명과 관계를 단절하고, 왕의 동생을 후금의 인질로 보내고, 매년 다량의 재물을 헌납하고, 형제 관계를 맺도록 하였다.

1636년 연말에 황태극은 직접 10만을 이끌고 재차 조선을 침략했다. 후금의 군대는 수도를 포위하자 선조는 후퇴해 남한산성에서 항전을 이어갔다. 이에 후금은 성곽을 포위하고, 한편으로 강화도를 공격해 점령하자 많은 왕실 사람이 포로가 되었다. 결국 인조는 투항하였고 조약에 서명했다. 주된 내용은 조선은 명과의 모든 관계를 단절할 것. 청에게 신하를 청할 것. 왕의 제자를 포함해 2명의 아들을 후금으로 보내 인질로 삼을 것. 매년 다량의 조공을 보낼 것 등을 포함했다.

1644년 청군이 산해관山海關으로 입관한 후에 북경을 점령하고 중앙집권 국가를 건설한 후에 청과 조선의 관계는 완화되기 시작했다.

청나라 초기에서 중기까지 대외무역은 대략 두 가지 단계로 나눌 수 있다.

첫 번째 단계는 순치順治 원년(1644)에서 강희康熙 23년(1684)까지이다. 대략 40여 년에 이르는 이 시기에 청은 내적으로 탄압정책을 실행했고, 대외적으로는 "민간인의 출항 불허"와 "외국 범선의 입항 불허"[282]라는 폐관정책을 유지했다. 그 목적은 정권의 안정에 있었다. 마르크스는 《중국혁명과 유럽혁명》에서 이르길 "새로운 왕조가 이런 정책을 추진하는 가장 큰 이유는 타민족이 중국인을 지원할 것

---

282) 《明史》卷205, 〈朱紈傳〉 "寸板不許下海, 片帆不准入口。"

이라는 염려 때문이다. 당시 만주족이 중국을 정복한 지 반세기가 지났고 타민족은 그사이 원한을 품었다. 그래서 타민족과 중국인과의 어떤 거래도 하지 못하도록 금지 시켰다."라고 했다. 대외 정책상 청조는 원조에 비해서 더욱 우매하고 낙후되어 당송시기와 같은 자신감과 매력을 어디에서도 찾아볼 수 없었다.

그러나 청대의 대외적인 폐관정책은 완전한 쇄국은 아니었고, 단기적인 조치에 불과했다. 정기적으로 보면 개방과 폐관을 반복했고, 이런 상태는 열강에 의해 강제로 문호를 개방할 때 가지 계속되었다. 청조 통치자의 대외정책 핵심은 "통제"였다. 통제가 가능하면 개방했고, 통제가 불가능하면 폐관했다. 개방과 폐관의 정도와 기간은 통제의 가능성 여부로 판가름했다. 특히 이런 통제의 최종적인 목적은 정권의 안정이 최우선이었고, 경제적 이익은 부차적인 것이었다.

두 번째 단계는 강희 23년(1684)에서 아편전쟁이 발발한 1840년까지이다. 이 시기는 150년에 이르는 강희康熙·옹정擁正·건륭乾隆·가경嘉慶·도광道光 연간에 해당한다. 이때는 사회경제가 비록 발전했지만, 대외무역 정책은 여전히 수구적 태도를 고수했다. 후대로 갈수록 대외정책은 더욱 경직화되었다. 결국 이는 아편전쟁을 통해 제국의 문호는 서구 열강의 함포에 강제로 열리게 되는 원인을 제공했다.

1684년 청조는 원래 청초 이래 해금 정책의 폐지를 선포했고, 이듬해 광동廣州·장주漳州·영파寧波·강남江南의 운대산雲臺山[283] 등 4곳을 해외 무역항으로 개방하고 해관을 설치했다. 이는 중국 역사상 시박市舶 제도가 종식되고 중국 최초로 해관을 설치한 선례가 되기

---

283) 강남운석산江南雲石山 : 중국의 지명으로 현재 강소성江蘇省 연운강連運江을 지칭한다.(역자 주)

도 하였다. 해관의 설치는 세계적 흐름에 근거한 것으로 나름대로 역사적 의미를 갖는다. 그러나 1757년 청조는 다시 3곳의 해관을 철회하고 단지 광주廣州를 유일한 대외무역 항구로 단일화했다. 이렇게 무역항을 단일화했던 국면은 아편전쟁까지 지속되었다.

청대 150년간 제한적인 대외무역 정책과 당·송·원대의 대외 개방 정책 사이에는 분명히 다른 역사적 특징이 존재한다. 이를 몇 가지 분석하면 다음과 같다.

첫째, 개별 상인이 출항하는 해외무역을 엄금했고, 남양南洋 등과 무역하는 것도 불허했다. 또한 출항하는 상인의 쌍돛대 범선의 크기는 1장丈 8척尺을 초과하지 못하고, 선원은 28명 이상의 승선을 금지시켰다. 이는 송원시기 출항한 상선의 규모에 비교하면 비교할 수 없을 만큼 퇴보한 것이다. 심지어 《대청률》에는 "무릇 관원, 병사, 백성이 사사로이 출항하여 무역하거나 바다로 이주해 섬에서 거주하며 경작을 하는 자는 모두 역적과 내통한 것으로 논하여 처참형에 처한다."[284]라고 규정했다.

둘째, 당송 이래 수출 상품은 매우 다양했지만, 청조는 엄격하게 품목에 제한을 두었다. 예를 들면 초황硝黃·군기軍器·철기鐵器·철과鐵鍋·미량米糧·서적書籍·저포紵布 등은 수출을 불허했고, 주단綢緞 역시 수출 수량을 제한했다.

셋째, 독점 무역을 하면서도 상인이 중개하는 무역체제를 사용했다. 광동의 13행이 대표가 되어 상인을 조종하며 수출입 무역을 독점했다.

---

284) 《大淸律》: "凡官員兵民私自出海貿易及遷移海島居住耕種者, 俱以通賊論處斬。"

넷째, 외국 상인을 엄격하게 제한했다. 1760년《방이오사防夷五事》, 1809년의《민이교역장정民夷交易章程》, 1831년의《방범이인장정防範夷人章程》등을 각각 반포했다. 그 내용의 요지는 엄격하게 외국 상인을 제한한다는 것이 핵심이다.

다섯째, 청과 조선은 관방의 조공무역과 변방 일대의 정기적인 호시互市 무역만을 유지했다.

청조의 폐관과 쇄국이란 대외경제 무역 정책은 자연히 화교 정책에도 영향을 미쳤다. 청 정부는 본국의 무역 상인과 외국에 거주하는 화교를 차별하였다. 그뿐만 아니라 이들을 지지하거나 격려하지도 않고, 오히려 여러 방면에서 중국인의 무역 수출과 외국 거주를 제재하면서 소극적인 방임정책만을 고수했다. 이런 청의 소극적 방임정책의 극단적 표현은 1717~1727년 사이 청조가 루손Luzon과 자바Java 화교를 겨냥한《남양도항금지령南洋渡航禁止令》의 반포이다. 1727년 옹정제는 상유上諭 가운데 다음과 같이 규정했다.

> 짐이 생각건대 이렇게 외국과 무역을 하는 자는 다수가 자신 본문에 만족하지 못하는 자들이다. 만약 마음대로 가고 온다면 그들은 더욱 거리낌이 없이 가벼이 고향을 떠나서 외국을 떠도는 것이 더 유익하다 여길 것이다. 이후로는 마땅히 기한을 정함에 만약 기일을 넘겨도 돌아오지 않는다면, 이방 떠도는 것을 더 좋아해서 어떤 아쉬움도 없는 것으로 여길 것이다. 짐은 이런 자들의 귀국을 불허한다. 이와 같이 조치하면 무역하고 돌아오려는 자는 한시라도 감히 외국에 있으려하지 않을 것이다.[285]

---

285) 《皇朝文獻通考》卷33 "朕思此等貿易外洋者, 多系不安本分之人, 若聽其去來任意, 伊等益無顧忌, 輕去其鄕而飄流外國者益衆矣。嗣後應定限期, 若逾限不回, 是其人甘心流移外方, 無可憫惜, 朕亦不許令其復回。如

청의 이러한 화교에 대한 소극적 방임정책은 1860년 《북경조약》을 체결할 때까지 지속되었다. 이 기간 청조 역시 수차례 보호와 완화 정책을 사용했다. 예를 들면 강희와 옹정제 시기 다음과 같은 법령을 반포했다.

무릇 타국에 거주하는 복건 출신은 실제로 강희康熙 56년 이전에 바다로 나간 사람들이다. 각 선주에게 보증을 서게 하고, 배를 타고 돌아와 귀적歸籍하면 해당 지방관에게 보내고, 이를 친족이 다시 데리고 가게하고, (친족의) 보증서를 받아서 영구히 보관한다.[286]

하지만 이런 보호와 완화 정책은 단순히 명목상일 뿐 모두 유명무실해 현실과 부합하지 않았다.

청의 폐관주의적 대외무역 정책으로 청과 조선은 정부 간의 조공무역과 육로를 통한 변경의 정기적 호시 무역만을 유지했다. 반면에 개별 상인의 대외무역은 엄격히 금지되었고, 특히 본국의 상인이 한국에 거주하는 것 자체를 차별하거나 금지 시켰다. 일부 일본에서 상업에 종사하다가 중간에 태풍을 만나 조선에 도달한 경우 청은 조선에게 이들의 송환을 요구했다. 이런 상황은 청대 한국 화교가 이전보다 수량이 더욱 감소한 직접적인 원인이 되었다.

청초에서 중기까지 한국 화교는 주로 다음과 같은 계층으로 구성되었다.

此則貿易欲歸之人, 不敢稍遲在外矣。"
286) 《大淸律例全纂》卷20, 兵律關津, 〈私出外境及違禁下海節〉 "凡在番居住閩人實系在康熙五十六年以前出洋者, 令各船戶出具保結, 准其搭船回籍, 交地方官給伊親族領回, 取具保結存案。"

1) 이전 시기 화교 후손

당송과 원명 시기 한국에 정착 해 거주했던 화교는 대대손손 후손에 의해 자손이 번성하며 조선왕조까지 이르렀다.

(1) 이전 시기의 화교 후손

원대 공소孔昭는 고려시대에 수원 중규면中逵面 구정촌九井村에 거주했다. 조선 정종正宗 16년(1792)에 이르러 공씨 후손은 번성하며 인원수도 많아졌다. 이 시기 공씨 후손이 거주하는 지역은 3곳으로 증가했다. 첫째는 공소의 원래 거주지인 수원에 대해서 이르길 "수원에 살고 있는 자들은 30여 집이 있다."[287]고 했다. 둘째는 용인龍仁 지역이고, 셋째는 영남으로 이르길 "공씨가 매우 많이 있다."[288]라고 했다.

대대로 조선에 거주했던 공씨의 후손 중에 공서린孔瑞麟의 명성이 가장 널리 알려졌다. 그는 "공서린孔瑞麟에 이르러서 더욱 번성하며 기묘명현己卯名賢[289]이 되어 벼슬이 대대로 끊어지지 않았다."[290]라고 했고, 영조시기에 그의 직관은 대사헌大司憲에 이르렀다. 이후 공씨 후손은 대대로 끊이지 않고 창성했다.

공서린의 7대 후손이 공학수孔學洙이다. 조선 정부는 그를 관리에

---

287) 《朝鮮王朝實錄》卷35, 正祖16年 "孔姓者甚多矣。"
288) 《朝鮮王朝實錄》卷35, 正祖16年 "居水原者三十餘家。"
289) 기묘명현己卯名賢 : 조선 중종 14년(1519) 기묘사화己卯士禍로 화를 입은, 조광조趙光祖를 비롯한 사림들을 일컫는 말이다. 기묘사화는 훈구파와 급진적 개혁파 간의 갈등으로 등장했다.(여자 주)
290) 《朝鮮王朝實錄》卷35, 正祖16年 "至於孔瑞麟, 蔚爲己卯名賢, 冠冕世世不絶。"

임용하려 했지만 실현되지 않았다. 공학수의 아들이 공원인孔源仁이고, 그의 손자가 공윤항孔胤恒으로 역시 학자로 일찍 전강殿講[291]의 강생講生[292]이 되었다.

이 외에도 저명한 유생儒生으로 공명렬孔明烈과 공윤도孔胤道있고, 이들의 저술은 후대에도 전해졌다. 공윤도는 1792년 60세에 선산善山에 거주했다.[293]

공자 후손 가운데 조선 정조시기 관직을 역임한 공윤동孔允東은 경기전참사慶基殿參事가 되었다. 1792년에 정종은 공윤동을 접견할 때 공씨 후손의 거주 상황을 질문하면서 이르길 "너희 공씨孔氏가 우리나라로 건너온 이후 대대로 수원에 살고 있는데 묘지廟址가 그대로 남아 있고 단행壇杏이 교목喬木이 된 것은 진실로 우연한 일이 아니다. 너희는 성인의 후손이니 만일 스스로 힘써 시례詩禮로써 칭송받는다면 세상의 도리로써도 다행일 것이다. 수원에 살고 있는 공씨는 몇 집이며 다른 곳으로 흩어져 있는 것은 몇 파派나 되는가?"라고 했다. 이에 공씨는 답변하면서 이르길 "수원에 살고 있는 자들은 30여 집인데, 중간에 용인으로 많이 옮겨 갔으며 영남에는 공씨가 매우 많이 있습니다."[294]고 했다. 공윤동의 진술을 근거로 볼 때 1792년

---

291) 전강殿講 : 조선 시대 9대 성종 때부터 경학의 쇠퇴를 막기 위해 시작한 시험으로 성균관 유생 가운데서 학식이 많은 사람을 모아 어전에서 삼경三經, 혹은 오경五經에서 문제를 선별해 암기하도록 했다. 후에 생원, 진사, 명문가의 자제도 참가했다.(역자 주)

292) 강생講生 : 사서삼경四書三經 등 유교 경전을 음과 훈에 따라 읽고, 뜻을 풀이하며 그 대의大義를 공부하는 유생을 지칭한다.(역자 주)

293) 《朝鮮王朝實錄》卷35, 正祖16年 "則孔瑞麟直孫胤道, 居善山, 年今六十云。"

294) 《朝鮮王朝實錄》卷35, 正祖16年 "自爾孔之東來, 世居水原, 墓址宛在, 壇杏成喬, 誠非偶然。以聖人後裔, 若能自勉, 以詩禮見稱, 則世道之幸也。

조선에 거주하는 공씨 후손은 적어도 50호에 달했고, 매 호를 3명으로 계산해도 최소한 150명에 달한다. 이처럼 당시 공씨 후손은 번성하고 있었다.

(2) 주자의 후손

주자의 후손 역시 조선에서 대대로 이어지며 자손이 번성했다. 그러나 그 인구수는 공씨의 번성에는 이르지 못했다. 주씨 후손 중에 비교적 유명한 인물은 주석면朱錫冕이다. 그는 태종시기에 아전衙前이 되어 관직은 협반協辦에 달했고, 일찍이《주씨계보朱氏系譜》를 저술하기도 했다.

2) 조선을 원조한 명나라 장수의 후손

1592~1598년 사이에 명나라는 2차례에 걸쳐 대군을 조선에 파견해 왜군을 격퇴하고 조선을 방어했다. 이에 조선은 명의 장령將領에게 감사하며 "삼가 생각하건대, 우리나라가 가방家邦을 재조再造하게 된 것은 황조皇朝의 은혜가 아님이 없으며 또한 우리나라를 구원한 여러 장수들이 의義를 지니고 무공武功을 세웠기 때문입니다."[295]라고 했다. 그리고 무열사武烈祠·이제독사李提督祠[296]·진도독사陳都督祠[297]·이총병사李總兵祠[298] 등의 사당을 건립하기도 했다. 그리고 정

孔姓之居水原者幾家！散在他處者幾派耶？ (中略) 居水原者三十餘家, 而間多流寓於龍仁。至于嶺南, 則孔姓者甚多矣。"

295)《朝鮮王朝實錄》卷35, 正祖16年 "竊伏念我東方再造家邦, 莫非皇朝之恩, 而抑由東援諸將仗義奮武之功也。"

296) 이제독사李提督祠 : 이여송李如松의 사당을 지칭한다.(역자 주)

조正宗은 친히 《이제독사당기李提督祠堂記》를 저술하기도 했다.[299)]
또한 이여송李如松·진린陳璘·이여백李如柏·이여매李如梅·장원楊元·
장세백張世爵·낙상지駱尚志·등자룡鄧子龍 등 조선을 지원한 명나라
장수의 초상을 준비해 사당에 모시기도 했다.

명나라가 망한 후에 명장明將 후예들은 조선으로 도주해 정착했다.
조선 조정은 공로가 있는 후예에 대해서는 관심을 갖고 배려했다.
1773년 조선이 영조는 일찍이 명을 내려 "황명인皇明人의 자손들에게
혹은 급제及第를 내리고, 혹은 가자加資하며, 혹은 말을 주고, 혹은
궁시弓矢를 내렸다. 그 밖의 아약자兒弱者에게는 쌀을 내리고 미혼자
는 해당관청으로 하여금 혼수婚需를 도와주게 하였다."[300)]라고 했다.
그 후에 조선의 역대 국왕은 종종 명장 교민 후손을 불러서 접견했
고, 문무관에 임관시키거나, 혹은 각종 예물을 하사했다. 1791~1972,
1799년 영조는 4차례에 걸쳐 명장의 후손을 접견하기도 했다. 순종은
1803년과 1825년에 2차례 명장 후손을 소견하였다.

조선을 지원했던 명장 후손으로 조선에 거주했던 대표적인 인물을
살펴보면 다음과 같다.

(1) 이여송李如松의 후손

이여송은 임진왜란 때 조선을 지원했던 제일의 제독提督이다. 명이
멸망한 후에 이여송의 아들 이휜李薝은 전란을 피해 조선으로 이주

---

297) 진도독사陳都督祠 : 진린陳璘의 사당을 지칭한다.(역자 주)
298) 이총병사李總兵祠 : 이여매李如梅의 사당을 지칭한다.(역자 주)
299) 《朝鮮王朝實錄》卷26, 正祖12年 "親製李提督祠堂記, 命揭于祠。"
300) 《朝鮮王朝實錄》卷120 英祖49年 "皇明人子孫, 或賜第, 或加資, 或賜馬,
賜弓矢。其餘兒弱賜米。未婚者令該廳, 助給婚需。"

했다. 1750년 조선의 영조는 사당을 설치하고 이여송을 제사 지낼 때 이훤을 대축大祝으로 삼았다.[301] 그리고 정조시기 이훤을 진해현감鎭海縣監으로 임명했다. 1781년 조선의 지중추부사知中樞府事인 구선복具善復이 정조에게 간언하며 이르길 "대저 충성을 포상褒賞하고 공로에 보답하는 것은 나라를 가진 이의 급선무입니다. (중략) 그리고 임진년에 나라가 다시 구제된 것은 오로지 명明나라 제독提督 이여송李如松이 평양平壤에서 세운 공훈에 연유된 것입니다. 명나라가 망하게 되자 제독의 손자가 도망쳐 동쪽으로 왔는데, 이제 그 후손들이 간혹 무예武藝로 거용되고는 있습니다만, 세상에서 대하는 것이 도리어 향곡鄕曲에서 급제及第한 사람만도 못합니다. 신은 이여송과 정운의 후손 가운데 그 쓸 만한 사람을 가려서 기용해야 된다고 여깁니다."[302]라고 했다. 이에 정조는 이를 허가하며 이르길 "이 제독李提督과 고故 만호萬戶 정운의 후손을 수용收用하라는 일에 관해서는 전조銓曹에 분부하여 쓸 만한 사람을 얻으면 즉시 초기草記를 올려 아뢰게 하겠다. 끝에 진달한 선척船隻에 관한 일은 묘당으로 하여금 품처稟處하게 하겠다."[303]라고 했다.

1788년 이훤의 아들인 이광우李光遇는 무관인 오위장五衛將에 임명되었다. 이후 이씨 후손의 다수는 아전으로 임관했다. 이원李源은 일찍이 부호군副護軍을 역임했고, 1793년 정조는 그를 1계급 특진시

---

301) 《朝鮮王朝實錄》卷95, 正祖36年 "大祝以李萱爲之."

302) 《朝鮮王朝實錄》卷12, 正祖5年 "夫褒忠酬勞, 有國之先務。 (中略)且壬辰再造, 奇由於天朝提督李如松平壤之勳。而皇明之淪喪也, 提督之孫, 脫身東來.今其後孫, 或以武擧, 世以待之, 反不若鄕曲之登第者。臣謂如松之孫, 擇其可用者用之."

303) 《朝鮮王朝實錄》卷12, 正祖5年 "李提督及故萬戶, 鄭運後孫收用事, 分付銓曹, 得其可用之人, 卽令草記以聞。尾陳船隻事, 令廟堂稟處."

켜 지중추부사知中樞府事와 도총관都總管을 겸하도록 했다. 이해 정조는 친히 제문을 작성하고 금위대장禁衛大將을 이제독사李提督祠에 보내서 "그 집안에 필요한 것을 상의해서 사여하도록 하라"[304]라고 명했다. 1801년 순종시기 이씨 후손인 이효승李孝承을 부총관副總管으로 임명했다.

(2) 석성石星의 후손

1592~1598년 사이에 명나라는 2차에 걸쳐 조선에 군사를 파견했고, 당시 석성은 병부상서兵部尚書를 역임했다. 1597년 석성은 명나라에서 "논사論死되어 하옥下獄)"[305]을 당하고 말았다. 그의 동생인 석규石奎의 아들인 석계조石繼祖는 1644년에 명이 멸망하자 승려인 휘정徽貞과 함께 조선으로 도피해 안협安峽[306])에 정착했고, 후에 자손이 번창했다. 1791년 조선의 정조는 석규의 현손인 석한영石漢英·석한준石漢俊을 조견했다. 이때 정조는 이르길 "아, 상서 석영은 은혜를 베풀었는데 우리나라에서는 갚지 못하였다. 그 죽음은 곧 우리나라 때문이었다."[307]라고 했다. 그리고 후에 "이어 한영 등을 훈련도감과 어영청의 권무군관勸武軍官에 붙여 요식料食을 받게 할 것을 명하였다."[308]라고 했다.

---

304) 《朝鮮王朝實錄》卷12 正祖5年 "賜其家商矣之需。"
305) 《明史》卷21〈神宗本紀〉, "論死下獄。"
306) 안협安峽. 강원도 이천伊川의 옛 지명으로 지금은 행정구역상 북한에 편재되었다. 이곳은 태백산맥의 서쪽에 있어 진산인 만경산萬景山을 비롯하여 백운산白雲山·남산南山 등에 둘러싸인 산간분지에 자리를 잡고 있다.(역자 주)
307) 《朝鮮王朝實錄》卷32, 正祖15年 "噫嘻!尚書有恩, 我國未酬。其死乃由於我國。"

(3) 마귀麻貴의 후손

마귀는 명의 제2차 지원군의 제독提督이었고, 명이 멸망한 후에 그의 후손은 전란을 피해 조선으로 이주했다. 1843년 조선의 헌종은 명군 제독인 마귀를 기념하기 위해서 그의 후손인 마하백麻夏帛을 조견하고 그를 아전으로 임명했다.[309]

(4) 이여매李如梅의 후손

이여매는 이여송의 동생이다. 그의 손자는 명·청이 대치하는 전쟁 중에 패하여 조선으로 이주했다. 그의 후손인 이종윤李宗胤은 조선에서 총관總管을 역임했고, 나머지는 아전에 올랐다. 1799년 조선의 영조는 이씨 후손을 아전에 임명하며 이르길 "그의 후손은 모두가 시골에 있는데, 그의 봉사손인 전 총관摠管 이종윤李宗胤은 아장亞將이 되어 비록 서울에 있으나 이미 늙고 병들었다. 그 밖의 자손들은 오래도록 등용되지 못하였으니, 벼슬을 시킬 만하거나 혹은 군문軍門에 부쳐서 무예를 익혀 과거를 보일만한 사람을 이조·병조로 하여금 찾아내서 초기草記하여 올리도록 하라. 어영대장도 또한 그들을 찾아내서 보고하라.[310]라고 했다.

---

308) 《朝鮮王朝實錄》卷 17年 "命漢英等, 付調·御兩營勸武科。"
309) 《朝鮮王朝實錄》卷10, 憲宗9年 "麻提督之後孫, 始有科名, 則在朝家軫念之道, 豈與李提督家有異乎? 新榜出身麻夏帛, 宣傳官作窠除授。"
310) 《朝鮮王朝實錄》卷51, 正祖23年 "其後孫俱在鄉, 而奉祀孫前總管李宗胤為亞將, 雖在京老且病。其外支嫡, 則久未敘用。可堪祿仕, 或付以軍門, 肄藝決科者, 令吏兵曹訪問草記, 御將亦為搜訪以聞。"

(5) 한종공韓宗功의 후손

한종공은 명나라 장수로 그의 자손은 명나라 말에 조선으로 이주했다. 한씨의 손자인 한등과韓登科는 1675년에 나이가 이미 80세가 넘었고, 40여 년을 조선에서 생활했다. 연로함에도 생계 수단이 없자 숙종에게 상소를 올리기도 했다. 이에 숙종은 명을 내려 "호조에서 입을 것과 먹을 것을 참작하여 내려 주기를 청하니, 임금이 윤허하였다."[311] 라고 했다. 1681년 숙종은 재차 "다시 명나라에서 흘러온 사람 한등과韓登科·유태산劉太山 등에게 의자衣資를 내려 주었다."[312]고 했다.

3) 명나라 관료의 후손

명나라 관료와 그의 후손은 명이 멸망하자 다수가 조선으로 이주했다. 조선은 명의 지원에 감사한 마음으로 명의 관료와 이들 후손을 후하게 예우했다. 예를 들면 조선을 지원했던 장령의 후손을 모두 "황조인皇朝人의 후손"으로 보았다. 당시 저명한 인물을 나열하면 다음과 같다.

(1) 명승明昇의 후손

명나라 서촉왕西蜀王인 명옥진明玉珍의 아들이 명승이다. 그는 1372년에 조선으로 이주해 정착했다. 이르길 "대명大明 홍무洪武 임자년[313]에 본국으로 나왔는데, 대명 태조 고황제께서 칙서를 내리기

---

311) 《朝鮮王朝實錄》卷4, 肅宗元年 "戶曹請酌給衣食之資, 允之。"
312) 《朝鮮王朝實錄》卷10, 肅宗6年 "復賜大明流來人韓登科·劉太山等衣資, 仍命限生前給料。"

를 '명승의 후예는 군인으로 삼지도 말고 백성으로 삼지도 말아서 편안히 거주하며 생활을 하도록 하고, 모든 요역에 있어서도 일체 면제하라. 이를 영원히 폐지하지 말라."314)고 했다. 1655년에 명승의 후예인 명몽득明夢得과 명광립明光立은 황해도 연안延安에 거주했다.

(2) 문정공文定公의 후손

명의 문정공 후예는 조선의 서북지역인 북청北靑에 정착을 했고, 1725년에 후손인 호두필胡鬥弼은 영조에게 상소를 올려 이르길 "문정공文定公인 호안국胡安國315)의 19대代 손孫이라 자칭自稱하고 그 선대는 중국中國에서 북청北靑으로 떠돌아 들어왔다고 했다."라고 하면서 "상소를 올려 청하기를, '화양동華陽洞의 만동사萬東祠를 수호守護하여 중국中國을 잊지 못하는 성의誠意를 표현하겠다."316)고 했다. 이에 영조는 그를 관리로 임명했다.

(3) 선윤지宣允祉의 후손

선윤지는 명나라 문인 출신의 후손이다. 1382년 그는 명나라 사신

---

313) 大明洪武壬子年 : 1372 공민왕 21년에 해당한다.(역자 주)

314) 《朝鮮王朝實錄》卷15, 孝宗6年 "於明洪武壬子出來于本國。大明太祖高皇帝降勅曰 : 明昇之後裔, 不作軍, 不做民, 閑住過活。凡於徭役, 一切經復, 永世無廢。"

315) 호안국胡安國 : 북송 시기 유학자로 자는 강후康侯, 시호가 문정文定이다. 소성紹聖 연간에 진사로 합격해서 임관을 했고, 태학박사太學博士와 중서사인中書舍人, 시강관侍講官 등을 역임했다. 남송시기 그의 아들 호굉胡宏과 호상湖湘 학파를 형성했고, 《춘추春秋》에 정통했다.(역자 주)

316) 《朝鮮王朝實錄》卷8, 英祖1年 "自稱文定公安國之十九代孫, 其先自中國流入北靑。上言守護華陽萬東祠, 以寓不忘中國之誠。"

으로 왔다가 귀국하지 않고 조선에 정착했다. 조선은 그를 감사監司에 임명했다. 1631년 그의 후손인 선약해宣若海는 조선의 절도사節度使가 되었고, 절사節使로 후금後金을 방문하기도 했다. 이르길 "사신으로 심양瀋陽에 들어가 한마디 말로 강성한 오랑캐를 꺾어 굴복시켰다."[317]라고 했다. 그러나 후금에 의해 피살되고 말았다. 조선은 순종에게 상소를 올려 간언하길 "명나라 사람의 자손으로 또 명나라를 위해 적을 꾸짖고 몸을 바친 것이 이와 같이 환히 드러났으니, 청컨대 그 후손으로 하여금 황단皇壇의 망배望拜하는 반열에 들어와 참례하도록 하소서라고 하였는데, 그대로 따랐다."[318]라고 했다.

(4) 황공黃功의 후손

황공은 원래 명나라 전당錢塘의 태수를 역임했고, 명이 멸망한 후에 포로가 되어 심양瀋陽으로 압송되었다. 당시 효종은 세자의 신분으로 심양에 볼모로 잡혀있었다. 1650년에 효종의 귀국길을 황공이 수행했다. 이르길 "효묘孝廟께서 심양으로부터 회가回駕할 때 어가를 따라 들어왔습니다."[319]라고 했다.

효종이 제위에 오르고, 황공을 병조참의에 임명했다. 1675년 황공은 일찍이 상소를 올려 이르길 "바다를 건너서 정금鄭錦에게 사신으로 가겠다."[320]라고 했다. 1773년 황공의 증손인 황세중黃世中은 영조에 의해 영장營將이 되었다. 1778년 황세중은 다시 정조에 의해서

---

317) 《朝鮮王朝實錄》卷32, 純祖31年 "奉使入瀋陽, 以片言折服強胡。"
318) 《朝鮮王朝實錄》卷32, 純祖31年 "以皇朝人子孫, 又為皇朝罵賊殉身, 若是彰著, 請使其後裔, 入參于皇壇參拜之列。上從之。"
319) 《朝鮮王朝實錄》卷28, 純祖27年 "孝廟朝, 自瀋回駕時, 陪駕東來。"
320) 《朝鮮王朝實錄》卷3 肅宗元年 "請渡海奉使招鄭錦。"

오위장五衛將에 올랐다.

(5) 강세작康世爵의 후손

강세작은 명나라 웅정필熊廷弼의 부장으로 청과의 교전 중에 패배하자 조선으로 이주했다. 이후 조선 여성과 결혼했고 아들 2명을 낳았다. 조선 실학의 대가인 박지원은 《열하일기·도강록》에서 상세하기 기술하였다.

"청군이 심양을 함락함에 명나라 웅정필熊廷弼의 부장인 강세작康世爵은 낮에는 숨고 밤에 걸어서 봉황성鳳凰城에 닿아, 광녕廣寧 사람 유광한劉光漢과 함께 요양遼陽의 패잔병을 소집하여 거기를 지켰다. 그러나 얼마 아니되어 광한은 전사하고 세작도 십여 군데 상처를 입었다. 스스로 생각하기를, 고향길이 이미 끊어졌으니 차라리 동쪽나라 조선으로 나가서 저 치발薙髮·좌임左衽의 되놈을 면하는 것이 낫겠다 생각하고, 드디어 싸움터를 탈출하여 금석산 속에 숨었다. 먹을 것이 없어서 양구羊裘를 불에 구워 나뭇잎에 싸서 먹고 두어 달 동안 목숨을 부지하였다. 이에 압록강을 건너 관서關西의 여러 고을을 두루 돌아다니다가 마침내 회령會寧까지 굴러 들어가서, 조선 여자에게 장가들어 아들 둘을 낳고 나이 팔십이 넘어서 죽었다. 그 자손이 퍼져서 백여 명이나 되었으나 오히려 한 집에서 살림하고 있다."[321]

321) 朴趾源, 《熱河日記·渡江錄》 "清軍陷瀋陽, 明熊廷弼部將康世爵晝伏夜行, 抵鳳凰城與廣守人劉光漢收遼陽散卒共守之。未成, 光漢死。世爵亦被十餘創, 自念中原路絕, 不如東出朝鮮, 猶得免遂發左衽, 遂走穿塞, 陷金石山, 裹木葉以咽之, 數月得不死。遂渡鴨綠江, 歷遍關西諸郡, 轉入會寧。遂娶朝鮮婦, 生二子。世爵八十餘卒, 子孫蕃衍至百餘人而猶同居云。"

1773년 영조는 그의 후손이 강상요康相堯를 북도변장北道邊將으로
임명했다.

(6) 전엽田葉의 후손

1773년 명나라 관료였던 전엽의 후손인 전득우田得雨는 조선에서
경상병사慶尙兵使에 임용되었다. 그의 조상에 대해서는 "대개 이 두
사람의 선대先代가 명明나라에 벼슬하다가 병자년322) 에 호란胡亂을
피하여 우리나라로 나온 사람들이다."323)라고 했고, 영조는 그를 조
견하기도 했다.

이 외에도 조선으로 이주해 정착했던 명나라 관료의 후손으로 상
서尙書 전응양田應揚의 7대 후손인 전세풍田世豐, 안찰사按察使인 왕
즙王楫의 6대 후손인 왕도성王道成, 시랑侍郞인 정문겸鄭文謙의 5대
후손인 정창인鄭昌仁, 서생庠生인 왕상문王尙文의 5대 후손인 왕원충
王願忠, 서생인 풍삼사馮三仕의 6대 후손인 풍경문馮慶文 등이 있다.
이들이 조상은 모두 명나라가 멸망한 후에 전란을 피해 조선으로 이
주했다. 1788년 이들은 동시에 정조의 조견을 받고서 관리로 임명되
었다.324)

---

322) 병자년丙子年 : 1636년 인조 14년을 지칭하다. 이 해에는 12월부터 이듬해 1월
    에 청나라가 조선에 대한 제2차 침입한 전쟁인 병자호란이 발생했다.(역자 주)
323) 《朝鮮王朝實錄》卷120, 英祖49年 "仕於皇明, 丙子避胡亂, 出來我東也。"
324) 《朝鮮王朝實錄》卷25, 正祖12年 "召見皇朝人子孫, 各問姓名·世派, 命庠
    生王尙文五世孫願忠·按察使王楫六世孫道成·侍郞鄭文謙五世孫昌仁·
    庠生馮三仕六世孫慶文, 令軍門將官調用。尙書田應揚七世孫世豐, 康世
    爵五世孫尙堯, 時在鄉里, 待上京, 令兵曹啓稟收用。又命提督李如松後
    孫光遇除守令。錢塘太守黃功曾孫世中, 爲五衛將。二王氏及鄭·馮·黃
    三姓, 孝宗在瀋陽時, 隨踵東來者也。"

4) 명나라 유민遺民

명나라가 멸망한 후에 많은 일반 백성 역시 조선으로 이주했다. 그 중에 산동의 임포臨胞 풍씨馮氏가 가장 대표적인 인물이다.

현재 중국의 저명한 작가인 풍목馮牧은 일찍이 한국 화교인 임흉 풍씨臨胸馮氏 종친회로 부터 가보편찬을 권유하는 서신을 받기도 했다. 서신에는 그의 조상이 조선에 거주하게 된 상황을 소개했다. 이르 길 "1645년, 즉 명나라가 멸망을 한 이듬해에 동쪽으로 바다를 건너 조선에 도착을 했고, 지금까지 10여 대가 되었다. 이들은 원래 산동 임포臨胞 출신의 풍씨馮氏였다. 당시 황급하게 조선으로 이주하는 바람에 족보를 휴대하지 못하고 말았다. 지금에 이르러서는 단지 임포 출신 풍씨馮氏라는 것만을 알고 원래 보계譜系를 알지 못했다."325)라 고 했다. 그리고 서신에는 아울러 주나라 문왕文王에서 명明 이전까 지의 임포 풍씨의 세계도를 첨부하기도 했다.326)

일반 평민으로 조선에 거주했던 사람으로는 유태산劉太山과 김장 생金長生 등이 있다. 1675년 두 사람은 한등과韓登科과 함께 조선의 숙종에게 상소를 올려서 생활고를 언급하며 도움을 요청했다. 이때 "신臣 한등과韓登科는 나이 80세이고, 유태산劉太山은 나이 59세이 며, 김장생金長生은 나이 60세입니다. 이국異國의 사람으로서 해가 서산西山에 임박하였습니다."327)라고 했고, 또한 이르길 "(신들은) 모

---

325) 金堅龍, 〈中國作家來到漢城〉, 《新觀察》第1期, 1988年. "即明亡翌年, 東 渡朝鮮後, 至今已達十餘代. 他們本為"山東臨胞馮氏. 當年倉促東渡, 不 克攜帶族譜, 以至今日只知為臨胸馮氏, 不知原族之譜系。"

326) 金堅龍, 〈앞의 논문〉, 《新觀察》第1期, 1988年.

327) 《朝鮮王朝實錄》卷4, 肅宗元年, "臣登科年八十, 太山五十九, 長生六十, 異國之人, 日薄西山。"

두 중원中原에서 표령飄零해 온 사람으로서 조선에 붙어서 산 지 이미 40여 년이 되었습니다."라고 했다. 이에 숙종은 호조에게 명하여 의식의 물자를 제공했다.[328]

이외에 승려인 미정徽貞은 1644년 석생石星 동생인 석규石奎의 아들 석계조石繼祖와 함께 조선으로 이주해서 안협安峽에 정착했다.[329]

명말과 청초에 일반 평민의 조선으로 이주한 사례는 사료에 수록되지 않았을 뿐이지 더 많았을 것이다.

---

328) 《朝鮮王朝實錄》卷4, 肅宗元年, "俱以中原飄零之人, 寄託本國, 巳過四十餘年。(中略)戶曹請酌給衣食之資, 允之。"

329) 《朝鮮王朝實錄》卷32, 正祖15年 "臣等是石星弟石奎之玄孫。崇禎甲申, 奎子繼祖, 與僧徽貞, 從廢四郡滿浦地而來, 遁跡於安峽縣, 子孫仍居焉。"

제3장
한국 근대 화교사 (1)
: 1840~1910년

제1절
근대 한국 화교사의 시대구분과 한국 화교의 특징

1 근대 한국 화교사의 시대구분

1) 근대 한국 화교사의 시기적 특징

1840년 영국이 중국을 침략하며 근대의 도래를 알린 사건이 아편전쟁이다. 1842년 청조는 영국과 불평등 조약인 《남경조약》을 체결했다. 청조의 폐관정책은 마침내 자본주의 열강에 의해 종식되었다. 이후에도 청조는 수차례 자본주의 열강의 강압에 의해서 불평등조약을 맺었다. 서구자본주의가 중국을 침략함에 따라 자급자족의 봉건적 경제는 점차 붕괴되었고, 민족자본 역시 탄압받으며 중국은 반식민지 반봉건사회로 전락했다.

1840년에서 1949년 중화인민공화국 건국 이전까지를 중국의 근대사로 볼 때 중국 사회의 기본 속성은 반식민지 반봉건사회였다.

1866년 8월 미국이 조선을 침략했고, 9월에는 프랑스가 침략했다. 그리고 1875년 일본이 조선을 침략했고, 이듬해 조선은 강압에 의해 《강화도조약》을 체결했다. 이후 조선은 계속해서 자본주의 열강과 이어지는 불평등 조약을 체결해야 했다. 조선의 쇄국 역시 자본주의 열강에 의해서 강제로 열리게 되었다. 서구자본주의 열강이 침투하는 과정에서 조선은 결국 식민지로 전락하고 말았다.

1910년 일제는 한국을 강점한 후 식민 통치를 실행하며 한국은 일본의 식민지가 되었다.

1876년《강화도조약》을 체결하고 1948년 대한민국이 건국되기까지 이 시기는 한국의 근대 시기에 해당한다. 이때는 일제가 한국을 식민 통치하는 일제강점기였다.

상술한 중국과 한국의 근대사회 시대구분에 따라서 1840년~1949년을 근대 한국 화교사로 파악하고자 한다.

2) 근대 한국 화교사의 3가지 발전단계

(1) 제1단계 : 1840~1910년

1840년 중국은 아편전쟁과《남경조약》의 체결로, 1876년 조선은 《강화도조약》을 통해 근대사가 시작되었다. 1910년 한국은 일제에 의해 강점되면서 식민지로 전락했다. 1911년 중국은 신해혁명을 통해 청조를 전복하고 민주공화정인 중화민국을 건국했다.

이 시기 역사는 다시 2단계로 구분이 가능하다.

첫 번째 단계는 1840~1894년 사이로 청조는 여전히 종주국이고 조선은 번속으로 양국은 여전히 종번宗藩 관계를 유지했다. 청조는 조선에게 강력한 정치력과 경제적 영향력을 행사했고, 심지어 1884~1894년 사이에 조선의 내정과 외교에 간섭했다.

이때 많은 수의 중국인이 조선으로 이주했고, 비교적 높은 사회적 지위를 유지하며 경제적 영향력도 신속히 성장했다.

두 번째 단계는 1895~1910년 사이로, 1894년 청일전쟁이 발발하고 중국은 패배한 후에 일본과《시모노세키조약》을 체결했다. 《시모노세키조약》에서 규정하길 "중국은 조선을 완전무결한 독립자주 국가임을 확실히 했기 때문에 독립 자주국 체제를 훼손하는, 즉 해당 국가가 중국에 수행하는 조공과 전례 등은 이후로 완전히 폐기한다."[1]라고 명시했다. 조약에 근거해 청과 조선의 종번 관계는 명확히 폐지되었고, 조선에 대한 청조의 정치적 영향력도 완전히 제거되었다. 이로 인해 당시 한국 화교의 정치적 지위는 하락하고 경제적 영향력에도 막대한 타격을 받게 되었다.

(2) 제2단계 : 1910~1931년

일제는 1910년에 한국을 강점한 후에 잔혹한 식민 통치를 실행했고, 이에 대항하는 1919년 3.1운동이 일어났다. 이후 일제는 일시적으로 '문화통치'를 실행하기도 했다. 그리고 1931년에 동북 지역을 침략하는 9.18 만주사변을 일으켰다. 이 시기 한국 화교는 일시적으로 인구가 증가하고 경제적 영향력도 점차 커졌다.

(3) 제3단계 : 1931~1949년, 중화인민공화국 건국 이전까지

일제는 중국과 아시아에 대한 침략을 확대하며 조선에 대한 착취와 압박을 더욱 가중했다. 이때 일제는 한국을 침략전쟁의 전진기지로 삼았다. 일제는 9·18 만주사변과 7·7 노구교蘆溝橋 사건을 일으키기 이전에 한중 양국 백성들의 우호적인 관계를 이간질 시키는 교활한 사건을 도모했다. 즉 1931년 7월에 장춘의 만보산사건萬寶山事

---

1) 《馬關條約》第1款 : "中國認明朝鮮國確為完全無缺之獨立自主, 故有虧損獨立自主體制, 即如該國向中國所修貢獻典禮等, 嗣後全行廢絕了。"

件과 한국의 배화참안排華慘案 등의 사건을 배후에서 조종하며 사건을 조작했다. 이때 한국의 배화의식은 한반도 전역으로 펴졌고, 당시 무수히 많은 화교가 사망하거나, 당시 입은 경제 손실 역시 막대했다. 이때 일부 화교는 귀국하기도 했다. 이를 시작으로 한국의 화교 인구 수는 점차 감소하기 시작했고, 경제력 역시 더 이상 진전되지 못했다. 일제가 중국을 침략하는 시기에 한국 화교가 처한 상황은 더욱 참담했다. 1945년 일제가 항복한 후에 한반도는 남북으로 분열되었다. 당시 북한의 화교는 1946~1949년 사이에 적극적으로 사회개혁 운동에 참여했고, 동시에 한국전쟁에 참전하기도 했다.

❷ 근대 한국 화교의 특징

고대와 비교하면 근대 시기 한국 화교의 특징을 몇 가지로 분류해 나열하면 다음과 같다.

(1) 인구수의 증가

근대 시기 중국은 장기간 전란을 거치면서 백성들은 안정적인 생활을 할 수가 없었다. 많은 백성은 타국으로 이주하면 생존을 모색해야 했다. 한국은 중국과 국경을 인접했고, 해로 역시 가깝기 때문에 이민 갈 수 있는 가장 이상적인 나라 중의 하나였다. 1882년《중국조선상민수륙무역장정中國朝鮮商民水陸貿易章程》을 체결하면서 중국인은 한국으로 이주할 수 있는 법적인 보장 장치가 마련되었다. 이로 인해 중국 연근해의 수많은 사람은 한국으로 이주했고, 그 수량은 이전에 볼 수 없을 정도로 증가했다.

(2) 노동자 중심의 화교

한국에 정착해 생계를 도모했던 화교 가운데 절대 다수는 중국의 파산한 농민과 실업 노동자였다. 한국 화교 중에 농민은 상당한 비중을 차지했던 점은 다른 국가의 화교에는 거의 볼 수 없었던 특이한 현상 중의 하나였다.

(3) 화교경제의 영향력

상당히 오랜 기간에 해당하는 1882~1931년 사이에 화교 출신 중소자본은 일제 식민 통치의 탄압과 일제 자본의 영향 속에서도 발전을 거듭했다. 한국 경제 속에서 중요한 촉진제 역할을 수행했다. 절대다수의 화교 자본은 일제 식민 통치기간 동안 민족자본에 속했고, 외국 식민자본과 관료자본에 대항하는 입장을 고수했다.

(4) 화교 여성인구의 증가

한국 화교의 경제적 수준이 증가했고, 중국 내의 빈번한 전쟁과 자연재해가 극심해지자 출국을 선택하는 화교 여성의 수가 증가했다. 초기 한국 화교 가운데 다수 남성 화교의 가정은 중국 내에 있었다. 이들은 종종 귀국해서 친척과 가족을 방문했다. 이로 인해 화교의 유동성은 매우 높았다. 하지만 화교경제가 안정됨에 따라서 많은 남성 화교는 귀국 후에 가족을 동반하고 돌아와 한국에 정착하기 시작했다. 또한 다수의 화교는 시작부터 전 가족이 한국으로 이주하기도 했다. 화교 여성의 한국 정착은 화교 인구의 증가뿐만 아니라 화교 가정의 사회적 안정성을 높이는 촉진제 역할을 했다.

(5) 화교교육의 발전

화교 가정이 증가함에 따라 화교교육 역시 장족의 발전을 거듭했다. 초등학교와 중고등학교가 계속 건립되고, 학생 수 역시 증가해서 교사의 수도 크게 늘어나게 되었다. 화교교육은 날로 번창하게 되었다. 화교교육을 통해 중국어를 배우고 자신의 민족문화와 전통을 계승할 수 있게 되었다.

(6) 업종별 모임과 동향회의 증가

화교 수가 증가함에 따라 같은 업종, 같은 동향 사람도 증가하게 되었다. 이국 타향에서 자신을 보호하고 이윤을 극대화하기 위해서 동종의 모임인 행회行會와 동향회가 계속 등장했다. 예를 들면 상회商會, 노동자 출신 상인인 고력회苦力會, 노동자 조합 등이 있다. 그리고 광동출신의 광방廣幫, 광동 이외 남방 출신의 남방南幫, 산동 중심의 북방 출신인 북방北幫 등의 동향 조직이 등장했고, 그 규모 역시 날로 커졌다. 행회와 동향회는 한국 화교 가운데 2개의 성省이 만든 단체로 이들은 많은 화교가 연합시켜 일체화하는 역할을 했다.

(7) 단일 민족을 형성한 화교

화교 인구가 날로 증가하면서 화교의 경제력 역시 날로 성장했고, 중국어가 널리 사용되며 중국문화 전통을 후손에게 계승할 수 있게 되었다. 이를 통해 한국 사회에서 화교는 하나의 민족이 되었다.

(8) 한국 화교의 항일 운동

일제가 잔혹하게 한국을 통치할 때 한국 민중은 자주독립의 쟁취를 위해 항일 운동을 전개했다. 이때 화교 출신의 노동자와 농민, 상인, 학생 등은 이들과 함께 노동자와 상인의 동맹파업, 조세저항, 수업 거부 등을 벌이며 항일 투쟁을 전개했다.

(9) 한국 화교의 중국 혁명운동 참가

이 시기 중국 내에는 민족·민주혁명의 영향과 한국 화교의 민족의식 고양으로 많은 수의 화교가 중국의 혁명운동에 참가하기도 했다.

제2절
《중국조선상민수륙무역장정》과 《중한통상조약》

1 《중국조선상민수륙무역장정中國朝鮮商民水陸貿易章程》

19세기 40년대에서 60년대까지 중국과 한국은 점차 반봉건 반식민지 사회로 전락하였다. 이때 청과 조선은 여전히 종번宗藩 관계를 유지하였다. 청나라 초기에 청과 명이 전쟁을 벌이는 동안 조선과 명은 우호 관계를 유지했고, 청이 2차례 조선을 침략해 많은 조공을 요구하며 엄격하게 통제했다. 청은 중국을 통일한 후에 조선과의 관계는 날로 개선되면서 내정과 외교 방면의 간섭이 완화되었다. 아울러 조공의 종류와 수량 역시 점차 감소했다. 자본주의 서구 열강이 침투한 후에 청조의 국세는 점차 쇠락했다. 조선 역시 일제가 조선에서 정치와 경제적 영향력을 강화하며 직접 청을 압박하며 종주국의 지위를 위협했다. 청조는 조선에 대한 종주국의 지위를 강화하기 위해서 조선을 보호하는 병풍 역할을 자청했다. 이를 위해 조선의 내정과 외교를 간섭하고 통제했고, 또한 경제적 지위도 강화하려고 했다.

당시 조선은 서구자본주의의 침투로 사회경제는 거의 파탄 지경에 처했다. 그럼에도 여전히 자국의 백성을 탄압하며 착취를 가중하자 백성들의 삶은 날로 피폐해졌다. 이와 함께 조정 내부는 민씨閔氏 외척과 대원군 사이의 모순과 투쟁은 더욱 격화되었다. 이런 상황에서 백성들의 불만은 더욱 커져만 갔다.

1881년 7월 23일 사병들의 기의가 폭발했는데 이를 임오군란壬午 軍亂이라 한다. 기의한 사병들은 일본인 교관을 주살했고, 왕공과 대 신들을 처단하며 왕궁을 습격해 민비를 포획하려 했다. 이에 민비는 변장하고 궁성을 탈출해 충청도로 도망했다. 이후 조선은 이런 상황 을 수습하지 못했고, 고종은 전권을 대원군에게 넘겨 사태를 수습하 려고 했다.

임오군란은 당시 호시탐탐 조선을 침략하려고 준비 중인 일제에게 도발의 기회를 제공하고 말았다. 7월 31일 일제는 자국 교민 보호를 구실로 함대를 파견해 조선을 침략했다. 충청도로 피난한 민비는 청 에게 군사를 요청해서 사태를 진압하려고 했다. 8월 9일 청은 북양해 군北洋海軍의 제독인 정여창丁汝昌과 그의 함대를 조선에 파견했다. 8월 20일 청은 재차 광동해군의 제독인 오장경吳長慶과 함대를 파견 했다. 청군이 조선에 도착한 후에 바로 대원군을 체포하고 사태를 진 압했다. 이에 민씨 외척들이 다시 권력을 잡게 되었다. 이번 사건은 청조의 조선 내정과 외교적 간섭이 새로운 국면을 전환시키는 계기 로 작용했다. 이후 청군은 조선에 주둔하기 시작했다.

조선은 1876년 일본과 《강화도조약》을 체결한 이래, 1882년 5월에 미국과 《조미수호통상조약》을, 영국과는 《조영수호통상조약》을, 6월 에는 독일과 《조독수호통상조약》을 체결했다. 서구열강과 조선이 체 결한 이러한 조약은 정치상 조선을 독립된 자주 국가를 승인한 것이 고, 이는 반대로 청조와 조선 사이의 종번宗藩 관계를 부정하는 것이 기도 했다. 경제적으로 외국 자본, 특히 일본 자본이 조선에 다량 유 입되면서 일본이 영향력이 급격히 확대되었다. 이는 직접적으로 조 선에 대한 청의 정치·경제적 지위가 위협을 받게 되는 원인으로 작용했다. 청조는 종주국의 지위를 공고히 하려는 목적으로 조선과 조약을 체결하고자 했다. 한편, 조선은 자본조의 열강, 특히 일제의 침략에 직면해 나라의 형세는 더욱 위태롭게 되었다. 조선은 오랜 역사 속에서 형성된 사대교린의 부용附庸 정책으로 청조를 상국上國으로 여겼다. 그럼에도 청과 조약체결을 통해 열강의 정치적 위협과 자본의 침투로부터 자국을 보호하고자 했다. 그래서 조선은 청을 의지해 적극적으로 조약체결을 요구했다.

1881년 1월에 조선은 사신을 파견해 청나라 상인은 조선이 지정한 무역항에 도착하도록 요청했다. 이르길 "조선은 금일 일본과 통상하며 개항했습니다. 하지만 조선은 상규商規을 잘 알지 못해서 업신여길 될 것을 두려워하고 있습니다. 상하가 모두 원하지만 상국上國의 상인을 초청해 몇 곳을 개항하여 서로 교역하려는 의지는 분명하니 서로 의지하면 흥성할 것입니다. 이는 황준헌黃遵憲의《조선책략朝鮮策略》에도 언급한 바가 있으니 봉황청鳳凰廳을 교역하는 곳으로 확대하기를 주청하는 바입니다. 지금 화상華商이 선박을 이용해 각 개항지에서 통상하면 일본인의 독점을 막을 구실이 될 수 있습니다. 이런 논의가 장차 어떻게 될지 알 수 없으니 삼가 가르침을 바라는 바입니다."[2]라고 했다.

청의 북양대신北洋大臣 복문復文은 이르길 "조선은 아직 해운 무역의 사례가 없지만, 현재 이미 외국과 통상을 하면서도 화상華商이 가도 무역을 금지하지 않고 있습니다. 황준헌의《조선책략》에서 따르면

---

2)《淸季中日韓外交史料》, "小邦今與日本開港通商。然小邦素昧商規, 恐被欺壓。上下胥願但邀上國商人來會開港諸處, 互相交易, 情志既孚, 依賴必大雲。而又有黃參贊策略, 即奏請推廣鳳凰廳貿易。今華商乘船來開港各口通商, 以防日人壟斷之句語, 此論恐未知如何, 伏候亮教。" 484~485쪽.

일본의 독점을 막는다는 말처럼 만약 각국과 통상하면 일본인은 더 이상 독점할 길이 없어집니다. 앞으로 화상이 무역하러 가려면 마땅히 국왕에게 실제 정황을 자문해서 아뢰고 처리해야 합니다."3)라고 했다.

이후 몇 번의 교섭을 통해서 청과 조선은 1882년 8월에《중국조선상민수륙무역장정》을 체결했다. 그 전문을 조항별로 나열하면 다음과 같다.4)

> 조선은 오래전부터 번속藩屬에 속했기 때문에 전례典禮에 관한 일체가 모두 지정된 제도가 있으니, 다시 의논할 필요는 없다. 다만 현재 각국各國이 이미 수로水路를 통해 통상함에 시급히 해금海禁을 여는 것이 마땅하고, 양국 상인이 상호 무역을 통해 함께 이익을 보도록 해야 한다. 그리고 변계邊界의 호시互市 규례도 마땅히 시의時宜에 맞게 변통해야 한다. 이번에 체결한 수륙 무역 장정은 중국이 속방屬邦을 우대하는 뜻으로 각국이 함께 이득을 보는 것에 있지 않다. 이에 각 조항을 아래와 같이 정한다.5)
>
> 제1조
> 이후 북양대신北洋大臣의 서찰로 파견된 상무위원은 개항한 조선

---

3)《淸季中日韓外交史料》, "朝鮮向無海運貿易之例, 現既與外國通商, 則華商前往貿易亦所不禁。至於黃參贊策略防日人壟斷之語, 果能與各國通商, 日人自無從壟斷。將來如願華商前往貿易, 應由國王將實在情形諮請核奏辦理。" 485쪽.

4)《中國第二歷史檔案館尊堂》, 檔案號468 : (2)55.

5)《中國朝鮮商民水陸貿易章程》, "朝鮮久列藩屬, 典禮所關一切, 均有定制, 毋庸更議。推現在各國既由水路通商, 自宜亟開海禁, 令兩國商民一體互相貿易共霑利益。其邊界互市之例, 亦因時量為變通。惟此次所訂水陸貿易章程系中國優待屬邦之意, 不在各與國一體均霑之列。茲定各條如下。"

의 항구에 주재하면서 오로지 본국의 상인만을 살핀다. 담당 관원과 조선 관원이 왕래할 때는 모두 평등하게 한 예로 대우한다. 만약 중대한 사건의 경우 조선 관원이 마음대로 결정하기가 편치 않을 경우 북양 대신과 상의하고, 조선 국왕에게 서찰을 보내 그 정부에서 처리하게 한다. 조선 국왕도 고관을 파견해 천진天津에 주재시키고, 아울러 다른 관원을 청의 개항한 항구에 나누어 파견해 상무위원으로 충당한다. 담당 관원과 도道·부府·주州·현縣 등 지방관과 왕래할 때도 평등하게 상대한다. 만약 난해한 사건을 만나면 천진에 주재하는 고관의 의견을 듣고 북양北洋과 남양南洋의 대신이 결정한다. 양국 상무위원이 쓸 경비는 스스로 준비해서 사사로이 요구할 수 없다. 만약 이런 관원이 멋대로 고집으로 일 처리가 부당할 때는 북양 대신과 조선 국왕은 서로 통지하고 즉시 소환한다.6)

제2조
중국 상인이 조선 항구에서 만일 스스로 고소할 경우 마땅히 중국 상무위원에게 귀속시켜 판결한다. 이밖에 재산 관련 범죄의 경우 만약 조선인이 원고이고 중국인이 피고일 때는 마땅히 중국 상무위원이 체포하여 판결한다. 중국인이 원고이고 조선인이 피고일 때는 조선 관원이 피고인의 범죄 내용을 넘겨주고 중국 상무위원

---

6) "第一條·嗣後由北洋大臣劄派商務委員前往駐扎朝鮮已開口岸, 專為照料本國商民。該員與朝鮮官員往來, 均屬平行, 優待如禮。如遇有重大事件, 未便與朝鮮官員擅自定議, 則詳請北洋大臣諮照朝算國王轉劄其政府籌辦。朝鮮國王亦達派大員駐紮天津, 並分派他員至中國巳開口岸充當商務委員。該員與道府州縣等地方官往來, 亦以平行相待。如遇有疑難事件, 聽其由駐津大員詳請北·南洋大臣定奪。兩國商務委員應用經費, 均歸自備, 不得私索供億。若此等官員執意任性辦事不合, 則由北洋大臣與朝鮮國王彼此知令立即撤回。"

과 회동해서 법률에 따라 판결한다. 조선 상인이 중국의 개항지에서 범한 일체의 재산에 관한 범죄 사건은 피고와 원고가 어느 나라 사람이든 모두 중국 지방관이 법률에 따라 판결한다. 아울러 조선 상무위원에게 알려서 사건을 기록하도록 한다. 판결한 사건을 조선인이 승복하지 않을 때는 담당국 상무위원이 상부上府에 청원하여 재심을 요청해서 공평성을 밝힌다. 조선인이 본국에서 중국 상무위원이 있는 곳이나, 혹은 중국의 각 지방관이 있는 곳에서 중국인이나 각 읍邑의 아역인衙役人 등을 고소할 때는 사적으로 한 푼의 수수료도 요구하지 못한다. 위반한 자는 조사하여 해당의 관원을 엄중하게 처벌한다. 만약 양국 인민이 본국이나 혹은 쌍방의 통상 항구에서 본국의 법률을 범하고 사사로이 쌍방의 관내로 도망할 경우 각 지방관은 일단 쌍방의 상무위원에게 통지하고 바로 방도를 세워 체포해 가까운 곳의 상무위원에게 넘기고 본국으로 압송해 처벌하도록 한다. 그러나 중간에 구속을 중시하거나 학대는 하지 못한다.[7]

제3조
양국 상선은 쌍방의 통상 항구에 들어간 후에 교역을 한다. 모든

---

[7] "第二條·中國商民在朝鮮口岸, 如自行控告, 應歸中國商務委員審斷。此外財產罪犯等案, 如朝鮮人民為原告, 中國人民為被告, 則應由中國商務委員追拏審斷。如中國人民為原告, 朝鮮人民為被告, 則應由朝鮮官員將被告罪犯交出, 會同中國商務委員按律審斷。至朝鮮商民在中國已開口岸所有一切財產罪犯等案, 無論被告原告為何國人民, 悉由中國地方官按律審斷, 並知照朝鮮委員備案。如所斷案件, 朝鮮人民未服, 許由該國商務委員稟請大憲復訊, 以昭平允。凡朝鮮人民在其本國至中國商務委員處或在中國至各地方官處控告中國人民, 各邑衙役人等不得私索絲毫規費, 違者查出, 將該管官從嚴懲辦。若兩國人民或在本國, 或在彼此通商口岸, 有犯本國律禁私逃在彼此地界者, 各地方官一經彼此商務委員知照, 即設法拏交, 就近商務委員抑歸本國懲辦。惟於途中止可拘禁不得淩虐。"

화물의 하역과 적재는 모두 해관에 세금을 납부하고, 이미 양국이 정한 장정의 규칙에 따라 처리한다. 쌍방 바닷가에서 풍랑을 만났 거나 얕은 물에 걸렸을 때 상황에 따라 정박해서 음식물을 사고 선박을 수리할 수 있다. 일체의 경비는 선주의 자비로 부담한다. 지방관은 등급에 따라 타당한 요금을 부과한다. 만약 선박이 파괴 되었을 때는 지방관은 대책을 강구해 반드시 구호하고, 배에 탄 상인과 선원들은 가까운 항구의 쌍방 상무위원에게 넘겨 귀국시 킴으로 이전과 같은 서로 간의 호송 비용을 절약할 수 있다. 양국 상선이 풍랑을 만나 손상을 입어 수리해야 할 경우를 제외하고 개 방도 않은 항구에 몰래 잠입해 무역을 하는 자는 조사해 체포하고 배와 화물은 관에서 몰수한다. 조선의 평안도, 황해도와 중국의 산 동, 봉천 등 성省의 연해 지방에서는 양국의 어선들이 내왕하면서 고기를 잡을 수 있고, 아울러 해안에 올라가 음식물과 식수를 살 수 있으나, 사적으로 화물을 무역할 수 없다. 위반하는 자는 배와 화물을 관에서 몰수한다. 소재 지방에서 법을 범하는 등의 일이 있을 경우에는 바로 해당 지방관이 체포하여 가까운 상무위원에 게 넘기고, 제2조에 준하여 처벌한다. 쌍방의 어선에서 징수하는 어세魚稅는 조약을 준행한 지 2년 뒤에 다시 모여 토의하여 결정 한다.(조사해 보니 산동 어부는 해변의 고기가 증기선에 놀라서 멀리 도망간다 하면서 매년 몰래 조선 황해도의 크고 작은 섬에서 고기를 잡는자가 매년 천명에 이른다.)[8]

---

8) "第三條·兩國商船聽其駛入彼此通商口岸交易。所有卸載貨物與一切海 關納稅, 則例悉照兩國已定章程辦理。倘在彼此海濱遭風擱淺, 可隨時收 泊購買食物修理船隻, 一切經費均歸船主自備。地方官第妥為照料。如船 隻破壞, 地方官當設法救護, 將船內客商·水手人等, 送交就近口岸彼此商 務委員, 轉送回國, 可省前此互相護送之費。若兩國商船於遭風觸損需修 外, 潛往未開口岸貿易者, 查拿船隻入官。惟朝鮮平安·黃海道與山東·奉 天等省濱海地方, 聽兩國漁船往來捕魚並就岸購買食物·甛水, 不得私以

제4조

양국 상인이 쌍방이 개항한 항구에서 무역할 때 법을 제대로 준수하면 땅을 세내고, 방을 임대하고, 건물을 지을 수 있게 허가한다. 모든 토산품과 금지하지 않는 물건은 모두 교역을 허가한다. 수출입 화물은 세금을 납부하고, 항만 사용료는 쌍방의 해관 통행 장정에 따르고 토산품을 이 항구에서 저 항구로 운송할 때 이미 납부한 출항세 외에 이어 입항할 때는 완납한 사실을 확인하고 출항세의 절반을 납부 한다. 조선 상인이 북경北京에서 규정에 따라 교역하고, 중국 상인이 조선의 양화진楊花津과 한성漢城에 들어가 영업소를 개설한 경우를 제외하고, 각종 화물을 내지로 운반하여 상점을 차리고 파는 것을 허가하지 않는다. 양국 상인이 내지로 들어가 토산물을 구입하려고 할 때는 쌍방 상무위원에게 요청해서 지방관과 함께 서명하고, 허가증을 발급하되 구입할 처소를 명시하고, 거마車馬와 선척을 해당 상인이 고용하도록 하고, 기착항의 세금 규정대로 완납해야 한다. 쌍방의 내지로 들어가 여행하려는 자는 상무위원에게 요청하고, 지방관과 함께 서명해서 허가증을 발급해야만 들어갈 수 있다. 기착지에서 범법 등 일이 있을 때는 모두 지방관이 가까운 통상 항구로 압송하고 제2조에 의하여 처벌한다. 도중에서 구금을 중지하거나 학대하지 못한다.[9]

貨物貿易。違者船貨入官, 其于所在地方有犯法等事, 即由該地方官拏交就近商務委員, 按第二條懲辦。至彼此漁船應徵魚稅, 俟遵行兩年後再行會議酌定(查山東漁戶因海濱之魚為輪船驚至對岸, 每年私至朝鮮黃海道大小靑島捕魚者歲以千計)。"

9) "第四條·兩國商民前在彼此已開口岸貿易, 如安分守法, 准其租地·賃房·建屋。所有土產與非干例禁之貨物, 均許交易。除進出貨物應納貨稅, 船鈔悉照彼此海關通行章程完納外, 其有欲將土貨由此口運往彼口者, 於已納出口稅外, 仍于進口時驗單, 完納出口稅之半。朝鮮商民除在北京例准交易, 與中國商民准入朝鮮楊花津·漢城開設行棧外, 不準將各色貨物運入

제5조

과거 양국 변계邊界인 의주義州, 회령會寧, 경원慶源 등지에서 호시互市가 있었고, 모두 관원이 주관함에 매번 문제가 많았다. 이에 압록강 건너편의 책문柵門과 의주 두 곳, 그리고 두만강 건너편의 훈춘輝春과 회령會寧 두 곳을 정하여 변경 백성들이 수시로 왕래하며 교역하도록 한다. 양국은 다만 쌍방이 개시開市하는 곳에 해관과 초소를 설치하고 도적을 살피고 세금만 징수한다. 징수하는 세금은 수출이나 수입하는 물건을 막론하고 홍삼을 제외하고 모두 5/100를 징수한다. 종전의 있었던 객사와 식량, 사료, 송영 등의 비용을 모두 없앤다. 변경 백성의 재산 관련 범죄 사건은 쌍방 지방관이 규정된 법률에 따라 처리하고, 일체의 상세한 장정은 북양 대신과 조선 국왕이 파견한 관원의 부서에 가서 조사를 통해 협의해 결정한다.[10]

제6조

양국 상인은 항구와 변계 지방을 막론하고 수입 아편, 토종 아편,

內地, 坐肆·售賣。如兩國商民欲入內地採辦土貨, 應稟請彼此商務委員與地方官會銜, 給予執照, 填明採辦處所。車馬船隻, 聽該商自雇, 仍照納沿途應完釐稅。如有彼此入內地遊歷者, 應稟請商務委員與地方官會銜給予執照然後前往。其於沿途地方有犯法等事, 統由地方官押交就近通商口岸, 照第二條懲辦, 途中止可拘禁, 不得淩虐。"

10) "第五條·向來兩國邊界如義州·會寧·慶源等處, 例有互市, 統由官員主持, 每多窒礙。茲定于鴨綠江對岸柵門與義州二處, 又圖們江對岸輝春與會寧二處, 聽邊民隨時往來交易。兩國第於彼此開市之處, 設立關卡, 稽查匪類, 徵收稅課。其所徵稅則, 無論出入口貨, (除紅參外), 概行值百抽五。從前館宇·飩廩·芻糧·迎送等費, 悉予罷除。至邊民錢財菲犯等案, 仍由彼此地方官按照定律辦理。其一切詳細章程, 應俟北洋大臣與朝鮮國王派員至該處踏勘會商, 懇請奏定。"

그리고 제작된 무기를 운반하여 파는 것을 허가하지 않는다. 위반하는 자는 색출해 가중해서 처벌한다. 홍삼에 대해서는 조선 상인이 청으로 갖고 들어갈 수 있도록 허가하며, 납부할 세금은 가격에 따라서 15/100를 징수한다. 중국 상인이 홍삼을 정부의 허가 없이 몰래 조선 국경 밖으로 운반할 경우 조사하고 화물은 관청에서 몰수한다.[11]

제7조

양국의 역로驛路는 책문이 있는 육로로 통한다. 모든 운송은 매우 번거롭고 비용이 많이 든다. 현재 해금이 열렸으니 각자 편의에 따라 바닷길로 왕래하는 할 수 있다. 다만 조선에는 현재 군인을 역임한 상인이 없으니 조선 국왕은 북양대신과 협의하고 잠시 상국商局의 기선을 매월 정기적으로 한 차례 내왕하도록 할 수 있도록 한다. 조선 정부에서는 약간의 선박 비용을 첨가한다. 이밖에 청나라 병선이 조선의 해안을 지날 때, 각 처의 항구에 정박해서 보호받을 때 지방 관청에서 제공하는 모든 비용을 면제한다. 식량 구입과 경비 마련은 모두 병선 자체로 마련한다. 해당 병선의 관가관管駕官 이하는 조선 지방관과 동등한 예로 상대하고, 선원이 상륙하면 병선의 관원은 엄격히 단속해 조금이라도 소란을 피우거나 사건을 일으키는 일이 없도록 한다.[12]

---

11) "第六條‧兩國商民, 無論在何處口岸與邊界地方, 均不準將洋藥‧土藥與製成軍器販運售賣。違者查出, 分別嚴加處治。至紅參一項, 例准朝鮮商民帶入中國地界, 應納稅則按價值百抽十五。其有中國商民將紅參私運出朝鮮地界, 未經政府特允者, 查出將貨入官。"

12) "第七條‧兩國驛道, 向由柵門陸路往來。所有供億極為煩費。現在海禁已開, 自應就便聽由海道來往。惟朝鮮現無兵商輪船, 可由朝鮮國王商請北洋大臣暫派商局輪船每月定期往返一次。由朝鮮政府協貼船費若干。此外, 中國兵船往朝鮮海濱游歷, 並駛泊各處港口, 以資捍衛, 地方官所有供

제8조

이번에 정한 무역장정은 아직 간략하나 양국 관리와 백성이 정한 조항을 일체 준수하고, 이후 증손增損할 일이 있을 경우 수시로 북양 대신과 조선 국왕이 협의하여 적절하게 처리한다.[13]

흠차서리欽差署理 북양통상대신北洋通商大臣 태자태부太子太傅 전 문화전前文華殿 대학사大學士 직례총독부당일直隸總督部堂
일등숙의백리一等肅毅伯李
독동이품함督同二品銜 진해관도津海關道 주복周馥
이품함二品銜 후선도候選道 마건충馬建忠　　회동會同
조선국朝鮮國주부사奏副使 김굉집金宏集
　　　　주정사奏正使 조녕하趙寧夏
　　　　문의관問議官 어윤중魚允中　　의정議定
광서光緒 8년 8월[14]

應一切豁除。至購辦糧物經費, 均由兵船自備。該兵船自管駕官以下, 與朝鮮地方官俱屬平行, 優禮相待。水手上岸, 由兵船官員嚴加約束, 不得稍有委擾滋事。"

13) "第八條·此次所定貿易章程, 姑從簡約, 兩國官民均須就已載者, 一體恪遵。以後有須增損之處, 應隨時由北洋大臣與朝鮮國王諮商妥善, 請旨定奪施行。"

14) "欽差署理北洋通商大臣太子太傅前文華殿大學士直隸總督部堂一等肅毅伯李
　　督同二品銜津海關道周馥
　　　　二品銜候選道馬建忠　　會同
　　　　朝鮮國奏副使金宏集
　　　　奏正使趙寧夏
　　　　問議官魚允中　　議定
　　光緒八年八月

《중국조선상민수륙무역장정》는 다음과 같은 몇 가지 중요한 의미를 갖고 있다.

첫째, 청과 조선 간의 종번宗藩 관계에 대해서 "조선은 오래전부터 번속藩屬에 속했기 때문에 전례典禮에 관한 일체가 모두 지정된 제도가 있으니, 다시 의논할 필요는 없다."라며 진일보 부연 설명을 했다. 다시 말해 청조는 조선에 대한 종주국의 지위를 합법화함으로써 자본주의 열강, 특히 일본의 조선에 대한 정치세력의 확장을 제어하려 했던 숨은 의도를 담고자 했다.

둘째, 해금海禁을 개방하고 양국의 해상 무역을 확장함으로 양국의 변경 무역을 확대하고자 했다. 이는 조선에 대한 경제적 영향력을 확대하면서도, 청조는 일본 자본주의가 조선으로 확대되는 것을 억제하려는 의도의 표현이다. 또한 중국과 조선의 무역 교류를 통한 사회경제발전을 도모하려는 의지를 담았다.

셋째, 양국의 상인은 상대국이 개항한 항구 연안에 거주하며 경제활동이 가능하고, 양국 백성의 정착과 경제활동을 위한 법적인 안전을 보장했다.

《중국조선상민수륙무역장정》에 의거 청조와 조선은 해금 정책을 폐지하고 해상 무역을 촉진시켰다. 청은 진수당陳樹棠을 총반조선상무위원總辦朝鮮商務委員으로 임명하고 서울에 주재시켰다. 조선은 박제순朴齊純을 상무위원商務委員으로 천진天津에 주재하도록 했다. 청조는 조선의 인천·부산·원산·서울 등에 상무서商務署를 설치해 중국과 조선과의 무역을 관리했다. 이 시기에 중국은 조선의 무역 항구로 천진天津·우장牛莊·대련大連·연대煙臺를, 조선은 천·원산·부산을 지정했다.

이듬해 중국과 조선 양국은 재차 육로 국경무역에 대해서《길림조선상민수시무역장정吉林朝鮮商民隨時貿易章程》과 《봉천여조선변민교역장정奉天與朝鮮邊民交易章程》이란 조약을 체결했다.

《중국조선상민수륙무역장정》은 조약을 체결한 후에 중국의 상인, 농민, 노동자들은 잇달아 조선에 도착하며 근대 조선 화교의 법적인 시초가 되었다.[15]

《중국조선상민수륙무역장정》의 4번째 조항에 대해 쌍방은 1884년 수정안을 의결했다. 즉 중국 상인은 이후 여행 증명서 지참 근거로 조선 내지에서 상품 판매를 허가하고, 조선 상인 역시 여행 증명서 지참을 근거로 중국 내지에서 상품판매가 가능하도록 했다.[16] 이를 통해 한국 화교는 한층 더 순조롭게 무역에 종사할 수 있게 되었다. 1888년 3월을 시작으로 중국과 조선은 정식으로 해로를 개통했고, 상해 초상국招商局의 광제廣濟 증기선이 정기적으로 상해·연대·인천 항로를 운행했다.[17]

2 《인천구화상지계장정仁川口華商地界章程》

1882년에 체결한 《중국조선상민수륙무역장정》과 1883년에 체결한 《길림조선상민수시무역장정》과 《봉천여조선변민교역장정》은 중국과 조선과의 무역을 확대하고 중국인의 한국 진출에 유리한 조건을 만들어 냈다. 이후 양국의 무역 활동은 매우 활기를 띠었고, 양국의 상

---

15) 관련 사료의 고증을 통해 보면 근대 화교가 조선에 거주한 시기는 1882년 《中國朝鮮商民水陸貿易章程》이 체결된 이후이다. 하지만 근대 최초로 조선에서 경제활동을 한 화교는 동순태무역同順泰貿易의 사장인 담걸생譚杰生이다.

16) 《淸季中日韓外交史料》, 1,344쪽.

17) 《淸季中日韓外交史料》, 2,597쪽.

인은 서로 왕래하며 교민이 수량도 날로 증가했다. 초기에는 조약 규정에 근거해 양국의 상인은 양국이 지정한 통상 항구에서만 무역 활동과 거주만 가능했다. 하지만 실제로 조선의 상인은 이전 이미 중국 동북 지역 깊숙한 내지 이르기도 했다. 중국 상인 역시 조선 개항지의 거주가 허가되면서 인천·원산·부산 및 서울까지 거주지가 확대되었다.

일본은 1876년 조선과 《강화도조약》을 체결한 후에 본격적으로 조선에 침투하기 시작했다. 또한 다수의 일본 상인이 조선에 거주했다. 조선의 개항지에는 많은 일본 상인이 있었고, 이곳에 일본 조계租界와 공공의 조계를 열기도 했다. 당시 조계를 일컬어 거류지居留地라고 부르기도 했다. 일본은 이미 대다수 교통이 편리하고 번화한 지구를 거류지로 선점했다.

1882년 《중국조선상민수륙장정》을 체결한 후에 중국 상인도 조선 개항지에 속속히 진입하며 무역에 종사하기 시작했다. 이에 각 개항지의 일본 상인은 점차 화상華商과 경쟁을 벌여야 했다. 일본 상인은 일본의 영향력과 선점한 지리적 우세를 근거로 유리한 국면을 유지했다. 반면 아직 안정을 찾지 못한 화상은 종종 배척당하기도 했다. 수많은 화상의 요청과 화교의 거주와 무역의 실리 보장을 위해서 조선에 주재하는 청조의 상무위원은 조선 정부와 수차례 절충한 끝에 개항지에 화상을 위한 조계도 열어야 한다고 요청했다. 또한 화상 역시 공공 조계에 들어갈 수 있어야 한다고 주장했다.

1884년 4월 2일 조선에 주재하는 청조의 상무위원 진수당陳樹棠은 조선의 참판인 민영목閔泳穆과 양국을 대표해서 《인천구화상지계장정》을 체결했다. 그 전문을 나열해 소개하면 다음과 같다.

제1조

청국의 거류지 위치는 제물포해관濟物浦海關 서북쪽으로 한다. 만약 이 지구에 거주하는 화상華商이 날로 증가할 경우는 부지를 넓혀 공공의 조계 내에서도 거주와 무역을 할 수 있다.[18]

제2조

청국의 거주지에 준비한 땅을 정지하고 시설을 설치하는 경비는 조선 정부가 일시불로 부담한다. 전체 공사가 완공된 후 쌍방은 토지가격을 상의한다. 해당 지구의 공지公地는 경매 방식으로 중국 상인에게 조차해 전체 토지 정지 비용을 회수한다.[19]

제3조

조선 정부가 고용한 인력과 청국의 상무관련 비용은 각국에서 부담한다.[20]

제4조

거주지의 정지한 후 토지가격은 상·중·하 3등급으로 나누어 경매 방식으로 영구적 방식으로 청나라 상인에게 조차한다. 토지 정지는 최저가격을 기본으로 조선 정부에게 지불하고, 최저가격의 나머지 절반은 예비자금으로 조계지의 수리 비용으로 충당한다.[21]

---

18) "一·淸國居留地之位置為海關西北側。若該地區居住之華商日益增多時，可擴至公共租界內居住和貿易。"

19) "二·淸國居備地平整土地設施之經費，由朝方一次性負擔。整地完成後，雙方合議地價。該地以公地拍賣形式租給流商，以回收整地之經資。"

20) "三·朝方之雇工及淸國之商務官費由各國自負。"

21) "四·平整土地後之地價分上·中·下三等以，拍賣形式永遠租與淸商。平整土地底價之本，付與朝方。底價餘額之一半作為儲備金，充作租界之修理費。"

제5조

공동 토지의 경매는 반드시 계약서를 작성해야 한다. 토지 경매의 경우 반드시 당일에 토지가격의 1/5을 계약금으로 지불하고, 나머지는 10일 이내에 지불한다.[22]

제6조

주택을 건설한 땅의 연구 연간 세금을 3등급으로 정한다. 상등上等은 해변 가까이에 있는 땅으로서 매년 매 평방미터 당 조선의 화폐로 40문文을, 중등中等은 해변에서 좀 멀리 떨어진 땅으로 30문을, 하등下等은 산 가까이에 있는 땅으로서 20문을 각각 세금으로 납부한다. 매년 12월 15일 청의 상무관이 1년 지세를 징수하고, 이듬해 1월 15일에 지세의 1/3을 조선의 감리상무관監理商務官에게 보내고, 나머지 2/3는 앞서 경매한 나머지 땅값과 지대정리 값의 1/4과 함께 모두 예비자금으로 충당한다. 예비비는 조계지 내의 공공시설을 수리하는 비용으로 사용한다. 조계지의 사무를 관리하는 신동회의紳董會는 관례대로 쌍방 상무관에게 상세한 사용 용도와 수량을 보고한 후에 사용한다. 예비비가 부족할 경우 쌍방 상무관은 함께 상의해 땅을 임대한 사람에게 조세를 납부시켜 이를 보충한다.[23]

---

22) "五‧公地拍賣須簽署合同。拍賣土地, 當日須繳納地價之五分之一作為契約金, 其餘額須十日內交納。"

23) "六‧房屋建築地之年稅定為三等。上等地, 靠近海邊地區, 每平方米每年納稅朝鮮銅錢40文。中等地, 距海邊梢遠地區, 每平方米每年納稅朝鮮銅錢30丈。下等地, 靠近山麓地帶, 每平方米每年納稅20文。每年12月15日, 清商務官徵收下年度地稅, 於翌年1月15日推地稅之三分之一送交朝鮮監理商務官, 其餘三分之二與公地拍賣之餘額‧平地底價之四分之一餘額作為儲備金。儲備金作為租界內之公共設施費用。由管理租界事務之紳董會依向雙方商務官靠報之樣細用途數目支付使用。該儲備金不足時, 雙方商

제7조

토지 계약 규정에 따라 계약금을 납부한다. 땅값을 지불한 계약서 소지자는 자유롭게 주택을 건축해 거주할 수 있다. 계약서를 분실했을 경우 다시 추가로 발급할 수 있다.[24]

제8조

예상하지 못한 자연재해로 조계지가 파손되었을 때, 수리비용은 예비비에서 지출한다. 만약 부족할 경우 조선 정부가 부담하고, 쌍방 상무회의에서 책임을 지고 수리한다.[25]

제9조

인천仁川에 주재하는 상무관청은 산 가까이에 있는 하등下等 지역에 건축한다. 해당 토지의 연간세액은 《천진조선상무공서장정天津潮鮮商務公署章程》에 근거해 지불한다.[26]

제10조

청나라 상인의 사망 후 안장하는 묘지는 거주지역에서 10여 리 이내 지역을 선택하고, 조선 정부가 영구히 이곳을 보존한다.[27]

제11조

본 규약을 수정할 때는 쌍방이 협상해서 진행한다.[28]

務官共議, 令租借土地之人交納租稅以補充之。"

24) "七‧依土地契約之規定繳納土地契約金。凡繳納應交租稅之執契約書者, 可任意修建房屋‧居住。契約書遺失時可補發。"

25) "八‧因天災地禍, 租界遭受損壞時.修復費用由儲備金支付。不足時由朝方 負擔。雙方商務會議負責修繕。"

26) "九‧清駐仁川商務官公署在下等地修築。該地之年稅, 依《天津潮鮮商務 公署章程》支付。"

27) "十‧清商死後埋葬之墳地, 選擇在距居留地十數裡之處, 朝方應永久保護。"

《인천구화상지계장정》의 체결로 화교와 화상은 인천 개항지에 거주할 수 있게 되면서 무역 활동이 상당히 편리해졌다. 1891년 원산과 부산에도 화상의 조계지가 추가해 열리면서 더욱 많은 화교가 한국에 들어올 수 있게 되었다.

3 《보호청상규칙保護淸商規則》과 《화상조규華商條規》

1894년 7월 25일에 일본 해군은 조선의 풍도豐島[29]에서 해전을 개시하고 육군 역시 전쟁을 발동시켰다. 이에 청조의 해군과 육군은 큰 손실을 입게 되면서, 결국 청일전쟁으로 확대되고 말았다. 같은 해 9월에 중일 육군은 평양에서 격렬한 전투를 전개했지만, 청군은 재차 패하고 동북으로 퇴각했다. 이후 중일의 육지 전투는 중국의 동북 지역에서 계속되었다. 해전은 요동반도와 산동반도 해상에서 진행되었다. 중일전쟁은 청조의 참패로 끝이 났다.

1895년 4월 17일에 중일은 《시모노세키조약》을 체결했다. 청조는 국토를 상실했을 뿐만 아니라 거대한 전쟁 배상금도 지불해야했다. 특히 무엇보다 중요한 것은 이번 조약으로 조선에 대한 종번宗藩 관계를 종식해야만 했다. 《시모노세키조약》 제1조에 규정하여 이르길

---

28) "十一·本約之修訂, 由雙方協商進行。"
29) 풍도(豐島): 현재 행정구역상 경기도 안산시安山市에 소속한다. 대부도에서 16km가량 떨어져 있으며 부근에 승봉도, 대난지도, 육도열도 등의 크고 작은 열도가 있다. 섬 주변에는 수자원이 풍부하기 때문에 풍도라고 호칭했다. 1894년 청일전쟁 때 이 섬 부근에서 이른바 풍도해전이 발발했고, 청일전쟁의 첫 번째 전투였다. 당시 전투에서 전사한 청나라 해군의 시신을 풍도 주민들이 묘를 만들어 정성껏 묻어주기도 했다.(역자 주)

"청은 조선이 완전무결한 자주 독립국임을 확인하며 무릇 조선의 독립 자주 체제를 훼손하는 일체의 것, 예를 들면 조선이 청에 납부하는 조공과 전례 등은 이 이후에 모두 폐지하는 것으로 한다."[30]라고 명시했다. 이후에 조선은 명목상으로 자주 독립 국가가 되었지만 실제로는 일본의 엄격한 통제를 받았다. 이로써 청조는 조선에 대한 정치적 영향력을 완전히 상실했고, 경제적 영향력도 크게 감소 되었다.

청조와 조선의 종번 관계는 일찍이 중일전쟁 시기에 폐지된 것이나 다름이 없었다. 당시 일본은 조선을 압박해 청조와의 종번관계 폐지를 선포하도록 압박했고, 또한 청조와의 일체의 조약을 폐기하도록 했다.

중일전쟁이 발발한 후에 조선에 주재한 상무기구는 모두 폐지되었다. 상무위원도 귀국했으며 영국주재 영사가 한국 화교에 관한 업무를 대신 담당했다.

한국 화교에 대한 사무 처리와 관련해 조선 정부는 1894년 11월 12일에 《보호청상규칙》을 제정했다. 그 전문을 나열해 소개하면 다음과 같다.[31]

> 조선朝鮮과 청국淸國 두 나라는 현재 평화적인 관계를 끊고, 있던 평화조약도 폐기하였다. 다만 청나라 백성들이 짐朕의 영토에서 편안히 살면서 생업을 영유하는 것은 실로 조선 정부朝鮮政府에서 은혜로운 정치를 베푸는 데서 나온 것이다. 짐은 지금 우리나라 안에 있는 청淸 나라 백성들이 생업을 향유하며 살 수 있도록 하기 위하여 장정章程을 비준하고 반포하여 시행하니 이를 좌측에 나열한다.[32]

---

30) 《馬關條約》: "中國認明朝鮮國確為完全無缺之獨立自主, 故凡有虧損獨立自主體制, 即如該國向中國所修貢獻典禮等, 嗣後全行廢絶。"
31) 商務印書館編譯所編纂, 《國際條約大全》卷9, 商務印書館, 1924年.

제1조

청나라 백성들은 한성漢城 성안과 인천仁川, 부산釜山, 원산元山 세 항구에 국한하여 거주하며 본분에 맞게 사업하는 것을 승인한다.[33]

제2조

청나라 백성들이 앞에서 지정한 지역 안에 거주할 때는 우선 그 사람의 성명, 거주지, 직업 등 사항을 조선 각 해당 지방관에게 보고하여 승인받아야 한다. 청나라 백성들이 거주지를 옮기거나 직업을 변경할 경우는 다시 신청하여 승인받아야 한다. 거주지를 옮길 경우는 거주지 지방관의 보증서를 받아서 3일 안에 새로 거주할 지방관에게 보고하여 등록을 신청해야 한다.[34]

제3조

청나라 백성으로서 조선국에서 생활하거나 화물을 조선국에 실어들이는 경우 평온하고 해가 없게 해야 하고 무기와 군수품, 기타 현재 조선의 치안에 해로운 것은 일체 실어들이거나 팔 수 없다. 이 항의 장정章程을 엄격히 시행하기 위하여 경무청警務廳과 해관청海關廳에서 강력히 단속해 실행 효과가 있도록 한다.[35]

---

32) "《保護淸商規則》: 朝淸兩國現在廢除和約, 所有和約作爲廢棄, 惟淸民在朕之土地得安居樂業者, 洵朝鮮政府惠政之賜也. 朕現為在朕之國內淸民俾得住居樂業, 俯准章程著頒佈開辦所有保護淸民在朝鮮國內居住營業章程, 開列于左 : "

33) "第一條. 淸國人民劃限漢城城內, 泊仁川·穀山·元山三港, 准可居住安分營生."

34) "第二條. 淸民居住前項區劃內須先將該民娃名·居住地名·營何生業等項, 稟報朝鮮各該地方官請領准可要. 又, 淸民轉居更業者, 須更請準可, 如其轉居必要請領居住地方官保結後, 三日內稟報新到地方官稟請錄下."

35) "第三條. 淸民營生於朝鮮國者, 及運貨進入朝鮮國者, 全要安穩無害. 戰仗要需及其他有害於目下朝鮮治平者, 擧不得運入發售. 為嚴辦此項章程

제4조

청나라 백성으로서 현재 조선국에 거주하면서 전항前項의 혜택을 받으려고 하는 사람은 본 장정章程이 시행되는 날로부터 30일 이내에 제2조에 규정에 의해 수속을 밟아야 한다. 이후 경내에 들어오는 청나라 사람은 조선국에 점포를 가지고 있었거나, 혹은 다른 사업이 있어 다시 돌아와서 살려는 자, 현재 조선에서 사업성과가 있는 자의 경우 점포 주인이 보증서를 제출하면 거주를 승인한다. 이 외에는 이 장정이 규정한 혜택을 받을 수 없다. 이미 조선국에 들어오도록 승인받은 청나라 사람들은 육지에 오른 후 이틀 즉 48시간 안에 해당 항구의 지방 관리에게 보고하고 등록해야 한다.[36]

제5조

청나라 사람들이 경성京城과 인천仁川 사이를 오가는 데에는 수로나 육로를 막론하고 편의를 봐 줄 수 있으나, 내륙으로 들어가는 것은 인정하지 않는다. 기업 관계의 화물을 전에 내지에 있을 경우, 조선 정부朝鮮政府에서 참작하여 여행증명서를 발급하고 기업이 화물을 회수하도록 허가한다.[37]

제6조

경내에 있는 청나라 사람이 앞 조항을 위반하고 준수하지 않을 경

應督飭警務海關各廳, 俾擧實施之效。"

36) "第四條. 清民現已居住朝鮮國願沾前項德澤者, 本章程施行限三十日准第二條所定辦法邊辦, 日後到境之清民除業經在朝鮮國內開有鋪面或有他項產業復歸營生, 並且能出現已在朝鮮國有產業之結實鋪東保者准聽再營其生外, 概不準沾得此項章程所定德澤。至清國人民業經允可入境者上岸後, 限二日四十八小時內, 必須稟報該處格方官錄下。"

37) "第五條. 清民來往京城仁川間, 無論水旱兩路, 準聽其便, 惟不准進入內地, 若有產業貨物從前存留內地, 自朝鮮政府酌量發給護照, 將該產業貨物等類准其收回。"

우 조선 정부는 그를 체포해 투옥하고 법에 따라 처분, 혹은 국경 밖으로 추방할 권한이 있다.[38]

제7조

앞선 조항 각 절에는 문제가 없지만 군무아문軍務衙門에서 청나라 사람과 약속한 여러 가지 장정章程이 있다. 해당 장정에 비추어 군무아문의 관리들이 청나라 사람과 문제를 일으켜 조선 치안에 악영향 끼치거나, 혹은 의심스러운 행동을 했을 경우 체포해 조선 정부에 넘겨 명백히 조사 신문시켜 처벌, 혹은 국경 밖으로 추방시킨다. 이는 죄상에 따라 정한다.[39]

제8조

경내에 있는 청나라 사람들은 모두 조선 정부의 관할에 속한다. 청나라 사람들의 범죄는 조선 정부의 판결 처분을 받아야 한다. 청나라 사람들끼리 서로 소송하거나 조선 사람과 청나라 사람이 서로 소송하는 데 대해서도 조선 정부가 재판하고 평결할 권한을 갖는다.[40]

제9조

이 항의 장정은 반포한 날로부터 따라서 시행한다.[41]

---

38) "第六條. 在境淸民敢違前項各條未經遵辦者, 朝鮮政府自有拘致投獄照例處分或逐出境外之權."

39) "第七條. 前項各節無有妨礙軍衙所定約束淸民之各章程, 按照該章程軍務各官弁如有認定淸民滋女事端而害朝鮮國平安, 或有所為可疑者, 隨時拘拿送交朝鮮政府查問明白, 或處罰, 或逐出境外, 罪狀如何是定."

40) "第八條. 凡在境內淸民, 全歸朝鮮政府統轄, 所有淸民犯罪應聽朝鮮政府裁斷處分. 淸民相告或朝民·淸民互相控告, 朝鮮政府亦有聽訟執平之權."

41) "第九條：此項章程自頒佈之日遵照開辦."

《보호청상규칙》은 1882년의 《중조상민수륙무역장정》와 비교하면 조선 화교의 권익 조항에 많은 변화가 발생했다. 첫째, "경내에 있는 청나라 사람들은 모두 조선 정부의 관할에 속한다."라고 하며 원래 조선에 주재하는 청조 상무위원이 관할하는 권리를 취소했다. 둘째, "청나라 사람들의 범죄는 조선 정부의 판결 처분을 받아야 한다. 청나라 사람들끼리 서로 소송하거나 조선 사람과 청나라 사람이 서로 소송하는 데 대해서도 조선 정부에서 역시 재판하고 평결할 권한을 가진다."라는 규정처럼 원래 청조 상무관과 회동 후 법에 따라 판결하던 것을 조선 정부 일방만이 심리하고 판결하도록 했다. 셋째, 조선에 거주하며 무역 활동에 종사하는 화교에 대해서 새로운 규칙과 제한을 추가적으로 제정했다는 사실이다.

《시모노세키조약》 체결 이후에 청조와 조선은 평등한 독립 국가로 교류하며 외교관계를 수립했다. 청조는 당소의唐紹儀를 조선에 파견해 상무위원으로 주재하도록 했다. 이후 조선의 화교와 화상 사무는 조선에 주재하는 청조의 상무위원이 관리했다.

1896년 8월에 조선에 주재하는 상무위원인 당소의가 제정한 《화상조규華商條規》의 내용이다. 이를 나열해 소개하면 다음과 같다.[42]

첫째, 화상華商이 한국에 와서 경영하는 일이 아주 쉬운 일이 아니다. 크고 작은 사업을 막론하고 근본을 우선시하고, 이윤을 다음으로 여기는 것이 마땅하다. 외상 장부는 한 장이 빌미가 되어 더욱 많이 쌓이는 것이다. 근래 외상거래로 인해 소송하는 자가 있으니 심히 이해할 수가 없다. 게다가 인정人情이 간교하고 사기 수법은

---

42) 《淸季中日韓外交史料》, 4906쪽.

날로 새로워지니 한번 도주하면 더 이상 추궁할 길이 없다. 큰 이익을 노리려다가 근본을 잃어버리고 후회한 들 무슨 소용이 있겠는가. 여러 상인 등은 신중을 기하여 경영하고, 더 이상 외상 거래하지 말라. 만약 조사로 밝혀져도 고소하지 않고 상대하지 않는 경우 (소송 대신) 물건값에 따라 3차례 협의하는 것이 마땅하다. 처벌의 절반을 참작해주면 해당 방회관幇會館이 경비를 접수한다.[43]

둘째, 이후 화상이 인천에 오면 반드시 먼저 해당 방幇에 등록해 보증받고 허가증을 신청한다. 만약 보증인 없으면 바로 구류해서 중국으로 돌려보낸다.[44]

셋째, 여행증명서를 갖고서 외지로 토산물을 구입하는 자는 반드시 한두 곳 상점에서 수령증을 작성해 (물품을) 수령 한다. 그렇지 않으면 (허가증을) 발급하지 않는다. 6개월에 한해서 신청서는 이전 형식을 따른다. 위반자는 처벌하고 보증인도 철저히 책임을 추궁한다.[45]

넷째, 한국에 있는 모든 중국인은 모두 허가증을 제출해 조사의 편리를 도모한다. 아직도 허가증을 신청하지 않은 자는 반드시

---

43) 《華商條規》: "一·凡華商來韓經營, 殊屬不易, 無論大小生意, 均宜以顧本為先, 而獲利次之. 賒帳一層, 原多滯礙. 近有因賒欠而每致滋訟者, 甚不可解. 況人情狡詐, 騙局翻新, 一遭逃遁, 無從追問. 是欲圖重利, 而反迭巨本, 悔將何及. 願諸商等, 謹慎生涯, 勿得再行賒帳, 倘經查出, 不惟控告不理, 猶須按貨價三幇公議, 酌罪一半, 提歸該幇會館經費之用."

44) "二·嗣後遇有華商由內地來仁川者, 須先由該管之幇報名具保, 按請執照, 如無保人, 即行提押, 解回內地."

45) "三·其有請領護照往外道採辦土貨者, 須由一·二大商號具領請領. 否則不准發給. 限以六個月仍將舊照呈繳. 違者議罰, 並根究保人."

등록해 추가로 발급받아야 한다. 아직도 숨어 허가증이 없는 자는 조사해 색출하고, 타인이 신고하면 규정 위반을 물어 즉시 엄중히 처벌해, 본국으로 압송해 추방하고 다시는 오지 못하도록 한다.[46]

《화상조규》는 조선에서 거주하면 무역에 종사하는 화교가 반드시 준수해야 할 규정을 명시한 것이다. 동시에 화교 점포는 외상거래를 금지시키고, 한국인과의 충돌을 줄이고, 화상의 경제적 손실을 막고자 했던 한국 화교를 보호하는 역할을 했다.

4 《중한통상조약中韓通商條約》

중일전쟁이 끝난 후에 중국과 한국 두 국가는 평등한 관계를 유지했다. 1899년 9월 11일[47])에 청조와 조선은 《중한통상조약》을 체결했다. 전문 15개 조항을 나열하면 다음과 같다.

대한국大韓國과 대청국大淸國은 우호를 돈독히 하고 피차 인민을 돌보려고 절실히 원한다. 이러므로 대한국 대황제의 특파 전권대신 종2품 의정부찬정 외부대신全權大臣從二品議政府贊政外部大臣 박제순朴齊純과 대청국 대황제의 특파 전권대신 2품함 태

---

46) "四·凡在韓無論何等華人, 均須一律請照, 以便稽核。如尚有未經請領執照者, 須報名補領。倘避匿不領, 一經查出, 或由他人告發, 即以違例論, 從嚴懲辦, 押解內渡, 毋許復來。"
47) 음력으로 8월 7일에 해당한다.

복시경全權大臣二品銜太僕寺卿 서수붕徐壽朋은 각각 받들고 온 전권 위임의 증빙 문건을 상호 교열較閱하니 모두 타당하므로 통상 약관을 다음과 같이 맺는다. 체결한 통상조항을 좌측에 나열한다.[48]

제1관
앞으로 대한국과 대청국은 영원히 우호를 다지며 양국 상인과 인민이 피차 교거僑居하는 경우에는 모두 온전한 보호와 우대의 이익을 얻는다. 다른 나라가 공평치 못하고 경멸을 당하는 일이 있을 경우에 통지하면 모두 서로 도와야 하며 중간에서 잘 조처하여 돈독한 우의를 보인다.[49]

제2관
이번에 통상 우호 조약을 맺은 뒤로부터 양국은 서로 병권 대신秉權大臣을 파견하여 피차 수도에 주재시키고, 아울러 통상 항구에 영사 등의 관원을 설립하는 데 (쌍방은) 모두 편의를 제공할 수 있다. 이러한 관원이 본 지방 관원과 교섭 왕래할 때는 모두 품급에 상당하는 예로 대한다. 양국의 병권 대신과 영사 등 관원은 각종 특전을 향유하며 피차 서로 최혜국 관원과 다름이 없이 대우한다. 영사관領事官은 주재국의 비준 문빙文憑을 가지고 와야만 일을 볼 수 있다. 영사관 인원의 왕래 및 특별 문서 송달 등의 일은

---

48) 《中韓通商條約》: "大淸國·大韓國切欲敦崇和好惠顧彼此人民, 是以大淸國大皇帝特派全權大臣二品銜太僕寺卿徐壽明, 大韓國大皇帝特派全權大臣從二品議政府贊政外部大臣朴齊純, 各將所奉全權字據互相校閱俱屬妥善, 訂立通商條款臚列于左。"

49) "第一款. 嗣後大淸國·大韓國永遠和好, 兩國商民人等於此僑居皆全獲保護, 優待利益。若他國遇有不公桎蔑之事, 一經照知, 均須相助。從中善為調處, 以示友誼關切。"

모두 트집을 잡아 지체시킬 수 없다. 다만 파견하는 영사 등 관원은 정식 관원이어야 하며 상인에게 겸임시킬 수 없고 무역을 겸할수도 없다. 각 항구에 아직 영사관을 두지 못하며, 혹 다른 나라영사에게 대신 겸하게 하는 경우도 상인에게 겸임시킬 수 없다. 양국이 파견한 영사관이 일의 처리를 잘못하는 경우는 수도에 주재하는 공사公使에게 통지하여 소환해 교체시킬 수 있다.[50]

제3관

한국의 상인과 그 상선商船이 중국의 통상 항구에 가서 무역할 때는 납부해야 할 입출항 화물세와 선세 및 일체의 각종 수수료를 모두 중국의 해관 장정海關章程에 의하여 최혜국 상인에게 징수하는 세금과 같게 한다. 중국의 상인과 그 상선이 한국의 통상 항구가 무역할 때 납부 해야 하는 입출항 화물세와 선세 및 일체 각종수수료를 역시 모두 한국의 해관 장정에 의하여 최혜국 상인에게징수하는 세금과 같게 한다. 양국이 이미 개항한 항구는 모두 피차 상인이 가서 무역할 수 있으며 그 일체의 장정과 세칙은 모두최혜국과 맺은 장정과 세칙에 의하여 같게 한다.[51]

---

50) "第二款. 自此次訂立通商和好之約後, 兩國可交派秉權.大臣駐劄彼此都城, 並於通商口岸設立領事等官, 均可聽便. 此等官員與本地方官交涉往來俱用品級相當之禮. 兩國秉權大臣與領事等官享獲種種懇施, 與彼此相待最優之國官員無異. 領事官必須奉到駐劄之國批准文憑, 方可視事. 使署人員往來及專差送文等事, 均不得留難阻滯. 惟所派領事等官必須真正官員, 不得以商人兼充, 亦不得兼作貿易, 倘各口岸未設領事官, 或請別國領事兼代, 亦不得以商人兼充. 若兩國所灘領事官辦事不合, 可照知駐京公使, 撤回更換."

51) "第三款. 韓國商民並其商船前往中國通商口岸貿易, 凡應完進出口貨稅船鈔並一切各費, 悉照中國海關章程與徵收相待最優之國商民稅鈔相同. 中國商民並其商船前往葬國通商口岸貿易, 應完進出口貨稅船鈔並一切各費, 亦悉照韓國海關章程與徵收相待最優之國商民稅鈔相同. 凡兩國已開口岸, 均准彼此商民前往貿易. 其一切章程稅則悉照相待最優之風訂定章

제4관

1. 한국의 상인이 중국의 통상 항구에 가서 지정된 조계租界 내에서 집을 임대하여 거주하거나 혹은 땅을 조차租借하여 창고를 지을 경우는 편의에 따라 하도록 하며, 모든 토산물 및 제조물과 금지되지 않은 화물의 판매를 허가해야 한다. 중국의 상인이 한국의 통상 항구에 가서 지정된 조계 내에서 집을 임대하여 거주하거나 혹은 땅을 조차하여 창고를 지을 경우는 편의에 따라 하도록 하며 모든 토산물 및 제조물과 금지되지 않은 화물의 판매를 허가해야 한다.[52]

2. 양국 통상 항구의 각 외국 공동 조계 외에 어느 외국 전담하는 조계가 있을 경우는 땅을 조차하거나 집을 임대하는 등의 일은 당해 조계 장정에 따라야 하며 위반할 수 없다.[53]

3. 한국 통상 항구로 지정된 조계 밖 외국인에게 영구 임대, 혹은 일시 임대와 가옥의 임대와 구입이 허가된 곳에서는 중국 상인도 일체의 이익을 획득할 권리가 있다. 다만 이런 지역을 조차하여 사는 사람은 거주, 납세의 각 일에 대하여 한국의 지방세 부과 장정을 준수해야 한다.[54]

程稅則相同。"

52) "第四款.一，韓國商民前往中國通商口岸，在所定租界內賃房居住或租地起蓋棧房，任其自便。所有土產以及製造之物與不達禁之貨，均許售賣。中國商民前往韓國通商口岸，在所定租界內賃房居住或租地起蓋棧房，任其自便。所有土產以及製造之物與不違禁之貨，均許售賣。在彼此通商口岸租地蓋房修建墳塋及交完地租地稅等事，均應遵守該租界章程及紳董公司章程辦理，不得超越。"

53) "二，兩國通商口岸除各外國公同租界外，如有一外國專管之租界，則租地賃房等事一遵該租界章程，不得她越。"

54) "三，在韓國通商口岸所定租界外，准外國人永租或曆租地段賃購房屋之處，中國商民亦應享獲一切利益。惟租住此項地段之人，於居住納稅各事，應行一律遵守韓國自定地方稅課章程。在中國通商口岸所定租界外，准外國

4. 양국 상인은 양국 항구의 통상 한계 밖에서 땅을 조차하거나 집을 임대하거나 창고를 열 수 없다. 위반하는 자는 그 땅과 집 및 창고를 몰수하고 원가를 따져 배로 벌금을 물린다.[55]

5. 각 항구에서 땅을 조차할 때 모두 강압적으로 조차할 수 없다. 그 조차한 땅은 이어 각 본국의 범위에 귀속한다.[56]

6. 양국의 상인은 화물이 소재한 나라 안에서 이 통상 항구로부터 저 통상 항구로 수송 운반하는 경우는 최혜국 인민이 납부하는 세액 및 장정과 금지 규례를 준수해야 한다.[57]

제5관

1. 재한국 중국 인민이 범법한 일이 있을 경우는 중국 영사관이 중국의 법률에 따라 심판 처리하며, 재중국 한국 인민이 범법한 일이 있을 때는 한국 영사관이 한국의 법률에 따라 심판 처리한다. 재중국 한국 인민이 생명과 재산이 중국 인민에 의해 손상당했을 때는 중국 관청에서 중국 법률에 따라 심판 처리하며, 재한국 중국 인민의 생명 재산이 한국 사람에 의해 손상당했을 때는 한국 관청에서 한국 법률에 따라 심판 처리한다. 양국 인민이 소송에 관련되었을 때 당해 안건은 피고 소속국 관원이 본국의 법률에 따라 심사 판결해야 한다. 원고 소속국에서는 관원을 파견하여 심리를 들을 수 있으며 승심관承審官은 예로 대해야 한다. 청심관聽審官이 증인을 소환하여 심문할 때는 역시 그 편의를 들어 주어

人永租或暫租池段賃購房屋之處, 韓國商民亦應享獲一切利益。惟租住此項地段之人, 於居住納稅各事, 應行遵守中國自定地方稅課章程。"

55) "四, 兩國商民在兩國口岸通商界限外, 不得租地賃房開棧。違者將地段房棧入官, 按原價加倍施罰。"

56) "五, 凡在各口岸租地時均不得稍有勒逼, 其出租之地, 仍歸各本國版圖。"

57) "六, 兩國商民由貨物所在之國內此通商口岸輸運彼通商口岸, 一遵相待最優之國民人所納之稅鈔及章曜禁例。"

야 한다. 승심리의 판결이 공정치 못하다고 여길 때는 상세히 반박 변론을 하도록 한다.[58]

2. 양국 인민에 혹 본국의 금지된 법을 범하고 사사로이 다른 나라 상인의 창고 및 배로 도망친 자가 있을 때 지방관은 한편으로 영사관에게 통지하고 다른 한편으로는 관리를 파견하여 협동으로 대책을 세워 체포하여 본국의 관청에서 처벌하도록 맡기고 숨기거나 비호할 수 없다.[59]

3. 양국 인민에 혹은 본국의 금지된 법률을 범하고 사사로이 다른 나라 지방으로 도망쳐 간 자가 있을 때 이 나라 관원이 통지하는 경우 즉시 조사하여 밝혀내어 본국으로 압송해 처벌하도록 하며 숨기거나 비호 할 수 없다.[60]

4. 이후 양국 정부에서 법률 및 심리 방법을 정돈하고 고쳐 현재 수용하기 힘든 점을 모두 개선했다고 인정될 때는 즉시 양국 관원이 다른 나라에서 자기 나라 인민을 심리하는 권리를 철회할 수 있다.[61]

58) "第五款. 一, 中國民人在韓國者如有把法之事, 中國領事官按照中國律例審辦。韓國民人在中國者, 如有犯法之事, 韓國領事官按眼韓國律例審辦。韓國民人性命財產在中國者被中國民人損傷, 中國官按照中國律例審辦.中國民人性命財產在韓國者被韓國民人損傷, 韓國官按照韓國律例審辦。兩國民人如有涉訟,該案應由被告所屬之國官員按照本國律例審辦, 原告所屬之國可以派員聽審, 承審官當以禮待。聽審官知欲傳詢證見, 亦聽其便。如以承審官恕斷為不公, 猶許詳細駁辯。"

59) "二, 兩國民人或有犯本國律禁, 私逃在彼國商民行棧及船上者, 由地方官一面知照領事官, 一面派萎協同設法拘拏, 聽憑本國官懲辦, 不得隱匿祖庇。"

60) "三, 兩國民人或有犯本國律禁, 私逃在彼國地方者, 一經此國官員知照, 應即查明交出, 押歸本國懲辦, 不得隱匿祖庇。"

61) "四, 日後兩國政府整頓改變律例及審案辦法, 視以為現在.難服之處俱已革除, 即可將兩國官員在彼國皆理己國氏人之權收回。"

제6관

중국은 전부터 미곡米穀을 해외로 수출하는 것을 허가하지 않았다. 한국에서는 이를 금지한 일이 없으나, 혹 어떤 일로 인하여 경내의 식량 부족이 염려되어 잠시 미량米糧의 수출을 금지할 경우 지방관이 통지한 뒤에는 중국 관청에서 각 항구에 있는 무역 상인에게 모두 준수하도록 전칙轉飭해야 한다.[62]

제7관

양국 상인이 물품을 속여 팔거나 빚을 상환하지 않는 등의 일이 있을 때는 양국 관리가 그 체납한 상인을 엄히 잡아서 빚을 상환하게 한다. 다만 양국 정부에서 대신 상환할 수 없다.[63]

제8관

중국 인민이 여권을 수령하고 한국의 내지에 가서 유람하고 통상하는 것을 허가한다. 다만 점포를 차려 매매하는 것은 허락하지 않는다. 위반하는 자에 대해서는 모든 화물을 몰수하고 원가를 따져 배로 벌금을 물린다. 한국의 인민 역시 여권을 수령하고 중국의 내지에 가 유람하고 통상하는 것을 허가하되 최혜국 인민의 유람 장정에 의하여 똑같이 처리한다.[64]

---

62) "第六款. 中國向不準將米谷運出外洋, 轉國雖無此禁, 如或因事恐孜境內缺食, 暫禁米糧出口, 經地方官照知後, 自應由中國官轉飭在各口貿易商民一次遵辦。"

63) "第七款. 個有兩國商民欺罔術賣貸借不償等事, 兩國官民嚴拏該逋商民, 令追辦債欠, 但兩國政府不能代償。"

64) "第八款, 中國民人准領護照前往韓國內地遊歷通商, 但不准坐肆賣買, 連者將所有貨物入官, 按原價加倍施罰。韓國民人亦准請領執照前往中國內地遊歷通商, 照相待最優之國民人遊歷章程一律辦理。"

제9관

1. 무릇 병기兵器와 각종 군물軍物 즉 크고 작은 포礮 및 포탄礮彈, 작렬포탄, 각종 총, 총에 장전하는 약통, 대검, 허리에 차는 요도腰刀 등과 총에 재워 넣는 염초 화약, 면綿 화약, 열烈 화약 및 기타 폭발하는 각종 화약 등은 양국 관원을 거쳐 마음대로 구입할 수 있다. 혹은 상인이 입항하는 나라의 관원이 승인한 판매 증명서를 소유한 경우는 입항을 허가한다. 사사로이 판매하기 위하여 운반하는 자가 있을 때는 조사 체포하고 몰수하며 원가를 따져 배로 벌금을 물린다.[65]

2. 아편鴉片은 한국에서 운반을 금하는 물건에 속한다. 중국인이 수입 아편이나 토종 아편을 한국 지방에 들여오는 자가 있을 때는 조사 체포하고 몰수하며 원가를 따져 배로 벌금을 물린다.[66]

3. 홍삼紅蔘은 유일하게 한국이 예로부터 수출을 금지했다. 중국인이 정부의 특별 승인을 받지 않고 잠매潛買하거나 수출하는 자가 있을 때는 모두 조사 체포하고 몰수하며 분별하여 처벌한다.[67]

제10관

양국의 선척이 피차 부근 바다에서 풍랑을 만나거나 혹은 식량과 석탄, 물이 떨어진 경우는 항구 안으로 들어가 바람을 피하고 식량을 구입하며 선척을 수리하는 것을 허가해야 한다. 모든 경비는

---

65) "第九款. 一, 凡兵器各項軍物如大小炮位及炮子·開花彈子·各種火槍·裝槍藥筒·附槍刀刺·佩帶腰刀等, 棌槍·硝火藥·棉火藥·烈火藥及其他轟烈各藥等, 應由兩國官員自行笨辦, 或商人領有進口之國官員准買明文, 才許進口。如有私販運售者, 查拏入官, 按原價加倍施罰。"

66) "二, 鴉片在卻國系禁運之物, 中國人如有將洋藥·土藥運進韓國地方者, 查拏入官, 按原價加倍施罰。"

67) "三, 紅蔘一項韓國舊禁出口, 中國人如有潛買及出口未經政府特允者, 均查拏入官, 按原價加倍施罰。"

모두 선주가 부담하되 그 지방의 관민은 원조하여 필요한 물자를 제공해야 한다. 당해 배가 통상하지 않는 항구 및 왕래가 금지된 곳에서 사사로이 무역하는 경우는 이유를 막론하고 지방 관청 및 부근의 해관 관원이 선척을 나포하고 화물을 몰수한다. 법을 위반한 사람에게는 원가를 따져 배로 벌금을 물린다. 양국의 선척이 피차 해안에서 파괴되었을 때는 지방 관청에서 그 소식을 즉시 수부水夫를 데리고 가서 우선 구호하고 양식을 제공한다. 한편으로 대책을 마련하여 선척과 화물을 보호하고 아울러 영사관에 통지하여 수부를 본국에 돌려보낸다. 아울러 배와 화물을 건져낸 일체의 비용은 선주나 혹은 본국에서 변제한다.[68)

제11관
무릇 양국의 관원과 상인이 피차의 통상 지역에 거주하는 경우 모두 각자 사람들을 고용하여 직분 내의 공예工藝를 돕게 할 수 있다.[69)

제12관
양국의 육로陸路가 교차하는 곳에서 변방 백성은 종래부터 교역을 해왔다. 이번에 조약을 맺은 뒤에 다시 육로 통상 장정과 세칙을 정하였다. 변방 백성으로서 이미 국경을 넘어 농사를 짓는 자

---

68) "第十款. 兩國船隻在彼此海面如遇颶風或缺糧食·煤·水, 應許其收進口內避風購糧, 修理船隻。所有經費均由船主自備, 地官民應加援助, 供其所需。如該船在不通商口岸及禁往處所私行貿易,不論已未成行,由地方官及附近海關官員拿獲, 船只貨物入官, 違犯之人按原價加倍施罰。如兩國船隻在彼此海岸破壞, 地方官一經聞知, 即應飭令特水手先行救護, 供其糧食, 一面設法保護船隻貨物, 並行知照領事官, 俾將水手送回本國, 並將船貨撈起, 一切費用或由船主或由本國官認還。"

69) "第十一款. 凡兩國官員商民在彼此通商地方居住, 均可雇請各色人等襄執分內工藝。"

는 자기 직업에 안주하게 하고 생명과 재산을 보호해 주되 이후 몰래 변계를 넘어가는 자가 있을 때는 피차 모두 금지시켜 사단을 일으키는 일을 방지해야 한다. 시장市場을 어느 곳에 여는가 하는 문제는 장정을 협의할 때는 회동하여 상의해 결정한다.[70]

제13관
양국의 군함은 통상 모든 항구를 막론하고 피차 들어갈 수 있으나 선상에 사사로이 화물을 싣는 것은 허용하지 않는다. 다만 선상의 각종 식용품을 구매하는 경우는 모두 면세하도록 한다. 그 선상의 수부 등은 수시로 상륙하는 것을 허가한다. 다만 여권의 교부를 신청하지 않았을 경우는 내지에 들어가는 것을 허가하지 않는다. 일로 인하여 선상의 소용 잡물을 되파는 경우는 사는 사람이 납부해야 할 세금을 보충해 내야 한다.[71]

제14관
이번에 체결한 조약은 양국의 어필御筆 비준을 기다려 늦어도 1년을 기한으로 하여 한국의 수도에서 상호 교환한다. 후에 이 조약의 각 항목을 피차 본국의 관원과 상인에게 통고하여 널리 알리고 준수하게 한다.[72]

---

70) "第十二款. 兩國陸路交界處所邊民向來至市, 此次應於定約後重訂陸路通商章程稅則。邊民已經越墾者聽-其安業, 俾保性命財産, 以後如有潛越邊界者, 彼此均應禁止, 以免滋生事端, 至開市應在何處, 俟議章時會同商定。"

71) "第十三款. 兩國師船無論是否通商口岸, 彼此均許駛一往。船上不准私帶貨物, 惟有時買取船上食用各物, 均準免稅。其船上水手人等准聽隨時登岸, 但非請領護照不准前往內地。如有因事將船上薦具物料轉售, 則由買客將應完稅項補交。"

72) "第十四款. 此次所立條約俟兩國御筆批准, 至遲以一隼爲期, 在群國都城互換, 然後將此約各款彼此通諭本國官商, 俾得成知遵守。"

제15관

한중 양국은 본래 같은 글을 써 왔다. 이번에 체결한 조약 및 일후 공독公牘의 왕래에는 모두 중국 글을 사용하여 간이簡易를 도모한다.[73]

광무 3년 9월11일
대한제국大韓帝國정 명의약전권대신精命議約全權大臣 종이품의정 부찬정외부從二品議政府贊政外部

　　　　　　　　　　　　대신大臣 박제순朴齊純

광무 3년 9월 11일
대한제국大韓帝國정 명의약전권대신精命議約全權大臣 이품함태복 사경二品銜太僕寺卿

　　　　　　　　　　　　　서수붕徐壽朋[74]

《중한통상조약》이 체결은 중요한 의미를 갖는다. 특히 한국에 거주하는 화교의 권익을 보호하는 데 중요한 역할을 했다. 본 조약의 핵심 사항을 정리하면 다음과 같다.

---

73) "第十五款. 中韓兩國本屬同文, 此次立約及日後公牘往來, 自應均用華文, 以歸簡易。"

74) 光武三年九月十一日
　　大韓帝國精命議約全權大臣從二品議政府贊政外部
　　　　　　　　大臣　　朴齊純
　　光緒二十五年八月初七日
　　大淸帝國欽差議約全權大臣二品銜太僕寺卿
　　　　　　　　徐壽朋

(1) 조약은 충분히 양국의 평등한 우호 협력의 통상원칙을 실현했고, 양국의 우호적인 관계를 발전시키고 공고히 하는 촉진제 역할을 했다.

(2) 조약은 양국이 상호 전권대사 및 영사관을 파견하도록 규정해 정상적인 외교관계를 수립할 수 있는 여건을 만들었다.

(3) 양국은 영사관 건립으로 양국 교민의 권익이 제때 자국 정부로부터 보장받을 수 있게 되었다.

(4) 조약은 양국이 상대 개항지 내에서 조계를 열 수 있도록 규정함으로 양국 교민의 주거와 무역에 대한 편의를 보증하는 법적 근거를 만들었다.

(5) 양국 상인이 상대국에서 무역하며 최혜국最惠國을 대우를 누릴 수 있도록 했다.

(6) 양국 상인이 상대국 내에서 법을 어길 경우 자국 영사가 본국 법률에 따라 심사하도록 규정했다. 양국 상인이 소송을 벌이면 이 사건은 피고가 소속의 나라의 법률에 따라 심사하고, 원고가 소속된 나라 사람은 관리를 파견하여 재판받을 수 있다.

이상과 같이 이번 조약은 조선 화교의 권익을 보호하고 청과의 종번宗藩 관계가 폐지된 이후 조선 화교의 불리한 지위를 개선하는 데 중요한 역할을 했다.

5 《인천·부산·원산과 중국의 조계장정仁川·釜山·元山中國租界章程》

청일전쟁이 끝난 후에 일본은 전후 처리 상황에서 충분한 이득을 취하지 못했다고 판단했다. 이에 조선과 중국 동북 지역의 침략 및 제정 러시아의 이권 획득을 위해서 치열한 쟁탈전을 벌였다. 1904년 러시아와 일본은 전쟁을 벌였고, 러시아의 패배로 막을 내렸다. 1903년 9월 일본은 러시아와 《포츠머스 조약》을 체결했다. 조약에서 일본은 러시아를 대신해서 동북 지역의 많은 이권을 획득했고, 동시에 조선에 대한 일본의 특권을 공고히 했다. 그리하여 "러시아 정부는 일본이 독점하는 한국에 대한 정치, 군사, 경제상의 절대적 이익을 승인했다. 조선에 대한 지도, 보호, 감시 등 일본 정부가 필요하다고 판단하면 언제든지 관철할 수 있게 되었고, 러시아는 더 이상 이에 간섭하지 못했다."[75]는 국면이 전개되었다. 이 조약을 통해서 일본은 조선에서 러시아의 세력을 완전히 축출하고 조선을 독점할 수 있었다.

계속해서 일제는 조선 정부를 압박해서 1905년 11월 17일에 《을사조약乙巳條約》을 체결했다. 해당 조약의 핵심을 열거하면 아래와 같다.

제1조
일본국 정부는 동경東京에 있는 외무성外務省을 통하여 금후 한국의 외국과의 관계 및 사무를 감독 지휘할 수 있고 일본국의 외교 대표자와 영사領事는 외국에 있는 한국의 신민 및 이익을 보호할 수 있다.

제2조
일본국 정부는 한국과 타국 사이에 현존하는 조약의 실행을 완전히 하는 책임을 지며 한국 정부는 이후부터 일본국 정부의 중개를

---

75) 王藝生, 《六十年來中國與日本》卷4, 337쪽.

거치지 않고 국제적 성질을 가진 어떠한 조약이나 약속하지 않을 것을 기약한다.

제3조
일본국 정부는 그 대표자로서 한국 황제 폐하의 궐하闕下에 1명의 통감統監을 두되 통감은 오로지 외교에 관한 사항을 관리하기 위하여 경성京城에 주재하면서 직접 한국 황제 폐하를 궁중에 알현하는 권리를 가진다.

1906년 2월 1일에 일제는 조선의 경성에 조선통감부鮮統監府를 설치하고, 이등박문伊藤博文을 통감으로 임명했다.

이후 조선은 일본의 보호국으로 전락했고 외교·군사·내정 등 모든 권리가 일본 통감의 손에서 결정되었다. 조선은 독립 국가의 자주적 외교권을 상실했고, 각국의 조선과의 외교관계는 영사급으로 격하되었다. 당시 청조는 서울에 총영사관을 설치하고 마정량馬廷亮을 총영사로 임명했다.

일제는 조선에 통감부를 세운 후에 조선에 대해 정치적 탄압과 경제적 수탈을 가중시켰다. 동시에 적극적으로 중국 동북 지역에 대한 침략을 도모하기 시작했다. 그 가운데 한국 화교의 정치 압박과 경제적인 배제 조치 역시 암암리에 진행했다.

1906년 2월에 일제는 조선에 통감부를 설치한 후 조선의 외교권을 박탈하고 조선이 대표로 체결한 이전의 관련 협정도 모두 폐기시켰다. 그리고 조선 개항지에 대한 중국의 조계 장정章程 역시 그중에 하나였다.

1910년 3월 11일 조선통독부의 외무부 외사국장인 고마쯔 미도리

小松綠와 청조 조선통독부 영사 마정량馬廷亮은《인천·부산·원산과 중국조계장정仁川釜山元山中國租界章程》을 체결했다. 해당 조항은 모두 14개이고 전문은 다음과 같다.

제1조
한국의 인천, 부산 및 원산은 청나라의 조계租界로 경계를 두고, 토지의 수량과 등급을 측정하고 모두 별도의 그림에 표시한다. 향후 조계가 붐비면 다시 협정을 맺은 후에 입지를 확장하고 청조의 국민이 거주하도록 하고, 청조 국민이면 마음대로 조계지 안에서 거주하고 무역을 할 수 있다.[76]

제2조
조계지 내의 부지는 경매와 같은 방법에 따라 영구히 청국 국민에게 임대한다. 그러나 본 규약을 실행하기 이전에 청국 인민은 이미 정당한 방법에 따라 부지를 얻은 자의 경우 본 규정에 따라 영구히 임대한다.[77]

제3조
조계지 부지는 규정에 따라 개설한 곳에는 지세地稅를 징수한다. 1등급 지역은 2평방미터마다 매년 1전錢 6리厘, 2등급 지역은 2평방미터마다 매년 1전 2리, 3등급 지역은 2평방미터 마다 년 8리를 징수한다. 2평 미터가 되지 않을 경우는 2평방미터로 계산한다.[78]

---

76) 第一條 在韓國仁川、釜山及元山淸國租界位置界限, 測定數目及地段等級, 均於另圖表示。日後租界擁擠再行協定後, 將位址擴充, 俾淸國人民居住, 淸國人民亦可任便到各國租界內居住貿易。

77) 第二條 租界內之地段, 擬照拍租方法永遠租與淸國人民, 但在本章程未實行以前, 淸國人民已按照正當辦法得有地段者, 作為照本章程業經永遠租與。

제4조

토지 임대인은 매년 양력 12월 15일 이내에 이듬해의 1년분의 지세를 완납하여야 한다. 무릇 공개입찰 방법으로 새로 토지를 임대 다음 날부터 시작하여 12월 31일까지의 지세는 경매일로부터 10일 이내에 완납하여야 한다. 앞의 제2조의 지세는 청국의 영사관이 징수하고, 전체 1/3을 완납 기한 후 한 달 이내에 이사관理事官에게 송부하고, 2/3는 조계지의 경비 충당하도록 남겨 두었다.[79]

제5조

조계인은 앞의 제1조와 제2조가 규정한 기간에 따라 1개월 이내에 여전히 지세를 납부하지 않으면 제1항은 이듬해 1월1일부터 계산하고, 제2항은 경매를 통해 획득한 다음 날부터 계산한다. 연이율은 12%로 징수하고, 앞의 제1조와 제2조 항목에 따라 징수를 하고 다시 1년이 지나도 세금과 이자를 완납하지 못한 자는 이사관理事官과 청국 영사관이 협의해 해당 토지를 공개 입찰해서 다른 자에게 임대한다.[80]
앞선 조항에 따라 경매 임대할 때는 가장 높은 가격을 제시한 자

---

78) 第三條 租界地段照後開之玻抽收地稅, 一等地, 每方二邁當, 每年金一錢六厘; 二等地, 每方二邁當, 每年金一錢二厘; 三等地, 每方二邁當, 每年金八厘。未滿方二邁當, 亦應作為方二邁當算。

79) 第四條 租地人應每年陽曆十二月十五日內, 將次年全年分地稅完納。凡照拍租之法新承租地段者, 由拍得次日起, 至是年十二月三十一日止之地稅, 應自拍得之日起十日以內完納。前二項地稅由清國領事官收領, 將全數三分之一, 於完納期限後一個月內, 送付理事官, 留存三分之二充作租界應用經費。

80) 第五條 租界人於前條第一、第二兩項期限後一個月內仍不完納地稅, 第一項從次年一月一日起算, 第二項從拍得次日起算, 按年息每百收十二之率, 徵收如在前條第一、第二兩項期陽後, 再逾一年尚不完納地稅及利息者, 當由理事官與清國領事官協議將該地公拍另租。

가 만약 2인 이상이 같을 경우 이들만 별도로 경매한다. 무릇 경
매인이 그날 지세의 1/5을 완납해 계약금으로 하고, 나머지는 경
매일로부터 10일 이내 완납한다. 만약 기간을 넘겼는데 지가를 완
납하지 못하면 계약금을 몰수하고, 국유화하고 없었던 일로 하고
별도로 임대지를 경매해 처리한다. 경매로 획득한 임대료는 순서
에 따라 경매비용을 지불하는 날까지 세금과 이자 및 공과금을 지
불한다. 만약 잔여금이 남는다면 마땅히 해당 금액은 원래 임대했
던 땅 주인에게 돌려준다.[81]

제6조
조계지 내부는 이사관理事官이 별도의 형식에 근거해 토지매매 계
약서를 발급한다.[82]

제7조
발급한 토지 계약서나 증명서를 발급함에 다음과 같은 사항을 준
수해야 한다.[83]
납부 : 비용을 납부하며 각 건수마다 비용은 1원으로 한다.
인증비 : 각 건마다 비용은 50원으로 한다.

---

81) 前項拍租之時, 以投票出價最高者拍得, 若二人以上同價, 則此等人另行投
票。凡拍得之人即日完納地價五分之一, 作爲定銀, 餘價在拍得之日起十
日內全納, 倘逾限不如數完納地價即將定銀充公作爲罷論, 將地另行拍租。
所得拍租金, 按次序開支公拍費用當日截止地稅利息以及公課, 倘有餘剩
應將該款交給原租地主。
82) 第六條 租界內段由理事官照另開式樣, 發給地契。
83) 第七條 請發給地契或認證地契者, 須照後開數目。
納費, 發給費, 每一件金一元。
認證費, 每一件金五十錢。

제8조

제2조에 근거해 "그러나" 이하의 규정에 따라 영구히 부지를 임대한 자는 본 규정을 실행한 후 1년 이내에 반드시 권리를 증명할 수 있는 증명서류를 청국 영사관이 이사관에게 송부하고, 새로운 부지 계약서를 발급한다. 그러나 이사관이 발급한 부지 계약서는 이번 규정을 근거로 발급할 수 있다.[84]

제9조

조계지 내의 도로, 교량, 하수도 등은 청국 영사관이 관리하고, 아울러 현재 조계지에 거주하고 있는 청국 인민들은 그 비용을 스스로 부담하며 조계경비 항목에서 지출한다. 그러나 신설 혹은 변경 사항이 있을 때는 청국 영사관과 이사관과 협의하여 결정한다.[85]

제10조

조계지의 경비는 제4조 제3항에서 규정한 지세의 전체에서 2/3를 지출하고, 만약 충분하지 않을 때는 반드시 현 조계지의 청국 국민이 부담한다. 만약 자연재해로 도로, 교량, 하수도 등의 파손이 생기면 거주하는 조계지 청국 국민이 보수 경비의 전액을 부담하기 힘들 때가 되면 그때 협의하여 한국 정부가 보조금을 지급할 수 있다.[86]

---

84) 第八條 照第二條內但字以下定章永遠租有地孜者, 自本章程實行後一年以內, 須將可證明其權利之字據呈由清國領事官轉交理事官, 請給新地契。但曾經理事官發給地契者, 可作為按本章程發給。

85) 第九條 租界內道路, 橋樑, 溝渠等項, 由清國領事官管理, 並由現住租界之清國人民自行維拍其費用, 在租界經費項下開支。但遇有新設或有更改之時, 由清國領事官與理事官協議決定。

86) 第十條 關於租界之經費, 即在第四條第三項所定地稅全數三分之二項下開支, 如不敷用之時, 應由現住租界之清國人民擔任, 如遇天災地變以至道

제11조

무릇 한일 양국의 정부와 정부 허가를 소유한 자는 모두 조계지 내에 교통, 상하수도(즉 상수도와 하수도 및 음수용 물을 지칭), 전기, 가스 등의 항목을 반드시 설치해야 한다. 이때 반드시 먼저 영사관과 청국 영사관과 협의해 기간과 조차지와 무관하게 해야 한다. 이 항목과 같이 도로 파손 등의 일은 마땅히 경영자가 수리해야 한다. 전항에서 언급한 내용은 정부 및 공공단체 경영자에게 귀속시키고 어떤 종류의 세금이나 공과금은 일절 징수하지 않는다.[87]

제12조

한국 정부는 공익상의 중요성이 인정될 때, 조차지 전방에 바다를 막을 수 있는 권리가 있다. 예를 들면, 한국 정부는 조계지 전면에 공공부두를 건립해서 청나라 선박이 정박할 수 있도록 하고, 도로를 설치해 청국 국민의 왕래가 불편하지 않게 한다. 만약 청국 국민이 절실하게 원하면 청국 영사관과 이사관을 불러 한국 정부의 허가를 받은 후 거류지 앞에도 매립해서 부두를 설치할 수 있다.[88]

路、橋樑、溝渠等項損壞, 居住租界內清國人民力難擔任修繕經費全額, 屆時協議可由韓國政府發給補助金。

[87] 第十一條　凡日韓兩國政府, 及領有政府許可者, 均得在租界內設通親交通、上下水道(指明暗水溝並食用自來水)、電氣、煤氣等項之切要布置, 屆時須先由領事官與清國領事官協議, 以期與租界無所妨礙, 如因此項佈置以至損壞道路等事, 應由經營者修繕。前項之佈置中系歸政府及公共團體經營者, 無論何種稅金並公課概不徵收。

[88] 第十二條　韓國政府留有權利, 於公益上認為切要之際, 可填築租界地前海面, 如韓國政府在租界地前面填築須設公共碼頭, 以便清國船隻停泊, 並設道路俾清國人民來往無礙, 若清國人民以為切要, 須聲清國領事官及理事官, 得有韓國政府許可後, 亦可在居留地前面填築, 並設碼頭。

제13조

청국 사람의 묘지는 한국 정부가 조계지 밖에서 구획해서 이미 설
정한 곳을 영구히 보호하며, 모든 것을 원래대로 보존한다. 만약
묘지를 확대, 이전 및 후에 신설한다면 마땅히 한국과 다른 나라와
의 사례를 상의하고서 청국의 영사관과 이사관이 협의해 확정한
다.[89]

제14조

만약 이후에 본 규약을 수정하거나 변경하려면 반드시 청일 양국
정부가 각기 위원을 파견해서 협의해 결정한다.[90]

이 규정의 체결은 한국 화교의 후손이든 화교 거주지이든, 혹은 무
역지이든 모두 일본의 조선통감부의 통제를 받는다는 것을 의미한다.

---

89) 第十三條 清國人各墳地應由韓國政府在租界外劃給，並永遠保護其旣經
設定者，一切照舊保存，若有推廣或遷移以及日後新設者，應酌照韓國與傳
國義地事例，由清國領事官與理事官協議立定。

90) 第十四條 嗣後如擬修改或變更本章程時，應由清日兩國政府各派委員協
議決定。

제3절 1882~1910년 한국 화교의 상황

1 자연조건

1) 화교 인구

1882년 청과 조선이 《중국조선상민수륙무역장정》을 체결한 후에 한반도에 거주하는 중국인의 수는 날로 증가했다. 1910년 8월 일제가 조선을 강제로 강점하기 이전에 한국 화교 인구의 증가 상황은 다음 표와 같다.[91]

표 3.1 1883~1910년 화교인구와 성별 비율

연도	인구수	수량		
		남자	여자	총수
1883				162
1884				666
1885				264
1836				468
1891				1,489
1892				1,805
1893				2,182
1906				3,661
1907	1,713	7,739	163	7,902
1908	2,012	9,600	378	9,978
1909	18,656	6,163	405	6,568
1910	2,790	10,729	1,089	11,818

91) 각 해당 년도의 한국 화교 인구 수량의 근거 자료
   1883~1893 : 《北洋大臣李鴻章致淸總理衙門文》《淸季中日韓關係史料》
   1906 : 統監府官房文書課, 《第一次統監府統計年報》, 1907年, 39쪽.
   1907-1910 : 朝鮮總督府統計, 盧冠群, 《韓國華僑豆濟》, 3쪽에서 인용.

표 3.1을 통해 알 수 있듯이 1883년 조선의 화교는 162명에서 1910년에 11,818명으로 17년 사이에 73배 가까이 증가했다.

조선의 화교 인구가 이렇게 단기간 신속히 증가한 원인은 무엇일까? 이에 관한 몇 가지 원인을 나열하면 다음과 같다.

(1) 외국자본의 침투로 중국의 자급자족적 봉건경제는 신속히 와해되었다. 중국은 아편전쟁 이후에 자본주의 열강의 중국침략은 더욱 가중되면서 수차례 침략전쟁이 발생했다. 예를 들면 1857년 영국과 프랑스 연합군의 침략, 1884년 중국과 프랑스의 전쟁, 1894년 중국과 일본의 청일전쟁, 1900년 8국 연합군의 중국침략 등이 있다. 이때 청조는 불평등조약을 체결하면서 영토를 할양하거나 전쟁배상금을 지불하는 방식의 "문호개방"을 통해 중국사회는 반봉건반식민지의 나락으로 떨어졌다. 이러한 배경하에 생존 모색을 위해 일부 파산농민과 수공업자는 고향을 떠나 생계를 도모해야 했다. 이는 엥겔스가 말한 "침략전쟁은 중국에 치명적인 영향을 주었다. 더 이상 폐쇄정책을 고수하기가 힘들어졌다. (중략) 그래서 소농경제 제도 역시 점차 와해되면서 소농은 수공업품을 제조해야 했다. 동시에 비교적 인구가 조밀했던 전통사회는 점차 붕괴했다. 수백만의 인구는 더 이상 일할 기회를 얻지 못하고 할 수 없이 국외로 이주해야 했다."[92] 이것은 19세기 후반기 중국인이 대량으로 이주해야 했던 근본적인 원인이 되었다. 이때는 국제적으로 두 번째 이민 고조기에 해당한다.

(2) 청조는 화교의 보호정책을 개정했다. 앞서 언급한 바와 같이 청

---

[92] 〈엥겔스가 호보켄H.b.ken에서 조르게에게 보낸 서신〉, 《마르크스레닌이 논한 식민주의》, 364쪽.

조는 오랫동안 쇄국을 주장하며 해금 정책을 고수했고, 자국민 출국을 금지 시켰고, 화교의 해외 이주를 왕조를 저버리는 행위로 판단했다. 그래서 화교를 배려하지 않았고, 심지어 원수처럼 대했다. 1717~1727년 청조는 일찍이 《남양도해금지령南洋渡海禁止令》를 반포했고, 아울러 화교의 귀국도 엄격하게 금지하도록 규정했다. 1860년 중영中英, 중법中法은 《북경조약北京條約》을 체결하면서 청조는 화교 노동자가 세계 각지로 고용되어 나가는 것을 허가했다. 이로부터 개별 중국인의 출국 금지 조치는 사라지게 되었다. 이후 영국과 네덜란드 등의 국가는 화교에 대해 억압과 차별정책을 실행했다. 많은 화교가 귀국을 갈망했지만, 한편으로 청조의 보호받지 못할 것을 염려했다.

1891년 싱가포르 총영사인 황준헌黃遵憲은 남양南洋 화교 상황을 청조의 영국, 프랑스, 벨기에, 이탈리아 4국 공사인 설복성薛福成에게 다음과 같이 언급했다. 이르길 "남양南洋 각 섬의 화민華民은 백만여 명이 되지 못했다. (중략) 비록 남양에 거주한 지는 지 백여 년이 지났지만 정삭正朔과 복색服色은 여전히 화풍華風을 고수했고, 혼상婚喪과 빈제賓祭도 옛 풍속을 따랐다. 최근 각 성省에서 구제 대책을 마련하고, 많은 거금을 기부했다. (중략) 계획을 세워서 귀국 준비를 하면 모두 이마를 찡그리며 서로에게 알렸다. 관장官長이 조사한 바에 의하면 서리의 극심한 약탈과 이웃 종당宗黨의 약탈 등 여러 가지 폐해는 이루 다 말할 수 없을 정도였다. 무릇 자금을 지원하여 귀국한 사람을 두고 도망자라고 하거나, (이들을) 배척하며 외국과 내통하는 자라 하거나, 물건을 몰래 운송해 해적을 지원한다고 하거나, 중국인 노동자를 서양 도적에게 판매한다고 하거나, 혹은 이들의 가방을 강탈해 마음대로 나누어 갖거나, 가옥을 헐어서 집을 못 짓게

하거나, 오래된 가짜 계약서로 빚을 진 사람으로 만들어 약탈하기도 했다. (이들은) 해외를 유랑했던 백성으로 홀로 고립되었기 때문에 한 번 무고당하면 호소할 곳도 없었다. 그래서 귀국하려고 하지 않는다."[93]고 했다. 아울러 건의해 이르길 "지금 낡은 폐단을 없애려면 반드시 분명하게 널리 알리고, 낡은 관례를 분명히 밝히고 중단해야 합니다. 그리고 새 규정을 빨리 정해서 민간의 이목을 새롭게 하면 반드시 도움이 될 것입니다."[94]라 했다.

1893년 5월 설복성은 이 보고서를 조정에 상소하며 이르길 "중국에는 외국으로 나간 백성이 수백만이고, 광동 출신의 고용노동자가 비교적 많습니다. 그 풍속은 비록 천시당했지만 아직은 자기 마음대로 할 수 있고, 의식衣食 외에도 꽤 많은 재물을 축적했습니다. 지금까지 해안 근처의 군현은 재물이 풍족하여 이곳에서 빌리지 않는 자가 없습니다. 복건 출신은 다수가 부상富商이며 거상巨商인데 이들을 대하는 세속이 너무 가혹하고, 이들은 지나치게 엄한 것을 싫어합니다. 그래서 종종 백만 원의 자금을 보유함에도 해외에 거주하며 10명 중 1명도 귀국하지 않습니다. 화민이라고 고향을 그리워하는 마음이 없는 것이 아니고, 국가 역시 출국을 금지하는 정치를 행하는 것도 아

---

93) "南洋各島華民不下百余萬人 …… 雖居南洋已百餘年, 正朔服色, 仍守華風, 婚喪賓祭, 亦沿舊俗. 近年各省籌賑籌防, 多捐鉅款 …… 惟籌及歸計, 則皆羼額相告; 以爲官長之査究, 胥吏之侵擾, 宗黨鄰裡之訛索, 種種貽累, 不可勝言. 凡扶資回國之人, 有指爲逋逃者, 有斥爲通番者, 有謂有偸運軍火接濟海盜者, 有謂其販賣豬仔要結洋匪者, 有強取其箱篋肆行瓜分者, 有拆毀其屋宅不許建造者, 有僞造積年契約借索逋欠者. 海外羈氓"孤行子立, 一遭誣陷, 控訴無門, 因而不欲回國."
94) 朱壽朋, 《光緒朝東華錄》, "今欲掃除舊弊, 必當大張曉喻, 申明舊例旣停, 新章早定, 俾民間耳目一新, 庶有裨益." 3241쪽.

닙니다. 특히 약장約章을 처음 제정할 때, 이런 규정을 분명히 집집마다 널리 알리지 못했습니다. (중략) 간악하고 졸렬하며 또한 그 틈새를 살펴서 더욱 해를 끼치고, 물고기를 깊은 못에 몰아넣고, 참새를 숲속으로 모는 것은 좋은 계책이 아닙니다. 무릇 영국과 네덜란드 등 여러 나라가 화민華民을 고용해서 황량한 섬을 개척해 거대한 부두를 만들었으니, 그래서 이들이 우리에게 차관을 빌려줄 수 있는 것입니다. 화민이 멋대로 이익만을 도모하고 긴밀한 연대를 생각하지 않는다고 하여 이들을 야단한다면 차관을 빌릴 수 없을 것입니다. 지금 일찍 일을 도모하면 효과를 얻을 수 있고, 그렇지 않다면 반드시 가난의 도래를 걱정해야 할 것입니다."[95]라고 했다. 설복성의 상소는 수많은 화교의 갈망을 반영한 것으로, 당시 청조의 이익과도 부합했다. 그리하여 같은해 7월 그의 상소는 바로 "봉주비청아문의주奉硃批請衙門議奏"로 상달되었다. 8월에 청의 총리아문은 이르길 "요청한 바와 같이 재차 상소함에 형부에 칙령을 내려 사사로이 국경을 나가는 사례를 고려하여 수정했다. 아울러 연해의 도독都督에게 알려서 무릇 선량한 상인이 외국에서 거주하면 장단기를 막론하고 결혼해 아이를 낳을 경우 외교대신과 영사관은 모두 이들에게 여권을 만들어 주도록 했다. 그리고 아무 때나 귀국해 생업에 종사할 때 내지사

---

95) "中國出洋之民數百萬, 粵人以傭工為較多, 其俗雖賤視之, 尚能聽其自便, 衣食之外, 頗積餘財, 至今濱海郡縣稍稱殷阜, 未始不借乎此 : 閩人多富商巨賈, 其俗則待之甚苛, 拒之過峻, 往往擁資百萬, 羈棲海外, 十無一還。而華民非無依戀故土之思也, 國家亦本非行驅禁之政也。特以約章初立之時, 未及廣布明文, 家諭戶曉……奸胥紳劣, 且得窺其罅, 以滋擾累, 為淵驅魚, 為叢毆爵, 甚非計也。夫英荷諸國, 招致華民, 辟荒島為巨埠, 是彼能借資於我也; 華民擅才幹, 操利柄, 不思聯為指臂, 又從而挨絕之, 是我不能借資於彼也。及今早為之圖, 尚可收桑榆之效, 及今而不為之計, 必至憂杼柚之空。"

람과 모두 동일하게 취급하고, 과거를 구실로 착취하지 못하도록 하라. 이를 어기는 자는 법에 따라 처벌한다."[96]고 하였다. 이로부터 청조는 화교를 더 이상 "이방인"으로 차별하지 않았고 법률로 보호했다. 1909년 3월 2일 청조는 최초로 혈통주의에 근거한 《대청국적조례 大清國籍條例》를 반포했다.[97]

조례 중 제1장 1조에 규정하길 "태어나면서 부친이 중국인인 자", "부친이 사망한 후에 태어났지만 부친 사망 시에 중국인인 자", "모친은 중국인이지만 부친을 알 수 없거나 혹은 국적이 없는 자" 등은 모두 중국 국적에 속하도록 했다.

제3장 11조에는 "중국인으로 외국 국적에 편입하려는 자는 우선 기관에 신청해야 한다."고 규정했다.

《대청국적조례》 반포는 청조가 해외 자국민을 보호하는 데 유리했을 뿐만 아니라 화교 역시 보호를 받을 수 있었고, 해외에서 태어난 화교의 자녀 역시 중국인으로 여겨 보호했다.

(3) 한국은 중국과 인접한 나라로 교통이 편리하며 문자가 소로 통하고 풍속 역시 유사해서 중국인의 이민이 가장 적합한 곳이었다. 이외에도 당시 한중 사이의 국경은 관리가 그리 엄격하지 않아서 교민들은 여권 없이 왕래가 비교적 자유로웠다. 한국 역시 화교를 네덜란드, 영국, 미국 등 식민주의자처럼 억압하거나 차별하는 정책을 실행하지 않았다. 한국인과 화교는 우호 관계 속에서 공존할 수 있었던

---

96) "復奏應如所請, 敕下刑部將私出外境之例, 酌擬刪改, 並由沿海督撫出示曉諭, 凡良善商民, 無論在洋久暫, 婚娶生息, 一概准由出使大臣或領事官, 給與護照, 任其回國治生置業, 與內地人民一律看待, 毋得仍前藉端訛索, 違者按律懲治。"

97) 《大清宣統新法令》第1涵, 第3冊, 9쪽.

점은 중국인이 한국으로 이주를 기꺼이 원했기 때문이다.

(4) 한국에서의 사업이 순조롭고 생활이 안정되면서 가족을 동반한 화교의 한국 이주가 더욱 증가했다.

(5) 근대 이후 청조는 수차례 한국의 요청에 의해 군대를 파견했고, 전쟁 등의 원인으로 군대에서 이탈해서 한국에 거주하는 사람도 등장했다.

2) 화교의 분포

1882년 《중국조선상민수륙장정》에 근거해 중국인은 한국의 개항장인 인천, 부산, 원산, 서울 등 4곳에만 거주할 수 있었다. 이후 한국은 재차 목포, 진남포, 군산, 청진, 대구, 신의주 등을 잇달아 개항하면서 화교 거주지역도 확대됐다. 결국 한국의 내지 역시 화교의 무역과 정착이 가능하도록 허가했고, 화교 거주지역은 한국 전역으로 확대했다.

1882~1910년 사이에 화교의 거주지역은 주로 한국의 개항장과 서울이었다.

인천仁川, 즉 제물포濟物浦는 한반도 중부 서해안과 강화만江華灣 동쪽과 한강 하구 남쪽에 위치하며 서울과는 40km 거리에 있는 제2의 항구였다. 1876년 개항했고, 서울의 서해에 있는 항구도시이다. 중국과 한국 해상운항을 개척하며 중국의 상해와 연대煙臺, 그리고 인천 사이에 여객선을 운항했다. 인천은 한국 화교가 입경할 수 있는 항구로 중국의 조계지가 있어서 화교들의 주요 거점지 중의 하나였다.

부산釜山, 한반도 동남단 낙동강 입구에 위치하며 대한해협 요충지에 위치한 제1의 항구였다. 이곳은 1876년 한국 남부의 화교가 모여 살던 도시로 중국의 조계지가 있었다.

원산元山, 한반도 북부에 동해안의 최대 항구이며 영흥만에 위치했다. 1809년 개항했고, 중국의 조계지가 있으며 동북부 화교의 주요 거주지였다.

서울, 한국의 수도이며 한강 하류 한강 평원 중부에 위치하고, 황해에서 30km 거리에 있고 화교가 거주하고 있었다.

근대 초기 한국 화교는 초기 주로 이상의 4곳에서 거주했고, 1883~1893년 사이에 한국 화교의 거주 상황은 아래 표와 같다.

표 3.2 1883~1893년 사이 도시별 한국 화교의 거주 상황

연도	서울	마포	인천	부산	원산	합계
1883	26	23	63			162
1884	352		235	15	64	666
1885	108		48	17	91	264
1886	119		205	87	57	468
1891	751		563	138	37	1,489
1892	957		637	148	63	1,805
1893	1254		711	142	75	2,182

위의 표처럼 근대 초기 한국 화교는 주로 한국 중부 인천과 수도인 서울에 거주했고, 남부의 부산, 그리고 북부 동해안의 원산 등의 순서로 분포했다.

그리고 화교 거주지역은 계속 평양, 신의주, 마산, 군산, 목포, 진난포[98], 성진城津[99], 대구 등으로 확대했다.

---

98) 진남포鎭南浦 : 평안남도 서남부에 있는 항구 도시. 농업·어업·광업·공업 생

평양平壤, 한반도 북부 대동강 하류에서 100km 떨어져 있고, 교통이 편리한 북방의 평원 도시로 화교가 거주했다.

대구大邱, 한국 남부 낙동강 중류 동쪽 금호평원에 위치한다.

신의주新義州, 한반도 평안북도에 위치하고 중국 인접한 변경 도시로 북방지역 화교가 거주하는 곳이다.

"우리나라 광서 원년(1875)에 하북과 산동의 백성이 요녕遼寧의 동부 일대에 산거하며 한국의 국경과 인접해 살았고, 점차 한국 북쪽에서 가장 가까운 의주義州로 이주했다. 이런 부류의 사람은 모두 행상인으로 이는 화교가 한국의 평안북도로 이주하게 된 효시가 되었다."[100]라고 했다.[101]

1906년 한국 화교의 거주지역은 이미 11개 도시로 확대했다.

서울 1363명, 인천 714명, 진남포 369명, 군산 365명, 평양 268명, 원산 230명, 부산 144명, 목표 92명, 마산 68명, 대구 33명, 성진 15명 등에 달했다.[102]

이상과 같이 한국 화교의 거주지는 주로 중부 연안 도시에 집중했고, 다음은 남부이고, 북부는 인구수가 가장 적었다. 이런 원인은 2가지가 있다. 첫째는 한국 중부 서해의 인천은 화교가 입국하는 곳이고,

---

산물의 집산지이다.(역자 주)

99) 성진城津 : 함경북도의 남쪽 끝에 있는 한 시市로 조선시대 19대 숙종肅宗 27년(1701)년에 처음으로 방어영防禦營을 설치했고, 21대 영조英祖 22년(1746)에는 진鎭을 두었다.(역자 주)

100) "當我國光緖元年(西元1875年)間, 冀·魯人民散居于遼寧東邊一帶者, 以接近韓境, 漸移居於鮮北之首鎭義州, 類皆走販走商, 此乃我華僑入朝鮮平北(平安北道)之嚆矢."

101) 駐新義州領事館,《新義州僑商槪況》(《外交部公報》9卷3期.)

102) 統監府官房文書課,《第一次統監府統計年報》, 1907年。

인천과 중국은 정기여객선의 운행으로 양국의 무역이 가장 적합한 곳이기 때문이다. 그리고 서울은 한국의 수도이며 거주와 무역 등이 모두 편리했다. 둘째는 한반도 중부와 남부는 경제가 비교적 발달했고, 지세가 평탄하고 교통이 편리해서 상업이 농업에도 종사할 수 있었다.

한국 화교의 인구는 신속하게 증가했지만, 일본에 비해 소수에 머물렀다. 아래 표를 보면 알 수 있다.

표 3.3 1892~1893년 중국·일본·서방 교민의 수량 비교

도시	1892년			1893년		
	중국 교민	일본 교민	서방 교민	중국 교민	일본 교민	서방 교민
서울	957	902	163	1,254	823	126
인천	637	2,548	21	711	2,560	24
부산	148	5,182	9	142	4,778	8
원산	63	708	5	75	716	5
합계	1,805	9,340	198	2,182	8,877	163

이상의 표에서 알 수 있듯이 1892년 일본 교민 인구가 화교에 비해 5배나 많았다. 1893년 일본 교민의 인구는 화교보다 4배가 많았다.

부산은 일본 교민이 가장 많은 곳이다. 이는 시모노세키[103]와 부산

---

103) 시모노세키 : 일본의 야마구치현山口縣에 있는 항구도시이고, 한자어로 하관 下關이다. 1905년 부산과의 관부關釜 연락선이 취항한 이후 1970년부터 부관 釜關 페리가 운행되고 있다. 지명은 가미노세키上關와 나가노세키中關에 대응하여 붙여졌다. 근래에 공업화가 급속도로 이루어져 화학·금속·제강 등의 중공업이 발달하고 있다. 원양 어업 기지로 어망, 선구船具의 대형 공장이 있다.

이 바다를 두고 서로 마주 보고 있는 일본에서 가장 가까운 거리에 있는 도시였기 때문이다.

3) 화교의 본적

한국 화교의 본적은 산동이 가장 많고, 다음은 절강浙江, 광동廣東, 호북湖北 등의 순서로 나타난다.

1883년 한국 화교 본적의 상세한 상황은 아래 표와 같다.

표 3.4 1883년 한국 화교의 본적 열람표

행정구역	서울	인천	만포	합계
산동山東	43	19	18	80
절강浙江	22	24	3	49
광동廣東	2	18	2	22
강서江西	7	1		8
강소江蘇		1		1
상해上海	1			1
천진天津	1			1
합계	76	63	23	162

표 3.4에서 1883년 한국 화교 수는 모두 162명이고, 그중에 본적이 산동 출신인 화교는 80명으로 교민 인구 중에 절반을 차지한다.

서울 화교를 근거로 살펴보면, 1994년 서울에 거주한 화교 인구는 352명으로 그 분포를 살펴보면 다음과 같다.

산동 230명, 호북 49명, 강소 21명, 절강 17명, 안휘 16명, 하남 8명, 강서 4명, 호남 2명, 광동 3명, 직예(하북) 1명, 복건 1명 등으로 나타났다. 산동 출신은 절반 이상을 차지한다.

산동 230명의 본적을 구체적으로 보면 등주登州 132명, 내주萊州47명, 기주沂州 18명, 연주兗州 8명, 제녕齊寧 8명, 조주曹州 4명, 동창東昌 2명, 임청臨淸 2명, 무정武定 1명, 태안泰安 1명, 의주義州 1명이다.

호북 본적의 49명의 경우는 한양漢陽 38명, 무창武昌 5명, 황주黃州 5인, 안육安陸 1명이다.

절강 본적의 17명은 영파寧波 16명, 영해寧海 1명이다.

안휘 본적의 16명은 여주廬州 5명, 영주潁州 5명, 봉양鳳陽 2명, 안경安慶·지주池州·저주滁州·휘주徽州가 각 1명이다.

다시 1885년 서울에 거주한 화교의 본적을 근거로 보면 다음과 같다.

산동 53명, 절강 29명, 강소 9명, 광동 5명, 호암 3명, 직예 3명, 호북 2명, 강서 2명, 북경 1명이다.

산동 본적의 23명은 영해寧海 16명, 복산福山15명, 봉래蓬萊 10명, 해양海陽, 액현掖縣, 유현濰縣, 교주膠州 등이 각 2명, 황현黃縣, 문등文登, 일조日照, 래천萊芜, 자양滋陽 등이 1명이다.

절강 본적의 29명은 은현鄞縣 11명, 산음山陰6명, 자계慈谿 3명, 초산肖山 3명, 진해鎭海 2명, 상우上虞·여요餘姚·정해定海·인화仁和 등 각 1명이다.

강소 본적의 9명은 원화元和 5명, 장주長洲 4명이다.

1896년 서울과 인천 두 지역 화교의 본적 상황을 조사하면 다음과 같다.

표 3.5 1886년 서울과 인천 지역 화교의 본적 열람표

행정구역	서울	인천	합계
산동山東	64	80	144
절강浙江	14	51	65
광동廣東	9	36	45
강소江蘇	10	12	22
호북湖北	10	13	23
호남湖南		2	2
강서江西	2	7	9
직예直隷	3	1	4
안휘安徽	3	2	5
하남河南	4	1	5
합계	119	205	324

이상의 표에서 알 수 있듯이 1886년 서울과 인천 지역의 화교는 모두 324명이고, 그중에 산동 출신이 가장 많아서 144명에 달했다. 다음은 절강으로 65명, 광동은 45명, 호북은 23명, 강소는 22명, 강서는 각각 9명에 달했다.

1886년 인천 화교의 인구는 205명이고, 그중에 산동 출신은 80명이다. 이런 80명 가운데 황현黃縣 32명, 봉래蓬萊 12명, 영해寧海 7명, 복산福山 6명, 초원招遠 4명, 유현濰縣, 서하栖霞가 각 3명, 여주莒州, 문등文登, 영성榮城 각 2명, 신태新太, 평도平度, 교주膠州, 제성諸城, 내양萊陽, 제동齊東, 장청長淸 등 각 1명이다.

절강 본적의 51명은 은현鄞縣 17명, 진해鎭海 13명, 자계慈谿 11명, 정해定海 5명, 평호平湖·봉화奉化·해밀海寗·여요餘姚 등 각 1명이다.

광동 본적의 36명은 신녕新寧 10명, 향산香山 7명, 개평開平, 번우番禺 각 6명, 고요高要 4명, 남해南海·신회新會·학산鶴山 각 1명이다.

1886년 서울과 인천의 화교 인구는 120명이고, 그중에 산동 출신

은 63명이다. 이런 63명 중에는 복산福山 36명, 봉래蓬萊 11명, 영해寧海 4명, 영성榮城 3명, 황현黃縣, 액현掖縣, 유현濰縣이 각 2명이고, 문등文登·장구章丘·평도平度·난산蘭山·요성聊城·서하栖霞·요주膠州·해양海陽·등현滕縣·일조日照는 각 1명이다.

절강 본적의 14명은 자계慈谿 6명, 은현鄞縣 5명, 정해定海 2명, 진해鎭海 1명이다.

광동 본적의 9명은 향산香山 3명, 문창文昌 2명, 신회新會·번우番禺·고요高要·학산鶴山이 각 1명이다.

호북 본적의 10명은 황피黃陂 8명, 광예廣裔·무창武昌이 각 1명이다.

강소 본적의 10명은 원화元和 6명, 장주長洲 3명, 단주丹徒가 1명이다.

산동 출신의 본적이 가장 많은 이유는 다양한 원인이 있다. 산동은 바다를 사이에 두고 한국과 인접하고 그 거리도 가장 짧다. 산동의 연대煙臺에는 정기적인 여객선이 운행했고, 그 운행 거리 역시 하루 거리였다. 당송시기 한국과의 무역 교류와 문화교류는 모두 산동에서 출발했다. 근대 이래 산동은 인구가 폭증하고 재난이 빈번했고, 열강의 침략과 함께 백성들의 생활은 더욱 빈곤해졌다. 1899년 의화단이 산동에서 처음 기의를 해서 전국을 휩쓸었다. 의화단義和團의 기의는 청조와 8국 연합군에 의해 진압당했고, 이때 많은 산동 출신과 기의 참여자는 어쩔 수 없이 해외로 도망해야 했다. 현재 한국에 거주하는 화교 출신 저명한 인사인 진유광秦裕光의 저술에는 이르길 "의화단의 난으로 많은 사람이 홀로, 혹은 가족을 데리고 조선으로 이주했다. (그래서) 조선 화교는 산동성 사람이 가장 많게 되었다."[104]라고 했다. 그의 부친 진홍문秦鴻文 역시 1901년 단신으로 고향을 떠나 한국으로 향했다.

4) 화교의 직업

근대 한국 화교는 상업 종사자가 가장 많았다. 화교 전체 인구 중에 상인의 점유 비율이 가장 높았다. 그다음은 농업과 공업 관련 직종이다. 1906년과 1910년의 경우를 근거하면 다음과 같다.

1906년 한반도의 화교 수는 3,661명이고, 그중에 상업 종사자는 1,468명, 농업은 641명, 공업은 276명, 고력苦力은 335명, 잡업은 941명이다.[105]

1910년 한국 화교는 2,790호戶 11,818명에 달했다. 직업별로는 상업 1,490호, 5,387명, 농업 417호, 1,571명, 공업은 133호, 515명, 관원은 13호, 56명, 선교사는 2호, 4명, 의사는 2호 7명, 어업은 1호, 2명, 기타는 723호, 4,276명에 달했다.

이상의 통계에서 알 수 있듯이 1906년 화교 상인의 인구는 한국 화교의 전체에서 40%를 차지했고, 1910년에 들어서는 50%로 증가했다. 화교의 상업 종사 활동은 다음과 같은 몇 가지 부류로 나뉜다. 무역업은 자금의 규모가 비교적 크고 한중 무역에 종사하며, 중국에서 다량의 화물을 운송하거나, 혹은 한국의 토산물과 해산물을 중국으로 운송했다. 그리고 대규모의 주단포목 상점이 있고, 소규모 일용잡화점과 음식점으로 주로 만두집과 호떡집 등이 있다.

화교가 농업에 종사하는 경우가 매우 많았고, 다양한 채소를 재배했다. 한국이 항구의 개방, 철로의 건설, 하천 운송의 개통, 도시 인구

---

104) 秦裕光, 〈六十年見聞錄〉, 《韓中日報》1980年10月5日. "義和團之亂'許多人獨身或率家來朝鮮。朝鮮華僑以山東省人為最。"

105) 統監府官房文書課, 《第一次統監府統計年報》, 39쪽.

의 증가 등으로 채소의 수요가 날로 증가했다. 화교가 경영하는 채소는 때에 따라 재배했고 수익도 풍부했다.

화교가 종사한 공업도 큰 비중을 차지했다. 이들은 일본이나 서방 국가의 자본가가 경영한 광산에서 다양한 노동에 종사했다. 화교 중에는 고력苦力의 비중이 매우 많았다. 소위 고력이란 광산 노동뿐만 아니라 토목공사 현장의 노동자, 철도건설, 선박의 화물을 선적하고 하적하는 노동자와 고용인을 지칭한다.

의사, 교사, 번역가, 비서 등의 자유 직종은 그 수가 매우 적었다.

5) 화교의 업종

한국에 거주하는 화교의 수량이 증가함에 따라 동종의 같은 동향 사람들도 증가했다. 특정 업종의 이익을 보장하기 위해서 동종업종의 화교는 상회商會 등의 단체를 조직하기도 했다. 같은 동향의 사람들이 조직한 단체를 특히 동향회同鄉會, 혹은 방幫이라 불렀다.

(1) 상업 업종

화교 가운데 상인이 가장 많았기 때문에 행회行會, 향회鄉會와 같은 단체는 상업 분야에서 매우 성행했다.

1882년《중국조선상민수륙무역장정》이 체결된 후에 처음 몇 년간 한국에 이주한 화교 상인은 고향을 근거해서 방幫을 조직했다. 예를 들면 1883년, 1884년 서울 화교 상인은 광동방, 산동방, 절강방, 강서방 등의 향회 단체가 있었다.106)

---

106)《淸季中韓日關係史料》, 1338-1340, 1780-1792쪽.

1993년 서울 화교 상인에는 절강방의 통유상通裕祥 등 6개 점포, 산동방의 중화흥中華興 등 13개 점포가 있었다. 인천에는 광동방의 치중화致中華 등 3개 점포가 있었다.[107] 1884년 서울에는 절강방의 천풍호天豊號와 강서방의 순화호順和號, 산동방의 영래성永來盛 등의 점포가 있었다.[108]

처음 몇 년에는 모든 성省과 도시마다 자신의 방帮을 조직했다. 1900년을 전후로 해서 화상의 방회帮會는 경방京帮, 광방廣帮, 남방南帮, 북방北帮 등 4개로 방회가 되었다. 경방京帮은 고향이 북경과 직예이고, 광방은 광동, 남방은 광동 이외의 남방 각지로 절강, 강소, 호남, 안휘, 강서 등을 포함한다. 북방은 산동을 지칭한다. 1904년 청조의 대신 허대신許臺身은 서울 등 5개 화상 대표자의 명단을 외무부에 보고했다. 이에 서울에서 신임받은 것으로 북방의 대표인 산동 출신의 사영상謝鷟翔, 경방 대표인 직예 출신의 두방역杜方域, 광방의 광동 출신 원걸영袁傑英, 남방의 절강 출신 노문균盧文鈞 등이 있다.[109]

1910년을 전후로 서울 화상의 방회는 다시 이합집산하여 경방과 북방이 합병해 새로운 북방이 등장했다. 화상은 이후로 광방, 남방, 북방 등 3개의 방으로 정립되었다.

광방은 자본 규모가 방대했고, 무역에 종사하는 상인이 다수였다. 이들은 홍콩과 유럽, 미주와 중국 내의 상해, 그리고 일본의 고베神戶 등에서 약재, 주단, 모시 및 서양 잡화 등을 수입했다. 광방은 광동 동향회관을 설립했고, 회장은 동순태同順泰 무역상 대표인 담걸생譚杰生 등이 있다.

107) 《清季中幹日關係史料》, 1338-1340, 1780-1792쪽.
108) 《清季中幹日關係史料》, 1338-1340, 1780-1792쪽.
109) 《清季中幹日關係史料》, 5979-5982쪽.

남방은 남양방南洋帮으로 칭했고, 강소, 절강, 호남, 호북, 강서, 안휘 등의 지역을 포함한다. 이들의 경영방식은 다수가 좌판 판매 방식으로 약재, 의복, 포목 등을 취급했다. 남방 역시 동향회관을 설립했고, 대표는 상흥호祥興號의 대표인 장홍해張鴻海가 역임했다.

북방은 북양방北洋帮으로 호칭했고, 주로 산동, 직예하북 출신이다. 이들은 다수가 주단과 일용잡화 및 음식점을 경영했다. 북방 역시 동향회관을 설립했고 마수신馬秀臣과 왕죽정王竹亭 등이 담임했다.

광동, 남방, 북방의 가운데 북방의 세력이 가장 강했고, 광동이 다음이며 남방이 가장 약했다. 북방은 전임 서기書記를 두었다. 화교 상인은 고향 출신의 방회帮會를 설치했을 뿐만 아니라 동종 조직의 상회商會를 만들기도 했다. 상회는 기본적으로 방회帮會를 기초로 조직했다.

서울 화상의 상회는 1894년에 등장했고, 당시 정식 명칭은 중화회관中華會館이라 불렀다. 1901년 서울의 남방, 북방, 광방이 연합해서 만든 동종 조직이 중화상회中華商會이다. 각 방은 세력의 크기에 따라서 각기 대표의 숫자를 정했다. 그중에 북방은 12명, 광방은 8명, 남방은 2명을 선출했다.

그리하여 인천, 원산, 부산, 신의주 등의 화상 역시 이런 상회를 조직했다. 같은 해 서울에서 각 지역을 종합 관리하는 사무소인 중화상무총회中華商務總會가 등장했다. 중화상무총회의 대표는 4명으로 그중에 북방은 2명, 광방과 남방은 각기 1명을 두었다. 총회의 대표는 광방의 담걸생譚杰生이, 부대표는 북방의 왕죽정王竹亭이 담임했다.

상회의 임무는 주로 다음과 같다. 상인 사이의 갈등을 조정하고 중재하고, 업종별로 발전 계획과 방안을 조정하며, 이민 수속과 각종 경조 행사, 재난의 구휼, 창업지원과 학교 관리 등이었다.

상인 업계의 동업조직은 상회商會 외에도 음식업의 음식공회, 이발업은 이발공회 등이 있었다.

(2) 노동업종

화교 노동자의 경우 구시대에는 이를 고공苦工이라 불렀다. 화교 노동자는 보통 업종이나 고향에 따라서 조직을 만들었고, 이를 고력방苦力帮이라 했다. 대다수의 노동자는 모두 방회帮會에 가입했다. 고력방은 업종의 조직으로 동향조직과 거의 일치했다. 같은 방회 안에는 같은 행업이거나, 혹은 같은 향리鄉里 출신이거나 서로를 잘 알고, 풍습이 같았기 때문에 강력한 단결력을 유지했다. 고력방의 인원은 서로 달랐고, 작게는 몇 명, 많게는 수십 명, 가장 크게는 수백 명, 혹은 수천 명에 달했다. 고력방의 우두머리를 파두把頭라고 불렀다. 파두는 일정한 경제적 능력을 구비했고, 직접적으로 노동에 종사하지 않고 대외적인 고용과 계약 등의 사무를 담당했다.

2 경제상황

1882년에서 1910년까지는 근대 화교사의 제1단계에 해당한다. 이 시기 근대 한국의 화교는 비록 창업기에 속하지만, 경제적인 발전이 매우 신속했다. 이런 신속한 발전의 원인은 대략 4가지로 살펴볼 수 있다.

첫째, 한국의 개항은 한국 근대 화교경제가 발전하는 계기로 작용했다.

한국은 역사가 유구한 국가로 장기간 쇄국정책을 고수했다. 1876년 개항을 한 후에 일제와 서구 열강의 침략으로 조선의 자급자족적인 봉건 경제는 점차 해체되었다. 이와 동시에 한국의 민족자본 역시 일정하게 발전했다. 화교경제는 이런 과정에서 성과를 이루며 발전했다.

둘째, 한국 화교경제는 한국 내 일본 자본주의 경제 세력과 치열하게 경쟁했다. 1905년 일제는 한국을 강제 강점을 하고서 한국에서 경제적 우위를 점유하며 독점적 지위에 올랐다. 이후 화교경제는 배척과 배제의 대상이 되었다.

아래 표를 보면 한국에 수출하는 무역상품 중에 일본의 점유율이 다수를 차지했다.

그리고 수입된 무역액을 보면 이것 역시 일본의 점유율이 큰 우세를 차지했다.

표 3.6 1885년과 1887년 한국 삼관三關의 중일 수출 비교표　　　　（단위 : 달러）

연도	중국	일본
1885	5,479 (3%)	377,775 (97%)
1887	18,873 (2%)	783,752 (98%)

표 3.7 1885년과 1887년 한국 삼관三關의 중일 수입 비교표　　　　（단위 : 달러）

연도	중국	일본
1885	313,342 (19%)	1,377,392 (81%)
1887	742,661 (26%)	2,080,787 (74%)

셋째, 한국의 화교경제는 청 정부의 보호받았다. 19세기 후반에 일제는 서구열강이 중국과 한국을 침략했다. 이에 청 정부는 종주국의 지위를 유지하고 소위 번속藩屬인 조선의 안전을 보호하기 위해서 1884년 신속히 갑신정변을 제압하고 조선에 대한 통제를 강화했다.

이런 목적은 조선에 대한 경제 영향력을 강화하기 위해서였다. 이런 영향 하에 청 정부는 한국 내 화교경제를 보호하고 지지하는 정책을 전개했다. 이를 통해 한국의 화교경제가 신속하게 발전하도록 했다. 이런 상황을 표로 살펴보면 다음과 같다.

표 3.8 1891년 1892년 한국 삼관三關의 중일 수출 비교표　　　　　(단위 : 달러)

연도	중국	일본
1891	136,464 (4%)	3,219,887 (96%)
1892	149,861 (6%)	2,271,918 (94%)

이상의 표와 같이 한국의 수출 무역액 중에 중국 비율이 증가했다. 계속해서 수입액의 상황을 살펴보면 다음과 같다.

표 3.9 1891년과 1892년 한국 삼관三關의 중일 수출 비교표　　　　(단위 : 달러)

연도	중국	일본
1891	2,148,274 (40%)	3,326,468 (60%)
1892	2,055,555 (45%)	2,555,675 (55%)

이상의 표와 같이 중국은 대 한국 수출액이 큰 폭으로 증가했다.

분명한 점은 중국의 대 한국 수입과 수출액에서 한국 화교들이 결코 독점적 지위에 있지 않았다는 점이다. 그러나 일정한 범주에서 화상들이 경영했고, 특히 한국 중국에게 수입한 무역의 대다수는 화상을 통해서였다.

넷째, 가장 중요한 요인 중에 화상, 화농, 화공의 인수가 증가하면서 자연스럽게 화교경제의 발전을 촉진했다. 특히 주목할 점은 화상, 화농, 화공 자체의 소양, 즉 문화수준, 경영능력, 기술 수준과 신용,

직업상의 도덕관과 노동 수준, 상품 품질의 제고로 화교경제가 신속
하게 발전했다.

한국의 화교경제는 상업, 농업, 공업, 운수업 등 4가지로 구성되었다.

1) 상업

근대 한국의 화교 상업은 대략 무역업, 주단업, 중약방, 제화점, 음
식점, 전당포, 잡화점, 이발소, 양복점, 행상 등으로 구분된다.

(1) 무역업

무역업은 주로 대규모 화물을 매입해서 매출하는 것으로 중국에서
많은 물건을 수입하거나, 한국의 물건을 중국으로 수출하는 경우이
다. 무역업은 상당한 자금이 필요하다. 수출입에 종사하는 경우 무역
상은 총행總行을 설치하는 것 외에도 한국의 항구와 중국 내의 상해,
청도, 연태, 그리고 홍콩과 일본 등지에도 지행支行을 설립했다. 무역
상은 중국에서 수입한 물건은 주로 주단, 모시, 견직물 등의 방직물
이 많았고, 중약中藥, 차, 소금 등 일상생활 중의 필수품과 면화, 찹
쌀, 좁쌀, 땅콩, 깨, 고추, 마늘 등의 농산품이 있다. 그리고 유럽과
미주美洲의 공산품이 있다. 무역상은 다량의 상품을 한국에 유입한
후에 한편으로는 자신의 판매점이나 혹은 도매로 한국의 각 지역에
분포한 화교 중소상인 및 한국인과 일본인 상점에 판매한다. 무역상
은 다량의 물건을 구입해서 판매해야 하기 때문에 가격을 조종해서
거대한 차액을 벌었는데, 다수는 배가 되는 가격에 달했다. 소매상점
은 최대 세 배의 이익을 얻기도 했다.

이 시기 가장 저명한 화교 무역상은 동순태同順太 무역상이다. 동

순태의 사장인 담걸생은 광동 고요高要 출신이다. 그의 아들인 담정택譚廷澤과 고향 출신 정가현鄭家賢은 이르길 담걸생은 1874년에 태어났고, 20세에 한국에 도착해 상업에 종사했으며 서울 청계천 수표교에서 동순무역상행을 창업해서 주로 중국의 비단과 중약中藥과 한국의 인삼을 거래했다고 했다. 사업의 흥성과 함께 동순태는 한국의 인천, 부산, 원산, 진남포, 군산에 지부를 설치했고, 중국에서도 상해, 광동, 홍콩과 일본의 나가사키長崎에도 분점을 개설했다. 동순태는 당시 한국의 가장 규모가 큰 국제 무역상행이다. 동순태는 자본금이 방대하고 경영도 탁월하여 사업은 날로 번창했다. 이후에 한중 양국의 상품을 수입·수출했고, 다른 화교 상인과 합착해서 선박회사를 만들어 한국의 인천과 서울까지 내지 항로를 운행하기도 했다. 동순태는 심지어 독자적으로 은표銀票[110]를 발행하는 등 신용 정도가 매우 높았다. 한국에 50년 거주했던 화교인 정유분鄭維芬에 의하면 "일본이 한국을 강점하기 이전인 대한제국 시기 한국경제의 대부분은 중국 화교가 장악했었다. 당시 광동 출신의 화상인 동순태의 담걸생은 신용이 매우 좋았다. 그는 독자적으로 한국인삼을 전매했고, 은표銀票도 발행했고, 이는 심지어 한국 정부가 발행한 화폐보다 더욱 신용이 좋았다."[111]고 했다.

동순태무역상행은 일찍이 2차례 한국 정부로부터 대출받았지만 실은 명목에 불과했다. 일부 화교사 관련 저술에는 그 내막을 이해 못하고 사실을 기술하지 못했다. 예를 들면 청조는 1884년 조선의 갑신정변을 진압한 후에 적극적으로 한국에서 경제적 영향력을 확대하고

---

110) 은표銀票 : 보통 은행해서 발행하는 은태화 지폐를 지칭한다. 경제의 편리를 위해서 발행함.(역자 주)

111) 王治民 等, 《韓國華僑志》, 華僑志編纂委員會, 1958.

자 했다. 당시 한국은 독일 상인의 차관을 갚을 능력이 없자 자본주
의 국가게 차관을 요청하려 했다. 청조는 자본주의 열강의 조선 침투
를 막고, 특히 세관의 통제를 강화하기 위해서 적극적으로 조선에게
차관의 제공을 결정했다. 그러나 청조는 서구자본주의 열강의 저항
을 두려워했고, 또한 청을 반대하는 정서가 팽배해 조선 정부의 차관
거부를 염려했다. 그래서 청조가 자금을 출연하고 조선의 화상인 동
순태가 나서서 조선 정부에 차관을 제공하는 형식을 취했다. 이 사건
의 전말은 조선에 거주하는 청조의 상무위원인 원세개袁世凱가 북양
대신 이홍장에게 서신을 보내 이르길 "중국이 만약 조선에 차관을
제공하면 세관이 책임지고 배상해야 하므로 세관 직원을 파견해 상
의하고 보완해서 시기를 고려하는 것도 중요한 계책입니다. 그런데
한국 화상華商 자본은 모두 역량이 미미하여 대출하기가 극히 힘듭
니다. 만약 공금의 대여를 분명히 하면 한인韓人은 온갖 의혹을 품으
며 상의하려 하지 않을 것이고, 원금과 이자만을 계산할 것이니 관리
도 쉽지 않습니다. 차라리 공금을 화상의 이름으로 대여하는 것이 더
욱 적합해 보입니다. (중략) 직도職道가 마땅히 명을 받들어 전달하
고, 부유하고 공정한 상인 동순태호同順泰號를 찾아 정병하鄭秉夏와
함께 계약을 체결하고, 직도와 민종묵閔種默[112]은 문서 내용을 확정
해 인장과 서명을 담당하면 됩니다."[113]라고 했다.

---

112) 민종묵(1835~1916) : 본관은 여흥驪興. 자는 현경玄卿, 1874년 과거에 급제를
    했고, 1900년에는 다시 외부대신에 임명되었고, 1901년 법부대신과 궁내부
    대신서리를 역임했다. 한말 통상·외교 분야에서 중추적인 역할을 담당하였
    다.(역자 주)
113) 《淸季中日韓關係史料》: "中國若貸款予韓, 卽責由海關償抵, 則遣派關
    員之權, 尤可增固, 揆諸時宜, 亦爲要計. 然在韓華商資本均微, 斷難湊款
    應貸, 倘顯告貸以公款, 則不但葬人疑忌多端, 不肯求商, 且計子母, 又非

이에 대해 이홍장은 청조에 《밀자방대화관십만량상환덕채정형密諮舫貸華款十萬兩償還德債情形》에서 동순태무역상행을 통해서 실행해야 한다고 했다. 그리고 이런 방식으로 조선에 차관을 제공해야 할 이유에 대해서는 "한국에 있는 상인 중에 오직 광방廣幫의 이사인 동순진호同順秦號의 자본이 가장 풍부하다. 한국의 원산, 인천과 일본의 나가사키長崎와 상해, 광동, 홍콩 등의 무역항에도 체인점이 있다. 상점의 주인은 담이시譚以時, 즉 담걸생譚傑生으로 비교적 공정하고 신중해서 충분히 이 일을 책임을 지고 담당할 만하다."114)라고 했다.

그래서 1892년 8월에 청조는 백금 10만 량을 출자해서 화상인 동순태의 명의로 조선 정부에 차관을 대여했다. 8월 19일 《조선전운아문과 화상동순태호의 대출계약朝鮮轉運衙門與華商同順泰貸款合同》을 체결했다. 이 계약서 7관款을 보면 규정하길 "조선의 전운아문轉運衙門이 차관 사용을 필요로 했기 때문에 특별히 정부 명령에 따라 한성화상인 광방廣幫 이사 동순태호同順泰號가 은銀 10만 냥을 대여한다."115)라 했고, "위의 사항에 따라 은銀을 상해 동순태同順泰이 상해 회풍滙豐은행에 지급한다. 시장 가격에 따라 은을 멕시코 은銀으로 환산하고, 은표銀票 장부帳簿를 만들어서 이를 서울에 납입한다. 그리고 조선의 전운아문이 증명서를 수령하면 상해에서 은을 인도하

<hr />

馭屬之體。似莫若請撥公款.令華商出名貸予, 較為妥便。…… 職道當稟奉諭示, 遍覓公正殷實商家同順泰號, 同秉夏訂立合同, 由職道與閔種猷監訂印押。"

114) 《清季中日韓關係史料》: "在韓商家, 惟廣幫董事同順秦號資本殷實。在韓之元山、仁川, 日本之長崎及上海、廣東(州)香港等埠, 均有聯號。其號主譚以時(傑生), 頗公正謹慎, 洵堪責令承辦此事。"

115) "朝鮮轉運衙門因正用需款, 特奉政府命令, 向漢城華商廣幫商會董事同順泰號貸取庫平足色寶銀十萬兩整。"

는 날로부터 쌍방은 매월 쌍방의 이자는 6리厘이다."116)라 했고, "앞의 조항에 따라 은 10만 냥은 반드시 80개월 내에 상환해야 한다. 첫 달부터 시작해 매월 말에 인천세관에 은銀 1,250냥을 지급하고, 아울러 이자 600냥을 지불해야 한다."117)라 했고, "조선 세관은 원리금을 상환함에 고평庫平118)에 따라 순수한 은괴를 납부하고, 준비해 놓은 순수한 은괴가 없을 경우 멕시코 은을 시장 가격에 따라 계산해 지불한다."119)라 했고, "만약 이자를 지급해야 할 기일이 되었지만, 조선의 세관이 기일에 지급하지 않으면 즉시 지불해야 할 이자의 액수를 날짜로 계산해 배로 추가하고 상환을 재촉하거나, 혹은 화상이 납부해야 할 세금에서 자동으로 차감한다."120)라고 했다.

같은 해 10월 조선 정부의 요청으로 청조는 다시 10만 량을 다시 출자했고, 이번에도 화상인 동순태의 명의로 조선 정부에게 대여했다. 10월 6일 《조선전운아문과 화상동순태호의 추가대출 계약서朝鮮轉運衙門與華商同順泰號續訂貸款合同》를 체결했다. 이 계약서 8관款에 특별히 규정하길 "조선의 전운아문轉運衙門이 차관 사용을 필요로 했기 때문에 특별히 정부 명령에 따라 한성화상인 광방廣幇 이사 동

---

116) "上項銀兩由上海同順泰交請上海滙豐銀行, 按市價折作英洋若干元, 立具取銀票簿, 在漢城交納, 由朝鮮轉運衙門付予照收印單,於由上海交銀之日起, 每月每兩按六厘行息。"

117) "上項銀十萬兩, 務須於八十個月內淸償, 自第一個月起, 皆於每月月底, 由仁川海關交付本銀一千二百五十兩, 並應付償息銀六百兩。"

118) 고평庫平 : 청나라에서 만든 표준 저울로 1량은 37.301그램에 해당한다.(역자 주)

119) "朝鮮海關應償本息各款, 亦照庫平足色寶銀交納, 備適無足色寶銀, 亦可商准以英洋按市價算付。"

120) 《淸季中日韓關係史料》: "倘至應付本息之期, 而朝鮮海關不卽照付, 卽按應付本息銀數, 逐日加計息一倍, 以示催償, 或由華商在應納貨稅內, 自行扣兌。"

순태호同順泰號가 은 10만 냥을 대여한다."[121]라고 했다. 차관을 교부하는 방식은 이전의 방식을 사용했고, 월 이율이 6리厘에 달했다. 차관은 반드시 100개월 이내에 갚아야 하고, 매월 한국의 부산세관은 동순태에게 원리금을 상환하도록 했다. 나머지 규정은 이전의 것과 같았다. 다른 점은 두 번째 계약서 규정하길 "조선의 전운아문은 동순태와 계약을 해서 화한華韓의 출자금을 모집해서 소형 화물선 수 척을 구입하고 서로 상부상조한다. 모든 운송 관아에서 큰 화물선으로 화물 등을 싣고 오면 이를 작은 화물선에 짐을 내리면 인천에서 서울까지 운송함에 반드시 조항으로 규정해 상의한 후에 결정한다."[122]라고 했다. 이런 규정은 동순태상행이 조선의 내지의 운항권리 외에도 정부의 화물을 운반하는 권한까지 획득해서 경영확대에 매우 유리했고, 동순태는 이 시기 신속히 성장할 수 있었다.

당시 동순태 외에도 7개의 비교적 큰 규모의 상행商行이 한중 화물 수출입에 종사하면서 상당한 발전을 이루었다. 예를 들면 원산의 화상인 동풍호同豊號 역시 매우 유명했다. 1892년 조선의 원산 지방 정부에 차관 2,000원을 제공해서 원산의 돌 제방을 축조하는 데 사용했다.[123] 유명한 화교인 여계직呂季直은 이르길 "일본은 통치 초기인 광서光緒 21년(1895)부터 민국15~16년(1926-7)까지 한국 화교경제는 비교적 안정된 기초를 마련했다. 이 시기 서울과 인천에서 수출입 무

---

121) 《朝鮮轉運衙門與華商同順泰號續訂貸款合同》: "朝鮮轉運衙門因正用需款, 特奉政府命令, 向漢城華商廣幇商會董事同順泰號續貸庫平足色寶銀十萬兩整。"

122) 《淸季中日韓關係史料》: "朝轉運衙門約同同順泰招集華韓股份, 購造淺水小火輪數隻, 作爲運署接運船隻, 遇事護助, 所有運署大火輪載來貨物等件,由小火輪起駁, 自仁川運來京江, 至應須條規續後商定。"

123) 《淸季中日韓關係史料》3,029쪽.

역에 종사하는 소위 "8대상인"이 판매하는 물품에는 중국에서 수입한 강절江浙 지역의 주단과 천공川贛의 삼베, 화북의 면화棉花와 식량 및 고추, 마늘 등의 토산품이 있고, 이들이 수입한 품목 역시 그 규모가 상당했다."124)고 했다.

화교 상행은 당시 한중 양국의 무역을 주도했던 핵심 업종이었다. 이 시기 한중 무역의 날로 발전 추세에 했었는데 이를 표로 정리하면 다음과 같다.

표 3.10 1883~1910년 한중무역 일람표

연도	수입		수출		총계	
	관량	지수	관량	지수	관량	지수
1883	2,608	0.3	2,314	0	13,922	0.1
1884	31,282	0.9	32,809	0.5	64,091	0.6
1885	24,605	0.7	120,832	1.8	145,437	1.4
1886	29,643	0.8	102,093	1.5	131,736	1.3
1887	18,350	0.5	182,063	2.7	200,413	1.9
1888	72,143	2.0	244,735	3.6	136,878	3.1
1889	120,440	3.4	200,006	2.9	320,536	3.1
1890	52,992	1.5	473,354	7.0	526,347	5.1
1891	100,993	2.9	479,987	7.0	580,980	5.6
1892	132,425	3.8	464,984	6.8	597,409	5.8
1893	126,536	3.6	399,367	5.9	515,899	2.1
1894	430,358	12.5	892,868	13.1	1,332,226	12.9
1895	55,741	1.6	638,063	9.4	603,804	6.7

124) 《韓國華僑志》, 66쪽. "在日本統治初期, 即光緒二十一年(1895年)起, 一直到民國十五、六年(西元1926-1927年), 韓國華僑還擁有雄厚的基礎。這個時期, 在漢城、仁川從事輸入貿易有所謂八大家的大批發莊, 由祖國輸入江浙綢緞、川贛夏布、華北棉花和食糧, 以及辣椒、大蒜等土產, 輸入數最相當可觀。"

연도	수입		수출		총계	
	관량	지수	관량	지수	관량	지수
1896	461,592	13.1	478,446	7.0	940,038	9.1
1897	612,103	17.4	782,871	11.5	1304,574	13.4
1898	952,307	27.0	1,086,748	16.0	2,039,055	19.7
1899	807,446	22.9	729,418	10.7	1,536,064	14.9
1900	1,188,538	33.9	804,060	11.8	1,992,598	19.3
1901	513,516	14.6	1,178,608	17.3	169,124	16.4
1902	1,260,999	35.8	1,043,428	15.3	2,304,427	22.3
1903	1,416,496	40.2	1,268,534	18.6	2,684,949	26.0
1904	879,320	24.9	1,390,695	20.4	2,270,015	22.0
1905	1,753,701	49.7	2,185,927	32.1	3,939,628	38.1
1906	3,71,681	10.5	1,430,356	21.1	1,811,037	17.5
1907	1,494,204	42.4	2,169,560	31.8	3,663,764	35.4
1908	1,320,296	37.4	2,594,981	38.1	3,915,277	37.9
1909	2,095,853	59.4	297,080	42.8	5,012,933	48.5
1910	2,382,113	67.5	2,629,433	38.6	5,011,546	48.5

이상의 표를 통해 알 수 있듯이 1883년 중국이 한국에서 수입한 액수는 2,608해관량인데 1910년에 이르러 2,382,113해관량으로 지수는 0.3에서 67.5로 증가했다. 1883년 중국의 대對한국 수출액은 2,314 해관량인데 1910년에는 2,629,433해관량으로 지수는 0에서 38.6으로 증가했다. 1883년의 한중의 무역 총액은 13,922해관량인데 1910년에는 5,011,546해관량으로 지수는 0.1에서 48.5로 증가했다. 이상과 같이 이 기간 동안 한중 무역은 매우 커다란 폭으로 성장했다. 이 시기 한중무역, 특히 중국의 대對한국 수출무역은 절대적으로 화교 상행이 경영한 것이었다. 일본학자 시노부 쥰페이信夫淳平는 《한반도韓半島》에서 한국 화교의 경제적 실력에 대해 이르길 "인천(지역)의 무역은 전체적으로 보면 수출권은 우리에게 있고, 수입권은 완전히

화교에게 있었다."[125]라고 했다. 실제로는 인천뿐만이 아니라 전체 한국 무역 수입 중에서 화교는 중요한 지위를 차지했다.

(2) 주단점

중국의 주단은 세계적으로 유명했고, 이로 인해 한국 화교 역시 주단 점포를 다수 개설했다. 진유광秦裕光은 《60년 견문록六十年見聞錄》에서 이르길 "한국의 화교에 대해 언급하면 중국의 주단상의 활동을 언급하지 않을 수 없다. 올해 50~60세의 한국인이라면 당시 중국의 옷감과 주단의 명성을 반드시 기억할 것이다. (중략) 당시 한국은 오로지 전통 방식인 수공으로 베를 짜야 했기 때문에 공급이 수요를 따라오지 못해서 반드시 외국에서 수입해야 충분한 사용이 가능했다. 그러나 당시 한국과 왕래한 국가는 중국과 일본이 유일했다. 중국의 옷감과 주단 등의 제품은 일본 것보다 우수해서 일반인이 애용했다."[126]라고 했다. 그래서 화교의 주단은 사업이 매우 흥성했다.

주단점은 주단만을 판매하는 것이 아니고 다른 포목도 거래했다. 당시 가장 판매량이 많은 품목은 마포麻布로 모시였다. 모시는 당시 한국인이 가장 즐겨 착용했던 옷감이다. 특히 한국인은 계절을 불문하고 초상을 당했을 때 반드시 모시 상복을 착용했기 때문에 모

---

125) 王治民等,《韓國華僑志》, "仁川的貿易, 大體說來, 輸出權操之我手, 輸入權則完全操在華僑之手。", 66쪽.

126) 王治民等,《韓國華僑志》, "談在韓華僑, 不能'不提到中國的綢緞商之活動, 今年在五、六十歲的韓國人必定會憶起當時中國布料綢緞的名氣。…… 當時朝鮮只能靠古老方式用手織布, 而且供不應求, 需依賴從外國輸入才夠用。可是, 當時與朝鮮有串往的國家, 唯有中國及日本.中國的布料綢緞質料等成品皆優於日本, 所以深受一般人的愛用。", 66쪽.

시의 판매량이 아주 많이 증가했다. 조선에서 생산된 모시로는 예를 들면 충청남도의 영마포欎麻布와 강원도의 대마포大麻布가 비교적 유명했다. 하지만 산량이 많지 않아서 대부분 수입에 의존할 수밖에 없었다.

주단점에서는 비단紗, 즉 얇은 비단이나 명주를 판매했는데 한국인이 매우 좋아했다. 특히 고위 관료와 부자의 자녀들의 즐겨 착용했다. 사紗는 그 용도가 매우 다양해서 국왕과 왕공王公의 대신의 의관을 지칭해 부사府紗라고 불렀다. 그리고 궁중의 왕과 관련 물품을 고사庫紗라고 했다. 보통 관리들이 사용하는 물품을 관사官紗라 했고, 일반 백성이 사용하는 것을 공사貢紗라 불렀다. 그럼에도 사紗를 가장 많이 사용했던 계층은 한국의 부녀자였다.

(3) 피혁점

한국 화교가 경영하는 피혁점은 많지 않았고, 당시 대다수는 피혁만을 거래했고 완성품은 매우 소량에 불과했다.

(4) 약재상

중국 의학의 역사는 유구하고 약재의 종류도 다양해서 화교가 경영하는 중국 약재상 역시 수량이 적지 않았다. 특히 중국의원과 연결되어 일반 약국은 모두 의사가 약국에서 환자를 보았기 때문에 속칭 무당巫堂 선생이라고 했다. 중국 의술과 의학 서적이 한국에 다량으로 유입되었고, 한국인은 중의학과 약재에 대한 신뢰도 역시 높았다. 그로 인해 약재상의 사업은 날로 번창했다.

(5) 식당업

한국 화교가 경영하는 식당은 매우 많았다. 당시 화교가 경영하는 식당은 대략 3가지 종류가 있다. 소규모의 가계, 중등 규모의 음식점, 고급식당 등이 그것이다. 보통 화교가 가장 먼저 투자금이 작은 가계에서 시작해서 후에 점차 음식점과 고급식당으로 발전했다.

소규모 가계는 자본금이 적고, 점포도 작고, 점원도 적고, 음식 종류도 단조로웠다. 이런 가게로는 찐빵점, 호떡점, 국수점이 있고, 메뉴로는 호빵, 계란부침, 참깨전, 호떡, 물만두, 군만두, 수제비, 짜장면 등이 있다. 고객은 주로 화교 노동자와 한국 노동자들로 가격도 비교적 저렴해서 사업도 매우 번창했다.

중형의 음식점은 규모가 비교적 크고 자본금도 많이 들었으며, 제공하는 음식종류도 많다. 더욱 중요한 점은 음식을 만드는 기술이 높아서 음식의 종류도 다양하고, 질도 높고, 맛도 좋았다. 이런 종류의 식당은 한국의 다양한 계층의 사람들 입맛을 만족시켰다.

이 시기 화교가 경영하는 고급식당은 그다지 많지 않았다. 가장 유명한 곳은 서울의 아서원雅敍園이다. 이곳은 산동의 복산현福山縣 출신 화교 서광빈徐廣彬이 1899에 처음 식당을 창업했다가 1900년 서울에서 비로소 아서원을 세워서 서울에서 가장 저명한 고급식당이 되었다. 당시 아서원의 음식 맛은 서울에서 유명해서 사업도 매우 번창했다.

당시 한국 화교 음식점의 메뉴는 대략 3가지 종류로 나눌 수 있다. 즉 북방계통으로 산동과 하북을 중심으로 한국 화교 가운데 산동출신은 가장 많았기 때문에 북방 음식점이 자연히 가장 많았다. 사천 중심의 남방계통과 광동계통의 음식이 한국인의 미각을 사로잡았고, 시기별로 선호하는 음식도 약간씩 달라졌다.

(6) 전장錢莊[127]

한국 화교는 한국에서 상업에 종사하면서 보통 중국 내의 친족들과 연락했고, 특히 부모가 중국에 있는 경우 매년 절기마다 돈을 부쳤다. 어떤 화교는 자녀의 미래를 위해서 학교를 보내기 위해서 정기적으로 돈을 중국으로 송금했다. 그리고 어떤 화교는 자금이 부족해서 점포를 열 수 없어 자금이 필요할 경우 전장에서 대출해 사업을 운영하기도 했다. 전장은 사실상 오늘날의 은행과도 같다. 전장은 청도青島, 연대煙臺, 상해上海 등에 분점이 설치되었고, 화교에게 송금업무를 담당했다. 그러나 주된 업무는 대출이었다. 자본이 없거나, 혹은 부족한 화교에게 담보를 전제로 전장에서 자금을 대출받고, 정해진 기간 안에 원리금을 상환했다. 이로 인해 전장의 사업 역시 번창했다.

(7) 잡화점

잡화점은 투자금이 적고 점보와 인원도 많지 않았다. 거래 상품으로는 담배, 성냥, 기름, 소금, 간장, 식초, 차茶 등 다양한 잡화를 판매한다. 한국 화교의 경우 잡화점을 여는 경우가 매우 많았다. 종종 처음에 조선에 도착한 화교는 이런 소규모 잡화점을 운영하다가 자금을 축적하거나 이를 기반으로 큰 규모의 상품을 취급했고, 혹은 다른 업종으로 바꾸기도 했다.

(8) 이발소

구시대 한국 화교에게는 "삼도三刀"라는 말이 있을 정도였다. 즉

---

127) 전장錢莊 : 환전을 업종으로 하는 일종의 개인적인 상업 금융업으로 청나라 중기에 발전했다.

요리사의 식칼菜刀, 재봉사의 가위剪刀, 그리고 이발사의 면도칼剃頭
刀 등이 그것이다. 한국 화교가 개업한 이발소의 수량은 적지 않았다.
이는 자금이 적게 들었고 기술만 있으면 가능했기 때문이다.

(9) 의류점

화교가 문을 열었던 옷 가게, 속칭 재봉점은 그다지 많지 않았다.

(10) 행상行商

행상이란 일명 화랑貨郎으로도 불렀다. 보통 옷감이나 일용잡화를
들고서 도시와 농촌을 떠돌며 물건을 파는 사람을 지칭한다. 당시 한
국의 교통은 편리하지 않아서 화물의 운송은 원활하지 않았다. 특히
교통이 불편한 농촌 지역은 일용품이 운송되지 않았다. 그래서 행상
은 수입이 비교적 좋을 경우, 자금을 모아 점포를 개설하거나 업종을
변경하기도 했다.

화교 상인이 종사한 업종은 당연히 이상과 같은 10개 종목으로 한
정되지 않았다. 이 시기 화교 상인이 신속히 발전할 수 있었다. 서울
을 중심으로 보면 1884년 서울 화교의 경우 대략 3가지 유형의 점포
를 개설했다.[128]

① 대형점포
  • 광동방廣東幇 : 동순태同順泰의 담걸생譚桀生 등.
  • 절강방廣東幇 : 천풍호天豐號의 엽신호葉臣豪 등 8명[129], 신태

---

128) 《淸季中日韓關係史料》(1780-1792쪽)의 통계를 참고했다. 상점에 국한하지
    않고서 다소의 소공업의 업소도 포함했다.
129) 여기서 8명은 점포에 종사하는 점원을 지칭한다.

호新泰號의 동유신董維新 등 5명, 공화호公和號의 공개미洪介眉 등 4명. 모두 3개 점포로 17명이 종사했다.

- 강서방江西幫 : 순화호順和號의 귀사원貴士元 등 4명.
- 산동방山東幫 : 영래성永來盛의 소자경肖子卿 등 6명, 중화흥中華興의 어춘포於春圃 등 6명, 이성신利成信의 어신제於新齋 등 6명, 동유호同裕號의 여영규厲英奎 등 5명, 원성호源盛號의 송만복宋萬福 등 5명, 공성화公盛和의 공연덕鞏連德 등 5명, 화순호和順號의 강연보姜延譜 등 4명, 복유호福有號의 궁자혜宮子惠 등 2명, 영원순永源順의 마조빈馬兆斌 등 2명, 삼화순三和順의 원수약袁守約 등 3명, 쌍흥호雙興號의 신파증申脈增 등 4명, 생순호生順號의 왕경림王景林 등 2명, 이순호利順號의 어화정於化亭·항태흥恒泰興의 마본풍馮本豐등 2명, 길창호吉昌號의 조신충趙信忠 등 5명, 공성복公成福의 주선공朱宣恭과 이태항利泰恒의 왕경주王景洲, 삼태호三泰號의 허의許意등 3명, 회기匯記의 마종요馬宗耀, 길성호吉盛號의 유기사劉起士 등 4명, 항의화恒義和의 이경규李慶奎, 공화순公和順의 임경윤林慶潤 등 2명, 취창호聚昌號의 어연회於連會등 2인, 제노신齊魯信의 황수현黃守賢의 2명, 공원리公源利의 진광후陳廣厚 등 4명, 쌍합상雙合祥의 장자상張子祥, 복원호福源號의 주영호朱榮鎬, 순리의福順義의 곡종선曲從善 등 3명, 취성호聚盛號의 강홍림姜鴻林 등 4명 등 모두 29개 점포의 88명이 영업에 종사했다.

② 중형점포
- 절강방浙江幫 : 보화당寶和堂의 호기산胡歧山 등 2명, 부생당副生堂의 이승당李升堂 등 4명, 일흥호日興號의 한정흥韓正興 등

3명, 협흥호協興號의 정수산程壽山 등 8명, 공화호公和號의 왕소범王少帆 등 3명, 동흥복同興福의 임정흥林正興 등 6명, 태화호泰和號의 황대서黃大緒 등 6명 등 모두 7개 점포에 33명이 종사했다.

- 산동방山東幇 : 의화거義和居의 호광덕吳光德 등 4명, 복흥관復興館의 조금방趙金榜 등 3명, 복무성福茂盛의 조영귀趙永貴 등 3명, 의합제義合齋의 이금탁李金鐸 등 3명, 합흥호合興號의 송패옥宋佩玉 등 2명, 복흥호福興號의 방회명方懷明 등 2명, 삼합의三合義의 임길부任吉溥 등 3명 등 모두 7개 점포에 20명이 종사했다.

③ 소형점포
- 호복湖北 : 한양漢陽11곳, 황주黃州 4곳, 무창武昌 3곳.
- 하남河南 : 영주潁州 3곳, 회경懷慶, 여녕汝寧, 개봉開封, 귀덕歸德, 진주陳州 각 1곳.
- 안휘安徽 : 여주廬州 3곳, 봉양鳳陽 2곳, 저주滁州, 휘주徽州, 안경安慶, 지주池州 각 1곳.
- 호남湖南 : 상덕常德, 장사長沙 각 1곳.
- 강소江蘇 : 서주徐州 10곳, 회안淮安, 양주揚州 각 3곳, 강녕江寧 2곳, 진강鎭江, 원안元安 각 1곳.
- 절강浙江 : 영파寧波, 영해寧海 각 2곳.
- 복건福建 : 장주漳州 1곳.
- 직예直隸 : 보정保定 1곳.
- 산동山東 : 등주登州 60곳, 내주萊州 28곳, 청주青州 7곳, 연주兗州 5곳, 제녕濟寧 4곳, 제남濟南 3곳, 태안泰安과 의주義州

각 1곳.

- 광동廣東 : 경주瓊州 2곳, 광주廣州와 조주潮州 각 1곳.

일반적으로 중형 이상의 화교 점포는 비교적 합리적인 내부 관리 제도를 구비했는데, 이를 몇 가지 사항으로 기술하면 다음과 같다.

경영자는 막대한 경영권을 갖고 있었다. 전권을 갖고 점포를 관리 했기 때문에 투자자는 일반적으로 경영에 간섭하지 않았다. 보통 큰 점포의 경우 모두 투자와 경영을 분리했다. 투자자는 속칭 동가東家 라고 불렸고, 투자자는 점포 개점에 자금을 제공했다. 경영자는 속칭 서가西家라고 했고, 또한 장궤掌櫃라고 불렸으며, 경영자는 전권으로 점포의 모든 경영사무에 관여했다. 어떤 동가東家의 경우는 심지어 점포를 경영자에게 맡기고 귀국해서 중국에 거주하는 경우도 있다. 어떤 점포의 독자적으로 투자를 한 곳도 있고, 어떤 곳은 여러 명이 공동 투자한 합자合資 점포도 있었다. 합자한 점포는 투자자가 공동 으로 경영자를 채용했다. 그리고 매년 연말 점포의 이익에서 투자 비 율에 따라서 이익을 분배했다.

점포원의 일의 분담과 직급별 책임도 분명했다. 보통 중간급 이상 의 점포는 직원, 점원 등이 있다. 직원에는 외궤外櫃, 즉 점포의 점원 관리 및 고객의 응대 등을 담당했고, 이들의 지위는 장궤掌櫃 다음에 해당한다. 장방帳房은 회계 담당자로 장부를 관리하며, 점포의 수입 과 지출을 기록했다. 점원은 당시에 과계夥計라고 불렸고, 주로 고객 을 응대하며 상품을 판매했다. 견습생은 3년제로 일을 시작했다. 점 포의 유년 견습생 경우, 보통 12~13세로 일정한 월급이 없고 상점에 서 숙식했다. 견습생은 주로 경영업무와 잡일 장궤掌櫃의 일들을 처 리했다. 견습생의 실습 기간은 보통 3년이고, 3년이 되면 점원이 되어 정식으로 월급을 받았다.

점원을 독려하기 위해서 포상과 징벌의 수단을 함께 사용했다. 예를 들면 점원이 유능하면 2배의 월급을 지급하거나, 비교적 긴 휴가를 주며 귀국해서 부모를 만날 수 있게 했다. 이와 반대로 불성실할 경우 처벌을 하거나 엄중할 경우 제적시켰다.

일반적으로 화교상점은 경영방식에서 다음과 같은 특징이 있다.

① 신중한 투자

화상은 투자할 업종이 결정되면 대다수 시장을 신중하게 조사하고 투자 방향을 확정했다. 이를 통해 실패의 가능성을 최소화했다.

② 업계 동향의 중시

특히 중형 이상의 점포의 경우 종종 한국 전역을 대상으로 상주 인원을 두거나, 혹은 사람이나 지역에 물건을 보내면서 각 도시별 시장 상황을 파악했다.

어떤 곳은 각지 화상의 소형점포의 판매자와 정보 계약을 맺었다. 즉 중형, 혹은 대형점포는 소형점포에 할인가격으로 상품을 제공하고, 소형점포는 중·대형에게 해당 지역의 시장 정보를 제공하였다. 어떤 곳은 화상이 자체로 관련 경제조직을 만들어서 관련 정보를 교환하기도 했다.

③ 진품과 실가격 거래

다수의 점포는 신용을 근본으로 진품을 실가격으로 제공하였다.

④ 박리다매薄利多賣

⑤ 신용의 강조

일반적으로 점포는 매출 증대를 위해 외상으로 거래하는 신용거래를 주로 했다. 외상거래는 점포를 자주 찾는 고객뿐만 아니라 점포 사이에도 빈번하게 발생했다. 일부 중형과 대형점포는 소형점포에 물건을 도매로 공급할 때 소형점포는 잠시 지불을 유보할 수 있었다. 그리고 2달에 한 번 결제하거나 6개월에 한 번, 혹은 1년에 한 번 물품 대금을 지불했다. 이런 장점으로 인해 화교의 사업은 보통 신속하게 발전했다. 서울 화상인 공연덕鞏連德은 처음 한국에 도착해서 각지의 행상을 위해서 자본을 조금씩 축적했고, 1883년 10월에 자본금 백은 60량兩을 투자해서 서울에 소규모 잡화점을 개점했다.

경영이 제대로 되자 12월 초에는 다음 건물을 은 1,270냥에 사서 상당한 규모의 점포를 열었고, 여러 명의 점원을 고용했다. 결국에는 무역업자로 직종을 바꾸었다. 사업이 번창하면서 12월 초에 백은 1,279량을 들여 점포가 있던 건물을 매입하고서 규모가 상당히 대형 점포를 열었다. 아울러 수 명의 점원을 고용했다. 후에는 무역 상행으로 업종을 바꾸었다.

이 시기 화교 상업은 상당히 빠른 발전을 이루었다. 화교의 경제력이 빠르게 성장하면서 화교 점포는 점차 한국 각지에 널리 보급되었다. 이에 대해 일본인 스에나가준이치로末永純一郎는 1893년 한국 각지의 상업 상황을 분석한 후에 보고서에서 다음과 같이 언급했다.

"한국에서 화상은 공급자였고, 일본 상인은 수요자 입장에 있었다. 중요한 일상 용품은 대부분 화상이 제공했고, 일본 상인은 당장 급히 필요하지 않은 제품을 공급했다. 더욱 주목할 점은 대다수의 일본 상인의 제품은 모두 화상의 손에서 구입해서 재차

한국인에게 다시 판매했다. 그래서 일본 상인은 작은 이익만을
얻었고, 대다수의 이윤과 상권商權은 이미 화상의 손에 장악되었
다."130)

그리고 한국은행은 1914년 〈경제연감經濟年鑑〉에서 역시 "한국화
상은 구한국 시대에 이르러 전성 시기가 도래했다."131)고 지적했다.

2) 공업工業

이 시기 화교가 공업에 종사하는 유형은 크게 2가지로 나뉜다. 첫
째는 소형 공장으로, 실은 수공업 공장에 해당한다. 예를 들면 기름
집, 양조장, 정미소, 대장간 등 모두 규모가 협소했고, 종업원의 수도
많지 않았다. 또한 설비도 간략하고 낙후되어 모두 수공으로 운영했
다. 둘째는 노동력을 제공하는 노동자였다. 예를 들면 하역공, 광부,
목공, 미장공, 석공 및 일용직 노동자 등이었다.

(1) 작업장

- 양조장 : 수수를 사용해 고량주를 만들었고, 한국인이 좋아해서
  양조장은 비교적 흥성했다.
- 기름집 : 대두大豆와 참깨를 이용해 기름을 만들었다.

---

130) 秦裕光,《六十年六十年見聞錄)》, 第14節. "在朝鮮, 華商是供給者, 日商
則處於需要者的立場. 重要的日常用品大半是華商提供, 日商只是象徵
性的提供點不急需之東西. 更注目的是, 大半日商的商品皆是購自華商
之手, 再轉賣于韓人. 故日人只能賺些蠅頭小利, 大部分利益及商權已完
全控制于華商手中."
131) 王治民等,《韓國華僑志》, "留韓華僑在舊韓國時代是全盛時期." 66쪽.

- 정미소 : 일명 바방磨房으로 불렸고, 양곡을 가공했다.
- 대장간 : 철을 주조해서 농기구와 주방 도구를 만들었다.

(2) 화교 노동자

- 하역공 : 화교는 하역노동에 종사하는 자가 매우 많았다. 한국 개항장이 증가함에 따라, 그리고 철도운송과 항만 운송이 발전함에 따라 하역공의 수용은 크게 증가했다. 하지만 초기 한국 화교의 경제가 수준이 발전하지 못해 많은 화교가 하역노동에 종사했다.
- 광공 : 일제와 서방 자본주의 열강이 한국을 침략한 후에 광산자원을 약탈했다. 이로 인해 화교는 광공을 담당하는 경우가 많았고, 다수는 석탄이나 은을 채굴하는 광부로 일했다.
- 목공, 미장공, 석공 : 건축업과 관련해 이런 3가지 분야에서 많은 화교들이 일했다.
- 일용직 노동자 : 한국에 주둔한 다른 나라에 고용되어 잡일을 담당했던 화교로 그 수량은 많지 않았다.

화교의 공업은 화교경제 중 차지하는 비중이 매우 적었고, 이 시기는 특히 이러했다.

3) 농업

근대 한국의 화교 농업은 실제로는 채소밭을 경작하는 것에서 시작했다. 한국 화교는 어느 시기부터 채소밭을 경영했을까? 일본인의 조사에 근거하면 1887년 산동 출신 화교인 왕씨王氏와 강씨姜氏가 인천을 통해 입국했고, 후에 경기도 부천군 다미면多未面에서 채소밭을 경작했다. 후에 이 두 사람의 채소밭이 화교 농업의 효시가 되었다132)고한다. 확실한 사료를 근거하면 인천 화교인 왕승명王承明은 1890년에 인천에서 채소밭을 처음으로 경영했다.133)

한국의 채소밭은 초기에 그다지 많지 않았다. 한국의 개항장이 증가함에 따라서 도시 역시 신속히 발달했다. 도시 인구가 증가하면서 자연히 다량의 채소가 필요했다. 그래서 도시 근교에 점차 많은 화교가 등장하기 시작했다. 조선 화교의 증가 역시 화교의 채소밭 증가의 원인이 되었다. 1906년의 화농華農 인구는 641명이고, 1910년에 417호로 1,571명에 달했다.

초기 한국에 왔던 화농은 대다수 자신의 땅이 없었고, 다수는 일손을 돕거나, 혹은 토지를 대여해서 채소밭을 시작했다. 토지를 대여해 경작했던 경우는 토지계약을 하면서 절반의 계약금을 지불했고, 가을에 경작이 끝난 후에 다시 나머지 절반을 지주에게 지불했다. 그렇기 때문에 보통 채소 농가는 씨앗과 일정 금액만 있으면 땅을 빌려 채소밭 경작이 가능했다. 이렇게 몇 년을 운영하면 저축한 돈으로 토지를 매입해 비교적 대규모의 채소밭을 운영하기도 했다.

당시 화교의 채소밭은 가구당 평균 500~2,000평坪 정도로 규모는 크지 않았고, 당시 한국의 채소밭에 비하면 면적은 절반 수준에 불과했다. 토지를 더 효율적으로 사용하기 위해 어린싹을 키워 집 안에서 재배하는 화농도 있었다.

화농의 채소밭은 윤작으로 운영하며 1년 4계절마다 다른 종류의

---

132) 盧冠群, 《韓國華僑經濟》, 57쪽.
133) 秦裕光, 《六十年六十年見聞錄》, 21쪽.

채소를 재배했다. 채소는 주로 배추, 감자, 오이, 파, 부추, 미나리 등
이었다.

화농은 채소밭을 경영하면서 동시에 대다수 부업도 겸비했다. 소
와 돼지, 닭 등을 키웠는데, 특히 돼지 사육이 가장 많았다. 이는 돼
지가 수입이 비교적 좋아서 집안 살림에 보탬이 되었고, 또한 돼지의
배설물은 좋은 비료로 채소밭에 사용할 수 있었기 때문이다. 화농의
채소 재배는 주로 경험을 근거로 과학적이지 않았지만, 힘든 노동을
견디면서 채소밭에서 상당한 수입을 거두었다.

화농의 재배 방법은 주로 경험에 근거한 것으로 과학적이지 않은
점이 있지만, 화농이 고생을 참고 견디었기에 채소밭의 수입은 상당
했을 것이다. 1910년 일본의 키쿠오하루釋尾春의《신조선여신만주新
朝鮮與新滿洲》에서 이르길 "화교가 경영하는 채소밭은 독특한 재배
방법을 사용하며 어려움을 극복했고, 제한된 토지를 이용해서 작은
토지에서도 채소를 재배하며 최선을 다해 수확량을 높였다. 재배 방
법도 정말로 절묘했고, 판매 수단 역시 매우 뛰어났다. 그래서 채소
재배의 이익은 완전히 화교 채소 농가가 점유했다."[134]라고 했다.

4) 운수업

당시 한국 화교의 운수업에는 2가지가 있었다. 첫째는 인천에서 용
산 및 만포 사이 내지를 운항하는 증기선 회사이고, 둘째는 인천에서
서울 사이 육로를 운행하는 짐마차 회사이다.

---

134) "華僑經營菜園最特殊的是栽培方法, 能克服最大的障礙, 利用有限的土
地, 在每一隅、一角, 都栽培菜蔬, 專心一意地使收穫增至最多, 方法實在
巧妙, 出售時手段也很高明, 所以菜界的利益完全被華僑菜商佔有。"

서울은 한국의 수도였고, 인천은 한국의 대외적인 주요 무역항이었다. 당시 인천에서 서울까지는 아직 철도가 없었기 때문에 육로를 통해 한강을 도강해서 수도로 진입했다. 그리고 도로마다 중간에 산이 많아 교통이 불편했다. 보통 외국 상인이 화물을 운송할 경우 대다수가 수로를 이용했다. 하지만 당시 수로에는 범선이 많았지만, 10톤 이상의 증기선은 극히 적었다. 대다수는 인천에서 화물을 적재한 범선은 강화江華를 통해서 한강으로 들어갔다. 이후 강을 거슬러 서울 부근인 용산龍山이나 마포麻浦[135)에 도착했는데, 걸리는 시일은 2~3일 정도였다. 그리고 다시 화물을 작은 배에 나누어 싣고 서울로 운반했다. 처음에 용산과 마포는 모두 개항장이 아니어서 외부 화물의 진입이 불허되었다. 그래서 화상과 일본 상인은 모두 돛단 운반선을 운행했다. 후에 일본 상인은 한국이 관리를 매수해 소형 선박 2척을 구입해서 한국 상인의 명의로 한강을 운행했고, 인천과 용산 및 마포 사이를 왕래했다. 이렇게 수상 운송은 점차 일본인의 증기선에 의해 독점되었다.

청조의 통상사무위원인 원세개袁世凱는 1892년에 화상의 요청으로 두 차례에 걸쳐 조선에 차관 10만 량을 제공할 때 청조에게 "화상인 동순태가 한국 화교의 자본을 모아서 선박회사를 창업해야 한다."는 의견을 건의했다. 그리고 이를 통해 인천과 용산 및 마포 간 운송 사업의 운영을 제안했다. 청조는 이를 승인하고 1892년 10월에 《조선전운아문과 화상동순태호의 추가대출 계약서朝鮮轉運衙門與華商同順泰號續訂貸款合同》를 체결했다. 이때 제7관의 전문에는 다음과 같이 규

---

135) 저자는 마포麻浦를 만포滿浦로 잘못 기술해서 마포로 바로 잡았다. 원래 만포는 북한의 압록강가에 있는 지명을 지칭한다.(역자 주)

정했다. 즉 "조선의 전운아문은 동순태와 계약을 해서 중국과 한국의 출자금을 모집해서 소형 화물선 수척을 구입하고 서로 상부상조한다. 전운서의 크고 작은 모든 화물이 작은 화물선에서 내려지면 인천에서 서울까지의 운송은 반드시 조항으로 규정해 상의한 후에 결정한다."136)고 했다.

같은해 10월 조선의 해운아문과 화상인 동순태호 쌍방은 《추가 차관합의서》에 따라 교섭을 진행해 합의를 도출하고 《조선전운아문과 화상 동순태호의 천수淺水용 화물선 구입에 관한 규정 약정朝鮮轉運衙門與華商同順泰號約購造淺水小火輪船條規》을 체결했다. 그 전문은 다음과 같다.

조서전운아문과 화상 동순태호의 화물 운반선 구입에 관한 약정

1. 조선의 운송아문은 청의 화상인 동순태호同順泰號와 안창호安昌號 등을 초빙하고 한국 민간상인 자본을 모집해 통혜공사通惠公司를 설립한다. 각각 40톤과 50톤인 2척의 대·소형 쾌속 운송선 2대를 구입하고, 인천仁川, 강화江華, 용산龍山 등을 왕래한다. 행상의 화물을 운송하며, 조선 관미官米의 운송 사무를 담당하면서 조선접운상국朝鮮接運商局이라 명한다. 모든 관청의 선박 운송관련 사무는 동순태同順泰에게 위탁해 관리한다.137)

---

136) "朝鮮轉運衙門同順泰招集華韓股份, 購造淺水小火輪數隻, 作為運署接運船隻, 遇事護助。所有運署大火輪載來貨物等件, 由小火輪起駁, 自仁川運來京江, 至應須條規續後商定。"

137) 一、朝鮮轉運街門募清華商同順泰號約同安昌等號, 招集韓民商股份, 作為通惠公司, 購造淺水精快小大輪船, 約每支可載四、五十墩(噸), 共二史, 往來仁川、江華、龍山春處, 載運客商貨物技並承辦接運朝野官米事務, 應名為朝鮮接運商局。所有局內及船隻各事, 委由同順泰等號管理。

2. 출자금은 멕시코 100원을 한 주株로하고 조선 관상官商과 중국 상인은 모두 100원을 출자하는 자에게 증서를 부여하고 출자를 허가한다. 각 선박은 200원으로 출자금을 제한한다. 2척의 선박을 시험 운영하기 위해 400원을 모집함에 해당 규정에 근거한다. 타국 상인의 출자를 불허하고, 타국 상인에게 증서의 매매도 불허한다. 이를 어긴 자의 증서는 무효로 한다.[138]

3. 선박의 관미官米 운송과 조선의 내지 항구를 운항할 때는 항상 조선 국기를 사용한다. 운송아문의 관원이 전운서의 증서를 소지하고 선박에 부착하면 객석 자리는 운임을 면제하지만, 3명 이상을 초과할 수 없다.[139]

4. 조선의 운송아문이 5월 말에서 10월 말까지 매년 관미官米 10만 포를 발송하면 인천에 있는 선박회사가 이를 인도해 시기에 따라 한강에 있는 부두 창고로 운송한다. 각 쌀 포대는 140근을 넘지 못하고, 각 포대 마다 (운송비로) 2분分을 지불한다. 만약 양은洋銀이 없을 경우 쌀을 대신해 매월 말에 결산한다. 만약 해당 선박의 운송이 예정일에 운송하지 못하거나, 화물이 수량에 맞지 않을 경우 1년 간 10만 포의 운임에서 제한다. 화물 적재와 하역의 선부의 비용은 모두 운송관청이 담당한다.[140]

---

138) 二、股份票紙按墨洋百元為一股，無論朝鮮官商及中國有號，凡出百元者，即付予票紙，准許k股。每船一支限招二百股。如先造兩船試辦往來，可先招四百股，以昭核節。惟不許他國民商入股，亦不準將股票轉售他國民商，違者該票作為廢紙。

139) 三、該船接運官米及往來朝鮮內地各口，均懸換朝鮮國旗，凡轉運衙門官員持有運署憑單附船者，客位人坐概免水腳，惟每船不得過三人。

140) 四、朝鮮運署自五月底起至十月底止，每年須發撥官米十萬包，在仁川交付該局，分期承運至汶江倉前碼頭交納。每包束不許過一百四十觔之譜，定付水腳洋三分，並每包付行用二分。倘無洋絞,可以米按市價扣折，每月底結清。倘該船於接運一時，而運者不能如數如期史未，至所運不能如

5. 운송회사와 선박에 고용된 사람은 이사회의 약정과 조선인의 도움을 받아 사무를 처리한다. 고용된 자가 일을 잘하지 못하면 회사의 이사는 그를 정당하게 해고할 수 있다. 만약 조선의 주식 보유자가 이사와 회사의 일 처리가 불공평하다는 의혹을 제기하면 장부를 수시로 열람해서 논의를 통해 바로 잡는다.[141]

6. 운송관청이 만약 회사 선박을 다른 곳에 보내 관아 화물을 운송하려면 마땅히 회사와 수시로 상의해야 한다. 회사 선박의 행방에 대해서는 마땅히 운동관청이 숙지하고, 각 지방 관청과 상의해 도움을 제공받지만, 이곳에 조선 관리가 파견되거나 지휘 관할을 받지 않는다.[142]

7. 선박은 관미를 운송함에 매월 말 날짜에 따라서 수량을 인천의 운송관청에 알리고 준비한다. 선박이 인천에 도착하면 신속히 화물을 선적하고 서울 한강에 하역함에 조금도 지체해서는 안 된다.[143]

8. 선박이 관미를 운송함에 의외의 재난을 재외하고, 중간에 도난 등의 일이 있을 경우 해당 선박이 배상한다. 화물은 인천에서 선적하기 이전과 서울 한강에서 하역한 이후에는 조선 관리가 책임을 진다.[144]

數, 亦須按通年十萬包水腳行用扣付。至上下船夫力扛工均由運者自理。

141) 五、該局內及船上所用執事人, 亦可由局董約請朝鮮人幫同辦理, 該執事人等如有辦事不妥者, 難由局董秉公革除。倘朝鮮股份各主有疑惑局董事及局人辦事未能公允之處, 應憑股主查閱帳目及隨時理論改正。

142) 六、運署倘擬派該船另往他處載運他哽官物, 應隨時向該局有催。該船所往各處, 應蟲運署知會各地方官妥為護助, 至該局及船支, 均不由朝鮮官員節制差遣。

143) 七、該船應運官米, 按每月朔先以分日載運歟目知會仁川運著早為預備。該藉到仁即裝, 其回馳時, 到京江即卸, 不得稍有稽遲。

144) 八、該船承運米包除意外禍災外, 如中途有盜失等事, 由該船認賠。至於

9. 운송회사 내의 규정은 반드시 주주와 회사가 함께 협의해 결정한다. 매년 연말 결산 후 이윤을 주주를 청하여 함께 분배를 검토하고, 각기 공지하여 공평하게 처리한다. 만약 경영자의 장부가 불명확하거나, 날조와 기만 등이 되었다면 주주에 맡겨 처벌을 논의하고 고발해 처한다.[145]

10. 운송서는 본국의 범선으로 관미官米를 수송함에 있어 만약 신속하게 수송할 수 없어서 모든 관미를 작은 배로 운송하려 할 경우 해당 관청은 마땅히 선박을 증편해 운송하는 방법을 상의해야 한다. 다른 나라와 다시 계약을 맺고서 운송을 명령할 수 없다. 만약 해당 관청이 대항하면서 해운서 자체의 소형 선박으로 운송할 경우 계약 이외의 운송량으로 하면 해당 관청역시 허가할 수 있다.[146]

11. 이 계약은 15년 후에 다시 서로 협의해 수정하고, 운송관청은 회사 선박을 매입해 스스로 운영할 수 있다.[147]

12. 이 조항은 2부씩 필사하고 각기 인장을 찍어서 한 부씩 보관하며 반드시 지킨다.[148]

조선전운아문총무 정병하 명인
朝鮮轉運衙門總務鄭秉夏 名章

在仁未裝前及在京江交卸後, 應由朝鮮官役防護。

145) 九、該局內各項條規應請入股各主公同商定, 每屆年終結帳分息之時, 亦請各股主公同核閱, 分別告白, 以昭公允。倘經手人有帳目不清或捏虛說騙等事, 任憑股主議罰控辦。

146) 十、運署倘以本國帆船接運官米, 未能速便, 擬將所有官米俱由小輪接運, 應向該局商告涉船運辦, 不得再與他國另定合同, 並令接運。至與該局抗爭, 倘運署自備小輪接在合同應運包數外, 該局亦可聽允。

147) 十一、此項合同須於十五年後再彼此商酌改定, 或由運署將該局船隻買回自辦。

148) 十二、此項條規繕具二份, 各加印押, 各持一份, 以昭憑守。

한성화교광방상회 이사오품형후선 현증
漢城華商廣幇商會董事五品銜侯選縣丞

탐이시 압장
譚以時押章

총관무이 관방
總官務之關防

광서 18년 10월 6일
光緒十八年十月初六日

　이런 규정을 근거해 1893년 통혜通惠선박회사를 정식으로 설립했다. 명목상 회사는 화교와 한국인이 운영했지만 자본의 상당 부분은 화상과 청조의 기관이 투자했다. 그래서 실제로는 화교가 설립한 선박회사였고, 운영권 역시 출자금이 가장 많은 동순태 무역상행인 회장 담이시譚以時가 장악했다. 통혜선박회사는 전체 300주를 모집해 총 자금은 30,000위안이었다. 이 가운데 청주조통상위원淸駐朝通商委員)인 원세개袁世凱와 참사관 겸 용산영사인 당소의唐紹儀가 1만 위안元을 투자했다. 화상 중에 동순호同順號 무역상사가 8,000위안, 이생호怡生號가 3,000위안을 각각 투자했다. 선박회사는 15,000위안으로 "한양호漢陽號"등 소형 선박 2척을 구입했고, 1만 위안은 용산에 부두와 창고를 건설했다. 이외에도 북양대신인 이홍장은 매년 3,000위안을 출자해 이를 운영비로 삼았다.

　통혜선박회사의 선박은 규정에 의해 명의는 조선당국에서 인수를 받아 인천과 용산 사이를 운행했다. 그리고 보험회사의 규정에 의해서 선주는 반드시 자본주의 국가의 사람이 보험에 가입할 수 있었기 때문에 선박의 선주는 독일인으로 했고, 뱃길 안내인은 일본인, 그 나머지 기관사와 매판買辦[149] 및 선원은 대다수 중국인이었고, 약간의 한국인도 있었다. 통혜선박회사의 주된 경영 내용을 보면, 첫째는 조선 정부에 관미官米인 조미漕米의 운송인데 매년 10만 석에 달했고, 조미는 인천에서 용산까지 운송했다. 둘째는 화상의 화물 운송이다. 하지만 이 회사가 창업했을 때 연말이라서 조선 정부의 관미 운송이 끝난 상태였고, 단순히 화상의 여객과 화물 운송만으로는 적자를 면치 못했다. 그래서 청조는 매월 300량의 은량의 지원을 결정하고 선박회사의 적자를 보충해 파산을 막았다. 이와 함께 선박회사는 주식 50주를 더 모집해서 자본금을 35,000달러로 증가했다. 이듬해에 해당 선박회사의 사업이 번창했고, 화교의 여객과 화물 운송에 큰 편리함을 제공했다. 이에 일본 선박회사는 경쟁을 이기지 못하고 문을 닫았다.

화상이 경영하는 거마회사 역시 1893년에 설립해서 서울과 인천의 육로 여객 운송에 종사했다. 거마회사는 특히 북경에서 40필의 말을 구입했고, 이후 사업의 규모를 확장해 경인京仁의 사업 범위를 확대해갔다.

3 교육 상황

1882~1910년 사이에 화교의 교육 사업은 맹아 상태로 매우 미약했다. 이 시기 교육기관으로는 첫째는 전통식 사숙私塾이고, 둘째는 신

---

149) 매판買辦 : 1770년 이래 중국에 있는 외국 상관商館이나 영사관 등에서 중국 상인과의 거래를 위해서 중개 기관으로서 고용한 중국인을 지칭한다. 중국 정부를 대변해서 기업 활동을 대신 유지 시켜주는 역할을 수행했다.(역자 주)

식학교인 학당學堂이 있었다.

1894년 청일전쟁 이전에 한국 화교 사회에는 서당이 유일했다. 경제적으로 부유한 화교는 자제의 교육을 위해서 집안에 글방을 두고 선생을 초빙해서 일가나 몇 가의 자제를 가르쳤다. 교육내용은 중국 전통의 교재로 초급 단계로는 《백가성百家姓》·《삼자경三字經》·《천자문千字文》 등의 아동 계몽 도서를 공부했다. 고급 수준에 이르면 사서오경四書五經과 주산珠算, 서예 등을 공부했다. 이런 종류의 사숙은 일정한 학습 시간과 학제學制가 없었다.

청일전쟁 후에 청조의 패배로 조선에 대한 정치적 영향력 역시 사라졌다. 이런 정치형세의 변화를 통해 화교 역시 청조의 부패와 무능을 발견하고, 동시에 봉건교육의 낙후성을 깨닫는 기회가 되었다. 이로부터 신식학교가 생겨났다.

한국 화교의 최초 신식학교는 1902년에 저명한 화교인 김경창金慶昌 등이 자금을 모아 인천에 설립했다. 이름을 인천 화교학당仁川華僑學堂이라 했고, 학생 30명을 모집했다.[150] 1910년에 서울의 저명한 화교인 장시영張時英이 비용을 모금해 차이나타운에 한성화교학당漢城華敎學堂을 설립했다.[151]

이상의 신식학교 2곳의 설립은 한국 화교교육 사업이 발전하는 커다란 촉진제가 되었다. 당시 학교의 규모와 설비, 교사와 학생의 수량 및 교과 과정, 교학의 수준 등은 모두 지금의 정식 초등학교와는 비교할 수 없었다.

이 시기 화교교육 사업이 발달하지 못한 다양한 원인이 있다.

---

150) 王治民等, 《韓國華僑志》, 90쪽.
151) 《東方雜誌》, 1909年 3期, 2月 28日.

첫째, 당시 화교의 대다수는 독신이 남성이 많았고, 가족들은 대부분이 중국에 있었다. 1907년의 기록을 보면 한국이 여성 화교는 3명이고, 남성은 7,739명이었다. 1910년에 이르러서도 여성 화교는 1,089명에 불과했지만, 남성은 10,729명에 달했다. 이와 같이 가족을 동반한 화교는 많지 않아서 자녀도 드물 수밖에 없었다.

둘째, 화교 거주지가 분산되어 취학연령의 아동이 집중되지 않았다.

셋째, 교육 의식이 부족하고 한국에 주재하는 공관이나, 혹은 화교 단체 등 모두 교육에 대한 인식이 부족했다.

넷째, 교육 관련 비용의 부족은 교육 사업은 빨리 발전하지 못하는 중요한 이유 중 하나였다.

제4장

근대 한국 화교(2)
: 1910~1931년 6월

1910년 8월 22일 일제는 대한제국을 압박해 《한일합병조약韓日合併條約》을 체결하고서 28일 이를 공포했다. 해당 조약에 따르면 제1조에 "한국 황제 폐하는 한국 전체에 관한 일체 통치권을 완전히 또 영구히 일본 황제 폐하에게 양여한다."[1]라고 했고, 제2조에는 "일본국 황제 폐하는 앞 조항에 기재된 양여를 수락하고, 완전히 한국을 일본 제국에 병합하는 것을 승낙한다"[2]고 했다. 9월 2일 일본은 미국, 영국, 러시아, 프랑스 등 11개국에 《선언宣言》을 발표했고, 아울러 스위스와 스페인 등 13개국 정부에게 《통고通告》를 발송했다. 이러한 《선언》과 《통고》에는 일제의 한국 강점을 선포한 것이다. 이로 인해 수천 년 유구한 역사를 지닌 한국은 일제가 강점했고, 천만 한국인은 망국민으로 전락하며 36년 동안 참혹한 식민지 고초를 겪어야 했다. 하지만 자유와 독립을 쟁취하기 위해 한국인은 일제 식민정책을 결사반대하며 조국의 광복을 위해 힘겨운 투쟁을 전개했다.

　　이와 동시에 한국의 화교는 일제의 잔혹한 통치 속에서 박해받았다. 한국인과 함께 고난을 겪으며 한국 화교 역시 한국인과 함께 항

---

1) 《韓日合併條約》 "韓國皇帝陛下關於韓國全部之一切統治權完全永久讓與日本國皇帝陛下。"
2) 《中日條約彙纂》, "日本皇帝陛下受前舉之讓與, 且允許將韓國全部合併於日本帝國。", 340쪽.

일 투쟁에 앞장섰다.

일제가 한국을 강점한 후에 중국과 한국 사이의 외교관계는 단절되었다. 이후 관련 사무는 모두 일본 정부가 나서서 청조와 상의했다. 청조는 서울에 총영사관을 설치했고, 원산, 부산, 인천, 평양 등에 영사관을 설치해 화교 관련 사무를 관장했다.

1911년 10월 손중산은 중국의 혁명당을 이끌며 청조를 멸망시키고 중화민국을 건국했다. 중화민국은 일본과 외교관계를 맺었고, 자연스럽게 서울은 총영사관을, 평양, 원산, 부산, 인천에는 영사관을 각각 설치했다.

일제는 1910년 8월에 한국을 강점했다가 1945년에 무조건 항복했다. 이 시기는 두 가지 단계로 나눌 수 있다. 이번 장에서는 1910년에서 1931년까지 제1단계 시기 한국 화교 상황을 기술하고자 한다.

제1절 1910~1931년 한국 화교의 기본상황

1 인구와 본적

1910년~1931년 7월 한국의 화교 배척사건이 발생하기 이전에 한국 화교의 인구는 꾸준히 증가 추세를 보였고 증가 폭도 비교적 컸다. 1910년에서 1930년까지 한국 화교인 구체적인 인구수는 다음 표와 같다.

표 4.1 1910~1930년 한국 화교의 인구 상황표

연도	호수	인구		
		남자	여자	합계
1910	2,790	10,729	1,089	11,818
1911		11,145	692	11,837
1912		14,593	924	15,517
1913	3,875	15,235	987	16,222
1914		15,745	1,137	16,884
1915	3,821	14,714	1,254	15,968
1916		15,496	1,408	16,904
1917	4,722	16,241	1,726	17,967
1918		20,264	1,630	21,894
1919	5,218	16,897	1,691	18,588
1920		21,380	1,601	23,981
1921	7,093	21,912	2,783	24,695
1922	7,260	27,623	3,203	30,826
1923	7,938	29,947	3,707	33,654
1924	8,638	31,194	4,457	36,653

연도	호수	인구		
		남자	여자	합계
1925	9,902	40,527	5,669	46,196
1926	10,120	39,820	5,471	45,291
1927	10,663	43,173	6,883	50,058
1928	10,902	43,828	8,216	52,054
1929	11,996	47,226	9,446	56,672
1930	12,596	55,973	11 821	67,794

1910년 화교 인구는 11,818명에서 1930년 67,794명으로 20년간 6배 증가했다.

이 기간은 특히 30년 전후로 한국 화교는 여전히 산동 출신이 가장 많았고, 반면에 광동, 복건, 절강, 강소 등 동남 연안 출신이 화교는 큰 비중을 차지하지 못했다. 이에 비해 북방의 하북, 요녕, 산서 출신의 화교 수는 날로 증가했다. 그 구체적인 수는 아래 표와 같다.

표 4.2 1931년 경상남도 한국 화교의 호적 상황표

지역	호수	인구		
		남자	여자	합계
산동	251	763	97	860
요녕	13	37	7	44
하북	15	53	10	63
하남	1	1		1
호북	2	2	2	4
산서	1	5		5
강소	1	1	1	2
절강	2	7	1	8
복건	1	12	5	17
합계	287	881	123	1,004

1929년 인천에 거주하는 화교 중에는 산동 출신이 3,085명, 하북 88명, 요녕 36명, 절강 20명, 호북 12명, 강소 11명, 광동 3명, 복건·안휘·산서는 각각 1명으로 모두 3,258명에 달했다.

이 시기에 화교는 크게 증가했다. 1910년의 11,818명에서 1930년의 67,794명으로 늘었다. 이런 주된 원인은 제국주의의 중국침략이 날로 심해졌기 때문이다.

산동은 가장 심하게 제국주의 침탈을 당한 지역 중에 한곳으로, 일찍이 1894년 청일전쟁 때 직접 일제의 침략을 받기도 했다. 그리고 독일과 영국에 의해서 교주만膠州灣과 위해위威海衛가 강점되었다. 독일은 산동 전체를 자신의 세력 범위로 삼기 위해 1899년 교제철로膠濟鐵路3)의 건설을 강행하면서 철로를 따라 광산자원 개발에 나서기도 했다. 외국 선교사는 일찍이 산동에서 활동했고, 1990년대 말에 이들이 운영하던 기독교 교회와 가톨릭 성당 등이 산동 전역에 분포했다. 교회는 서방교회의 세력을 근거로 다른 세력들과 야합했다. 다른 연안 지역의 성省과 같이 산동 역시 다량의 서양 주단과 서양의 면직물, 그리고 다량의 농산품이 상품으로 유입되었다. 이에 중국 농민의 수공업을 붕괴시켰고, 농촌의 자연경제는 점차 파괴되었다. 그래서 "서양의 주단과 면직물이 널리 팔리면서 중국의 여성들은 속수무책으로 가난하게 된 사람이 수천만에 달했다."4)고 했다. 또한 "중국의 공업생산 역시 크게 타격을 받으며 생계를 위한 사업의 90%는

---

3) 교제철로膠濟鐵路 : 1899년에서 1904년 사이에 독일이 청도青島에서 산동의 중심 도시인 제남濟南 사이를 관통하는 철도노선을 지칭한다. 철도의 총길이는 384.2km이며, 이 철로의 건설로 산동은 정치와 사회, 경제 등 다방면에 큰 영향을 주었다.(역자 주)

4) 薛福成,《强鄰環伺僅陳愚計疏》

빼앗겼다."5)라고 했다. 이와 같이 농민과 노동자의 생존은 더욱 힘들어졌다.

산동은 인구에 비해 땅이 좁기로 전국에서 가장 유명했다. 상해와 천진에 해외 선박이 운항했고, 중국 남북의 운하를 관통하며 운송의 중심이 해운으로 전환했다. 1900년을 기점으로 각 성省은 해운海運과 하천 운송은 모두 미진했고, 대운하는 점차 침체되면서 하천 인근의 도시도 쇠락했다. 원명元明 이래 남북의 하천은 대다수 물이 말라 교통선이 사라지기도 했다. 이에 선박과 하역 노동자 및 이와 관련해 생계에 타격을 입은 노동자의 수는 헤아릴 수 없이 많았다.

청조의 부패는 자연재해를 가중시킨 원인이 되었다. 1855년 황하는 하남의 동와상銅瓦廂에서 물길을 바꾸어 산동으로 흐르게 했는데, 이것이 종종 범람하며 재해를 일으켰다. 하지만 황하를 치수하는 비용을 당시 관리들이 착복했다. 1896년 산동 순무巡撫인 이병형李秉衡은 "근래에 범람하지 않은 적이 없었고, 범람도 한해에 수차례 했다."6)라고 했다.

1898년부터 황하의 제방이 해마다 무너졌고, 산동과 하북 일대의 재해 피해는 매우 컸다. 당시 익사한 인구는 167만 명에 달했고, 토지와 가옥의 붕괴는 헤아릴 수 없이 많았다. 이와 함께 무장한 토비土匪이 횡행했고, 도적盜賊이 도처에서 일어나 백성들은 안심하고 살 수 없었다. 한국 화교이며 저명한 사업가이며 문화계 인사인 진유광秦裕光은 1910년 부친이 한국으로 이주한 이유를 다음과 같이 말했

---

5) 容閎, 《西學東漸記》: "中國工界乃大受其影響, 生計事業, 幾已十奪其九。"
6) "近來幾於無歲不決, 無歲不數決。"

다. 이르길 "집안의 부친인 진홍문秦鴻文의 자는 환장換章이고 1910
년에 고향을 떠나서 한국에 왔다. 마침 당시는 한일합병 시기였다.
(중략) 부친이 당시 한국으로 이주한 원인은 돈을 벌기만을 위한 것
은 아니었고, 가장 큰 이유는 사회적인 불안 때문이었다. 1910년 고
향을 떠나서 신의주에 도착했을 때가 마침 청조 말기로 사회가 매우
불안해서 도처에 마적들이 창궐했고, 국가의 행정력도 부패해서 본
토 백성들의 심정은 매우 혼란스러웠다."7)고 했다.

중화민국 건국 이후에도 산동의 어려움은 여전히 호전되지 않았
다. 제국주의의 침탈과 북양 군벌의 혼전, 그리고 국민당 통치의 부
패로 더욱 많은 사람은 해외로 이주해 생계를 도모했다. 진유광은
1920년대 산동의 상황을 다음과 같이 언급했다. "당시의 산동이 상황
역시 좋은 것만은 아니었다. 일본 군경과 군벌, 유격대, 도적과 마적
등의 습격으로 혼란스러웠고 가혹하리만큼 잡다한 세금도 많아서 혼
란은 극에 달했다."8)고 했다. 이런 상황에서 산동의 많은 사람은 가
장 인접한 한반도를 해로로 이주하거나, 동북으로 우회해 육로를 통
해 한국으로 입국했다.

기타 북방지역이 화교 역시 이와 유사한 경로를 통해 한반도로 이
주했다.

이 시기 광동과 복건 등 동남 연해안의 한국 화교의 수량은 상대

---

7) 秦裕光,《六十年見聞錄》, "家父秦鴻文, 字煥章, 自1910年背鄉離井來到韓
   國, 當時正值日韓合併時期……家父當時移住韓國的原因並不完全是為了
   賺錢, 最大的原因是社會的不：安。 1910年離鄉來新義州時, 正是清朝末
   期, 社會局勢非常不安, 到處有馬賊搶劫, 國家的行政力腐敗, 使大陸民情
   呈.顯一片混亂。", 4쪽.
8) "當時的山東亦好不了多少。 因日本軍警、軍閥、遊擊隊、土匪、馬賊等, 一
   再襲擊擾亂, 各種苛捐雜稅繁多, 可以說亂到極點。"

적으로 감소했다. 이는 해외 이주자가 감소해서가 아니라 대다수 동남아 지역으로 많이 나갔기 때문이다. 이에 대해서 "이 시기 인도네시아 외에도 당시 동남아시아 기타 지역과 북미와 남미 및 호주 등으로 살길을 찾았던 중국인은 주로 복건과 광동지역 출신이 주류를 형성했다."9)라고 했다.

2 분포

이 시기 한국 화교의 분포에는 대략 3가지 특징이 있다.

(1) 한반도 전역에 분포

1920년을 예로 들면 아래 표와 같다.

표 4.3 1920년 한국 화교 분포 상황표

행정구역	호수	인구		
		남자	여자	합계
경기도京畿道				
서울漢城	559	2,172	301	2,473
인천부仁川府	232	1,019	219	1,318
고양군高陽郡	14	32		32
여주군驪州郡	4	11		11
이천군利川郡	9	32	3	35
안성군安城郡	24	57		57
진위군振威郡	11	32	4	56
수원군水原郡	23	74	4	78
시흥군始興郡	10	48		48

9) 溫廣益等,《印尼華僑史》, 196쪽.

행정구역	호수	인구		
		남자	여자	합계
강화군江華郡	3	5		5
파주군坡州郡	2	8		8
개성군開城郡	14	88	1	89
충청북도忠淸北道				
청주군淸州郡	27	96	10	106
옥천군沃川郡	9	34		34
영동군永同郡	22	83	3	86
진천군鎭川郡	16	49		49
괴산군槐山郡	38	43	3	46
충주군忠州郡	16	57		57
제천군堤川郡	11	42	2	44
단양군丹揚郡	1	2		2
충청남도忠淸南道				
공주군公州郡	33	122	16	138
연기군燕岐郡	26	91	3	94
대전군大田郡	23	83	6	89
논산군論山郡	67	250	2	252
예산군禮山郡	24	111	14	125
서산군瑞山郡	23	69	6	75
천안군天安郡	23	85	11	96
전라북도全羅北道				
군산부群山府	60	229	7	236
전주군全州郡	39	93	2	95
금산군錦山郡	17	39	1	40
무미군茂米郡	4	35		
남원군南原郡	12	49	1	50
순창군淳昌郡	7	24	1	25
정읍군井邑郡	23	79	7	86
부안군扶安郡	15	57	2	59
김제군金堤郡	13	35	3	38
익산군益山郡	23	65	2	67

행정구역	호수	인구		
		남자	여자	합계
전라남도全羅南道				
목포부木浦府	43	142	4	146
광주군光州郡	28	77		77
담양군潭陽郡	6	20		20
곡성군谷城郡	5	11		11
구례군求禮郡	5	14	4	18
광양군光陽郡	9	28	1	29
여수군麗水郡	7	29		29
순천군順天郡	9	36	2	38
고흥군高興郡	4	10	2	12
보성군寶城郡	11	40		40
화순군和順郡	5	12		12
장흥군長興郡	2	9		9
강진군康津郡	3	11		11
해남군海南郡	5	11	3	14
영암군靈巖郡	6	12		12
나주군羅州郡	17	63	1	64
함평군咸平郡	4	11		11
영광군靈光郡	10	34	3	37
완도군莞島郡	1	3		3
진도군珍島郡	1	5		5
제주도濟州島	4	20	1	21
경상북도慶尙北道				
대구부大丘府	112	247	32	279
의성군義城郡	4	11		11
안악군安樂郡	9	20		20
영일군迎日郡	6	12	2	14
경주군慶州郡	9	24		24
영천군潁川郡	1	2		2
경산군慶山郡	3	11		11

행정구역	호수	인구		
		남자	여자	합계
칠곡군漆谷郡	1	3		3
김천군金泉郡	16	70	5	75
선산군善山郡	3	14		14
상주군尙州郡	15	56	2	58
예천군醴泉郡	13	14		14
경상남도慶尙南道				
부산부釜山府	47	211	15	226
마산부馬山府	12	67		61
진주군晉州郡	8	34	3	37
의령군宜寧郡	2	10		10
창녕군昌寧郡	3	5		5
밀양군密陽郡	7	20		20
양산군梁山郡	2	5		5
울산군蔚山郡	7	28		28
동래군東萊郡	4	13	1	14
김해군金海郡	5	26		26
창원군昌原郡	2	6		6
통영군統營郡	4	12		12
국성군國城郡	2	9	1	10
사천군泗川郡	8	25	1	26
남해군南海郡	3	11	1	12
하동군河東郡	16	60		60
산청군山淸郡	3	12		12
함양군咸陽郡	5	21		21
거창군居昌郡	5	23		23
합천군陜川郡	4	19		19
황해도黃海道				
해주군海州郡	53	75	6	81
연백군延白郡	15	54	2	56

행정구역	호수	인구		
		남자	여자	합계
금천군金川郡	10	33		33
신계군新溪郡	3	9		9
옹진군甕津郡	3	11		11
장연군長淵郡	21	46	4	50
송화군松禾郡	7	21		21
은율군殷栗郡	8	23	2	25
안악군安岳郡	19	19	1	20
신천군信川郡	6	23	1	24
재령군載寧郡	12	35	5	40
황주군黃州郡	59	253	30	283
봉산군鳳山郡	20	50	6	56
서흥군瑞興郡	11	42	6	46
수안군遂安郡	43	114	40	154
평안남도平安南道				
평양부平壤府	197	603	82	685
진남포부鎭南浦府	105	416	100	516
대동군大同郡	8	20		20
순천군順川郡	4	12		12
성천군成川郡	2	6		6
강동군江東郡	1	1	2	3
중화군中和郡	3	6		6
용상군龍尙郡	6	15	2	17
강서군江西郡	1	3		3
평원군平源郡	4	12		12
안주군安州郡	12	40	3	43
개천군价川郡	9	21	5	26
덕천군德川郡	1	2		2
평안북도平安北道				
신의주부新義州府	1129	2464	452	2916
의주군義州郡	55	209	231	440

행정구역	호수	인구		
		남자	여자	합계
운산군雲山郡	188	277	64	341
영변군寧邊郡	3	5		5
박천군博川郡	7	23		23
정주군定州郡	23	85	16	101
선천군宣川郡	27	95	8	103
철산군鐵山郡	14	25	9	34
용천군龍川郡	82	289	84	373
삭주군朔州郡	10	15	4	19
창성군昌城郡	34	88	19	107
벽동군碧潼郡	2	10	2	12
초산군楚山郡	5	13	3	16
강계군江界郡	42	52	4	56
강원도江原道				
춘천군春川郡	5	21	2	23
고성군高城郡	6	22	1	23
강릉군江陵郡	5	14		14
원주군原州郡	12	38	1	39
철원군鐵原郡	11	41		41
평강군平康郡	9	32	4	36
함경남도咸鏡南道				
원산부元山府	124	468	112	580
함흥군咸興郡	12	52		52
안평군安平郡	2	3		3
영흥군永興郡	16	31	1	32
고원군高原郡	10	26		26
홍원군洪原郡	8	26		26
북청군北靑郡	21	77	10	77
이원군利原郡	3	6		6
단천군端川郡	14	14		14
삼수군三水郡	25	71	3	74

행정구역	호수	인구		
		남자	여자	합계
갑산군甲山郡	36	107	18	125
함경북도咸鏡北道				
청진부淸津府	56	222	14	236
경성군鏡城郡	49	242	13	255
길주군吉州郡	4	6		6
성진군城津郡	33	132	6	138
회녕군會寧郡	85	150		150
종성군鍾城郡	6	14	1	15
온성군穩城郡	7	7		7
경흥군慶興郡	40	121	23	144

이상의 표에 따르면 1920년 한국의 13개 도道 163개 부군府郡 중 158개 지역에서 화교가 거주했다. 화교가 없는 지역은 5개 군郡에 불과했고, 이들 5개 지역은 전라도의 장성군長城郡, 경상북도의 고령군高靈郡, 경상남도의 함안군咸安郡, 함경남도의 안변군安邊郡과 신흥군新興郡이었다.

한국 화교가 이렇게 폭넓게 분포했던 원인은 첫째, 한국으로 이주한 화교가 날로 증가했기 때문이다. 둘째, 1910년 일제의 한국 강점 이후에 정부의 대외 관련 조약이 폐기되었기 때문이다. 특히 1882년 체결한《중국조선상민수륙무역장정中國朝鮮商民水陸貿易章程》이 이미 영향력을 상실했다. 그 내용 중에 한국 화교는 개항지만 거주해야 한다는 제한이 사라졌기 때문이다.

(2) 화교 인구의 대다수는 경기도와 북부 변경인 5도에 분포

한국의 수도인 서울이 소재한 경기도와 북부 5개 지역, 즉 평안남

도, 평안북도, 황해도, 함경남도, 함경북도에 화교가 집중해 거주했다.
1920년과 1930년을 예로 들면 다음 표와 같다.

표 4.4 1920~1930년 한국 화교의 행정구역별 거주 상황표

행정구역	1920년				1930년			
	호수	인구			호수	인구		
		남	녀	합계		남	녀	합계
경기도京畿道	901	3,578	532	4,190	1,707	9,563	2,008	11,571
충청북도忠淸北道	145	418	18	436	304	1,041	174	1,215
충청남도忠淸南道	221	811	58	869	615	2,376	324	2,700
전라북도全羅北道	213	705	26	731	660	2,636	354	2,990
전라남도全羅南道	185	598	21	619	425	1,897	218	2,115
경상북도慶尙北道	192	484	41	525	560	2,142	242	2,384
경상남도慶尙南道	149	621	22	643	423	1,422	192	1,614
황해도黃海道	290	708	103	811	868	3,735	785	4,520
평안남도平安南道	353	1,158	194	1,352	1,180	4,539	1,096	5,635
평안북도平安北道	1,627	3,660	896	4,556	2,490	12,770	4,001	16,771
강원도江原道	48	168	8	176	363	1,472	192	1,164
함경남도咸鏡南道	271	891	144	1,035	1,211	7,055	1,161	8,216
함경북도咸鏡北道	227	894	57	951	1,280	5,325	1,074	6,399

경기도와 인접한 5개 지역에 화교가 집중한 원인은 경기도는 수도
가 위치했고, 다른 5개 지역은 중국의 동북 지역, 즉 요녕遼寧, 길림
吉林과 인접했기 때문이다. 그리고 산동山東, 하북河北 지역의 중국인
은 북방의 육로를 통해 한국으로 유입했다. 이로 인해 경기도와 북방
의 5개 지역은 평안북도, 경기도, 함경도에 화교 인구가 가장 많이
집중하게 되었다.

(3) 화교 인구는 대도시에 집중

한국 화교의 인구 분포 세 번째 특징은 대도시에 집중했다는 점이다. 1923년 화교의 주거 상황을 예로 들면 다음과 같다.

표 4.5 1923년 한국 화교가 거주하는 도시 상황표[10]

행정구역	인구		
	남자	여자	합계
서울	3,684	423	4,107
신의주新義州	3,182	459	3,641
인천仁川	1,398	376	1,774
평양平壤	779	718	1,497
청진淸津	733	686	1,419
원산元山	546	131	677
진남포鎭南浦	472	106	578
대구大邱	347	31	378
부산釜山	310	23	333
군산郡山	296	27	323
목포木浦	158	6	164
합계	12,355	2,986	15,341

이상의 표에서 알 수 있듯이 1923년 한국 화교의 전체 인구는 33,654명이었다. 그중에 11개 대도시의 화교는 15,341명으로 전체 화교 인구의 50%에 육박했다. 그중에 서울, 신의주, 인천, 평양 등에 화교가 가장 많았다.

한국 화교가 이렇게 대도시에 집중한 원인은 두 가지가 있다. 첫째는 이런 대도시는 개항한 항구도시였거나 육로나 내지 항로의 요충지

---

10) 《朝鮮總督府調査資料第7號》(留韓華僑)編制.

였다. 그래서 이곳에 화교의 상업과 공업이 집중했다. 둘째는 화교 농민은 이런 대도시 근교에서 작물을 재배하며 도시에 보급했기 때문이다.

3 직업분포

조선으로 이주하는 화교의 인구가 증가함에 따라서 각종 직업에 종사하는 수량도 함께 증가했다. 그러나 여전히 상업에 종사하는 인구가 가장 많았고, 그 뒤를 농업과 공업이 따랐다. 이는 아래 2가지 표를 통해 확인할 수 있다.

표 4.6 1911년, 1916년, 1922년 화교 상인과 농민, 노동자의 인구 비교표

연도	상인	농민	노동자
1911년	5,607	1,521	1,324
1916년	8,807	2,658	2,477
1922년	15,967	5,322	3,391

표 4.7 1923년 한국 11개 도시 화교의 주요 직업 상황표 (단위 : 호)

업종	서울	신의주	인천	평양	청진	원산	진남포	대구	부산	군산	목포	합계
주단업	13	9	15	7	7	18		9	9	29	27	139
양품점	62	40		15		12	21	4				174
일용품	22				23							105
약재	11											11
양복	12											12
재봉	7											7
목공	5	12			11							28
석공	49											49
미장공	16	7					11					34

업종	서울	신의주	인천	평양	청진	원산	진남포	대구	부산	군산	목포	합계
이발사	31											31
농업	19	6	35	114		42	46	20	13	4	14	313
채소	26		5					18				49
노동자	25	332	12	68		17		9				463
음식점	159	28	35	19		17	14	3	23	12	12	322
제과점	193		35	45		6	8	26	11	16	3	343
선박				4								4
표장11)			5									5
점원			30									30

11개 대도시 중에 화교의 직업 중 상업이 가장 많았다. 기타 업종은 교사, 의사 등의 자유직업도 있었지만, 극소에 불과했다.

한국 화교의 성별 종사하는 직업분포를 살펴보면 다음과 같다.

표 4.8 1930년 평안북도 남녀 화교 직업분포 상황표

업종	호수	인구		
		남자	여자	합계
상업	1,136	2,899	604	3,503
공업	294	931	196	1,127
농업과 목축업	1,205	3,815	1,310	5,125
노동과 기타	1,282	2,463	703	3,166
교사와 자유업	35	61	25	86
어업과 제염업	3	7	7	14
무직	69	138	138	427
합계	4,024	10,465	2,983	13,448

---

11) 표장票莊 : 중국 청나라 때 환업무를 담당한 일종의 금융기관으로 표호票號라고도 불렸다. 주로 상업이나 무역 활동에 필요한 어음의 교환이나 신용대출 등을 담당했다.(역자 주)

이상의 표를 통해 알 수 있듯이 평안북도의 화교는 26%가 상업에 종사했다. 공업인구는 전체 인구에서 8%를, 농업과 축목업의 인구는 38%를 차지했다. 다양한 업종에서 노동했던 고력苦力인구는 24%에 달했고, 그중에 여성은 상당히 높은 점유 비율을 차지했다.

제2절 경제와 교육 상황

1 경제 상황

1910년 일제는 한국을 강점한 후 식민지로 삼고서 정치적으로 "무단정치"를 실시해 잔혹하게 탄압했다. 경제적으로 한국의 수탈과 착취는 가중했고, 특히 농업에서 일제는 1921년 《토지조사령土地調查令》를 반포하고 전국을 대상으로 조선의 토지조사를 단행했다. 토지조사를 통해 조선 총독부와 동양척식회사라는 국책회사를 만들어 일본 지주와 함께 다량의 토지를 약탈하며 최대 지주가 되었다. 1917년 동양척식회사의 토지는 1.1만 정보町步[12])에서 7.7만 정보로 증가했다. 일본 지주의 토지는 1910년 8.9만 정보에서 20만 정보로 늘었다. 1921년 150만 정보를 보유했던 한국 지주는 160명에 불과한 반면 일본 지주는 227명이나 달했다. 공업과 상업 방면에서 일제는 1921년 《회사령會社令》를 반포해서 회사를 설립 할 경우 반드시 총독부의 허가를 받아야 하는 규정을 만들었다. 그 목적은 한국의 민족자본 발전을 제한하고, 자본을 발전시키려는 것이었다.

1917년 한국인의 기업 자본은 310만 위안元인 반면, 일본기업의

---

12) 정보町步 : 땅의 넓이가 정町으로 끝이 나고 끝수가 없을 때의 단위單位를 나타내는 말. 1정보는 3,000평으로 약 9,917.4㎡에 해당한다.(역자 주)

자본은 3,290만 위안으로 전체 기업 자본 가운데 한국의 자본 비중은 1911년 17%에 비해 12.8%로 줄었다. 1913년 한국에는 모두 532곳의 공장이 있었다. 그중 일본의 공장은 385곳으로 전체에서 72.2%이고, 한국의 공장은 139곳으로 26.1%에 불과했다. 그리고 동력을 사용하는 공장의 경우 일본은 81%이고, 한국은 16.5%였다. 공장 자본이 차지하는 비율을 보면 일본은 89.4%, 한국은 5.8%에 불과했다. 한국 공장은 규모와 자본도 작았고, 기술력이나 제품의 품질도 낮았다. 일제는 1915년 《광업령礦業令》을 반포하고 광산개발에 허가받도록 규정하고, 일본인에게 우선권을 제공했다. 1919년의 일본인의 광산개발 신청은 1915년 205건에서 328건으로 증가했다. 반면 한국인의 신청한 건수는 1915년 157건에서 오히려 134건으로 감소했다. 일본 중공업의 발전과 함께 광산개발의 필요성은 날로 증가했다. 이때 일본의 미쓰비시三菱, 미쓰이三井, 히사하라久原 등의 광산기업은 자본을 독점하며 적극적으로 조선에 침투, 광산을 채굴해서 제련소와 제철소를 건설했다. 오랫동안 독점 자본 등 적극적으로 기존 침투 광업 회사를 설립 한국 광산을 채굴 제련소, 철강이다. 아울러 일제는 철도, 도로, 항공, 해운, 내지 해운, 우정郵政, 은행 등을 설치, 확장해서 식민체제의 기반을 확고히 했다. 이와 함께 일제는 일본 공업제품을 저렴하게 판매하는 방식으로 한국의 농산품의 약탈 가중시켰다. 이렇게 일본은 한국의 양식, 주로 쌀을 대량으로 강제 반출했다. 1919년 일본으로 운송한 식량의 비중은 1912년의 44.9%에서 57.7%로 증가했다.

일제는 한국을 정치적으로 탄압했고, 경제적으로는 수탈을 강화했다. 그 과정에서 한국 화교의 경제적 상황 역시 점차 힘들어졌다. 일제가 한국을 통치하는 초기 단계인 1910~1927년 지리와 인적 관계를 통해 한국 화교는 일본 상인과 경쟁하면서도 우위를 점했다. 그래서 한국 화교는 전체적으로 1927년 이전에 비해 여전히 발전 추세를 유지했다. 그러나 일제의 식민 통치가 점차 공고해지고, 한국경제의 수탈이 날로 잔혹해지면서 한국 화교의 경제 역시 제약과 탄압 대상이 되었다. 예를 들면 중국의 비단 등의 수출상품에 관세를 가중시키거나, 화상의 영업세를 높게 책정했다. 이로 인해 한국 화교의 경제는 1927년 이후 날로 침체하며 쇠락했다.

계속해서 1910년에서 1931년까지 한국 화교의 경제상황에 대해 언급하고자 한다.

1) 상업

상업은 한국 화교경제에서 가장 큰 비중을 차지하는 분야이다. 화교의 상업은 1910~1927년 사이에 크게 발전했다.

이 시기 한국 화교 상업의 발전은 화상 인구, 자본, 업종분야, 매출액과 매출세 등이 증가했다.

(1) 화상 인구의 증가

1912년 화상華商은 6,518명, 1916년은 8,770명, 1917년은 9,734명, 1918년은 10,043명, 1919년은 1,105명, 1920년은 14,116명, 1922년은 15,967명에 달했다. 1922년 화교 인구는 이미 1912년의 비에 2배가 되었다. 화상은 1930년에 이르러 인구가 더욱 증가했다.

1922년을 예로 들면 화상 인구의 분포는 다음과 같다.[13] 즉 경기도

---

13) 朝鮮總督府,《在朝鮮之中國人》1924年, 23-28쪽.

4,245명, 평안북도 2,142명, 충청남도 1,825명, 함경북도 1,043명, 전라
북도 981명, 함경남도 919명, 평안남도 783명, 경상북도 752명, 전라
남도 733명, 황해도 718명, 경상남도 698명, 충청북도 658명, 강원도
470명이었다. 화상이 집중한 곳은 서울과 경기도에 위치한 인천이었
다. 그다음은 평안북도와 충청남도 및 함경북도가 뒤를 이었다.

표 4.9 1929년 원산지역 화교 상인 자본현황   (단위 : 엔)

업종	점포수	자본액수		
		화교자본	공적금	합계
주단업	93	57,7000	307,200	884,200
비단과 잡화업	166	51,8800	214,400	733,200
잡화업	28	63,800	13,600	77,400
음식업	84	47,860	3,700	51,560
채소업	12	2800		2,800
곡물업	2	15,000	5,000	20,000
여관업	5	14,200	600	14,800
이발업	6	4,700		4,700
재봉업	5	900		900
목기업	10	5,700		5,700
철기업	12	77,900		77,900
운송위탁업	3	125,000		125,000
화장품업	1	300		300
인삼녹용해산물	2	30,000		30,000
토산품매매업	1	15,000	8,000	23,000
무역업	1	5,000		5,000
제화업	1	500		500
합계	432	1,504,460	552,500	2,056,960

(2) 화상 상업 자본의 증가

1929년 원산의 화상 자본을 예로 들면 아래 표와 같다.

표 4.10 1929년 원산지역 상업 종류와 점포규모 상황표

업종	점포수	직원		고용인과 제자	
		화교	외지인	화교	외지인
주단업	93	500	2	75	
비단과 잡화업	166	739		152	
잡화업	28	134		15	
음식업	84	263	3	124	1
채소업	12	24		5	
곡물업	2	11		22	
여관업	5	25		14	
이발업	6	26		12	
재봉업	5	12		9	
목기업	10	34		38	
철기업	12	81	2	56	
운송위탁업	3	30	3	16	
화장품업	1	2			
인삼녹용해산물	2	2			
토산품매매업	1	7			
무역업	1	1			
제화업	1	2			
합계	432	1905	10	538	1

첫째, 화상의 업종이 증가했다. 이 시기 화교 상업의 종류는 재차 증가했다. 무역업, 비단점, 면포점, 일용잡화점, 규모가 크고 작은 음식점, 의복점, 운수 위탁업, 이발소 외에도 일용식품, 통조림·담배·술 판매점, 여관, 과일점, 유리점, 양곡점, 수산점, 채소가게, 시계방, 목기

점, 페인트점 등등이 그것이다. 그리고 점포 규모가 커졌고, 직원과 점원의 수도 늘었다. 1929년 원산 화상의 예를 들면 아래 표와 같다.

표 4.11 1929년 원산지역 화교 상인의 영업 상황표　　　　　　　(단위 : 엔)

업종	중국상품	외국상품	매출이 많은 국가	잉여
주단업	469,200	5,010,500	일본	194,900
비단과 잡화업	301,600	3,811,500	일본	161,150
잡화업	58,510	396,300	일본	23,500
음식업	33,400	198,500	한국	35,460
채소업		400	한국	3,400
곡물업	22,000	15,000	중국	5,000
여관업				8,800
이발업				3,100
재봉업				1,700
목기업	34,000	15,000	한국	6,800
철기업	107,000	150,500	중국	33,200
운송위탁업	45,000	110,000		6,000
화장품업	500	2,000	일본	400
해삼녹용해산물			일본	18,000
토산품매매업				4,000
무역업				1,000
제화업	1,500	3,500	일본	300
합계	1,072,710	9,713,200	일본	506,710

둘째, 원산 화상의 경우 점포 규모가 커졌고, 점원도 증가했다. 비단을 파는 주단점은 93개로 직원과 점원은 모두 575명으로 평균 5명에 달했다. 잡화점은 28곳으로 인원은 149명으로 평균 5명이다. 음식점은 84곳으로 인원은 391명으로 평균 5명이다. 채소점은 12곳으로 인원은 29명은 평균 2명이다. 양곡점은 2곳으로 인원은 33명, 평균은

15명이다. 여관은 5곳 39명으로 평균 7명이다. 이발소는 6곳 38명으로 평균 6명에 달했다.

셋째, 화교의 사업 경영 액수가 증가했다. 화교의 상업 자본이 증가해서 규모도 커졌고, 종사자도 증가하면서 경영 액수도 함께 증가했다. 1929년 원산 화상의 경제 영업 액수를 예를 들면 다음과 같다. 1924년 일제는 화상을 제한해서 화상이 경영하는 주단업에 중세를 가했다. 그리고 소금에 대해서는 전매제도를 실행해서 화상은 어쩔 수 없이 중국제품의 판매와 수익은 감소했다. 반면 일본제품의 수입을 늘었고 이익은 증가했다.

넷째, 한국 화교의 상업 품목에 중세重稅를 부과했다. 1923년 서울의 일본인과 한국인, 그리고 화상의 개인별 영업세 및 토지세, 건물세, 호구세 등을 비교하면 화상의 사업발전 상황을 알 수 있다.

표 4.12 1923년 서울의 일본, 한국, 화교의 납세 상황표[14]　　　　(단위 : 엔)

징세항복	일본인		조선인		화교	
	징세총액	최고납세액	징세총액	최고납세액	징세총액	최고납세액
도시토지세	83,231.08	1,157.11	98,027.58	1 082.32	6,082.32	2,461.95
건물세	73,113.00	393.00	58,283.00	439.00	3,590.00	1,255.00
영업세	109,922.00	1,250.00	84,707.00	650.00	13,589.00	856.00
호구세	111,745.00	1,557.00	29,817.00	612.00	6,769.62	1,576.00

이상의 표에서 알 수 있듯이 한국화상은 토지세, 점포세, 호구세 등 3가지 세금 항목에서 일본과 한국인에 비해 부담률이 높았다. 그리고 영업세는 일본인 다음으로 높았다. 화교 상인 가운데 가장 많은 세금을 납부했던 사람은 동순태 무역상사의 회장 담걸생譚傑生이었

---

14) 盧冠群, 《韓國華僑經濟》, 53-54쪽.

다.[15] 이를 통해 당시 화교 상업의 흥성 상황을 볼 수 있다.

저명한 인천 화교 여계직呂季直은 한국 화교의 경제를 다음과 같이 언급했다. 이르길 "일제 통치 초기에서 민국15~16년(1926~27)까지 한국의 화교경제는 튼튼한 기초를 보유했다. 이 시기 서울과 인천에서 8대 수입 무역업에 종사하는 화교 도매상은 중국의 강절江浙에서 수입한 주단綢緞, 사천과 강서의 모시, 화북의 면화와 곡물(좁쌀) 및 마늘과 고추 등의 토산물을 수입했다. 그 수입량은 규모가 상당했다. (중략) 이 시기 한국의 4곳의 집산지와 5곳의 기업 중에 화교는 반드시 3곳 이상을 점유했다. 화상은 한국에서의 신용은 안정된 기초를 구비 했다. (중략) 이 시기 전체 한국경제의 70%는 화교가 장악했고, 화교의 영향력은 당시의 물가를 조정할 정도였다."[16]라고 했다.

이 시기 화교 상업의 중요한 지위를 차지했던 업종은 무역 상행, 주단점, 음식점이었다. 이에 대해 설명하면 다음과 같다.

① 무역 상행

이 시기 화교의 무역 상행은 매우 크게 발전했다. 주로 한중 무역에 종사하면서 중국에서 주단 등을 대량으로 수입했고, 조선의 인삼 등의 상품을 중국에 수출했다.

---

15) 盧冠群, 《韓國華僑經濟》, 53-54쪽.

16) 盧冠群, 《韓國華僑經濟》, "在日治初期, 一直到民國十五、六年(西元1926-1927年), 韓國華僑經濟還有雄厚的基礎。這個時期, 在漢城、仁川從事輸入貿易的有所謂"八大家"的大批發行, 由祖國輸入江浙綢緞、川贛夏布、華北棉花和食糧(小米)以及大蒜、辣椒等土產。輸入數量相當可觀。…… 在這個時期, 韓國四鄉的集, 五家商店中, 華僑必居三家以上。華商在韓的信用, 有著穩固的基礎。…… 這個時期, 整個韓國經濟的百分之七十為華僑所操縱, 華僑有力控制當時的物價。", 53-54쪽.

표 4.13 1910~1930년 중한무역 상황표

연도	수입		수출		총액	
	관량17)	지수	관량	지수	관량	지수
1910	2,382,113	67.5	2,627,433	38.6	5,011,546	48.5
1911	2,510,224	71.2	3,490,429	51.2	6,000,653	58
1912	3,155,334	89.5	5,443,374	79.9	8,598,408	83.2
1913	3,526,881	100	6,812,968	100	10,339,849	100
1914	4,500,579	127.6	5,011,557	73.6	9,512,136	92
1915	6,446,167	182.8	5,658,643	83.1	12,104,810	27.1
1916	8,504,624	241.1	6,601,511	96.9	1,506,135	146.1
1917	11,843,006	335.8	8,518,934	125	20,361,940	196.9
1918	10,457,222	296.5	13,685,401	200	24,142,623	233.5
1919	9,431,450	267	422,617,954	332	32,049,404	310
1920	10,314,374	291.5	2,334,745	342.7	33,660,117	315.9
1921	11,955,147	339.0	15,097,250	221.6	27,052,397	261.6
1922	9,685,698	2474.6	21,237,383	311.7	30,923,081	299.1
1923	11,954,940	339.0	30,281,131	444.5	42,236,071	408.5
1924	2,505,586	326.2	30,855,244	452.9	4,236,830	409.7
1925	10,033,051	284.5	34,781,874	510.5	44,814,925	433.4
1926	12,552,259	355.9	45,375,561	680.47	58,927,820	569.9
1927	15,746,777	446.5	59,826,276	878.1	75,573,056	730.9
1928	16,128,147	457.3	48,572,921	712.9	64,701,068	625.7
1929	15,663,902	444.1	39,783,845	583.9	55,447,747	436.3
1930	14,034,513	397.9	44,174,507	648.4	58,209,220	563

17) 관량關兩 : 청대 후기 세관에서 장부를 적는 단위로 일종의 가설 중량이다. 한 관량은 가설 중량은 583.3인치, 혹은 37.7495 램을 후에 37.913그램인 순정의 은으로 93.5374%의 순은을 포함한다. 세관은 관세를 징수할 때, 현지에서 실제 채용한 허은과 순정은의 환산기준에 근거하여 환전을 하는데, 관량은 100냥 마다 상해上海에서 규정원 110량 4전이고, 천진天津에서는 은행 행화 105량 5전 5분이고, 한구漢口에서는 은화 108량 7전 5분에 해당한다. 그러나 실제로

이상의 표에서 알 수 있듯이, 1910년 중국이 한국으로 수출한 액수는 26,294,331해관량이고, 1930년에는 44,174,507해관량으로 17배 증가했다. 1910년 중국이 조선에서 수입한 액수는 2,382,113해관량이고, 1930년에는 14,034,513해관량으로 5배가 증가했다. 중국의 대조선 수출액의 규모는 수입액에 비해 빠르게 증가했다. 1904년에서 1914년 사이 중국의 대조선 수출액은 연간 300여만 해관량에 달했다. 이는 제1차 세계대전 시기에는 이것보다 더욱 증가했다가, 1927년에는 4,400해관량을 초과했다.

물론 한국과 중국의 무역은 조선 화교 무역상이 독점해 경영한 것은 아니었다. 1910년에서 1927년 사이에 화상의 무역상행은 한중무역에서 수입이 차지하는 비중이 컸다. 그러다가 한국에 거주하는 일본 상인은 한중무역 중에 차지하는 비중이 점차 증가했다.

1921년에서 1923년 사이에 화교의 무역상행은 조선의 해삼海蔘을 수출했는데, 1921년에 268,077엔, 1922년 255,399엔, 1923년 303,068엔에 달했다. 수입한 인삼은 1921년에 19,792엔, 1922년 59,578엔, 1923년 64,512엔에 이르렀다.

1921에서 1923년까지 한국 화교가 한국에서 수입한 품목을 표로 정리하면 다음과 같다.

관량의 실제 계산 기준은 통일도지 않았고, 동일한 세관과 동일 시기에도 지불한 은량의 세금은 환율이 일치하지 않았다. 예를 들면, 동치同治, 광서光緒, 선통宣統 시기 50년 동안 천진세관이 세금을 징수함에 중국 상인은 행화 은106량 5분을 순은 100냥으로 기준으로 과세했고, 외국 상인의 경우 행화 은량 105량을 순은 100냥으로 과세했고, 러시아 상인의 경우 차세茶稅를 행화은행 103량을 관평 100냥으로 하였다.(역자 주)

표 4.14 1921~1923년 한국 화교가 수입한 조선 상품 품목표　　　　(단위 : 엔)

품목	1921년	1922년	1923년
좁쌀	973,924	8,826,733	12,313,688
땅콩	124,077	154,584	119,889
참깨	512,324	542,380	525,993
소금	121,912	1,397,869	2,321,364
모시	5,288,151	8,589,845	5,029,445
주단	136,693	64,722	2,274,115
쌀	5,335,333	4,828,941	1,690,923
광목	65,219	54,025	114,141

　이상의 표에서 알 수 있듯이 한국 화교의 무역상사는 한중 무역에 종사하며 중국을 통한 좁쌀과 모시, 비단 등의 수입을 위주로 했다. 반면에 한국에서 수출한 물건은 적었고 종류도 많지 않았다.

　한국 화교의 무역 중 수입품목에서 좁쌀이 큰 비중을 차지했다. 이것은 일제가 한국의 쌀을 수탈한 결과이다. 즉 일제가 한국을 강점한 후 다량으로 한국의 농산품을 수탈했고, 특히 이로 인해 한국이 소비하는 쌀은 날로 감소했다. 1912년 한국인이 소비하는 쌀은 평균 0.78석이고, 1918년에는 0.68석으로 줄었다. 1912년 일본인의 쌀 소비는 1.07로 1918년에 비해서 1.14석 증가했다. 이는 한국인에 비해 2배에 해당하는 수량이다. 일본은 한국의 쌀을 수탈하는 동시에 대량으로 중국의 좁쌀과 수수를 수입해 이를 한국인이 소비하도록 했다.

　한국 화교의 무역 중 수입품목에서 비단과 모시는 상당한 비중을 차지했다. 1924년 일본은 한국이 화상을 견제하기 위해 주단과 모시가 사치품이란 핑계로 수입할 때 과중하게 관세 100%를 부과했다. 이에 화상이 수입한 주단과 모시의 가격은 올라서 판매량도 급감했다. 그러나 모시는 한국인의 일상에 반드시 필요했지만, 조선의 것은 품질이 좋지 않았고 수량도 많지 않았다. 일부 화교 할 수 없이 무역상은 일본 오사카에서 만든 주단과 각종 면방직 제품을 수입하기도 했다.

이 기간 한국 화교 무역상은 여전히 담걸생譚傑生의 동순태同順泰 무역상이 가장 번창했다. 화교 무역상은 동순태를 비롯해 다수가 있었다. 예를 들면 함경남도와 강원도 등 화교 상업이 비교적 발달하지 않은 지역에서 수출입을 하던 무역상이 있었다. 당시 이곳에는 천화온天和穩·겸태흥謙泰興·동증성同增成·영순永順·원통달遠通達 등의 5개 무역상이 활동했다. 이들은 주로 한국에서 인삼, 녹용, 호골虎骨, 여우 털, 해삼, 잣 등을 구입해서 중국으로 보냈다. 또한 이곳에서 수출입을 겸업한 덕흥영德興永, 성기成記, 덕태원德泰源, 삼합영三合永 등 4곳의 무역상도 있었다. 이들 자본은 모두 10만 엔円을 좌우했고, 매년 연간 무역액은 30~40만 엔에 달했다. 이런 무역상은 중국의 주단, 모시 및 서양의 광목을 주로 수입했다.

② 주단점

주단綢緞 상점은 한국 화교가 주도했던 중요한 업종 중 하나이다. 주단은 1924년 이전에는 한국화상이 거래하던 주된 품목이며 주단상점은 전국 대도시에 널리 분포했다. 1923년 한국 11개 대도시 중에 화교의 대형 주단상점은 군산 29곳, 목포 27곳, 원산 18곳, 서울 13곳, 인천 11곳, 신의주, 대구, 부산 등에 각 9곳, 평양, 청진에 각 7곳 모두 139곳이 분포했다. 이런 대형 주단상점은 점포를 열고 소매를 통해 판매도 했지만, 주로 도매방식, 즉 중국에서 수입한 주단을 도배로 화교의 소상인과 일본 및 한국 상점에 넘겼다. 당시 주단상점의 사업은 매우 번창했고, 이윤율도 매우 높았다. 1923년 한국 화교의 총수입액은 2,260만 엔이고, 그중에 주단과 모시는 30% 이상을 차지했다.

주단상점은 서울과 인천 등 경기도에 집중했다. 서울과 인천 두 곳의 주단점의 규모 역시 가장 컸다. 서울의 관수동觀水洞에 위치한 이서막李書寞의 유풍덕裕豐德, 왕중등王仲騰의 금성동錦成東, 남대문에 있는 왕련삼王連三의 덕순복德順福, 차동茶洞에 있는 마수신馬秀臣의 광화순廣和順, 종로에 있는 손금포孫金浦의 서태호瑞泰號, 소공동小公洞에 있는 송금명宋金銘의 서성태瑞盛泰와 동화동同和東 · 광화동廣和東, 취성호聚成號, 이성호怡成號 등은 서울에서 유명했던 주단상점이다. 그중에 특히 유풍덕과 덕순복이 가장 유명했다. 유풍덕은 군산에 분점을 만들어 호남 일대에 판매망을 확대했고, 연 매출이 70만 엔에 달했다. 덕순복은 인천에 분점을 열고 경기도 일대로 영향력을 확대했고, 연간 매출액은 80만 엔에 이르렀다.

인천의 유명한 화교 주단상점에는 부수량富守亮의 영래성永來盛, 양익지楊翼之의 화취공集公, 왕유동王有洞의 협태화協泰和, 장은삼張恩三의 협화복協和福, 강자운姜子雲의 동화창東和昌, 손금포孫金浦의 화태호和泰號, 임등구林騰九의 삼합영三合永, 취원화聚源和, 원생동源生東, 동창흥東昌興 · 인래성仁來盛 · 공순호公順號 · 동성화同盛和 · 쌍성태雙盛泰 · 태성동泰盛東 · 금성동錦成東 · 의순동義順東 등이 있었다. 이런 대형 주단상점의 점원은 20여 명에 달했다.

신의주에서 규모가 가장 크고 번창했던 곳은 이자순李子純의 영성순永成順이고, 연간 9만 엔의 세금을 납부했다. 이외에 서원륜徐元倫의 동성同盛과 유월루劉月樓의 항흥恒興, 사덕경史萬慶의 영성동永成東, 영순상永順祥, 태성상泰成祥, 동화화東和號등이 있었다.

화상의 면직물 상점의 수량은 가장 많았다. 그중에 규모가 가장 크고 사업이 번창했던 곳은 대포당大布唐이다. 인천에는 저명한 12곳의 면포점이 있었는데 원생동源生東·화취공和聚公·동창흥東昌興·인래성仁來盛·영래성永來盛·덕순복德順福·공순公順·동성합同盛合·쌍성태雙盛泰·태성동泰盛東·금성동錦成東, 의순동義順東이 그것이다.

앞서 언급한 바와 같이 1924년 일제는 한국 화교의 경제를 타격하기 위해 한국에서 판매량이 가장 많은 주단과 모시를 사치품으로 지정하고 중과세했다. 결국 중국 주단의 수입은 금지되었고, 할 수 없이 주단점과 면포점은 일본의 오사카大阪와 고베神戶 등의 주단과 면직품을 판매하며 사업은 날로 쇠퇴하고 말았다.

③ 중국 음식점

음식업은 화교 사업에서 중요한 지위를 차지하는 업종이다. 음식업에 종사하는 화교는 그 수가 많아서 한국의 도시와 향촌에 폭넓게 분포했다. 1923년 한국의 11개 대도시 중 화교 음식점의 분포를 보면 서울 159곳, 인천 35곳, 신의주 28곳, 부산 23곳, 평양 19곳, 원산 14곳, 진남포 14곳, 군산과 목포 가 각각 12곳이고, 대구는 3곳에 달했다.

화상이 경영하는 음식점은 2가지 종류로 나눌 수 있다. 첫째는 소형 점포로 만두집, 호떡집, 호빵집 등의 작은 가게이다. 보통 이런 작은 가게는 소자본으로 점원도 적고, 가게도 좁았고, 수입도 적었다. 하지만 이런 유형의 점포는 매우 많았다. 진유광秦裕光의《60년 견문록》에 의하면 1920년대 한국에는 대략 400여 개 곳이 있었고, 절반은 서울에, 인천은 30여 곳, 평양에 40여 곳, 대구에 30여 곳, 군산에 20여 곳이 있다고 했다. 호떡집은 규모는 작지만 합리적으로 운영해 일부는 수입이 매우 좋았고, 그 역사가 오래된 곳을 보면 서울 명동의 취천루聚泉樓가 있다. 이곳은 1915년 왕금새王金璽는 채소를 팔아서 자금을 모은 후에 1918년 호떡집을 연 것이다. 1930년대 호떡을 만든 왕광대王擴大는 점포 이름을 취천루聚泉樓이라 했다. 지금 취루천은 여전히 서울에서 운영되고 있어, 이미 70년의 역사를 갖고 있다. 서울의 또 다른 저명한 호떡집은 산동 출신 화교 하충기賀忠記가 문을 열었고, 1920년대 사업이 발전하며 1년 세금이 5,000여 위안에 달해 일반 점포에 비해 5배를 초과했다. 인천에도 호떡집이 매우 많았다. 그중에 부도정敷島町에 위치한 담수옥譚受玉과 사정寺町의 당술경唐述經, 우각리牛角里의 왕수람王樹嵐 등이 경영하는 호떡집이 가장 번창했다.

화교가 운영하는 규모가 큰 대형과 중형의 음식점도 많았다. 아서원雅敍園은 그중 가장 유명한 곳으로, 1909년에 서광빈徐廣彬을 비롯한 20여 명이 합작해서 문을 열었고, 서 씨가 대표를 역임했다. 연말에 이익을 주식 수에 따라 배당했다. 아서원은 저명 요리사를 초빙해 음식을 만들어 음식이 맛있기로 서울에서 가장 유명했다. 이곳은 고급 사교장으로 수십 년간 번창했고, 1950년에 4층으로 확장해서 점원의 숙소로 삼았다. 이후 1970년대 폐업했다.

대관원大觀園은 1910년 화교 왕모王某씨가 설립했지만, 이후 소유권이 진부주陳芙洲로 넘어갔다. 주된 고객은 서민층을 대상으로 삼아서 사업이 크게 번창했다가 1977년에 폐업했다.

진아춘進雅春은 화교 이진재李進財가 1925년에 설립했고, 주된 고객은 다수가 지식인층으로 사업이 크게 번창했다.

태화관泰和館은 1910년에 문을 열었다. 처음에는 합작으로 진경선陳慶選이 대표를 역임했고, 사업이 크게 번창했다. 1919년 3.1운동 때 당시 민족대표 33인이 《독립선언서》를 이곳에서 낭독하면서 크게 유명해졌다.

이 밖에 서울에서 유명했던 음식점으로 명치정明治町[18)의 사해루四海樓, 소공동小公洞의 금곡원金穀園, 돈의동敦義洞의 이빈루悅賓樓, 종로의 대명관大明館, 관철동의 제일루第一樓와 복해헌福海軒, 충무로의 동해루東海樓, 을지로의 안동장安東莊과 대려도大麗都 등이 있었다.

인천의 유명한 화교 음식점은 다음과 같다.

공화춘共和春은 1911년 어희광於希光이 처음 개점을 했다. 이곳은 20년대 사업이 번창할 때 매월 순수익이 한국의 은행권으로 2,500~3,000원이 달했다. 당시 쌀 가격은 한 대두大斗에 1원 20전錢이었으니 가히 50포의 쌀을 구입할 수 있었던 금액이다.

중화루中華樓, 산동 화교 협문조頗文藻가 1918년에 개점했다. 수십 년간 사업이 황성했고, 1958년 재산권 분쟁으로 일시 휴업했다가 1970년에 다시 개장했다. 1978년에 한국인에게 양도하고 이곳은 여관으로 바뀌었다.

신의주의 유명한 화교 음식점은 1920년 이장발李長髮이 개점한 쌍발원雙發園과 1929년 왕신유王慎之 설립한 협무거協懋居가 있다.

이상과 같은 유명 대형 화교 음식점은 든든한 자금력과 맛있는 메뉴, 넓은 점포, 세심한 서비스, 합리적인 경영으로 최고의 수익을 창출하며 일본과 한국인 음식점과의 비교를 불허했다.

2) 공업

이 시기 공업 분야에 종사하는 한국 화교는 대략 2가지로 나눌 수

---

18) 명치정明治町: 일제강점기 때 서울의 충무로, 을지로와 남대문로 사이에 설치한 지명이다. 당시 명치정 1정목, 2정목이 설치되었다가 1946년에 명동과 충무로 등으로 분할되며 폐지되었다.(역자 주)

있다. 첫째는 공장을 세운 기업주이고, 둘째는 노동자이다. 한국 화교 중 공업에 종사하는 인구는 그다지 많지 않아 상업이나 농업인구에 비해 적었다. 1911년은 1,324명이고, 1912년은 1,919명, 1916년은 2,477명, 1922년은 3,391명, 1925년에서 1927년 사이에는 50,000명으로 급증했다.[19]

(1) 화교 공업 상황

초기 화교 공업은 구두 수선이나 작은 대장간 등 수공업에서 시작했다. 이후 자본이 축적되면서 업종을 점차 확대하며, 작은 작업장, 방앗간, 두부집 등이 증가했다. 중형 규모의 제철소, 방직공장, 돗자리 공장 등이 점차 등장했다. 화교가 운용하는 공업에는 주로 소사繰絲[20], 방직, 양말, 제지, 주철, 기계, 석기石器, 목기木器, 의복, 양조釀造, 식품, 식용 기름, 삼끈, 삿자리, 염색, 제분 등이 있다. 그중에는 주조와 기계제조, 양발공장이 가장 번성했다.

화교 공업은 1920년대 신속하게 발전했다. 1927년 한국 공업의 총 생산은 194,150,000위안이었고, 일본의 공업 총생산은 131,330,000위안이었다. 그중에 화교 공업의 총생산은 17,590,978위안에 달했다.[21] 이는 당시 화교 공업의 상당한 비중을 차지했다는 사실을 알게 한다.

화교 공업은 주로 경기도와 평안북도 등에 집중했다. 1927년을 예로 들면 당시 한국 각 지역의 화교 공업 총생산은 경기도 921,520원,

---

19) 이런 수량은 秦裕光, 《六十年見聞錄》에서 예측한 것이다.
20) 소사繰絲 : 누에 고치를 생사生絲로 만드는 과정을 지칭한다. 보통 누에를 뜨거운 물에 담가 5-10개의 누에의 실밥을 손으로 뽑아서 생사를 만든다. 생사기술은 중국에서 5-7천 년 전에 발명되어 13세기 유럽으로 전해졌다.(역자 주)
21) 〈朝鮮的工業產品〉, 《朝鮮經濟雜誌》, 1928年12月.

충청북도 54,422원, 충청남도 86,536원, 전라북도 36,767원, 전라남도
51,500원, 경상북도 69,130원, 경상남도 74,340원, 황해도 62,520원,
평안남도 81,518원, 평안북도 618,223원, 강원도 12,345원, 함경남도
31,433원, 함경북도 31,433원에 달했다.

화교 공업이 가장 번창했던 분야는 금속공업과 양말생산이었다.
그리고 금속공업 가운데 주조와 기계제조가 가장 발전했다. 상세한
내용은 아래 표와 같다.

표 4.15 1925년, 1927년 한국 금속공업 생산량 비교표

구분	1925년		1927년	
	호수	생산량	호수	생산량
화교	59	687,967	86	752,571
일본인	691	7,630,001	719	936,060
한국인	11,859	6,256,905	10,598	569,459

국가별로 주조업의 가구당 생산액을 분석하면 한국은 10,179원은
일본은 16,377원, 화교는 12,994원에 달했다. 이처럼 화교가 경영하는
주조업은 한국의 일본 제조업을 크게 위협했다. 당시 일본 제조업의
거대 기업인 용산공업주식회사龍山工業株式會社의 사장인 타가와츠
네지로田川常治郞은 깜짝 놀라며 이르길 "일본인이 화교와 경쟁하는
것은 매우 힘든 일이다"[22]라고 했다.

화교가 경영하는 주조업 중에 가장 유명한 곳은 서울 효제동에 위
치했다. 즉 양모楊某와 송모宋某는 1922년 합자 형식으로 주조공장
을 설립하고, 주로 한국인이 사용하는 가마솥과 농기구를 생산했다.

---

22) 小西勝治郞, 《朝鮮之金屬商工錄》, 1929年, 279쪽.

이 공장은 8마력의 전동기를 구비했고, 공장의 규모도 비교적 컸고, 제품의 품질도 뛰어났다. 공장에는 46명의 노동자가 근무했다. 그리고 서울 이화동에는 주모朱某가 세운 주조공장의 경우 19명의 노동자가 있었고, 서울 하왕십리 송모宋某의 주조공장은 35명의 노동자가 있었다.

표 4.16 1925년, 1927년 한국 주조업 생산량 비교표

구분	1925년		1927년	
	호수	생산량	호수	생산량
화교	34	64,3724	44	571,716
일본인	95	103,2271	51	835,230
한국인	921	160,9159	1,016	1197,071

화교가 경영하는 기계공업 역시 비교적 발전했고, 비록 사람은 적었지만, 생산액은 적지 않았다. 관련 내용을 아래 표를 참고할 수 있다.

표 4.17 1927년 한국 기계공업 생산량 비교표[23]

구분	호수	생산량
화교	2	5,750
일본인	42	839,929
한국인	17	47,659

화교의 방직업 가운데 양말생산이 가장 번창했다. 화교의 양말 공장의 중심지는 평안북도 신의주였고, 이후 신속히 전국 각지로 확산되었다.

---

23) 小西勝治郎,《朝鮮之金屬商工錄》, 1929年, 279쪽.

(2) 화교 노동자의 구성

한국의 화교 노동자는 3가지로 나눌 수 있다. 첫째는 금광, 탄광, 철광 등 대형 광산에 종사하는 산업 노동자이다. 둘째는 목수, 석수, 미장이, 대장장이, 철공 등 일정한 기술을 구비한 개인 노동자이다. 셋째는 특정한 분야의 노동자가 있다. 예를 들면 운반 노동자, 건설 노동자, 일용직 노동자 등이 그것이다. 1920년을 사례로 보면 한국의 화교 노동자의 구성은 다음과 같다.

건축 노동자 3,000여 명, 부두 노동자 1,200여 명, 광부 800명, 인력 500명, 벌목 노동자 400명, 잡역부와 일용직 노동자는 300명 등 모두 7,000여 명에 달했다.[24]

표 4.18 1927년 한국방직업 생산량 비교표[25]

행정구역	국적	호수	생산량(원)	비고
경기도	화교	5	124,570	
	한국인	40	83,062	
충청북도	화교	4	1,400	
	한국인	2	1,800	
	일본인	11	7,500	
전라북도	화교	4	18,576	호평균 4,644원
	일본인	1	6,000	
	한국인	12	18,587	호평균 1,549원
충청북도	화교	2	74,500	
경상북도	화교	3	14,510	
평안북도	화교	14	229,817	
	한국인	41	55,572	

---

24) 秦裕光, 《六十年見聞錄》, 26쪽.
25) 淺野虎三郎, 《朝鮮礦業志》, 1918年, 86~95쪽.

① 광산 노동자

한국 화교 광부는 주로 미국, 일본, 영국, 독일 등 한국이 개설한 광산에서 근무했다. 이후 이런 광산은 모두 일본인이 독점했고, 주로 금광, 철광, 탄광이었다. 통계 자료에 의하면 1918년 9월 한국에는 154개 탄광 중에 한국 광부는 29,358명, 일본 광부는 1,157명, 화교 광부는 5,135명에 달했다. 이러한 화교 광부의 분포 상황은 아래와 같다.

수안遂安금광 33명, 홀동笏洞금광 6명, 재령載寧금광 9명, 하성下聖금광 9명, 겸이포兼二浦철광 389명, 은율殷栗철광 11명, 봉산鳳山탄광 36명, 가천價川철광 55명, 대보大寶탄광 3명, 삼신三神탄광 50명, 강동江東탄광 41명, 평양平壤탄광 22명, 안천安川탄광 9명, 운산雲山금광 3명, 대유大楡동광 346명, 신연新延광산 125명, 삼성三成철광 12명, 이원利原철광12명, 성북城北탄광 230명, 봉의鳳儀탄광 40명, 유산游山탄광 230명, 생기령生氣嶺탄광 8명, 청암靑石탄광 2명 등으로 나타났다. 1920년대에 들어서며 화교 출신 광부가 증가했다. 삼성三成광산, 대유大楡동광, 성북成北탄광, 유산游山탄광 등의 화교 광부는 모두 125~230명에 달했다.

② 도시 노동자

한국의 화교 노동자 중 광부를 제외한 나머지 직종은 대다수 도시에서 일했기 때문에 도시 노동자라고 할 수 있다. 화교는 도시에서 건설 노동자, 석공, 목수, 대장장이, 선반공, 전기공, 인쇄공, 요공窯工, 방직공, 편직공, 부두공, 인력거꾼, 마부, 주방장, 일용직 노동자 등이 있다. 한국 화교 출신 도시 노동자들은 도시 인구에서 큰 비중을 차지했다. 예를 들어 1911년 한성화교 인구는 약 1,400~1,500명에 달했고, 석공, 목수, 요공, 잡역부, 일용직 등의 노동자는 500명에 달했다.[26] 화교 출신 도시 노동자는 목기, 금속, 방적, 기계, 식품 등을 중심으로 관련 업종에 종사했다. 1931년을 예로 들면 방직 261명, 금속 508명, 기계 113명, 요공 400명, 화학 70명, 목기 1,595명, 인쇄 9명, 식품 135명, 전기 15명, 기타 108명에 달했다.[27]

1931년 6월 한국의 공장 노동자는 모두 65,374명이었다. 이 가운데 한국 노동자는 55,991명으로 전체에서 85.7%를, 일본 노동자는 6,119명으로 9.4%를, 화교 노동자는 3,214명으로 4.9%에 달했다.[28] 같은 해 한국 화교 출신 공장 노동자의 분포 상황은 다음과 같다.[29] 경기도 60명, 충청남도 52명, 전라북도 27명, 전라남도 72명, 경상북도 50명, 경상남도 57명, 황해도 190명, 평안남도 143명, 평안북도 1,819명, 함경남도 15명, 함경북도 50명 등에 달했다.

(3) 화교 노동자의 생활 상태

한국 화교 노동자의 노동은 힘들고 삶은 고달팠다. 특히 탄광과 도로건설 등의 노동자는 더욱 심했다.

1910년에서 1930년 사이 일제는 한국에 중국과 아시아를 침략하려는 군사 근거지를 만들기 위해서 철도와 도로, 교량, 항구, 광산 등을 건설했다. 여기에는 다량의 노동력이 필요했다. 이들은 고용된 한국과 일본인 외에도 화교가 있었다. 1920년대 후반 화교는 다양

---

26) 〈漢城的中國入〉,《朝鮮》, 41號, 65쪽.
27) 朝鮮總督府業務局社會課,《工廠及礦山的勞動狀況調查》, 1932年, 23쪽.
28) 朝鮮總督府業務局社會課,《工廠及礦山的勞動狀況調查》, 1932年, 23쪽.
29) 朝鮮總督府業務局社會課,《工廠及礦山的勞動狀況調查》, 1932年, 23쪽.

한 경로를 통해 중국 동북과 산동에서 한국으로 이주한 수많은 노동자와 농민, 수공업자 등은 여러 분야에서 강도 높은 육체노동에 종사했다.

당시 화교 노동자가 처한 어려운 상황을 몇 가지로 분류하면 다음과 같다.

① 열악한 노동조건

한국의 화교 노동자의 노동조건은 더욱 열악했다. 노동 설비도 좋지 않아 노동자를 보호하는 조치와 보호 용품도 없었다. 화공은 안전한 보호조치 없이 힘든 노동에 내몰렸고, 이로 인해 사상자가 수없이 많았다. 수많은 대형 건설 공사가 완공된 후에 수십 명, 혹은 수백 명의 화공 희생자가 속출했다. 예를 들면 황해도 해주에서 평양 사이에 철로를 건설할 때 터널을 뚫는 공사에서 화공 천 명 이상이 1년 동안 정을 사용해 돌을 쪼았고, 광주리로 흙을 파서 옮겼다. 물이 얼어붙은 엄동설한에도 방한복도 없이 시멘트 봉지를 뒤집어쓰고 추위를 견디는 화공도 많아서 차마 눈 뜨고 볼 수 없을 정도였다. 해주 제철소에서 100m 높이 굴뚝을 건설할 때, 보호 장치가 부족해 화공 몇 명이 추락해 사망했다. 1922년 한국 광산에서 1,746명이 사망했고, 1930년에는 3,052명이 희생되었다. 이는 전체 노동자의 9.4%에 해당하고, 그중에 화교의 비중도 매우 높았다.

② 초과 노동시간

1931년 화공이 하루 10시간 이상 일한 비율은 76.4%이고, 12시간 이상은 27.2%로 조사되고, 화교 광부가 하루 10시간 이상 노동한 비

율은 77.4%, 12시간 이상 노동한 사람은 22.3%에 달했다.[30]

③ 열악한 생활 환경

화교 노동자가 생활하는 환경은 좁고, 사람이 많았다. 대형 공장과
광산, 철도 등에 종사하는 노동자의 주거환경은 특히 열악했다. 청진
清津의 대륙목재공사大陸木材公司의 목재공장 화공의 경우 한 기숙사
에 70여 명이 주거했다. 이로 인해 위생 상태가 좋지 않아 자주 질병
이 발생하기도 했다.

④ 저임금

보통 한국의 화교 노동자는 동일 업종에서 일본 노동자에 비해 임
금은 절반에 불과했다. 업종별 화공과 일본 노동자의 임금 비교 분석
표를 참고하면 알 수 있다.

다음 표 4.19에서 알 수 있듯이 1917년 석공 등 7개 업종에서 화
공의 하루 평균임금은 0.97원인 반면에 일본 노동자는 1.5원이었다.
1929년 석공등 14개 업종에서 화공의 평균 하루 임금은 1.5원인 반
면 일본은 3.12원에 달했다. 이처럼 화교 노동자는 억압받고 착취당
했다.

1910년대 화교와 한국 노동자의 임금을 비교하면 화공이 한국인보
다 월등히 높았다. 1920년대 화공의 임금은 한국인과 비슷한 수준이
었다. 다만 업종에 따라 차이가 달랐다. 1917년과 1929년 화공華工과
한국 노동자의 하루 임금 비교하면 다음과 같다.

---

30) 朝鮮民主主義人民共和國科學院歷史研究所, 《罷工鬪爭資料集》(1920~1931
年), 735쪽.

표 4.19 1917년 1929년 화교와 일본 노동자의 하루 임금 비교표 　(단위 : 엔)

직종	1917년[31]		1929년[32]	
	화교 노동자	일본 노동자	화교 노동자	일본 노동자
석공	1.13	1.92	2.00	2.50
선반공	0.92	1.46		
벽돌공	0.94	1.55	2.50	4.00
세탁공	0.83	0.94		
인력거공	0.93	1.58		
목공	1.00	1.63	2.00	3.70
재봉공	1.10	1.45	1.00	1.50
미장공			2.50	4.00
기와공			2.50	4.00
도장공			2.50	3.00
석공			2.00	3.50
우물공			2.50	2.5
잡공			0.70	2.00
운반공			1.20	2.50
용기공			2.50	3.00
벌목공			2.50	4.00
대장공			2.00	3.50
평균임금	0.97	1.50	2.03	3.12

---

31) 《朝鮮總督府官報》1918年, 표 형식으로 숫자를 편집을 했다.

32) 《中央僑務月刊》第2期, 1029年10月.

표 4.20에서 알 수 있듯이 1917년 석공 등 7개 업종에서 화공의 하루 평균임금은 1.1원이고, 한국인의 경우 0.9원이었다. 하지만 1929년에 석공 등 14개 업종에서 화공의 하루 평균임금은 2.03원인 반면 한국 노동자는 2.14원에 달했다. 이처럼 화공의 임금은 날로 저렴해지면서 생활은 더욱 힘들어졌다.

표 4.20 1917년 1929년 화교와 한국 노동자의 하루 임금 비교표 (단위 : 엔)

직종	1917년[33]		1929년[34]	
	화교 노동자	한국 노동자	화교 노동자	한국 노동자
석공	1.13	0.96	2.00	4.00
자동차공	0.92	0.87		
벽돌공	0.94	0.82	2.50	2.00
세탁공	0.83	0.53		
인력거공	0.93	1.24		
목공	0.90	0.88	2.00	2.00
재봉공	1.10	1.02	1.00	0.70
미장공			2.50	3.00
기와공			2.50	2.50
도장공			2.50	2.00
석공			2.00	2.00
우물공			2.50	2.50
잡공			0.70	1.00
엄운부			1.20	1.20
용기공			2.50	2.00
벌목공			2.50	3.00
대장공			2.00	2.40
평균임금			2.03	2.14

---

33) 《朝鮮總督府官報》1918年, 표 형식으로 숫자를 편집을 했다.

34) 《中央僑務月刊》第2期, 1029年10月.

⑤ 다양한 형태의 착취

화교 노동자는 자본가, 특히 일본 자본가에게 잔혹하게 착취당했다. 일본 자본가는 "선불 임금제", "선급 모집제", "기숙 노동제", "값싼 노동제" 등을 통해 화공을 잔혹하게 착취했다. 이외에도 화공은 화교의 두목 등에게 다시 착취당했다. 원래 낮은 임금에 다양한 착취로 화공 손에 쥐는 것은 형편없이 적었다.

⑥ 차별과 박해

타국과 타향에서 화공이 정치적으로 차별과 박해를 당하는 것은 흔한 일이었다. 특히 1920년대 후기부터 일제는 종종 화공의 주거와 취업을 제한하는 조치를 단행했다. 그래서 화공은 취업이 어려웠고, 거주 역시 크게 제한해서 종종 벌금을 부과받거나, 구속되거나, 심지어 추방되기까지 했다. 화공들의 처지는 1927년 이후에 더욱 힘들어졌다.

첫째, 화공의 임금은 언제나 일본인보다 낮았다. 둘째는 화공은 악조건과 고생을 참고 견디었기 때문에 1910년에서 1920년 사이 취업은 그다지 힘들지 않았고, 많은 공장과 광산의 노동자로 화공을 원했다. 화공과 일본 및 한국 노동자의 취업 과정에서 충돌이 발생했다. 어떤 경우 일제는 고의로 이런 갈등을 조장했는데, 목적은 민족 분쟁을 통해 화공과, 일본 및 한국 노동자의 단결을 방지하기 위해서였다. 예를 들면 1919년 한국 부산에서 정기 여객선의 한국 노동자는 임금 인상을 요구하며 파업했다. 이에 일본 자본가는 함경북도 갑산甲山에서 감원한 화공출신 광산 노동자를 대신 채용하는 방식으로 한국 노동자의 파업에 대응했다.[35]

화공의 식사는 보통 가장 저렴한 찐빵과 건량乾糧, 잡곡 등을 먹었고, 음식과 의복 구입을 제외하면 하루 임금에서 거의 남는 것이 없었다. 그리고 화공은 모두 독신 남자로 중국에 있는 가족을 부양하기 위해서, 특히 미혼의 청년 노동자의 경우 더욱 절약해서 돈을 모아 국내로 송금해야 했다. 이를 위해 매년 음력 2월과 3월에 한국에 입국해서 음력 9월과 10월에 중국으로 귀국했다.

3) 농업

한국 화교의 농업은 주로 채소를 재배했다. 1910년에서 1930년 사이에 한국의 도시 인구는 급속하게 증가했다. 이로 인해 많은 화교들이 전국 대도시 근교에서 채소밭을 개간하며 제철 채소를 재배했다. 화교 농가도 증가했다. 1910년 화교 농가는 417가구 1,671명에서 1921년 1,121가구 3,981명으로, 1929년 3,039가구 11,080명으로 증가했다. 이렇게 각지로 확산 된 화교 농가의 구체적인 수량은 아래 표를 통해 알 수 있다.

표 4.21 1921-1922년 지역별 화교 농민 분포표[36]

행정구역	1921년		1922년	
	호수	인구수	호수	인구수
경기도	220	847		1,062
충청북도	13	29		51
충청남도	49	110		185
전라북도	62	200		205
전라남도	13	41		45

---

35) 秦裕光,《六十年見聞錄》.
36) 朝鮮總督府,《在朝鮮之中國人》, 도표 형식으로 숫자를 재편집했다.

행정구역	1921년		1922년	
	호수	인구수	호수	인구수
경상북도	39	137		398
경상남도	10	35		42
황해도	131	477		448
평안남도	216	855		849
평안북도	111	490		867
강원도	10	28		44
함경남도	120	414		588
함경북도	127	318		538
합계	1,121	4,041		5,322

　이상의 표에서 알 수 있듯이, 한국의 화교 농민은 경기도, 평안남도, 함경남도와 함경북도에 가장 많이 분포했다. 화교의 채소밭이 가장 많은 곳은 인천이고, 다음은 평양과 영등포였다. 이에 대해 이르길 "화교의 채소밭에서는 배추, 파, 오이, 부추, 미나리 등을 재배하며 이를 한국 전역으로 판매했다. 때문에 한국의 채소업계의 맹주가 되었다고 해도 과언이 아니었다."[37]라 했다. 인천의 한국 채소 농장은 1923년 한해 판매 액수는 62,790엔인 반면, 인천과 부평 일대의 화교 채소 판매량은 10만 엔에 달했다. 서울지역 화교의 채소 판매 액수는 이보다 더욱 컸다. 특히 송상옥宋常玉, 이옥화李玉和, 당관해唐觀海의 판매량이 가장 많았다.

　이상과 같이 한국 화교의 경제는 1910~1920년 사이에 급속히 발전하며 한국 화교경제의 황금기를 이루었다. 1920년대 말, 즉 1927년 이후에 한국 화교경제는 일제의 제한 정책과 일본 자본의 도전 속에 점차 쇠락하고 말았다.

---

37) 秦裕光, 《六十年見聞錄》.

2 교육 상황

1910~1931년 사이에 한국 화교의 교육 발전 상황은 상당히 느렸다. 화교교육은 아직도 신식학교와 사숙과 가숙 등의 신구의 학제가 교체되는 시기였다. 신식학교는 설립된 지 오래되지 않은 반면, 구식 학당과 서당 및 가숙이 여전히 큰 비중을 차지했다.

한국 화교의 신식학교는 1902년 처음 개교했다. 1902년에 인천 화교학교를 시작으로, 1910년 한성화교학교, 1912년 부산화교학교가 각각 설립되었다. 1910년대 화교학교는 불과 3곳에 불과했고, 학생 수도 불과 100여 명을 넘지 못했다.

1920년대 화교경제가 절정기에 도달하며 화교교육도 발전국면을 맞이했다. 기존의 서울, 인천, 부산 외에도 신의주, 해주, 진남포, 평양 등에서 화교학교가 개교했다. 서울과 인천에 학생이 많았지만, 그밖에 다른 지역의 경우 10여 명에서 수십 명에 불과했다.[38]

당시 한성화교학교는 160여 명의 학생이 있는 소학교였다. 이곳은 서울주재 중국총영사관 안에 설립되었다. 운영비는 교육위원회가 기부하고 조달했다. 교학 설비가 잘 완비되었고, 교실과 도서실, 운동장과 교정 등을 갖추었다.

인천중화학교 역시 교사校舍와 교학 시설이 잘 구비되었고, 학생은 학생 120여 명에 달했다.

평양에는 2곳의 화교학교가 있었다. 신의주는 압록강 철교가 건설된 후 화교들이 점차 많아졌고, 화교학교는 4곳이나 되었다. 그중에 2곳은 시내에, 다른 2곳은 도시 근교에 위치했다. 신의주 화교소학교

---

38) 張維城, 《朝鮮華僑槪況》.

는 1915년에 개교했고, 남학생 83명, 여학생 34명 등 모두 117명에 달했다. 신의주 화공華工소학교는 남학생 33명, 여학생 5명으로 모두 38명이었다. 근교의 운산북진雲山北鎭 화교소학교는 남학생 32명, 여학생 9명 등 모두 41명이었다. 용암포龍岩浦 화교소학교는 남학생 25명, 여학생 7명으로 모두 32명이었다. 1931년 신의주 각 학교의 졸업생은 모두 24명이었다.[39]

이 시기 화교학교의 교사는 중국에서 초빙했고, 교과서는 중국 교육부가 검정한 교재를 채택했다. 그리고 수업 시간은 모두 중국어 교재로 교육했다. 이 시기 화교교육은 여전히 초기 상태에 머물렀다.

---

39) 신의주 관련 화교학교의 상황은 《外交部公報》9卷4期, 1936年 8月을 참고.

제3절 일제의 한국 화교 정책과 화교의 항일 투쟁

1 중화민국의 화교 정책

중화민국 시대에 이르러 정국이 급변하면서 화교 정책에도 변화가 많았다.

(1) 손중산의 중화민국 시기

손중산이 주도한 신해혁명은 해외교포들의 대대적인 지지와 지원을 받았다. 그래서 손중산은 해외 화교를 매우 중시하며 배려했다. 손중산이 중화민국 정부를 통치하던 시기에 정부 조직에 해외의 화교사무를 관리하는 기구를 설치했다. 그러나 얼마 후 원세개袁世凱에게 권력을 양보했고, 이로 인해 화교에 관한 자연스럽게 정책으로 실현되지 못했다. 이후 손중산은 광주廣州의 호법정부護法政府를 주도하면서 정부 내에 다시 화교국華僑局을 설치해 화교에 대한 보호와 관심을 정책에 반영했다.

(2) 북양군벌과 북경정부시대

북경정부는 1917년에 화교국을 설치해 해외에 거주하는 화교를 등록하는 정책을 실행했다. 1916년에서 1917년 사이에 10여만 명의 계약 화공이 해외로 이주하며 생계를 도모했다. 이후 북경정부는 선후로 화공사무국과 화교국을 설치했다. 하지만 정국이 급변하며 이런 화교기구는 제대로 기능을 발휘하지 못했다. 북경정부의 화교 정책은 여전히 청조와 거의 다를 바가 없었다. 비록 중국 내에 해외 화교 사무국 등의 기구를 설치했지만, 화교와 교포를 보호하는 책무는 이행하지 않았다.

(3) 국민당의 남경정부 시대

1927년 국민당은 남경정부를 건국했다. 남경정부는 같은 해에 교무위원회僑務委員會를 설치했고, 외교부에 교무국을 두었다. 그리고 교육부에 화교교육위원회를 설치했다. 1928년 2월 남경정부는 《화교 귀국과 사업 장려조례》(9조)를 제정해 화교의 귀국과 투자를 권장했다. 이보다 앞서 《교민자제의 귀국과 취학규정》을 만들어 반포하기도 했다. 그러나 국민당 정부는 항상 외세에 의지하는 정책을 실시했기 때문에 해외 교민의 권익보호와 관심을 두는 정책은 공염불에 불과했다. 일본식민지에서 생활하는 한국 화교 역시 같은 처지였다.

2 일제의 조선 화교 규제와 박해

일제는 한국을 강점한 후에 한국인과 화교에 대해 잔혹한 탄압과 착취를 자행했다. 특히 화교에 대해서는 규제하고 박해했으며, 급기야 한중간의 관계를 이간질시켜 배화排華 사태를 조작하기도 했다.

1) 화교에 대한 규제와 박해

일제는 한국 화교를 차별하고 각 분야에서 규제하고 박해했다.

(1) 입국

1918년 일제는 《외국인의 조선입국에 관한 법령》 6개 조항을 반포했다. 제1조는 "조선을 입국하는 외국인이 좌측 조항에 해당하는 경우 도지사는 상륙과 입국을 금지할 수 있다."고 했다. 그중에 하나가 "여권을 소지하지 않거나 국적을 증명할 수 없는 경우"[40]라 했다. 당시 많은 화교는 빈곤한 농민과 노동자로 생존을 위해 한국으로 이주했다. 이들 중 대다수 여권이 없었기 때문에 입국할 수 없는 자가 매우 많았다. 여권 없이 입국한 후에 일단 일본 경찰에 발견되면 구타, 구류, 체포, 심지어 강제 추방당했다. 국제적 관례를 보면 외국인의 입국은 반드시 여권을 지참해야 했다. 그러나 당시 일본인과 한국인이 중국의 동북으로 수천 명이 이주했지만, 절대다수는 여권이 없었다. 일제는 이런 현실을 모른 척했고, 일본과 한국인에 비해 수가 훨씬 적은 화교에 대해서는 매우 엄격하고 가혹했다.

(2) 거주와 취업

1910년 8월 일제는 《조약에 의한 거주 자유가 없는 외국인에 관한 법령》을 반포하고, "조약에 따라 거주 자유가 없는 외국인이 노동에 종사하는 경우 지방 장관이 허가하지 않으면 이전에 거주했던 이외 지역에서 거주하거나 그 업무를 집행할 수 없다."[41]고 규정했다. 위

---

40) 《駐京城總領事館駐在地取締華人入境居住營業等關係法令譯件》.

반자의 경우 "100위안 이하의 벌금에 처한다."[42]고 했다. 같은 해 10월, 조선통독부는 제17호령으로 앞서 언급한 "노동 종사자"의 범위를 확대해 "농업, 어업, 광업, 토목건축, 제도, 운송, 인력거, 부두하역 및 잡역 노동자"[43]로 규정했다. 1913년 조선총독부는 주한중국 총영사관과 《조선에 있는 중화국민 거류지 폐지에 관한 협정》을 체결하고 청말 이래 한국의 서울과 인천 등에 있던 중국 조계지를 철폐했다. 1916년 조선총독부는 제6880호령을 반포하고 "거류지"의 범위에 대해 "첫째, 인천, 군산, 목표, 군산, 성진城津[44] 및 진남포 등으로 이전에 각국이 거주했던 지역. 둘째, 인천, 부산 및 원산으로 이전에 중국이 거주했던 지역. 셋째, 이전 한성부 5개 서署 이내의 지역, 이전 평양의 외성外城 내의 지역, 이전 청진으로 토지 규칙 제2조가 규정한 지역 및 현재 신의주 지역"[45]이라 했다.

이상에서 언급한 법령 규정에 따라 "농업, 어업, 광업, 토목건축, 제조, 운송, 인력거, 부두하역, 잡역 노동"에 종사하는 화교는 그 거주지와 취업의 범주를 인천, 목표, 마산, 성진, 진남포의 이전 조계지, 그리고 인천, 부산, 원산의 이전 조계지, 서울, 평양, 청진, 신의주 등의 지역으로 제한했다.

상술한 직종에 종사하는 화교는 주로 대다수의 화교 노동자였다. 만약 다른 지역에서 거주하며 취업할 경우 반드시 일제에 신청해서 허가받아야 했다. 그렇지 않고 위법한다면 벌금, 구류, 제포 및 심지

---

41) 《駐京城總領事館駐在地取締華人入境居住營業等關係法令譯件》.
42) 위의 책.
43) 위의 책.
44) 성진城津 : 함경북도咸鏡北道의 남쪽 끝에 있는 도시를 지칭한다.(역자 주)
45) 《駐京城總領事館駐在地取締華人入境居住營業等關係法令譯件》.

어 추방까지 당했다.

1911년 5월 일제는 《관영사업의 중국인 사용금지에 관한 법령》[46)]을 반포했다. 그 내용은 다음과 같다.

"관영사업에서 저렴한 임금 및 기타의 다른 이유로 중국인을 사용하는 일이 왕왕 있다. 이는 조선인의 생업 유지라는 취지에 위배되고, 또한 고용계약의 이행과 피고용자의 처우가 어긋나는 경우가 많다. 무릇 관영사업은 직접 관여하는 사업과 청부 사업을 막론하고 반드시 중국인을 쓰지 않는다. 만약 특별한 기술이나 사정으로 중국인을 이용할 때는 반드시 총독의 승인을 받아야만 사용할 수 있다. 해고할 때도 반드시 총독에게 보고해야 한다."[47)]

이 법령의 반포로 화교 취업에 심각한 영향을 주었다. 하지만 이 법령은 일제가 침략의 목적을 실현하기 위해서 한국에 항구, 철도, 도로, 광산, 대형 공장의 건설에 수많은 노동자가 필요하다는 현실과 서로 모순이 되었다. 한국 화공은 수가 많고, 힘든 일을 견디며, 임금이 저렴했기 때문에 일제는 할 수 없이 법을 개정해야 했다. 그래서 1917년 관비官秘 74호령을 반포하고 한국 화교의 고용을 가능하도록 했다. "1일 사용 인원이 최대 30명을 넘을 경우 반드시 사용하는 지역의 관할 장관의 동의서를 첨부해야 한다."[48)]고 했다.

---

46) 《駐京城總領事館駐在地取締華人入境居住營業等關係法令譯件》.
47) 《官營事業禁止使用中國人之關係法令》: "從來官營事業, 以工資低廉及其他之理由而使用中囯人之事, 往往有之. 此不獨于維持朝鮮人生業之趣旨有所遊背, 亦且雇傭契約之履行及被雇者之待遇發生背馳之場合不少. 凡官營事業不論直轄事業或包工事業, 務期不使用中國人. 如因特殊之技能或特別之事情, 有使用中國人之麼要時, 須經總督之認可, 方可使用. 解雇时应即报告总督."

(3) 화교 공상업에 대한 규제정책

1910년 일제는 《회사법》을 공포했고, 1915년 《광업령》을 공포했다. 이런 법률 규정은 회사와 기업, 상점과 광산 채굴을 장려하는 정책으로 모두 조선총독부의 허가를 받아야 했다. 일제는 이런 법령의 설치 목적은 당연히 한국 내에 일본 자본을 보호하고 한국의 민족자본을 탄압하기 위해서이다. 그리고 이와 함께 화교의 공상업의 발전을 심각하게 가로막았다. 그래서 한국 화교의 공상업, 특히 공업 중에 대형 공장과 광산이 적었던 원인은 바로 일제의 규제와 탄압 때문이었다.

일제는 화교경제의 발전을 규제하기 위해서 중국화물에 대한 관세를 가중했다. 1923년 주단과 모시를 사치품으로 분류하고 수입세를 50% 인상시켰고, 1924년 7월 31일 다시 수입관세를 100% 인상했다. 이런 상황에서 주단과 모시의 수입은 거의 흔적을 찾아볼 수 없게 되었다. 많은 화상은 할 수 없이 일본 오사카大阪와 고베神戶를 통해 견직물을 수입했다. 후에 일제는 중국의 주단 수입을 아예 금지시키며 화상의 경제활동을 원천 봉쇄했다.

(4) 화교의 구타와 구류 및 체포

일제는 일본 경찰을 동원해 화교를 수시로 구타, 구류, 체포했는데, 이런 내용을 열거하면 다음과 같다.

1931년 5월 10일 인천 경찰서는 화교인 필준영畢俊榮, 이경덕李慶德 강예풍姜藝風 등을 거주 허가증이 없다는 명목으로 구류하고, 20

---

48) 《駐京城總領事館駐在地取締華人入境居住營業等關係法令譯件》: "一日 最多數使用人員在30名以上之場合, 須附送使用地所管道長官之同意書。"

원의 벌금에 처했다. 하지만 이들은 벌금을 납부 능력이 없어서 구속
되어 욕설과 구타를 당했다. 당시 중국총영사관 인천 사무처의 주임
이 당국과 교섭을 시도했지만 성과가 없었다.

같은 해 5월 23일에는 화공인 유숭리劉崇里 등 56명은 개성에서
석공과 목공 등으로 일하다 거주 허가증이 없어 일본 경찰에 발각되
었다. 이에 유숭리 등 56명은 함께 허가증을 신청했지만 일본 경찰은
이를 허가하지 않았다. 이에 "하루에 3차례나 강제로 귀국을 강요했
고, 만약 기간이 지연되어 귀국이 불가능하면 벌금형에 처하거니, 죄
목을 늘려 구속했다. 현재 유숭리 등 56명은 허가증 발급에 희망이
없고, 귀국 비용도 없어 진퇴양난의 어려운 처지에 종일 남몰래 눈물
흘리고 있다."[49)고 했다.

일제는 "사상불순", "간첩죄"등의 명목으로 한국 화교를 체포하기
도 했다. 1921년 화교는 죄 없이 체포되어 구금된 자가 123명[50), 1913
년은 181명[51), 1921년 553명에 달했다. 그중에 6명은 옥중에서 사망
했다.[52)

2) 1927년 한국의 화교 배척사건

일제는 한국 화교의 탄압을 위해서 1927년에 배화排華사건을 조작
했다. 일제는 신문을 이용해 이간질 시키고 유언비어를 확산시켰다.

---

49) 《中央僑務月報》10期, 1931年 5月, "並一日三次強迫回國, 若遲期不行, 即
　　處以罰金, 或加罪拘捕。現在劉崇裡等56人, 許可證既已絕望, 歸國路費不
　　資, 進退狼狽, 窘困異常, 終日飲淚涕泣, 暗自傷悼。", 75쪽.

50) 《朝鮮統督府統計年譜》, 1912.

51) 《朝鮮統督府統計年譜》, 1913.

52) 《朝鮮統督府統計年譜》, 1921.

즉 중국 정부와 중국인이 중국 동북에 있는 한국 교민을 학대하고, 추방했다고 속이면서 반화교와 반중국 정서를 선동했다. 또한 진상을 잘 모르는 한국인을 부추겨서 배화사건을 조장했다.

- 1927년 12월 7일 한국에서 발생한 배화사건은 전라남도 이리裡里53)에서 시작했다. 이후에 전라북도와 충청북도는 물론 경기도까지 확대되었다.54)

  12월 7일 배화의 격랑은 전라남도 이리에서 시작했다. 이날 500-600명의 폭도는 화교상점을 부수었다. 이날 16개 화교상점은 한 곳도 무사하지 못했고, 화상 30여 명, 화공 100여 명은 밤을 이용해 인천으로 피신했다. 특히 화교인 신모申某 씨는 실종되었고, 양모梁某씨는 부상당했다.

- 112월 8일 배화사건이 전국으로 되었다.

  군산群山, 한국 폭도는 화교상점을 부수고 화공을 구타했다. 100여 명의 화농은 지역에서 쫓겨났고, 실종된 화교도 많았다.

  함열咸悅55), 폭도가 화교상점 9곳을 부수고 화상 4명이 부상을 당했고, 36명의 화교가 인천으로 도망쳤다.

  황등黃登56), 화교상점 13곳이 파손되었고, 화상 33명이 인천으로

---

53) 이리裡里 : 현재 전라북도 익산시에 있었던 도시 이름으로 '솜리', 혹은 '속리'라고 불렀다. 1995년 5월 행정구역 개편 때 익산군과 병합되며 익산시가 승격, 신설되며 폐지되었다.(역자 주)

54) 〈朝鮮排華之慘劫詳情〉, 《南大與華僑》卷2期, 1928.2.

55) 함열咸悅 : 전라북도 익산군益山郡의 군청 소재지로 1979년 7월 10일 면面에서 읍邑으로 승격했다.(역자 주)

56) 황등黃登 : 전라북도 익산시에 속한 지명이다. 원래는 함열군 남일면 지역인데, 1914년 황등리와 황등산에서 이름을 지어 황등면이 되었다. 이곳은 현재 황등

도망했다.

• 12월 9일 총리蔥里, 1,000여 명의 폭도는 50명의 화상와 100여 명의 화공을 포위하고 감금했다. 화교인 여모呂某 등 2명이 사망하고 10여 명이 부상을 당했다. 나머지 화교는 인천을 도망했다. 장성長城, 폭도는 화상을 구타하고 상점을 부수었다. 이에 화상 38인이 인천으로 도주했고, 1명이 부상을 당했다.
강경江景, 폭도가 화교상점을 부수고 화상을 구타했다. 화교 40여 명이 인천으로 도주했다.

• 12월 10일 정주定山, 폭도가 화교상점을 부수고 화상을 구타했다. 화교 20여 명이 인천으로 도주했다.
사가리四街里, 화교상점이 파손되었고, 화교 12명이 인천으로 도주했다.
진태인新泰仁, 1,000여 명의 폭도가 화교를 구타했고, 상점을 부수었다. 화교 34명이 인천으로 도주했다.
공주公州, 폭도가 화교상점을 부수었고, 화교를 구타했다. 화농인 이문충李文忠이 부상을 당했다. 50여 명의 화교가 인천으로 도주했다.
논산論山, 폭도가 화교상점을 부수었고, 화교를 구타했다. 70여 명의 화교가 인천으로 도주했다.

• 12월 11일 김제金堤, 화공 400여 명이 2,000여 명의 폭도에게 포위하고 감금했다. 화공은 최선을 다해 자위를 통해 폭도의 공격을 물리쳤다.

석이라 불리는 화강암으로 유명하다.(역자 주)

김의金義, 폭도는 화교상점을 습격했고, 화교를 구타했다. 6명의 화교가 인천으로 도주했다.

조치원鳥致院, 폭도는 화교상점을 부수었다.

신태인新泰仁, 재차 배화사건이 발생했다.

두계豆溪, 폭도는 화상을 구타하고 상점을 부수었다. 화교 27명이 인천을 도주했다.

이원伊院, 폭도는 화교상점을 습격하고 화상을 구타했다. 13명의 화교가 인천으로 도주했다.

연산連山, 복도는 화상을 구타하고 상점을 부수었다. 9명의 화교가 인천으로 도주했다.

• 12월 12일 강경에서 재차 배화사건이 발생했다.

이곳 외에도 당진唐津, 안악安嶽에서 동시에 배화사건이 발생했다. 당진의 16명 화교는 인천으로 도주했고, 도중에 폭도에게 저지당해 4명이 부상을 당하고 3명이 실종되었다.

앞서 언급한 지역에서 화교들이 황급히 인천으로 도주한 목적은 인천을 통해 귀국하기 위해서였다. 하지만 인천에서도 역시 배화 사태가 일어났다.

• 12월 15일 인천의 수천 명의 폭도는 각목, 식칼, 쇠파이프, 돌 등으로 삼리채三里寨 백본가白本街의 화교상점과 부근의 화교 밭을 습격했다. 화교상점을 부수고 채소밭을 파괴하고, 재물을 약탈했으며 화상과 화농을 구타했다. 이때 많은 화교들은 도시에 있는 중국 거리와 경찰서로 도망을 갔다. 화교가 경찰서로 도망한 후에도 폭도들은 돌로 유리창을 깼지만 일본 경찰은 이들을 엄격히 제지하지 않았다. 비록 수십 명의 폭도를 붙잡기는 했지만 처벌하지 않고

훈방 조치했고, 이에 폭도들의 기세는 사그라지지 않았다.

저녁 8시, 폭도는 중국 거리를 포위해 공격했다. 중국 거리 50여 개 화교상점의 300여 명의 화교는 각지에서 피신 온 외지 화교 500여 명과 함께 거리를 지키며 자위에 나섰다. 화교의 자위행동에 대해 일본 경찰은 "이런 행동은 법규 위반"[57]이란 명목으로 수차례 화교의 자위 조치를 금지시켰다. 인천 주재 중국영사는 경찰서장에게 화교의 보호를 요청했다. 이에 일본 서장은 "나는 최선을 다했고 별다른 방법 없다"[58]라 했다. 인천 화교상회는 조선총독부에 전보를 보내 일본 경찰을 파견해 화교의 안전을 보장하라고 요청했다. 서울과 인천의 거리는 90리로 왕복 2시간이면 열차로 도달할 수 있다. 하지만 서울의 일본 경찰 50명은 하루가 지난 후에야 도착했다. 목숨을 건 화교의 자위 조치를 통해서 폭도의 수차례 공격을 막아냈다. 이날 화교 2명이 사망했고, 4명이 실종되었으며 40명이 중상을 입었다. 12월 16일 인천 화교상회와 인천 주재 영사가 수차례 일본 경찰과 교섭한 끝에 경찰서는 60명의 경찰을 파견해 사회질서를 유지했다. 동시에 인천 화교상회는 6명의 한국 대표와 상의하여 평화적으로 해결하기로 결정했다. 이후 배화의 풍랑은 점차 사라졌다.

• 12월 13~17일 사이에 서울에서 역시 배화사건이 일어났다.
  한성화교상공회의소는 12일 긴급회의를 열고서 서울 주재 총영사와 함께 조선총독부에 화교 보호를 위한 확실한 조치를 요구

---

57) 〈朝鮮排華之慘劫詳情〉, 《南大與華僑》6卷2期, 1938年2月.
58) 〈朝鮮排華之慘劫詳情〉, 《南大與華僑》6卷2期, 1938年2月.

하고, 한국 대표의 해명과 평화적 해결을 위한 대표선발의 필요성을 결의했다. 이와 함께 서울지역 화교에게 긴급사태에 대비하라고 긴급 통보했다.

조선 총독부는 화교상회와 서울 주재 총영사의 요청에 따라 겉으로는 화교의 보호를 약속하며 포고문을 반포했고, 소수의 일본 경찰을 파견해 사회질서를 유지했다.

서울에는 비록 대규모 배화활동은 발생하지 않았다. 그럼에도 12월 13일에서 17일 닷새 동안에도 일부 폭도는 화교상점을 약탈하고 구타했다. 이에 화교 14명이 부상, 1명이 사망했고, 화교상점 6곳이 약탈되었고, 화교 농가의 채소밭 3곳이 훼손되었다.[59]

이번 한국의 배화사건은 완전히 일제가 조작한 사건이다. 한국에서 배화사건이 발생한 시기는 12월 7일인데, 12월 17일이 돼서야 사라졌다. 11일 동안 한국 23곳 도시에서 25차례의 화교 구타와 화교상점과 채소밭을 파괴했고, 화교 재산을 약탈했다. 서울, 인천, 김제 3곳에서 일본 경찰이 출동해서 겉으로는 사회질서를 유지했지만, 나머지 지역은 모두 폭도가 기승을 부리면서 한국 화교의 신변은 위협을 받았고, 재산은 큰 피해를 입었고, 심지어 사망과 실종의 경우도 매우 많았다.

이번 배화사태에서 중국 국민당 정부의 부패와 한국 주재 일부 영사관의 무능과 직무유기가 드러났다. 인천에서 배화사태를 목격한 중국 기자는 이르길 "서울, 인천의 영사의 총영사 릉모凌某, 영사 오모吳某는 상회를 독촉해서 구두로 일본에게 보호를 애걸하고 사태가 지난 후에 비로소 사건 개략을 북경 정부에 보고했

---

59) 〈朝鮮排華之慘劫詳情〉,《南大與華僑》6卷2期,1938年2月.

다. 이후 구체적인 보호방법과 사후처리 방안, 교섭의 준비 등에 대해서는 전혀 듣지 못했다. 실제로 영사관은 임금을 3년이나 미지급 받고 일했던 직원이 사직했고, 상인회에서 월 200위안을 대출해서 영사관을 운영한 상태였다. 그래서 적극적인 의지 표명을 요청한다 해도 그렇게 될 수가 없었다. 그러나 전례가 없는 사태에 직면해서 구체적 방법을 고안해 적극적으로 추진하지 못하고 상황을 그대로 방치하니 이런 직무유기의 죄는 용서하기 힘들다."[60]고 했다.

3 한국 화교의 항일투쟁

한국 화교는 오랫동안 한국인과 우호적으로 지내왔다. 함께 노동하며 긴밀한 관계를 유지했다. 일제는 한국인과 화교를 잔혹하게 탄압하고 착취했고, 이는 오히려 한국인과 화교의 관계를 더욱 긴밀하게 만들었다. 이들은 일치단결하여 함께 일제의 탄압과 착취에 저항했다. 특히 노동자의 투쟁은 가장 두드러진다. 화공과 한국 및 일본 노동자가 함께 파업한 상황은 다음과 같다.

다음 표와 같이 16년 사이 모두 7,877명의 화공이 파업 투쟁에 참여함에 한국과 일본 노동자와 함께 일제의 탄압과 착취에 저항했다.

---

60) 〈朝鮮排華之慘劫詳情〉,《南大與華僑》6卷2期,1938年2月. "京城、仁川總領事淩某, 領事吳某, 除由呼會督促, 口頭哀求日本當局保護外, 事過之後, 始將事竊概略報告北京政府。至以後具體保護方法, 及善後辦法, 交涉準備, 均未聞。實在欠薪至三年之久, 辦事人多已去職, 僅由商界月借二百元維持生計之領事館, 求其能積極表示, 亦屬難能。但當此空前慘劫之時, 而不能擬出具體辦法, 積極進行, 仍任其自然, 失職之罪, 在所難恕。"

표 4.22 한국, 중국, 일본 삼국 노동자 파업상황[61]

연도	차수	참가인원			
		한국 노동자	화교 노동자	일본 노동자	합계
1913	4	420	67		487
1915	9	828	1,100	23	1,951
1916	8	362	88	8	458
1918	50	4,443	1,187	475	6,105
1919	84	8,383	327	401	9,011
1920	81	3,886	180	533	4,599
1921	36	3,293	99	11	3,403
1922	46	1,682	79	38	1,799
1923	72	5,824	164	53	6,041
1924	45	6,150	571	30	6,751
1925	55	5,390	261	49	5,700
1926	81	1,648	133	203	5,984
1927	94	9,761	746	16	10,522
1928	119	7,212	435	112	7,795
1929	103	7,,412	832	49	8,293
1930	160	17,192	1,608	172	18,972
합계		83,886	7,877	91,763	183,526

이상의 16년간의 목록에서 열거한 가운데 7,877명의 화교 노동자는 파업과 투쟁에 참여했고, 한국과 일본 노동자와 함께 일제의 탄압에 저항했다.

1919년 3월 1일 한국에서 마침내 일제에 저항하는 기의가 발생했다. 기의에서 일제를 처단하고 한국의 독립을 실현하고자 했다. 이때 화교 역시 적극적으로 민족투쟁에 참여했다. 1919년 327명의 화공과 한국노동자는 함께 파업을 거행했다. 그리고 다수의 화교가 한국인

---

61) 朝鮮統督府警務局, 《最近朝鮮治安狀況》, 1934年, 143쪽.

의 비밀결사에 참여했다. 서울 화교인 장홍해張鴻海는 1910년 이전 일찍이 한국 모군某郡의 군수郡守였던 정인호鄭寅琥의 가정교사로 일하며 아들에게 영어를 교육했다. 후에 정홍해는 일제식민통지에 저항하기 위해 사직하고서 장두철張鬥澈과 함께 비밀리에 구국을 맹세했다. 이때 장홍해는 서울에서 양복점을 열었고, 1919년 3.1운동이 발발하자 정인호 등과 적극적으로 항일 투쟁을 전개했고, 또한 함께 항일 비밀조직에 참여했다. 장홍해는 정인호와 상해 화교 혁명가 사이의 비밀 연락 임무를 담당했다.

제5장
근대 조선 화교 (3)
:1931년 7월~1945년

제1절 만보산 사건과 1931년 한국의 화교 배척

일제는 1927년 배화사건을 조작한 후에도 부족하다고 여겨 1931년 재차 더욱 참혹한 배화참사를 조작했다.

1231년의 한국의 배화참사의 도화선은 일제가 중국 동북에서 조장한 만보산萬寶山 사건이고, 이는 일제가 중국 동북을 침략하는 9.18 사변의 서막이 되었다.

■ 만보산 사건

만보산 사건은 하루아침에 발생한 것이 아니고, 깊은 역사 연원과 복잡한 한중일 3국 관계가 얽혀있다.

1) 일제의 중국침략과 그 서막

일제는 일찍이 메이지 정부를 수립하면서 노골적인 군국주의 노선을 내세우며 한국과 중국을 침략하는 확장 정책을 전개했다. 1868년 3월 14일 천황의 명의로 천황의 친필 서신인 《신한宸翰》을 공개적으로 선포하고 "역대 조상의 위업을 계승"하고, "너희들의 수많은 뜻을 헤아려 만리 파도를 개척해서 국위를 사방에 알린다."[1]고 했다. 즉

이는 무력을 사용해 세상을 정복한다는 뜻이다. 이후에 정치, 경제, 군사, 문화 등 각 방면에서 군국주의화 했다. 1894~1895년 일제는 중일전쟁에서 승리한 후에 일본 군국주의 세력은 한층 더 팽창했다. 이때 전후로 일본 수상 겸 육군대신 야마가타아리토모山縣有朋는 《인방병비략鄰邦兵備略》을 저술했고, 그는 1890년, 1894년, 1897년에 쓴 상소문에서 모두 일본의 국익 확대를 위해 한국과 중국 대륙으로 침략을 확대해야 한다고 주장했다. 1904~1905년 사이 일제는 러일전쟁을 승리하며 군국주의 세력은 더욱 팽창했다. 중국침략 정책의 실행과 관철하고, 침략의 성과를 강화하고 확대하기 위해 1906년부터 군국주의는 중국 동북에 계속 침략기관을 설치했다. 그중에 남만철도주식회사, 즉 만철滿鐵과 관동도독부(1919년부터 관동청과 관동군사령부로 분리)을 두었다. 그리고 일제는 봉천奉天, 즉 심양瀋陽 등에 영사관領事館, 영사분관領事分館 등을 포함하는 총영사관과 경찰서, 동양척식회사, 조선은행 등을 설립했다. 이런 기관은 일제의 침략정책과 식민통치 실행을 위한 유용한 도구였다. 1908년 9월 25일 가쓰라桂太郎 내각은 《대외정책 방침의 결정》을 통과시켰다. 그중에 중국정책에 대해서는 "우리는 이 나라에 세력을 육성해 이곳에서 불의의 사태가 발생했을 때 우리나라가 우세한 지위를 확보할 수 있어야 한다. 동시에 반드시 만주의 현 상태가 영원히 지속될 수 있도록 조치를 취해야 한다."[2]라고 했다. 1918년 야마가타아리토모는 원로 자격으로 데라

---

1) 《明治文化全集》卷2, 33-34쪽. "繼承列祖列宗的偉業", "安撫爾等億萬, 開拓萬里波濤, 布國威于四方."

2) 日本外務省,《日未外交年表與主要文書》(上), 308쪽. "扶植我國在該國的勢力, 以便在該國發生不測事變時, 能夠確保我國的優勢地位; 同時, 必須採取措施, 使滿洲的現狀永遠持續下去."

제1절 만보산 사건과 1931년 한국의 화교 배척 337

우치 마사타케寺内正毅 내각에 건의하는 서신에서 이 점을 가장 먼저
강조하며 이르길 "미래 우리나라의 권리 확장 방향은 마땅히 중국을
향해야 한다", "일본과 중국의 지리적 위치는 국제 관계에서 다른 각
국보다 우월하니, 중국을 겨냥해 국권을 확장하는 것은 우리나라 이
익을 증진함에 있어 필연적으로 매우 유리하다."3)라 했다. 이후에 이
런 정책의 관철을 위해서 반드시 상응하는 국방정책의 확립이 필요
하다고 했다. 즉 "중국에서 획득한 세력을 보존하면서 독자적인 지위
를 확보하고, 또한 국권을 확장하기 위해서는 국방에 필요한 병력 확
충은 물론, 육군과 해군의 합동작전 실행 역시 적절하게 대처해야 한
다."4)라 했다. 이에 데라우치 내각은 이를 강령으로 삼았고, 결국 일
제가 중국을 침략하는 대륙정책이 구체화했고, 아울러 이를 기본국
책을 받들었다. 이러한 대륙정책이 형성된 후에 이는 일본 정부와 각
부처의 정책 결정에 결정적인 영향을 주었다. 특히 국방정책은 더욱
그러했다. 이후 서로 다른 시기에 일본 정부와 군부, 당파黨派 등은
실제로 이런 정책의 구체적인 방법과 시기 등을 선택하는 방법에서
서로 의견이 달랐다. 그러나 중국을 침략해서 강점해야 한다는 뜻은
완전히 일치했다.

　　대륙정책의 관철을 위해 일제는 미친 듯이 중국을 침략했다. 제1차
세계대전 기간에 군사를 동원해 산동을 점령했다. 1915년 일본은 중

---

3) 小林龍夫,《走向太平洋戰爭之路》(1), "未來我國權利之擴張方向應向中
　　國", "帝國與中國之地理位置國際關係優於其他各國, 向中國擴張國權為
　　增進我國之利益, 必然是十分有利的", 8쪽.
4) 小林龍夫,《走向太平洋戰爭之路》(1), "為了保存在大陸所獲得之勢力, 並
　　確保獨立地位和不斷擴張國權, 不僅要擴大國防上所必須之兵力, 而且應
　　當妥善處理陸海軍配合作戰之問題。", 8쪽.

국에게 "21개조"를 요구했다. 1916년 8월에는 정가둔鄭家屯 사태를 만들었고, 1919년 7월에는 장춘長春사태를 조작했다. 1923년에는 장사長沙 참사를 조장했다. 1925년에는 "오삽五卅" 사태를, 같은 해 겨울에는 장작림張作霖과 합작해 곽송령郭松齡을 진압하는 반봉反奉 사건을 일으켰다. 1927~1928년 사이에는 3차례 산동에 군사를 출병시키기도 했다.

1927년 일본 국내에 전국적인 경제위기가 발생했다. 1924~1927년 사이에 중국은 국공합작이 실현되면서 북벌전쟁을 단행했다. 이때 미국은 원동遠東 지역에 대한 대외 확장 정책을 강화했다. 1927년 4월 일본의 혼다田中 내각은 조각 후에 향후 정책을 설명하며 강조하길 "일본은 중국 공산당이 일단 중국에서 활약하게 된다면 그 결과에 상관없이 가장 직접적인 영향을 받는 입장이 된다. 일본은 동아시아 전역을 유지하는 책임이 있기 때문에 중국 공산당을 방치할 수만은 없다."5)라고 했다. 이는 일제가 중국혁명에 간섭하겠다는 의지를 충분히 밝힌 것이다. 1927년 6-7월 혼다 내각은 동경에서 열린 동방회의에서 수상인 혼다는 친히 회의를 주재했다. 회의에서 중국정책을 결정했고, 특히 중국의 동북정책인《중국정책강령對華政策綱領》을 통해 무력으로 중국내정에 간섭하기로 결정했다. 이르길 "우리 제국은 중국에 대한 권익 및 일본 교민의 생명과 재산이 불법적으로 침해될 우려가 될 경우 단호히 자위조치를 통해 이들을 보호할 것이다."6)

---

5) 小山弘健,《日本帝國史》卷2, "日本對中國共產黨一旦在中國活躍起來, 不論其結果如何, 從直接最受影響的我國立場出發, 就日本對維護東亞全域所負的責任來說, 都不能置之不理。", 249-250쪽.
6) "當我帝國在中國之權益及日僑之生命財產有受非法侵害之虞時, 將斷然採取自衛措施以維護之。"

라 했고, "만몽滿蒙, 특히 동북의 3성省은 국제적으로 국민의 생존과 중요한 이해관계를 갖고 있는 곳이다. 때문에 우리나라는 특별히 고려해서 이곳의 평화와 경제발전을 유지해서 국내외 사람들이 안정하게 거주하는 곳으로 만들어야 한다. 이에 따라 이웃 나라인 우리로서 이곳을 특별히 책임지지 않을 수 없다."[7]라 했으며, "만일 동란이 발생하면, 그 영향은 만몽지역까지 이르러 치안이 혼란스럽게 된다. 우리나라는 이 지역의 특수한 지위와 권익에 대한 피해 우려가 발생한다면 이유를 막론하고 모든 보호조치를 취할 것이다. 또한, 이 국내외 인사의 안전한 거주지역으로 만들기 위해서 시기적절한 조치를 취할 사상적 각오를 해야 한다."[8]라고 했다. 당시 동방회의를 주도했던 일본외무성 정무차관인 모리이타루森格는 1932년 9월 연설에서 다음과 같이 동방회의의 목적을 분명히 했다. 즉 "동방회의東方會議에 관한 내용은 오늘 발표를 해도 무방하다. 주된 내용은 만주에 관한 주권이다. (중략) (만주는) 중국에 속할 뿐만 아니라 일본 역시 이런 주권적 권리에 관여할 수 있다. 만주의 치안유지에 대한 책임은 일본에 있다. 만주는 일본 국방의 최전선이기 때문에 일본은 반드시 이곳을 보위해야 한다. 이상과 같이 주된 요점은 만몽에 관한 일들은 일본이 위주가 되어야 한다."[9]라고 했다. 동방회의 후에 일본 수상인

---

7) "關於滿蒙, 特別是東三省, 由於在國際和國民的生存上有著重大的利害關係, 我國不僅要予以特殊的考慮, 而且要使該地維持和平與發展經濟, 成為國內外人士安居的地方; 對此, 作為接壤鄰邦之我國, 不能不負有特殊的責任."

8) 日本外務省, 《日本外交年表与主要文书》(下), 101-103쪽. "萬一動亂, 波及滿蒙, 治安混亂, 我國在該地之特殊地位與權益有受害之虞時, 不問來自何方, 均將予以防護] 而且為了保護這塊國內外人士安居、發展土地, 應當有不失時機地採取適當措施的思想準備."

9) 山浦貫一, 《森格》, 24쪽. "東方會議的內容, 今天無妨可以發表了。就其主

혼다는 회의에서 결정된 정책방침에 따라서 《일본제국의 만몽에 대한 적극적이고 근본적인 정책》, 즉 《전중주절田中奏折》을 천황에게 올렸다. 《전중주절》의 주요 내용은 5개로 구성되었다.[10]

(1) "만몽滿蒙"은 중국 동북 지역 침략을 위한 기지 확장이다. 이르길 "만약 지나支那를 정복하려면 먼저 만몽을 정복하고, 만일 세계를 정복하려 한다면 먼저 지나를 정복해야 한다. 만약 지나가 완전히 우리나라에 정복되었다면 다른 중소 아시아 및 인도, 남양 등 다른 민족은 반드시 우리를 두려워하고 경외하여 항복할 것이다. 이를 통해 동아시아는 우리의 것임을 세계에 알리면 감히 우리를 침범하지 못할 것이다."[11]라고 했다. (2) 미국과 소련을 가상의 적국으로 확정했다. (3) 역사를 왜곡하고 중국의 "만몽"에 대한 주권을 부정했다. 이에 대해서 "이른바 만몽이란 곳은 역사에 의거하면 지나에 속한 영토가 아닐 뿐만 아니라 지나의 특수한 영역도 아니다."[12]라 했다. (4) "만몽"에 대한 일제의 권익을 최대한 확대해서 제기했다. 즉 만철부설권, 토지 임대권과 교통, 무역, 금융권 및 만몽 각 부분에 일본 고문과 교관을 설치하려 했다. (5) "만몽"의 관리체계의 변화를 요구해서 세계여론을 기만했다. 동방회의 개최와 《전중주절》의 등장은 일제가 중국, 특히 동북정책을 구체화하고 이미 새로운 단계에 진입

要來說, 即滿洲的主權……不僅僅屬於中國, 日本也有參與這種主權的權利。因此, 維持滿洲治安的責任在於日本。因此滿洲是日本國防的第一線, 日本必須保衛。総之, 主要之点在于満蒙的事情, 要以日本为主。"

10) 《時事月报》1卷2期.

11) "惟欲征服支那, 必先征服满蒙, 如欲征服世界, 必先征服支那。倘支那完全可被我国征服, 其他如小中亚细亚及印度南洋等异服之民族必畏我敬我而降于我, 使世界知东亚为我国之东亚, 永不敢向我侵犯。"

12) "所谓满蒙者, 依历史, 非支那之领土, 亦非支那特殊区域。"

했음을 보인 것이다. 이는 곧 중국에 대한 무장침략을 의미한다.

1929년 말 세계 자본주의에 심각한 경제위기가 발생했다.

1930년 봄 경제위기는 일본에도 도래했다. 일본은 이번 경제위기의 영향으로 공업생산량은 30% 하락했다. 일본의 독점자본은 심각한 경제위기에서 벗어나는 동시에 일본 정부와 결탁, 일련의 위기 탈출하는 시책을 통해 경제위기의 책임을 공업과 농업 노동자에게 전가하려고 했다. 그 결과 일본 노동자와 농민의 저항을 불러일으키며 한층 더 국내 계급모순을 촉발했다. 일제는 심각한 경제위기에서 위기에서 탈출하고, 내부의 모순을 해결하기 위해서는 반드시 문제를 외부로 전환해야 한다고 판단했고, 구체적으로 이는 중국 동북을 무장점령하는 것이었다. 일본 관동군 고급 참모이며 9.18사변을 주모한 이타가키 세이시로板垣征四郞는 1931년 5월 29일 중국을 침략한 관동군 제2사단 군관회의에서 다음과 같이 말했다. 즉 "현재 일본의 경제적 국면을 근본적으로 타개하는 정책은 해외로 진출하는 것밖에 없다."[13]고 했다. 일제는 경제위기를 빌미로 중국동북의 침략을 가속화 했다.

이후 일제는 중국침략 정책과 동방회의에서 확정된 신新 책략에 따라서 중국동북 침략을 위한 일련의 준비 작업을 시작했다. (1) 침략을 위한 여론 조성. 일본 정당의 주요 인물과 고급 장성, 우익 단체의 핵심인물, 동북 침략에 참여기관 및 군국주의 조직들은 연이어 담화를 발표했다. 이들은 동북 지역에 대한 중국의 주권을 부인하고 일본이 "만몽滿蒙"의 중요성을 역설하면서 "만몽"과 일제의 특수한 관

---

13) 今井清一,《太平洋战争史》(1), "打开我国目前经济困难局面的根本政策, 不外乎是向海外发展。", 184쪽.

계를 강조했다. 즉 "만몽"을 일본의 생명선으로 보고 무장을 선동했다. (2) 정치적 음모의 준비. 이와 관련해 일련의 방안을 만들었다. 예를 들면 1928년 일제는《중국정책의 요점》을 만들었고, 1930년 군부는《1931년 형세분석》, 1930년 일본관동군은《만주점령지역의 통치연구》를 편찬했고, 1931년 관동군사령부는《관동군의 만주점령 계획》을 만들었고, 1930년 6월 군부는《만주점령지방통치의 연구》를 편찬했고, 1931년 관동군사령부는《관동군의 만주점령계획》등을 만들었다. 일제는 이런 계획과 방안 가운데 분명한 것은 동북을 침략한다는 방침, 단계, 시책, 그리고 점령 후에 행정통치의 문제 등을 명확히 규정했다. (3) 군비 확대와 전쟁 준비. 1930년 일제 군비는 44.286만 엔으로 국가 총생산액의 28.4%이고, 1931년은 45.462만 엔으로 증가해서 국가 총생산액의 30.8%에 달했다.[14] 그리고 군사공업을 발전시키며 군대를 확충했다. 당시 현대 무기로 무장한 23만 명의 육군을 보유했다.

일제는 적극적으로 각 방면에서 중국침략을 중비했고, 동시에 계속해서 "만몽"문제를 해결하는 구체적인 방법을 강구했다.[15] (1) 직접적인 무력을 사용한다. 즉 무력을 근거로 중국에게 상조권商租权, 철도 문제 등 역사 현안의 해결을 과거 "21개조"을 요구한 것처럼 직접 만몽을 일제의 보호국으로 삼는 것이다. (2) 정국 변화의 기회를 이용한다. 즉 "장학량을 이용해 장개석, 혹은 제3세력 사이에 발생하는 충돌을 이용하고, 이런 충돌을 심화하고 확대 시킨다. 장학량이 궁지에 몰렸을 때 일제는 그를 지지해 우리가 원하는 정책을 전개

---

14) 東京大学社会科学研究所,《戰時日本經濟》, 117쪽.
15)《日本現代史資料》(11), 286-288쪽.

한다. 혹은 제3세력을 지원해서 엄격한 규정에 따라서 장학량을 몰아
내고 신세력을 지지해 과거 곽송령郭松齡의 반란을 이용했던 것처럼
만든다."라고 했다. (3) 동북 4성을 대상으로 음모활동을 전개한다.
즉 "이용 가능한 기회를 만든다"라고 했다. 여기에는 2가지 방안이
있다. 첫째는 몽골을 고립시키고, 연변의 간도間島를 독립하고, 북만
주를 혼란에 빠트린다. 둘째는 배일排日 대 폭동을 조장한다. 즉 "첫
번째 행동방안은 정권을 흔들 수 있기 때문에 무엇인가를 이용할 수
있는 기회가 생길 수 있다. 두 번째 행동 방안은 치안이 위협될 수
있다는 핑계로 무력 사용의 기회를 획득해 처벌을 위한 군대를 동원
해서 일거에 문제를 해결할 수 있는 기회를 얻을 수 있다."고 했다.
당연히 이런 방법은 일제가 다년간 사용했던 것인데, 특히 이번은 더
욱 체계적이고 분명했다. 1928년 6월 4일 장작림張作霖을 폭사시킨
황고둔皇姑屯 사건이 그중에 하나이다. 이들은 장작림의 폭사를 이용
해서 동북정권이 혼란에 빠진 틈을 이용해 치안유지를 구실로 군대
를 출병해 동북을 강점했다. 하지만 당시 주관과 객관적인 조건이 미
성숙해서 예상한 목적을 이루지 못했다. 하지만 이들은 이런 결과를
달가워하지 않았고, 여전히 기회를 엿보며 출병이 구실을 만들어 내
어 무력으로 동북을 점령하는 계획을 실현했다. 1931년 7월 일제는
만보산萬寶山 지역의 중국 농민과 관청을 장춘 일본영사관이 조종해
한국 교민에게 소작지에 도랑을 판 사건에 개입시켰다. 일제는 이를
구실로 만보산 사건을 조작했다.

2) 동북의 한국 교민 문제

중국과 한국 두 나라는 영토가 맞닿아 있어 일찍이 양국민은 서로

왕래하며 이주했고, 청나라 초기에는 한국 교민이 중국 흑룡강 영안현寧安縣 일대에 이주하기도 했다.[16] 이때 청조는 봉쇄정책을 실시했지만 조선인은 여전히 강을 건너와 황무지를 개간했다. 1869년 한국 북부 지역에 미증유의 기근이 발생했고, 이때 많은 조선인이 중국으로 이주했다. 1881년 연변延邊일대 조선 교민은 수는 10,000여 명에 달했다. 1883년 집안集安, 임강臨江, 신빈新賓 등의 교민은 이미 33만 명에 달했다.[17]

이후 청조는 해금을 단행해 길림성吉林省에 황무국荒務局을 설치하고 혼춘琿春, 연길延吉, 동강東溝 등에 척간국拓墾局을 두고 공개적으로 황무지를 개간하는 조선 교민을 공개적으로 모집했다. 청조는 러시아의 침략을 저지하기 위해 청조와 조선 정부는 조약을 체결하고서 조선 교민의 입경 정책을 완화했다. 아울러 두만강 북변으로 길이 700리, 넓이 50리 지역을 교민의 개간지로 설정했다. 19세기 중기 이후 연변일대로 이주하는 조선 교민은 점차 증가했고, 거주지 역시 확대되었다. 이들은 대다수 농민으로 논농사에 종사했다.

1876년 일제는 무력으로 위협해《강화도조약江華島條約》을 체결하며 조선의 문호를 개방했다. 1905년 11월 강제로 조선과《한일보호조약韓日保護條約》을 맺고 조선을 자신의 "보호" 아래 두었다. 이후 일제는 한편으로 조선의 침략에 박차를 가해서 강점의 목적을 달성했고, 다른 한편 한국을 발판으로 삼아 한인과 일본 교민의 보호라는 명목으로 중국의 동북으로 침략을 확대했다. 첫째로 한국과 중국의 접경지역인 연변 침략을 시도했다. 이들은 이곳을 "조선의 연장"[18]

---

16)《同文彙考》卷55.
17)《增補文獻備考》卷36.
18) 日人島尾小彌說 : "誰成為該山(長白山的主人, 將來必掌握東亞之霸權《對

이라 불렀고, 심지어 연변에 독판청督辦廳의 설치를 시도했고,19) 연변을 자신의 것으로 강점하려했다. 아울러 일제의 군경軍警, 특무特務, 조사원이 연변일대로 잠입했다. 1906~1907년 사이에 1,000명 일본인과 밀정이 연변에서 음모 활동을 벌였다. 조선총독인 이등박문伊藤博文은 매우 노골적으로 이르길 "한국이 새로운 길을 열었다"20)고 했을 정도였다. 1907년 2월 8일 일본 내각은 결의하길 "간도문제는 한국과 청조 양국의 오랜 난제로 지금 당장 이곳의 관할 문제를 해결하기는 어렵다. (중략) 우선 상응하는 관헌을 해당 지역에 파견하고 불명확한 방법으로 점차 우리의 통치 지위를 확립하는 것이 상책이다. 그렇기 때문에 간도 독판청督辦廳이란 관제를 잠시 폐지를 발표하고, 대신 이곳 관리로 총독부 소속 인원을 출장이나 파견해 주둔시킨다. 그 비용은 명치 39년(1906)에 지출한 1만 엔에서 1만 5천 엔을 사용한다. 40년도는 예산에 따라 상정된 10만 엔을 지출한다."21)라 했다.

이에 한국을 침략한 일제의 사이토齋藤 중좌는 통감인 이토伊藤의 명령을 받고 1907년 8월 19일 군경들을 통솔해 연변 용정龍井에 "통감부 간도파출소"을 설치했다. 같은 날 중국주재 공사인 아베모리타로우阿部守太郎는 청조 외무부에 각서를 보내 이르길 "간도는 청조의 영토인데 억지로 한국 영토가 되었다. 이런 현안은 매우 오래되었지만 끝내 해결되지 않았다."고 했다. 아울러 간도 파출소의 설치는 "한국 거주민의 보호"라는 요지를 재차 분명히 언급했다.22) 청조의

支回憶錄》(下), 117쪽.

19) 日本外務省, 《日本外交文書》卷40, 第2冊, 84쪽.

20) 匡熙民, 《延言廳領土問題之解決》, 143쪽.

21) 日本外務省, 《日本外交文書》卷40, 第2冊, 84-92쪽.

22) 日本外務省, 《日本外交文書》卷40, 第2冊, 84-92쪽.

오록정吳祿貞 등의 관리는 수차례 교섭을 하면서 논쟁했지만, 결국 연변 점령의 음모를 저지하지 못했다.

1909년 9월 4일 청조와 일본은《도문강중한계무조관圖們江中韓界 務條款》, 즉《간도협정間島協定》을 체결했다. 중국은 두만강 이북의 영토를 온전히 보호했고, 일제의 식민기구인 통감부간도파출소의 설 치를 폐지하며 변경 지역의 사법주권을 보호했다. 하지만 강압에 의 해 용정龍井, 연길의 구자가局子街, 두도구頭道溝, 백초구百草溝를 개 항장으로 개방했다. 특히 이곳 개항장에는 영사관, 혹은 분관分館의 설치와 한국 교민의 연변거주를 허가했고, 이에 일본영사는 교민의 민사, 형사 소송 등을 주관했다. 이후 일제의 "한인보호"란 조약을 명목으로 중국의 동북 침략을 강화했다. 이런 책략의 하나로 "일본인 은 한국에, 한국인은 만주로 이주 시킨다."는 정책을 수립했다. 구체 적인 방법은 다음과 같다.

일제는 한국의 토지를 약탈해 일본인에게 지급해 경작을 시켰고, 반면 파산은 한국 농민은 중국 동북으로 강제 이주시켰다. 1910년 3 월에서 1918년 10월까지 일제는 전국적인 "토지조사土地調査"를 실 시했고, 조사, 등기, 심사 등의 수속을 통해서 약탈해 토지를 "국유國 有"로 삼았다. 1912년 말 약탈 토지는 133,633정보町步에 달했다. 1918년에 토지조사가 끝날 때 최소한 100만 정도에 이르렀다.[23]

그리고 일제는 1908년 한국에 동양척식주식회사(이하 '동척'을 간 칭)를 설립해서 고리대를 놓았고, 토지 약탈 후 이민을 강제하는 기 능을 수행했다. 1921년 9월 '동척'이 소유한 토지는 99,480정보[24]였

---

23) 朝鮮社會科學院,《日帝經濟侵略朝鮮史》(2), 19쪽.
24) 京城帝國大學,《朝鮮的經濟》, 857쪽.

고, 1910~1926년 사이에 17차에 걸쳐 이민을 단행해 모두 9,096호戶의 일본 농민이 조선에 정착했다.[25] 일본 이주민은 조선의 많은 토지를 점유했다. 1909년 일본인 692명이 소유한 경작지는 22,436정보였고, 1915년 6,969명의 일본인이 205,538정보를 소유했다.[26] 1911년에 100정보 이상을 보유한 일본인은 15명이고, 한일 양국에 토지 소유자는 74명으로 20%였다. 1921년의 경우 490명이고, 한일 양국의 토지 소유자는 916명으로 54%를 차지했다.[27] 반면에 한국 농민은 급속히 파산했다. 1914년 한국의 지주는 46,754호戶이고, 자영농은 569,517호, 자영농 겸 소작농은 1,065,705호, 소작농은 91,1261호에 달했다. 1920년 한국 지주는 90,930호, 자영농은 529,177호, 자영농 겸 소작농은 1,017,980호, 전농은 1,082,842호에 달했다.[28] 파산한 한국 농민은 일부는 원래 지역의 대도시로 유입했고, 대다수는 중국 동북, 혹은 소련의 극동 지역으로 이주했다. 1920년 중국 동북에 거주하는 한국 교민은 459,427명에 달했다. 1924년 동북의 교민의 총 수는 일본 개조사改造社의 《경제학사전經濟學辭典》에 의하면 810,800명에 이르렀다.[29] 이를 통해 알 수 있듯이 1931년 동북에서 거주한 한국 교민의 총수는 대략 100만 명을 충분히 넘겼다. 《경제학사전》에 의하면 1931년 한국 화교 중 중국으로 국적을 변경한 인원은 38,480명에 이르렀다.[30] 이는 전체 교민의 4%에 해당한다.

---

25)《東洋拓殖株式會社三十年志》, 171쪽.

26) 朝鮮社會科學院,《日帝經濟侵略朝鮮史》, 21쪽.

27) 朝鮮社會科學院,《日帝經濟侵略朝鮮史》, 21쪽.

28)《朝鮮總督府調査資料》第26集,《朝鮮的租佃關係》.

29) 潘公昭,《今日的韓國》, 1947年, 23쪽.

30) 潘公昭,《今日的韓國》, 1947年, 23쪽.

동북 지역의 한국 교민은 대부분 주로 노동자로, 주로 농업노동에 종사했다.

일제는 동북의 교민 문제를 이용해서 동북을 침략하는 목적을 달성한 일본 수상 혼다田中는 《주접奏摺》에서 분명하게 침략 야욕을 드러냈다. 이르길 "만몽滿蒙은 도처에 자원이 풍부해 한국인을 이주시켰다. 그래서 해가 바뀔 때마다 날로 늘어났고, 지금 동북 3성의 한국인은 거의 백만 명에 달했다. 이러한 현상은 제국이 만몽의 이권을 바라지 않고도 얻을 수 있으니, 참으로 국가에 커다란 행복을 가져다줄 수 있다. 제국은 만몽의 국방과 경제에도 무수한 노력을 기울였고, 한국인은 통치상 커다란 서광을 드러냈다. 한국인은 동북 3성으로 이주해서 모국으로 여기면서 만몽의 처녀지를 개척해 모국민의 진취성을 고취할 수 있다."고 했다. 계속해서 "만몽의 한국인은 250만 명 이상으로 증가했고, 사건이 많아지자 한국인을 중심으로 군사 활동을 전개했고, 단속을 빙자해 이들의 행동을 지원한다."고 했다. 이상과 같이 일제는 동북의 교민을 일본을 위한 "진취성의 고취"란 동북 지역을 개척하는 수단이고, 일단 때가 되면 교민을 침략의 도구로 내몰면서 동북을 강점했다. 아울러 중국 정부가 교민을 탄압한다는 빌미로 "한국 교민의 보호"를 명목으로 출병했다. 그리고 한국 교민 중 반일 단체와 무장 역량을 "단속"한다는 명목으로 동북에 군사를 출병했다. 이상을 통해 일제의 흉악한 야심과 의도를 충분히 엿볼 수 있다.

3) 만보산萬寶山 사건의 경과

장춘시 칠마로七馬路의 주민 학영덕郝永德은 친일 한간漢奸으로 일제의 공작 하에 장롱수도長農水稻라는 회사를 설립하고 대표를 자임했다. 그리고 길림성 만보산 지역에서 일본인을 대신해 토지를 매입했다.

만보산은 장춘에서 약 30km, 즉 지금의 덕혜현德惠縣 만보향萬寶鄕 소재한 곳으로 당시는 장춘현長春縣 공안국 3구에서 관할했다. 이곳에는 92호 1,100명이 거주하는 소도시이다. 만보산의 서남으로 18리는 모두 장춘현의 공안국 3구區가, 서남으로 5리 밖의 이통하伊通河을 따라서는 2구가 관할했다.

1931년 4월 학영덕은 만보산의 강가와보姜家窩堡의 초한림肖翰林과 장건빈張建賓 등 12명의 황무지와 경작지 500경垧[31]의 한전旱田을 10년간 임대했다. 임대계약에는 규정하길 "이 계약서는 현縣 정부의 비준일에 효력을 발생한다. 만약 현縣이 허가하지 않으면 그냥 무효가 된다."[32]고 했다. 학영덕은 현縣에 보고하는 수속을 거치지 않고서 바로 임대한 토지를 이승훈李升薰 등 9명의 한국 교민에게 재임대를 했고, 기간을 역시 10년으로 했다. 그리고 임대계약을 현縣에 보고하지 않았다. 이승훈 등 9명은 장춘 주재 일본 영사인 타시로 시게노리田代重德가 "삼성보수도三星堡水稻 농장"이란 명칭으로 길림吉林·교하蛟河·반석磐石·액목額穆·연동산煙筒山 및 한국의 황해도와 경상북도 등에서 188명의 교민을 속여 만보산으로 이주시켰다. 이승훈 등은 일본인의 명령에 따라 임대한 500경垧의 밭을 논으로 만

---

31) 경垧 : 중국의 토지 면적의 단위를 지칭한다. 지방에 따라 다르고, '시용제市用制'에서는 10묘畝, 동북東北의 여러 지방에서는 15묘, 서북西北 지방에서는 3묘 혹은 5묘를 각각 '일경一垧'으로 한다.(역자 주)

32) 〈肖翰林等與郝永德訂立之租契〉,《新亞細亞》, 3卷1期. "此契於縣政府批准日發生效力。如縣政府不准仍作無效。"

들기 위해 50여 리 떨어진 이통하伊通河에서 수로를 개통하려고 했다. 이를 위해서는 이통하에 보를 쌓아서 물길을 막고 수로를 파야했다. 이승훈 등은 180여 명의 한국 교민을 인솔하고 4월 18일에 수로를 파는 작업을 시작했다. 수로는 장춘현 삼구三區 안에서 장홍빈張鴻賓 등이 12개 농경지를 팠다. 맹소월孟昭月의 포초전蒲草甸의 서남쪽에서 시작해 성가둔방盛家屯房까지 총길이 7리, 넓이 3미터, 깊이 50센티에 수로의 양쪽에 약 1.5미터의 흙을 쌓았다.

결국 이승훈 등은 수로를 만들면서 만보산 일대 농민에게 큰 피해를 입혔다.[33]

(1) 수로가 통과한 토지는 모두 41호 중국 농민의 소유였다. 이승훈과 학영덕은 41호 중국 농민과 어떠한 계약도 없이 땅을 파서 제방을 만들었고, 수로가 점유하며 훼손한 토지 역시 40경坰으로 매년 수천 위안의 손실을 발생시켰다.

(2) 이통하의 수로를 보를 쌓아 수로를 막으면 홍수가 날 때 상류와 제방으로 물이 넘쳐 저지대의 농경지 2,000경이 침수될 수 있다.

(3) 이승훈 등이 임대한 토지는 지대가 비교적 높아서 논으로 개조한 후에도 물을 배수할 곳이 없어 부근의 저지대 토지 수백 경이 침수될 수 있다.

(4) 수로의 양쪽 저지대는 수로가 범람해서 경작지를 침수시키면 약 5,000경의 토지가 수몰될 수 있다.

(5) 마가초구馬家哨口는 이통하의 하동과 하서를 연결하는 교통요지로 보를 쌓아 물길을 막으면 물의 높이가 증가하며 하동과 하서의

---

33) 〈農戶孫朗宣等一千一百戶反對日領唆使韓入強挖水溝侵害所有權之提出理由〉(《萬寶山案》專卷, 全宗11錄, 6-3,案卷號1963. 吉林省檔案館藏).

교통이 단절될 수도 있다. 이통하는 장춘 일대 농민이 여름에 해상운송에 반드시 거쳐야 하는 길목이다. 중간에 보를 세우면 장춘과 농안현農安縣의 화물 운송이 중단되고, 연안 수백 가구의 해상운송 농가역시 생활에 큰 위협을 받을 수 있었다.

이로 인해 이승훈 등은 손영청孫永淸 등의 토지에 도랑을 팠을 때 손영청과 11명이 두 차례 저지했고, 이에 한국 교민은 모두 일손을 중단했다. 하지만 5월 2일 한국 교민 100여 명이 다시 수로를 파자 손영청 등은 이를 저지했고, 쌍방 간 충돌이 발생했다. 이후 쌍방은 수차례 마찰이 발생했지만, 여전히 수로공사는 계속되었다. 손영청 등은 할 수 없이 대표를 장춘현 정부에 파견해 청원했다. 장춘현의 현장縣長인 마중원馬仲援은 비록 최대한 일을 해결한다고 했지만, 이사건을 크게 주목하지 않았다. 장춘현의 삼구三區의 구장區長인 증언사曾彥士는 현장인 마중원에게 한국 교민의 토지 임대와 수로 사건 등을 보고했다. 마중원은 장춘시의 정주비처政籌備處의 처장인 주옥병周玉炳에게 이런 사실을 알렸다. 주옥병은 중국 농민이 말썽을 일으킬 것을 걱정하며 장춘현 정부에게 "적당히 사람들을 타일러서 관청의 처리를 기다리게 해서 경솔히 분쟁을 만들지 말라."고 했다. 5월 27일 장춘시 정주비처는 길림성 정부에게 전보를 보냈다. 길림성 정부는 한국 화교는 당국의 허가를 받지 않고서 무단으로 농촌에 진입한 것은 조약을 어긴 것이고, 현縣은 사람을 파견해 해당현의 경찰을 보내 수로 건설을 금지시키고 한국 교민은 추방하도록 명령했다. 장춘현 정부는 초한림肖翰林, 장홍빈張鴻賓 등 12명을 소환해서 3일 안으로 학영덕과의 계약을 해지하도록 명했다. 그리고 학영덕을 소환해서 한국 교민인 이승훈 등과의 계약 해지도 명령했다. 하지만 학영덕은 계약 해지를 계속 미루었다.

5월 31일 장춘현 정부는 공안국장인 장로기長魯綺와 경찰 200명을 마가초구馬家哨口로 파견해서 한국 교민의 수로 건설을 그만두게 했다. 설득을 통해 교민은 일의 중단에 동의했다. 한국 교민 대표인 신영균申永均 등은 각서를 제출해 이르길 "오늘 국장의 충고와 권유로 책임을 깨달았고, 비로소 학영덕에게 속았다는 점을 알았다. 많은 사람이 공사 중단을 원하니 이틀 안으로 모두 지체없이 철수하겠다. 만약 이 기간 내에 가지 않는 자가 있다면 대표 등이 처벌을 달게 받겠다. 구두만으로 증가가 될 수 없기에 바로 이 서약서를 써서 증거로 한다."[34]고 했다. 이에 일본은 예상과 같이 장춘 주재 영사인 다시로田代는 츠치야나미히라土屋波平, 타카다미와高桥和 2명의 일본 경찰을 같은 날 만보산에 파견해서 한국 교민과 중국 지방관과의 교섭 내용을 조사하고, 아울러 교민에게 협박을 가했다. 다음날 6월 1일 신영균申永均 등은 입장을 번복하며 절대로 공사를 멈출 수 없고, 중국을 떠날 수 없다고 했다. 이에 장로기는 신영균 등을 현縣을 압송해서 취조했다. 이때 신영균은 심문 과정에서 이르길 "일본인에게 이곳에 벼농사를 지으라는 명령받고 왔다."[35]고 했다. 이 기간동안 한국 교민은 계속해서 수로 작업을 진행했다. 6월 3일 장춘시 정주비처政籌备处의 처장인 주옥병周玉炳은 장춘주재 영사인 다시로田代에게 서신을 보냈다. 서신에서 일본측이 한국 교민을 동원해 수로 작업을 한 것에 대해 항의하고 법에 따라서 "교사한 주요 범인"을 엄벌하고,

---

34) 〈漢人代表申永均等六人甘結〉,《萬寶山案》專卷, 全宗錄6-3, 案卷號1969吉林省檔案館藏 : "今蒙責局長忠告勸導, 始知被郝永德欺蒙. 大衆情願停工作, 於二日內全體回長, 決無遲延. 倘至期如不走者, 代表等甘願領咎. 恐口無憑; 立此甘結是實."

35) 〈萬寶山華鮮衝突事件〉,《國聞週報》, 8卷27期 : "受日人命令來此種稻."

동시에 학영덕의 체포를 요구했다. 하지만 다시로는 오히려 이날 수명의 총을 든 사복경찰을 마가초구에 파견해 교민 "보호"를 명목삼아 수로 작업의 지속을 명했다. 그러나 다다이 씨는 이날 사복일 경찰 여러 명이 총을 들고 마가 초소를 찾아가 "보호한다"는 명목으로 한국 교민에게 도랑을 계속 파라고 촉구했다. 같은 날 장춘현 공안국장 장로기와 보위대장은 경찰을 이끌고 다시 마가초구 수로현장에 도착해 신영균 등 10명을 현장에서 체포했다.

같은 날 창춘長春현 공안국장인 루치魯奇와 보위대장은 경찰을 이끌고 마자馬家 초소까지 도랑을 파고 신영균 등 10명을 압송해 왔다. 그리고 장로기는 대표를 파견해 수로 작업을 하던 한국 교민과 연락해 교민대표와 만날 것을 요청했다. 그러나 수로 작업을 독촉하기 위해 나온 2명의 일본인에 의해 저지되었다. 이때 장춘의 일본 경찰서의 경부警部인 나카가와 요시느마中川義沼는 일본인 타카다케高橋등과 성급히 회의를 열었다. 나카가와中川는 영사인 다시로田代의 명에 따라서 진상을 조사했다. 이에 따라 일본 경찰은 마가초구에 주둔했고, 명목은 "한국 교민"의 보호이지만 실제로 무력으로 수로 작업을 감독하고 보호하기 위한 것이다. 이렇게 중국과 일본 사이에 군사 대치 상황이 형성되었다.

이런 상황에서도 길림성 정부는 적극적으로 교섭에 나서지 않았다. 봉천주재 일본 총영사 하야시 쓰쿠로林治久郎는 도리어 악의적으로 이런 사실을 먼저 알렸다. 그리고 심양의 길림성 주석인 장작상張作相을 만나 중국 지방관이 한국 교민을 탄압한다는 빌미로 장張에게 호소했다. 이에 장은 "쌍방의 경찰을 철수시키고 다시 논의하자."[36]고

---

36) 〈吉林省玫府致東北政務委員會龜電〉,《萬寶山事件》(上遼寧省檔案詭藏)。 "雙方撤警再說。"

했다. 그리고 "만보산은 남만철도의 부속이 아니다", 그리고 쌍방이 조약으로 규정한 "개간지역"도 아닌데 일본 경찰이 무단으로 침입하는 것 자체가 불법이라고 했다. 결국 장작성은 쌍방 경찰을 철수한 뒤에 다시 논의하자고 했다.

6월 3일 당일 장춘시 정주비처政籌备处 처장 주옥병周玉炳은 장춘 일본영사인 다시로田代에게 서신을 보내고 신영균申永均 등 10명을 일본으로 인도할 것과 일본에게 즉각 한국 교민의 수로 공사의 정지와 해산을 요구했다. 그리고 민가의 땅을 점유해 수로를 건설하도록 교사한 이승훈 등 9명의 한국 교민에 대한 엄벌과 피해입은 중국 농민의 손해 배상을 요구했다. 다음날 일본 경찰이 철수하지 않은 상황에서 장춘현의 장작상張作相은 쌍방 철수라는 조건도 지키지 않고서 일방적으로 먼저 경찰을 철수시켰다. 주옥병周玉炳은 다시로田代에 서신을 보내 일본 측이 이승훈 등 한국 교민 9명의 엄벌과 수로 공사의 즉각 정지와 피해 배상, 그리고 일본 경찰의 철수를 요구했다. 5일 주옥병은 재차 다시로에게 서신을 통해 일경의 철수를 요구했다. 6일 장춘 일본영사 다시로는 주옥병에게 서신으로 수로 공사의 중시와 출경出境의 거부와 사태가 원만하게 해결되기 이전에 일경도 철수할 수 없다고 했다. 8일에 중국은 합동 조사를 제의했다. 같은 날 봉천주재 총영사는 야나이柳井 영사를 파견해 조사를 주관하며 중국측 제의를 수용했다. 당일 저녁 7시 쌍방은《만보산 한국인의 수전수로 착공 문제에 대한 임시협정 방안》에 체결했다. 주요 내용은 다음과 같다. ① 쌍방 경찰은 모두 철수한다. ② 쌍방 인원을 파견해 현지 조사를 함께 실시하고, 중일 쌍방은 조정자를 초빙해 함께 협력해 조사한다. ③ 한국 화교는 즉시 수로와 이통하伊通河와 관련한 일을 중지한다. ④ 본 건이 해결된 후에 한국 교민의 거취를 처리하고, 이들의 안전은 장춘현 공안국이 책임진다. ⑤ 조사 후에 쌍방은 최단 시일 안에 본 안건을 해결한다. 그래서 중일 쌍방 대표는 9일 만보산 현지를 조사했다. 일본은 같은 날 일본 경찰을 철수시켰다. 11일 중일은 합동으로 조사를 한 후에 장춘을 돌아갔다. 중국 측은 수로를 다시 원래의 평지처럼 만들고, 한국 교민은 마땅히 손해를 배상하라 했다. 그리고 한국 교민이 임대한 땅은 밭이었는데 교민이 밭으로 경작하지 않아서 발생한 그 손실액은 마땅히 학영덕郝永德이 부담하라고 했다. 같은 날 장춘시의 주옥병은 서신으로 이런 내용을 일본영사관 측에 보냈다. 이르길 "보를 쌓아서 물길을 일은 법과 현실에도 적합지 않은 일이니 절대로 용납할 수 없다."37)고 했다. 그리고 재차 한국 교민이 3,000엔의 손실을 배상하면 이를 일본의 양해로 보겠다고 했다. 장춘의 영사 전대田代는 당일 오후에 장춘시 정주비처政籌備處에 서신을 보내 이르길 "한국 교민은 가난하고 불쌍하다. 수로를 파는 작업이 곧 순차적으로 끝나게 되면 교민이 이번에도 계속 제방을 터서 농작물이 잘못되는 일이 없도록 해야 할 것이다."38)라고 했다. 이후에 주옥병은 답신에 이르길 "임대한 토지는 원래대로 논을 밭으로 바꾸고 지주와 계약을 개정해 한다."39)고 했다. 사실상 일본의 상조권商租權을 인정한 것이다. 그러나 여전히 일본 영사는 이를 거부했다. 장춘의 일본 영사는 재차 12명의 일경을 마가초구马家哨口에 파견해서 한국 교민의 수로 작업을 독촉했고, 아울러 교민에게 버드나

---

37) 〈萬寶山華鮮衝突事件〉,《國聞週報》8卷27期 : "溝壩工作於法律, 事實均不可行, 絕對不能容忍。"

38) "韓人貧弱可憐, 所挖水道工作將次完成, 擬令韓人於本日繼續施河流水壩工作, 以免有誤本年農作。"

39) "按照租得稻田改種旱稻, 經與地主改訂契約。"

무를 엮어서 보를 쌓도록 했다. 이때 교민은 수로가 중국 농민에게 피해를 준다는 사실을 파악한 후에 수차례 다른 장소의 물색을 요청했다. 하지만 일경은 이를 받아들이지 않았고 오히려 더욱 엄격하게 7월 5일 이전까지 완공할 것을 독촉했다. 6월 25일 보를 쌓는 공사가 시작되었고, 30일에 수로 작업이 기본적으로 완공했다.

이 시기 장춘시 정주비처政籌備处는 수차례 서신을 통해 장춘 일본영사관에 항의하며 수로작업의 중단과 손실에 대한 배상 및 일경의 철수를 요청했다. 하지만 일본영사관은 수차례 구차한 변명의 회신만을 보냈다.

정부의 무기력함을 참지 못한 중국 피해 농민들은 스스로 단결해 결사 항쟁에 나섰다. 6월 24일 밤, 피해 농가는 몰래 18장丈 길이의 도랑을 평지로 만들었다. 하지만 다음날 한국 교민들은 다시 도랑으로 복구했다. 6월 25일과 26일 피해 농가는 2차에 걸쳐 장춘현 정부에 청원을 통해 즉시 수로 작업의 중단을 요청했다. 피해 농가 대표들은 25, 26일 두 차례에 걸쳐 춘현 정부에 북한 교민들의 도랑 파기를 즉각 막아줄 것을 요청했다. 6월 30일 피해 농가 500여 명은 만보산에서 "한국 교민을 사주하고 지원한 일본 경찰의 보堡건설 반대 대회"를 개최했다. 대회는 손랑등孫琅䂬이 의장을 담임했고, 정·부의 회장, 정·부의 간사장 각 1명, 간사 30명을 공동으로 추대해서 이후의 후원을 담당했다. 아울러 정부와 강력히 교섭해 강력히 요구를 관철하고 각 간사는 피해 농민과 연합해서 호별로 참여해 수로를 평지로 만들기로 했다. 또한 투쟁을 지속하되 정부가 간섭해도 수용하지 않고, 피를 흘리는 한이 있더라도 주저하지 않기로 결의했다.[40]

---

40) 〈萬寶山華鮮衝突事件〉, 《國聞局報》, 8卷27期.

7월 1일 오전 10시, 피해 농민 300여 명은 손에 곡괭이를 잡고 수로를 평지화하면서 "오늘 (수로) 2리를 하천을 막고 있는 버드나무로 막은 보를 무너트릴 것이다." 계속해서, "오늘 일경 8명과 다수의 한국 교민이 곁에서 지켜보았다."[41]고 했다. 소식을 듣고 현장에 달려온 장춘현의 공안국 제2분分 국장 전석의田錫毅는 7명의 경찰과 함께 이를 저지하며 구타당하기도 했다.[42] 저녁 무렵 일본 타카다케高橋는 "내일 너희는 많은 창을 준비하지 않으면 많은 관을 준비해야 할 것이다."[43]라고 농민에게 위협을 가했다.

7월 2일 오전 7시 30분 중국 농민 400~500명은 삽과 곡괭이를 들고 마가초구马家哨口로 향해 계속해서 수로를 무너트렸다. 어젯밤 일경의 위협으로 많은 농민들이 엽총을 휴대하며 자위 조치에 나섰다. 장춘현 공안국 2분 국장인 전석의田錫毅과 3분의 조륭표曹隆标는 현 정부의 "중국인의 도랑 파괴금지"를 명령하고 마가초구에 도착했다. 전田과 조曹는 앞으로 나가 피해 농민을 저지했다. 이때 마가초구에 집결한 일경은 50명, 사복경찰은 10명에 달했다. 일경은 중국 농민의 수로 훼손을 저지했다. 이에 농민은 저항했고, 어떤 이는 일경에 구타당하기도 했다. 일경은 먼저 농민을 향해 38발을 사격했다. 분노한 농민은 바로 수로로 뛰어가 공중을 향해 총을 발사해 일경에게 경고했다. 쌍방은 30분 정도 사격을 가했다.[44] 중국 경찰이 나서서 농민

---

41) 〈長春市政籌備處呈吉林省政府冬日代電〉, 7月2日, 《萬寶山事件及朝鮮排華慘案》, 240쪽.

42) 〈長春市政籌備處呈吉林省政府冬日代電〉, 7月2日, 《萬寶山事件及朝鮮排華慘案》, 240쪽.

43) 〈萬案導源地馬家哨口訪問記〉, 《新亞細亞乳》, 3卷1期.

44) 〈長春縣公安局長魯綺補報馬家哨口日警與居民開槍衝突詳細情形〉, 《萬寶山案》, (專卷), 全宗11, 錄6-3, 吉林省檔案館藏.

의 사격을 저지하며 수로의 훼손을 금지시켰다. 중국 농민의 사격 중지와 수로 훼손을 포기하고 해산해 귀가했다. 이후 장춘현 공안국 제2분 국장인 전석의田錫毅은 6명의 경찰을 장홍빈張鴻宾의 집에 남겨주었다. 제3분 국장인 조율표曹隆标는 1명이 순찰관과 6명의 경찰을 마가초구 하춘영賀春荣 집에 거주시켰다. 그리고 당일 일경의 중국 농민 구타와 농민과 사격을 장춘현 공안국에 보고했다.

장춘의 일본영사 전대田代는 당일 오전에 영사관에서 일본군 제3여단, 제4여단, 헌병대 등 대표가 참가한 긴급회의를 열었다. 나카카네가와조우中金川藏, 나카무라中村 대장 등 50명이 회의에 참여했다. 회의에서 다음과 같이 결정했다. ① 계속 병사를 파견해서 단호히 진압한다. ② 중국에게 마지막으로 항의하고, 48시간 안에 원만한 답변이 없을 경우 최후 수단을 취한다. ③ 힘을 써서 만보산의 한국 교민을 지원하고 계속 수로사업을 독려한다. ④ 전체 동북 지역 일본인의 지원과 여론 상의 협조를 환기시킨다. ⑤ 이 사건의 경과와 정세는 일본 정부와 여순민정서旅順民政署, 관동청關東廳에 보고 했고, 중국최고 당국에게 강렬히 항의했다. 오전 11시 정도 전대田代는 일경 30여 명을 차를 태워 오후 3시정도 만보산 마가초구에 도착했다. 이후 "마가점초의 사방 담장을 장악하고, 하성賀姓의 정원에 포대를 설치했다."45)고 했다. 오후 6시 일본의 나카가와中川 경찰은 만보산 사건의 경과를 비둘기를 사용해 일본영사관에 보고했다. 이와 함께 관동청 장관 후타모토 기요지塚本清治는 일본군 1,000명의 출동을 요청했고, 자의로 사건을 확대해 군사를 출병시켜 동북점령을 도모했다. 하지만 서신용 비둘기는 후에 이수현梨樹縣 난가보蘭家堡의 중국 농민에

---

45) 〈萬寶山事件調查〉, 《萬寶山事件》下.

게 포획되었다.[46)]

　같은 날 오후 3시 장춘의 일본 영사 전대田代는 다시 수비대 50명의 기병을 장춘에서 만보산으로 파견했다. 같은 날 저녁에 마가초구이 일경은 중촌경부中川警部가 인솔하며 도전구稲田区에 진입해서 "주둔 경찰과 협조해서 각 촌에 사람을 체포하고, 총을 쏜 중국 자위대를 체포하라"했고, "15~16명을 체포해서 고문하며 석유와 고추 물을 주입했다."[47)] 다음날에 비로소 체포한 농민을 석방했다.

　7월 3일 오전 영사 전대田代는 계속 20여 명의 헌병을 보내 만보산을 정탐시켰다. 오후에 다시 500명의 일경과 함께 기관총 2문, 포 2문, 실탄 50상자, 포탄 50발, 장총 200자루, 권총 수십 자루, 실탄 만발을 만보산으로 보냈다.[48)] 이를 통해 한국 교민을 무장시키고 장기간 주둔을 기도했다. 일본 군경은 마가초구에 도착한 후에 지뢰를 매설하고, 참호를 파서 기관총과 대포를 설치했고, 나무를 벌목하고 선박을 억류하며 중국인의 마가초 부근 5리 이내 통행을 금지시켰다. 아울러 한국 교민에게 붕괴된 수로를 다시 수복하라고 압박을 하며 수로의 복구를 재촉했다. 7월 5일 일경은 마가초구의 높은 곳에 일본 국기를 걸기도 했다.

　7월 2일 일경이 중국 농민을 향해 총을 발사한 후에 장춘현 정부는 긴급회의를 개최했다. 다음과 같이 결론을 내렸다. ① 금일 철병할 것을 일본에 최후로 요구한다. ② 300명 경찰 보위대를 마가초구에 파견한다. ③ 조사원을 파견해 사고원인을 조사하고, 부상자를 위문

---

46) 《日本侵華案》91.
47) 〈萬寶山華鮮衝突事件〉,《國聞週報》, 8卷27期 : "協助駐警赴各村捕人，並搜捕華農自衛槍彈", "將村民捕去十五、六人，嚴刑畝拷，灌煤油及辣椒水。"
48) 〈萬寶山華鮮衝突事件〉,《國聞週報》, 8卷27期.

한다. ④ 일본영사에서 공문을 보내 한국 교민의 일을 중시시키고, 중일 양국 정부의 해결을 기다리도록 한다. ⑤ 일경이 쏜 총에 맞아 죽거나[49], 구타당한 농민의 진상을 전보로 요녕성부府와 길림성부에 알리고 일본 총영사와 엄중히 교섭한다. ⑥ 체포된 10여 명의 중국 농민을 석방하고 사상자를 위로할 것을 요구한다.[50] 이후 장춘현 정부는 300명 경찰을 마가초구로 파견했다. 이후 중일 쌍방은 다시 군사적 대치 상황이 등장했다. 이후 중일은 점차 교섭을 재개하기 시작했다.

2 1931년 한국의 배화排华참사

1) 배화참사의 경과

1931년 7월 2일 중국 동북의 만보산 사건이 발행한 후에 장춘 주제 일본영사관은 당일 여러 가지 유언비어를 만들었다. 예를 들면 만보산의 농민과 중국 군경의 무력이 한국 교민을 추방, 타살했고, 수많은 교민을 구타했고, 일군이 신속히 이들을 보고했다고 했다. 또한 중일 군경이 교전을 벌여 중국지방 정부는 8월1일 동북의 한국 교민을 모두 추방했다고도 했다. 장춘 주제 일본영사관은 이런 날조된 정보를 한국의 《동아일보》와 《조선일보》의 장춘 지국장과 특파원 김리삼金利三에게 제공했다. 그리고 김리삼은 현장을 조사하거나 인터뷰도 없이 않고 바로 전보로 서울의 《동아일보》와 《조선일보》에 알렸다.

조선일보는 7월 2일 저녁에 〈호외〉를 발행하며 이르길 "200여 명

---

49) 사건이 발생한 후 중국 농민이 구타를 당해 사망하지 않았음이 밝혀졌다.
50) 《萬鮮兩案之事實與認識》, 19-20쪽.

의 동포는 중국 관민 8백여 명이 충돌하여 부상입었다. 중국에 주둔하는 일경이 교전을 급히 알렸고, 이에 장춘의 일본 주둔군이 출동할 예정이다. 삼성보三姓堡51)의 상황이 점차 급변하고 있다. (중략) 중국과 일본의 경찰과 관리가 대치해 한 시간 동안 교전했고, 중국 기병 600명이 출동을 했다. 동포의 안위安危가 급박하다. (중략) 철수요구를 거절하자 기관총 부대를 급파했다. (중략) 현재 전투가 진행 중에 있다."52)고 했다.

7월 3일 오전과 저녁에 《조선일보》는 다시 연속해서 2차례 〈호외〉를 발행했다. 이런 호외에는 장춘 일본영사관이 제공한 거짓 기사를 실었고, 또한 보는 사람을 놀라게 하는 도발적인 표제를 달았다. 예를 들면 "중국당국은 8월 1일 모든 한국 교민을 출경出境시켰고, 교민이 만든 수로를 모두 파괴했고, 중국 농민 폭행을 저질러 교민 200여 명이 중상을 입었고, 중국은 기병 600명을 출동시켜 교민이 처지가 위태롭고, 상황이 매우 급박하다"고 했다. 4일 《조선일보》는 다시 사회면 앞서 언급한 내용은 헤드라인으로 다루었다.

《동아일보》역시 4일 사회면에 유사한 소식을 보도하면서 〈중국 농민의 폭행〉, 〈만보산 수로의 파손〉, 〈한국 교민이 처한 곤경〉, 〈사태의 발전에 따른 일본의 군대 출동〉 등의 헤드라인으로 실었다.

한국의 각지의 일어, 한국어 신문 등이 일제히 선전했다. 진상을 잘 알지도 못한 많은 한국인은 친일 분자의 간계, 폭도의 악의적인

---

51) 삼성보三姓堡 : 장춘시 만보산에 위치한 지명을 지칭한다.(역자 주)

52) 樸永錫, 《萬果山爭件硏究》, 99쪽. "二百同胞與中國八百餘名官民發生衝突負傷。駐中警官隊交戰急報, 長春日本駐屯軍準備出動。三姓堡風雲漸急。(中略) 對峙之日中官憲交戰一小時, 中國騎兵六百名出動。同胞安危急迫。(中略) 拒絶撤退要求, 增派機槍隊。(中略) 戰鬪在進行中。"

선동, 일제의 배후 조종 등으로 전국에서 피비린내 나는 배화운동이 거세게 일고 말았다.

한국의 배화운동은 우선 인천에서 시작되어 서울과 평양으로 이동했고, 결국 전국 대도시로 확산했다. 그중에 특히 평양의 상황이 가장 참담했다. 다음은 인천과 서울, 평양의 배화활동에 간술하면 다음과 같다.[53]

(1) 인천

7월 2일 저녁 8시, 수십 명의 폭도가 외리外里 일대 중국 식당에서 식사했고, 비용지불을 거부했다. 중국 점원과 실랑이를 벌였고, 일부 패거리가 점원을 폭행하고서 흩어졌다. 이후 길거리에 한국인 폭도가 화교를 구타하는 장면이 수차례 발생했다. "혹은 시장에 모여 소상인을 구타하거나, 한국인이 모인 곳에서 화교는 공격과 야유 및 조롱 등의 온갖 수모를 당했다."[54] 어떤 자는 화교를 추격했고, 혹은 화교를 습격하기도 했다. 이에 화교는 저항할 힘이 없어 숨기에 바빴다. 어떤 사람은 화교를 뒤쫓고, 어떤 사람은 화교상점을 습격했다. 화교들은 저항할 힘이 없어 애써 숨었다. 3일 새벽 2시에 많은 폭도는 화교상점을 마구 습격해 문과 창문을 부수고 재산을 약탈했다. 피해 입은 화교는 인천 화교상회仁川華僑商會, 중국 인천영사관에 신고했다. 인천 화교상회 대표 부문공傅文貢과 인천 영사관사무처 주임

---

53) 《益世報》기자는 〈鮮案調査報告〉를 통해 조선 화교대표가 추생秋生을 대표해 귀국 후에 알린 보고와 일본의 주일 기자인 왕영보汪榮寶의 《朝鮮排華慘案調査報告》 등의 내용을 종합했다.

54) 《益世報》記者, 〈鮮案調査報告〉, 《萬鮮兩案之事實與認識》.

장문학蔣文鶴은 외리外里를 시찰하고서 사태가 심각함을 발견했다. 이에 인천경찰서 서장을 면담하고 일경에게 한국 폭도를 해산해 화교의 피해를 막아 달라 요구했다. 일본 경찰서장 히가시카와東川는 비록 동의했지만, 경찰을 파견해 폭도를 막지 않았다. 이때 거리에는 3~5명의 일경이 있었지만, 적극적으로 저지하지 않았다. 같은 날 오전에 사태는 더욱 악화되었고, 장문학은 재차 경찰서를 찾아 경찰을 파견해 폭도를 막아 달라 요청했다. 하지만 서장은 아직은 때가 아니라면서, 일경의 역량이 약하기 때문에 우선 화교를 차이나타운으로 피신하는 것이 좋겠다고 했다. 장문학은 할 수 없이 화교를 최대한 차이나타운으로 피신하도록 했다. 원래 차이나타운은 중국의 조계지租界地였고, 다수 화교가 거주하며 수백 개의 화교상점이 있었다. 정도에 이르자 이미 3,000여 명의 화교가 차이나타운으로 피신했다. 멀리 한국 거리의 외리外里에 있는 많은 화교는 상공회의소 회장과 일경의 차량으로 상회 안으로 잠시 피신했다. 이때 파견 온 일경은 명목은 '보호'였지만 실제로는 폭도를 감시하는 것이었다. 화교는 방어도구를 구비했지만, 일경은 강제로 이를 내놓으라고 강요했다. 화교상인회는 이를 반대하자 완전히 몰수하지는 않았다. 저녁 8시 인천 교외의 폭도는 화교가 운영하는 채소밭을 거의 모두 훼손시키고 많은 화교를 구타했다. 장문학은 재차 일경을 찾아 경찰의 제지를 요청했지만, 동의를 얻지 못했다. 이에 서울 중국총영사인 장유성張維城에게 전보를 쳐서 지원을 요청했다. 저녁 9시에 수천 명의 폭도는 차이나타운 공격을 준비했다. 이에 화교는 칼, 각목 등을 준비했다. 인천의 화교상회는 사태가 악화될 것을 걱정하며 직접 나서서 저지했고, 역할을 나누어 차이나타운을 수호하려 했다. 폭도들은 화교들의 대비상황을 확인하고 함부로 진입하지 못하고 타운에서 1리 떨어진 곳에서 동태를 관찰했다. 저녁 10시 폭도는 다른 거리로 옮겨 "화교 상점을 파손했고, 자동차로 상가의 문을 훼손시켰고, 일부는 상점 안에 재물을 약탈했고, 갖고 가지 못하는 것은 바로 파손시켰다. 미처 피신하지 못한 화교는 다수가 구타당하거나, 사상死傷자가 10여 명에 달했고, 다수는 돌로 머리와 사지를 가격당했다."[55]

일부 폭도는 화교를 참혹하게 살해하기도 했다. 인천 영사관, 인천 화교상회는 소식을 듣고 그날 밤 바로 일본 경찰과 교섭했다. 이후 일경은 비록 출동은 했지만, 이때 거리에는 폭도들이 집결하자 일경도 폭도 해산에 전념하지 않았다. 이 때문에 폭도의 약탈은 줄어들지 않았고, 화교를 만나면 구타하거나 살해했다. 다음날, 즉 4일 새벽 3시에 폭도의 세력은 다소 누그러졌다. 이때 화교상점은 모두 파손되었고, 물건들은 어수선하게 거리를 채웠고, 폭도는 차를 이용해 점포의 상품을 약탈했다. 아침 7시 부傅와 장蔣은 부상당한 화교를 수용해 병원에 입원시키고 치료했다. 정오에 서울에서 일본 헌병과 경찰이 도착했다. 5일 오후 형세는 대체로 안정이 되었고, 같은 날 다수의 화교는 우선 귀국했다.

(2) 서울

2일 저녁, 인천의 배화사건이 발생한 후에 서울에도 분위기가 급속히 긴장되었다.

3일 저녁, 1,000여 명의 폭도는 여러 곳의 화교 식당을 돌아다니며 술과 밥을 시켜 배불리 먹고 돈을 지불하지 않았다. 점원이 항의하면 모두 구타당했다. 폭도는 계속해서 점포를 파괴했다. 저녁 9시 폭도

---

55) 《益世報》記者, 〈鮮索調査報告〉, 《萬鮮兩案之事實與認識》.

들이 모여들면서 계속 화교상점을 약탈했다. 서울 화교상회의 대표 궁학정宮鶴汀과 서울 중국총영사 장유성張維城은 조선통독부에 도착해 일본 대리외사代理外事의 과장을 만나서 일경을 출동시켜 폭도를 해산하고 화교의 안정 보장을 요구했다. 궁宮과 장張은 다시 영사관으로 돌아와 화교를 신속히 영사관으로 대피시켰다. 4일 오전 상황이 더욱 악화되면서 많은 화공과 화상이 길에서 폭도들에게 저지당하거나 구타당했다. 이때 영사관으로 피신한 화교는 이미 1,000여 명에 달했다. 낮 1시에 폭도는 더욱 거세게 화교상점을 약탈했다. 화교상점은 한 곳도 남김없이 거의 모두 파괴되었고, 교외 화교의 채소밭도 상황은 마찬가지였다. 즉 상점과 채소밭은 모두 약탈되었다. 궁학정 등은 경기도 경찰부장인 일본인 카미우치上內를 만나 일경을 파견해 화교 보호를 요청했다. 이에 카미우치는 이르길 "한국 폭도는 중국 정부가 조선인을 핍박해서 생긴 일이다. 만보산에서 중국이 한국 농민을 살해했기 때문에 조선인이 반감을 야기시켰다. 우리는 치안을 책임지면서 일본인과 한국인을 보호하는 것이 책임질 뿐이고 화교는 보호할 수 없다. 무장경찰이 한국인을 진압할 수 없고, 시기적으로도 맞지가 않는다."[56]라고 했다. 이에 궁宮은 질책하며 이르길 "현재 이미 살인과 방화를 했는데 어찌 시기가 맞지 않는다고 하면서 한국인의 폭행을 막고, 이들을 진압하지 않는 것인가?"[57]라고 했다. 이에

---

56) 《益世報》記者, 〈鮮案調查報告〉, 《萬鮮兩案之專實與認識》: "鮮人暴動因中國官府壓迫鮮人所致。萬寶山中國殺害鮮農, 惹起鮮人之反感。我們負責治安, 伍責保護日人鮮人, 不能專保華人。武裝員警不能鎮莊鮮人。況且時機未到。"

57) 《益世報》記者, 〈鮮案調查報告〉, 《萬鮮兩案之專實與認識》: "現已殺人放火, 何謂時候不到。制止朝人暴行, 並非壓迫朝鮮人。"

가마우치는 여전히 경찰을 파견하지 않았다. 오후 2시 후에 폭도들은 더욱 흉악해졌다. 폭도는 화상 식당인 명방루茗芳楼에 몰려들어 집기를 모두 부수고 식품을 몽땅 약탈했다. 미처 도망가지 못한 상점은 폭도에게 끌려 길거리에서 구타당했다. 점원인 유劉모씨는 폭도에게 쫓겨 강가에 이르렀고, 폭도는 장대로 그를 찔러 죽였고 시신을 그대로 강에 버렸다.

그 후 수일 동안 수많은 폭도는 도시 전역에서 화교상점과 채소밭을 차례로 파괴했다. 재물을 약탈하고 화교를 구타하며 참혹하게 살해했다. 8일 심야에 2,000여 명의 폭도는 서울의 중국총영사를 포위하며 공격했다. 화교는 최선을 다해 자위를 했지만 결국 폭도들이 진입하고 말았다. 이때 영사관에 피난을 온 6~7천 명의 화교는 무자비하게 구타와 학대를 당했고, 영사관의 중요한 집기를 모두 약탈당했다. 결국 중국의 서울 총영사인 장유성은 일본영사관으로 피난했다.

(3) 평양

평양의 배화운동은 7월 5일부터 시작해 비교적 늦었지만, 결과는 가장 처참했다. 5일 폭도는 기독교 교회에서 집회를 열며 선동했다. 그리고 평양 화교들의 거주 상황을 지도에 표시했고, 아울러 행동 방안을 결정하기도 했다. 이날 저녁 7시, 폭도 30여 명이 조선 거리 동쪽에 모여 가장 큰 화교 식당인 동승루東升樓를 공격해 창문을 부수고 점원을 구타했다. 이어서 다른 화교상점도 차례로 파괴했다. 8시쯤에 폭도가 점차 증가했고, 잇달아 화교상점을 습격했고, 일부 상점은 3~4차례 계속 공격받았다. 폭도들은 "상점 안의 제품을 약탈해 거리에서 판매했고, 혹은 많은 사람이 포목을 가늘게 찢어 전봇대와 처마에 내걸기도 했다. 처음에는 물건을 던지며 한사람이 소리치면 많은 사람이 박수치며 호응했다. 밤 12시가 지난 후에는 중국인을 찾아 내어 구타했다. 중국인을 찾은 후에는 천으로 손발을 묶고 돌멩이로 머리를 수차례 때리거나, 혹은 상처 입은 곳을 발로 걷어찼다. 화교 는 계속 도망을 시도했지만, 거리에는 사람들로 가득해 더 이상 도주 할 곳이 없었다. 그래서 화교는 수십 명에 의해 구타당했고, 기절해 서야 폭행이 멈추었다."[58] 당시 구타로 사망한 화교는 무수히 많았 다. 6일 오전 9시에 폭도는 재차 습격을 시작했다. 이는 분명히 조직 적으로 이루어졌다. "무리 중에 우두머리는 녹색 상의와 홍색 바지를 입고 말을 타고 호령했다. 또한 사람은 호구부戶口簿를 갖고서 화교 거주지를 찾아서 때려 부수었다. 이는 이전부터 화교가 거주하는 곳 을 잘 몰랐기 때문에 찾아내야 했다. 일본상점에 고용된 화교도 찾아 냈다. 상점에 거주하는 경우에도 전혀 예외가 없었다. 한국인이 화교 를 발견하거나, 혹은 화교상점에 도착하면 한사람이 호령하면 모두 일제히 공격했다. 폭도는 모두 파괴시킨 후에는 피리를 불면서 결집 해서 정렬을 가다듬고서 다음 목표로 이동했다."[59]고 했다. 그리고 "5일 저녁에 화교 공격할 때 돌멩이를 무기로 삼았다. 하지만 6일에 는 예리한 못이 박힌 각목이나, 매우 날카로운 죽창竹槍 및 쇠도끼 등을 지참했다. 화교와 마주치면 각목으로 머리를 타격해 머리가 못 에 상처를 입힌 후에 힘으로 땅에 쓰러트렸다. 이후 많은 사람은 칼

---

58) 《重世報》記者, 〈鮮案調查報告〉, 《萬鮮兩案之事實與認識》.

59) 《重世報》記者, 〈鮮案調查報告〉, 《萬鮮兩案之事實與認識》: "中有一人, 似 為首領, 著綠衣紅袴, 騎馬往來招呼。另一人則持戶口名簿, 尋覓華人住所, 實行搗毀, 即華人夙多不知之居住處所, 亦為覓到。隻身華人, 受傭於日商 店之住戶者, 亦為尋得。住戶商店, 無一倖免。鮮人尋到華人, 或到華人所 設之商店由一人鳴軍號, 一擁進攻。被搗毀一空後, 則吹笛齊集, 再整隊向 第二目的進攻。"

과 나무 등으로 때려 머리가 깨지거나 장이 파열되었고, 사망한 후에
나 폭행을 그만두었다. 그리고 죽창으로 가슴과 복부를 찔려 사망한
화교가 적지 않았다. 여자의 경우는 하의를 발가벗기고 각목으로 마
구 구타했고, 마지막에는 죽창으로 음부를 찌르기도 했다. 2~3세 아
이의 경우 다리를 잡아당겨 사지를 절단한 후에 이를 다시 화교에게
내던지기도 했다.”60)고 했다.

　화상의 식당인 동승로東升樓의 점원인 왕철해王哲海는 피격 당시
에 겨우 옥상으로 도망했다. 하지만 폭도에게 발견되어 구타당했고,
각목에 박힌 못에 머리를 가격당한 후에 거리로 끌려 나왔다. 군중의
집단구타로 그는 사망하고 말았다. 화교 부녀인 송복宋卜은 2살 아들
과 4살 여자를 하수구에 숨겼다. 폭도들에게 발견된 후에 집단구타를
당했고, 송씨는 두 아이를 지키기 위해서 온몸을 던졌고, 결국 두 다
리는 부러지고 품속 아들은 한쪽 눈을 실명하고 말았다. 6일 오후에
폭도들의 만행은 조금씩 완화되었지만, 당일 저녁에 폭도는 3차 습격
을 시작했다. 이때 일경은 이들을 제지하기는커녕 오히려 이들과 동
조했다. 폭도는 화교상점의 물건을 약탈할 때 화교의 금고는 일경이
먼저 공구를 사용해 하나씩 열었고, 덕분에 폭도들 금고 속에 돈을
모두 약탈 할 수 있었다. 화공인 “호전재胡典才는 한쪽 눈을 잃어서
쉽게 도망할 수 없어 결국 폭도에게 잡혔고, 몽둥이에 박힌 못에 눈

---

60) 《重世報》記者, 〈鮮案調查報告〉, 《萬鮮兩案之事實與認識》: “5日晚毆擊華
　　僑不過利,用石子為武器, 是日6日則各持木椿, 一端裝有極尖銳之鐵釘, 或
　　持削有鋒利無匹之竹竿, 以及鐵鎚鐵斧等。瞥見華人, 則以木椿向其頭部
　　擊去, 釘入頭骨, 用力拖到地上, 然後大眾以刀木之類攢擊, 至腦破腸出死
　　而後已。其遭竹竿穿胸貫腹而死者尤不在少數。獲得婦女, 則先撕毀下衣,
　　以木杆亂搗, 最後則以竹竿猛向陰部刺入。二、三歲小兒, 兩人各持一腿,
　　分裂兩半, 復持以投擊華人。”

을 맞고 죽고 말았다. 사망할 때 미친 듯이 울부짖어 눈알이 튀어나와 얼굴에 온통 피투성이였다." 7일 새벽, 평양 교외의 폭도 수천 명은 "농촌의 화교 거주지를 찾아서 구타했고, 가옥을 파괴한 후에 방화해 불태웠다. 방 안에 있던 화교를 사방에서 포위하여 결국 불타 죽고 말았다."[61] 그 후에 일경은 평양에서 10여 리 되는 장산長山에서 5곳의 구덩이를 파고 평양 참사에서 사망한 화교를 매장했다. 일경은 이곳에 95명뿐이라고 했지만, 화교사무국의 이자건李子建은 매장된 화교는 750명의 정도라고 했다.

인천, 서울, 평양 외에도 한국의 많은 중소도시 및 농촌에서 역시 배화활동이 일었다. 이런 지역을 나열하면 다음과 같다.[62]

표 5.1 1931년 지역별 배화사건이 발생한 도시

	지역	도시
1	경기도	수원水原, 양주揚州
2	강원도	원산元山, 춘천春川, 안변安邊, 평강平康, 의천宜川
3	평안남도	남포南浦, 함흥咸興, 아주安州, 강서江西, 순안順安, 순천順川, 맹산孟山, 양덕陽德, 위천威川, 중화中和, 용강龍岡, 개천价川, 덕천德川, 평원平原, 신사新寫, 금성金城
4	평안북도	신의주新義州, 운산雲山, 구성龜城, 박천博川, 영변寧邊, 의주義州, 선천宣川, 곽산郭山, 오산烏山
5	충청남도	공주公州, 대전大田, 홍성洪城
6	충청북도	청주淸州
7	전라남도	광주光州, 구례求禮, 목포木浦, 순천順天

---

61) 《重世報》記者, 〈鮮案調查報告〉, 《萬鮮兩案之事實與認識》: "逐鄕尋覓華人居處毆志, 拆毀華人房屋, 然後縱火焚燒. 其室內住有華人者, 則四周包圍, 直至焚斃於內始去."

62) 한국의 《東亞時報》와 귀국한 화교인 추수秋水의 《告國內同胞書》와 《益世報》의 기자인 《鮮本調查報告》 등을 근거했다.

	지역	도시
8	전라북도	군산群山, 금주金州, 이리裡里
9	경상남도	울산蔚山, 마산馬山
10	자강도	강계江界, 자성慈城, 희천熙川
11	황해도	해주海州, 재령載寧, 개성開城, 사리원沙里院
12	경상북도	대구大邱
13	함경남도	이원利原
14	함경북도	회령會寧

이 밖에도 많은 농촌, 특히 도시 근교에서 모두 배화활동이 발생했다.

한국에서 일어난 대규모 배화활동은 7일과 8일에 멈추었다. 수많은 화교 가정이 파괴되거나 사망했고, 재산은 모조리 약탈되어 해로와 육로로 귀국하는 처량한 처지는 이루 표현할 수 없을 정도였다.

1931년 한국의 배화사건으로 한국 화교는 막대한 피해를 입었고, 평양平壤의 사례를 보면 상점 300여 개가 파괴되거나 모두 약탈당했다. 그중에 자본 규모가 매우 컸던 "겸함성謙合盛, 경흥덕慶興德·영흥덕永興德·복화성復和盛·양성영養盛永·동원두東源頭·원흥덕源興德·덕성德盛, 영안호永安號 등과 자본금 20여만 엔에 달하는 식당도 모두 사라지고 말았다."[63] 해당 연도의 《익세보益世報》의 기자는 한국에 가서 참사 사건을 파헤친 《한국조사보고서》를 보면 이르길 "평양의 피해는 직접 피해자는 10여 개의 대규모 상인으로 300여만 위안에 정도이고, 간접 피해자는 이에 포함하지 않았다. 기타 각 지역의 직접 손실은 간접손실에 비해서 가벼웠다. 인천의 통계를 보면 손실은 약 40만 위안 정도이고, 서울과 신의주, 진남포의 직간접적인

63)《益世報》記者,〈鮮案調查報告〉,《萬鮮兩案之事實與認識》.

손실은 약 50만 위안이고, 부산은 대략 30만 위안에 각각 달했다. 한국의 화교는 작년, 즉 1930년의 조사를 보면 총 30여만 명 이상이다. 그중에 상인의 점유율은 60% 이상이고, 농민은 30%, 노동자는 10%에 달했다. 이번 참사로 화교는 수년간 힘들게 모은 돈을 거의 다 상실했고, 다행히 부서지지 않았거나, 가볍게 망가진 곳도 장사가 잘될지 여부는 미지수이다."[64]고 했다. 이상과 같이 한국 화교경제는 이런 참사를 거치면서 재기하지 못했다.

한국 화교의 사상자는 더욱 참혹했다. 이번 참사에 얼마나 많은 사상자가 발생했는지 정확한 수량을 알 수 없지만, 일부 원시자료의 통계에 따르면 사상자가 가장 많은 곳은 평양이었다. 조선총독부가 관할하는 평안도청이 발표한 사망한 평양 화교는 95명이다.[65] 한국 한 신문 기자는 서울의 중국 총영사관이 파견한 평양 조사원에 따르면 평양 화교 83명이 사망, 73명 중상, 39명이 경상을 입었다고 했다.[66] 일본의 주일공사인 왕영보汪榮寶는 《한국 배화폭동 참사 현지조사》에서 평양 화교는 사명자 9명, 부상자 163명, 실종 63명이라 했다. 익세보益世報의 《한국조사보고서》에 따르면 평양의 사망자는 126명이라 했다. 이상의 이런 숫자도 아마 정확하지 않은 것을 보인다.

서울 주재 중국총영사관에서 파견한 조사원의 《한국 화교의 평양 피해상황 보고서》에 의하며 사망자는 216명, 중경상은 500여 명이라 했다.[67] 귀국한 화교의 《국내 동포에게 고하는 서신》[68]과 《한국에서

---

64)《萬鮮兩案之事實與認識》, 289쪽.
65) 汪榮寶,〈朝鮮排華暴動慘案之實地調査〉,《新亞細亞》3卷1期.
66)《萬寶山事件及朝鮮排華慘案》, 48, 32, 56쪽.
67)《萬寶山事件及朝鮮排華慘案》, 48, 32, 56쪽.
68)《萬寶山事件及朝鮮排華慘案》, 48, 32, 56쪽.

피난 온 화교가 피눈물로 쓴 한통의 서신)[69] 등에 의하면 200여 명이 사망했다고 했다. 그해 평양 화교 단체에서 대외 연락 업무를 담당한 이자건李子建은 "평양 장산長山 일대는 참사로 사망한 화교의 공동 묘지에는 이번 평양 참사로 750명의 화교가 매장되었다고 했다.[70] 이런 수량은 비교적 믿을 만한 것으로 보인다. 사망한 200여 명은 평양 거리 현장에서 구타로 사망한 것이다. 매장한 750명은 구타 후 치료받지 못해 사망하거나 교외에서 사망한 화교일 가능성이 높다. 만약 평양 일대 사망자가 750명이라고 보면, 기타 지역의 경우 서울 20명[71], 인천 20~30명[72], 원산 30명[73]에 달한다.[74] 즉 4개 도시의 화교 사망자는 820~830명에 달한다. 그렇다면 전체 한국 58개 도시와 농촌에서 배화참서로 사망하거나 실종된 화교는 1,000명 안팎이 될 것으로 보인다.

2) 한국과 한국 교민의 배화저지와 반대운동

한국의 배화활동이 시작된 후에 한국인과 사회단체는 이에 대한 저지활동을 전개했다. 사태가 발생한 후에 피해입은 화교에 위문하며 도움을 주었다. 《동아일보》는 7월 5일 발표한 논설에서 "냉정한 태도"로 한국인의 배화 행동의 중지를 촉구했다. 계속해서 7월 7일에

---

69) 《萬寶山事件及朝鮮排華慘案》, 48, 32, 56쪽.
70) 秦裕光, 《六十年見聞錄》.
71) 《萬寶山事件與朝鮮排華慘案》, 32, 45, 55쪽.
72) 《萬寶山事件與朝鮮排華慘案》, 32, 45, 55쪽.
73) 《萬寶山事件與朝鮮排華慘案》, 32, 45, 55쪽.
74) 《萬寶山事件及朝鮮排華慘案》, 48, 32, 56쪽.

"2천만 동포에게 드리는 감사"라는 글로 중국 동북의 교민의 생명이 매우 위험하다는 것이 헛소문임을 폭로했다. 이르길 "동포 여러분은 만보산 200명의 교민이 생명이 매우 위태로운 것으로 생각했다. 그런데 이건 상황을 잘못 이해한 것이고, 이는 어떤 나쁜 의도를 갖은 흑색선전이다. 비록 어떤 자는 상황을 분명히 알고 있는 자도 있지만, 어쨌든 우리 200명의 교민이 마치 모두 피해를 당한 것처럼 보인다. 하지만 이는 완전히 근거 없는 허튼소리요, 무뢰한들의 유언비어일 뿐이다. (중략) 우린 이런 자를 민족의 죄인이라고 여기지 않을 수 없다."[75] 고 했다. 《조선일보》 역시 《가슴 아픈 만주동포의 운명》이란 논설에서 "냉정하고 치밀하게 만주 동포의 활동을 지원하는 것이 필요하다."고 하면서도 "한국에 있는 화교의 안정 역시 고려해서 유념해야 한다"고 했다. 이후 두 신문은 사설과 기사를 계속 게재하면서 만보산 사건의 진상을 설명했고, 한국의 배화활동을 저지했다. 또한 특파원을 각기 중국 동북으로 파견해서 현지 조사를 벌였고, 이들이 보낸 조사보고서를 연속 보도했고, 동북에서 한 명의 교포도 사망하지 않았음을 밝혔다. 이러한 논설과 조사보고서는 실체적 진실을 밝히고 배화참사를 잠재우는 데 큰 영향을 주었다. 중국 동북과 상해에 거주하는 한국 교민과 사회단체도 계속 한국신문과 사람들에게 서신과 전보를 통해 배화활동을 저지했다. 7월 10일 길림성의 교민단체는 한국인에게 전보를 보내 다음과 같이 말했다. "만보산 사건은 만주동포와 전혀 무관한 문제이다. (중략) 이런 사실을 외면한 채 국내 동포의 소동은 민족주의를 경시하는 행동이고, 두 민족의 우호를 저해하고, 만주동포의 앞날에 좋지 않은 것이니 신중히 고려해 즉각 중단할

---

75) 《東亞日報》, 1931.7.7, 1931.7.11.

것을 간곡히 당부한다."[76]고 했다. 같은 날 상해 한인단체는 연합회를 열고서 한국의 배화에 대해 반대성명을 발표했다. 즉 "어떤 이는 배화는 만주의 동포에 대한 탄압에 대한 강력한 지지를 행동으로 보인 것이라고도 한다. 그러나 한중 양국의 민족과 역사에 대한 이해라는 관점에서 볼 때 반드시 우호적으로 협력해야 한다. 문제가 신속히 합리적으로 해결될 때를 기다려야 하고, 보복 대신에 두 민족의 우호적인 관계를 유지하는 데 주력해야 한다."[77]라고 했다. 이외에 연길과 동삼성 교민단체는 모두 한국인에게 전보를 보내 배화활동을 만류했다.

한국 내 사회단체도 배화를 저지했고, 피해를 당한 화교를 위로했다. 7월 6일 서울상공협회는 위원을 파견해 피난 온 화상을 위로했다. 같은 날 서울상공협회 긴급회의를 열어 다음과 같은 사항을 결정했다. (1) 조선총독부에 진정을 통해 배화활동의 조속한 종식을 요구할 것. (2) 서울주재 중국 총영사관과 중화총상회中華總商會를 위문할 것. (3) 화상의 영업 회복 문제를 조사해 속히 해결하고, 조속한 시일 안에 사업 재개를 기대한다.[78] 7월 7일 평양 상공협회 등 11개 단체는 《긴급통지문》을 발표하며 이르길 만보산 참안으로 평양의 화교를 습격한 것은 옳지 않은 것이다. 이는 우리 국민 전체의 의지가 아니다. 일부 사람들이 유언비어를 듣고서 만든 사건이다. 우리는 다음과 같

---

76) 《東亞日報》, 1931.7.7, 1931.7.11.
77) 《東亞日報》1931年7月7日, 7月11日. "有人認爲排華是因在滿同胞遭受壓迫, 從而進行有力支持的行動。但是, 從朝中兩國兩民族的歷史和歷來的理解來看, 必須友好協作。因之, 要等待問題儘快合理解決, 不要採取報復行動, 要致力於維護兩民族的友誼。"
78) 《東亞日報》1931年7月11日, 7月8日, 7月9日.

은 문제에 대해 냉정하게 생각해야 한다. (1) 이곳에 있는 중국인은 무고하다. (2) 중국 동북에서 어떠한 불상사도 발생하지도 않았는데 이곳의 중국인을 탄압한다면 만주의 우리 동포들은 어떤 처지에 처하겠는가? 한국의 중국인은 5만 명에 불과하지만, 중국 만주의 우리 동포는 150만으로 30배에 달한다. (3) 지금까지 보도에 따르면 동북의 우리 동포들은 사망한 자가 전혀 없고, 또한 문제도 이미 해결되었다. 그런데 평양에서 이런 배화가 발생한 원인은 무엇인가? 매우 유감일 수밖에 없다. 이해타산이나 사람의 도리에서 볼 때 이번 사건은 모두 커다란 유감만이 남을 뿐이다. 제발 유언비어를 믿지 말고 절대로 다시는 이런 사건이 다시 일어나지 말아야 한다.[79]라고 했다. 7월 8일 서울 각계는 연합회는 안재홍安在鴻, 윤치호尹致昊, 송진우宋鎮禹 등 56명은 배화참사에 성명을 발표하고 전국에서 발생한 사건에 대해서 "중국인이 입은 불상사에 대해 진심을 다해서 깊은 사죄를 드립니다." 이번 사건은 "절대로 한국인 전체의 의지가 아닙니다."[80]라고 했다. 같은 날, 평양의 각 사회단체 협의회와 조만식曹晚植 등 20여 명은 중국 남경국민당 정부와 길림성 정부에 피해를 입은

---

79) 《東亞日報》1931年7月11日, 7月8日, 7月9日, "因萬案而襲擊平壤華僑是不應當的。它不是我們全體人民的意志。這是由於一部分人聽信謠言造成的事件。我們應當冷靜思考下列問題, (1)這里的中國人是無辜的, (2)中國東北並沒有發生任何大的不幸, 而迫害這裡的中國人, 那麼, 在滿我們同胞的處境將會如何?在朝鮮的中國人不過五萬, 而在中國滿洲的我們的同胞為一百五十萬,為其三十倍！(3)依迄今之新聞報導, 東北我們同胞沒有任何死亡, 且問題已解決。平壤這樣排華, 是何原因?令人十分遺憾。無論從利害和人道正義出發, 這次事件都是極大的遺憾。懇望千萬不要聽信流言蜚語, 絕對不要再發生這類事件。"
80) 《東亞日報》1931年7月11日, 7月8日, 7月9日, "對中國人民不祥事件, 誠心誠意地深表歉意", 這一事件"絕非朝鮮民族全體人民的意志。"

화교를 위로하고 위로금을 전달했다. 이를 전후로 한국 각지는 연합협의회를 조직해 화교의 위로와 구제를 위한 모금활동을 전개했다.

7월 15일《조선일보》와《동아일보》장춘 지국장 겸 특파원인 김리삼金利三은《길장일보吉長日報》에 투고를 통해《사죄 성명서》를 발표해 일본 영사가 날조한 사실의 진상을 밝혔다. 김선金旋은 일제의 피해자였다. 이는 한국의 배화참사는 일제가 만든 날조했다는 사실을 더욱 분명하게 폭로했다.

3) 화교난민에 대한 중국 국민의 성원과 지지

만보산 사건과 한국의 배화참사 이후 중국인은 크게 분노했으며, 또한 한국에서 피해를 입은 동포를 동정하며 힘찬 성원과 지지를 보냈다.

언론계는 가장 발 빠른 반응을 보였다. 각 지역 신문은 사설을 통해 "두 사건"의 경과를 소개하고서 일제의 죄상을 규탄하고, 국민당 정부의 매국적인 타협을 질타하고 피해를 입은 동포를 성원했다.《익세보益世報》등의 신분은 한국에 특파원 보내 중국 배화참사의 경위를 파악하기도 했다.

채원배 등 사회 저명인사와 사회단체는 일제히 만행을 규탄하고 피해를 입은 해외동포를 응원하는 성명과 담화를 발표했다.

7월 3일 상해에서 반일 규탄대회가 거행되었다. 22일 남경에서도 규탄대회가 열렸다. 7월 23일 상해에서는 참사에 희생된 한국 화교 추모대회가 열렸고, 7월 30일 북평北平에서는 반일 규탄대회를 거행했다. 중국은 수차례 선박을 보내 피해를 당한 화교들을 잇달아 귀국시켰다. 각 지역 조직은 피해 화교를 위로했고, 화교를 대회에 초빙해 한국의 배화 상황을 진술토록 했다. 그리고 많은 지역은 외교협회 등의 조직을 만들어 반일 선전에 매진했고, 사람들에게 일본 제품 불매를 호소했다. 또한 국민당 정부에 대일 강경외교를 촉구하기도 했다. 이처럼 전국은 점차 반일 정서가 고조되었다.

중국공산당은 만보산 사건과 한국의 배화사건이 발생한 후에 바로 성명을 발표하고, 전국 인민에게 항일구국투쟁을 호소했다. 7월 7일 중공만주성위원회中共滿洲省委는 《만보산 사건과 한국참안의 선전 대강萬寶山事件及朝鮮慘案的宣傳大綱》을 발표하며 이르길 "이 두 사건은 모두 일제의 지시로 시작했고, 중한 양국민의 감정을 도발해서 한국인의 배화 행동을 선동한 일제의 음모이다."라 했다. 때문에 바로 행동으로 항일구국투쟁을 전개해야 한다고 하면서 "많은 군중의 반제국주의 운동을 확대하고 바로 반제동맹과 한중반제동맹의 조직해서 이를 반일조직을 도시와 공장, 작업장, 학교, 군대 및 향촌과 촌락으로 확대하고, 많은 한중 농민과 노동자, 그리고 군중이 참가하는 성대한 시위행진과 군중집회를 거행해야 한다. 이를 통해 일제의 이런 침략 도모에 단호히 저항해야 한다.[81]고 했다. 중국공산당 동북 지역의 일부 조직과 중국공산당 산하의 청년단, 노동조합은 만보산 사건과 한국의 배화참사에 대해 선언문과 문건을 발표하기도 했다. 중국공산당은 전국의 중국인, 특히 동북 사람이 알고 있는 만보산 사건과 한국의 화교 참사의 실상을 알리고 홍보하였다. 두 사건이 발생한 후에 보복 행동은 등장하지 않았다. 중국인과 동북의 한국 교민은 오히려 한중반제동맹이란 반일 단체를 조직하며 공통의 적인 일제에 항거했다.

---

81) 《中共滿洲省委檔》第30卷14號.

4) 한국의 배화 참화와 중일 교섭

만보산 사건 이후 30만 대군을 규합해 강서江西의 소비에트 지역을 토벌하고 있던 남경 국민당 정부의 장개석蔣介石은 외교부에 평화적 방법으로 일본과 교섭하라 지시했고, 다른 한편으로 "빌미를 남기지 않는다."는 구실로 동북 지방 당국에게 만보산 지역인 자위투쟁을 진압하고, 사람들의 반일 애국 투쟁을 엄격히 금지할 것을 당국에게 명했다. 이어 국민당의 중앙선전부는《만보산 참사과 한국배화참사 선전대강》를 발표했다. 이런《대강》은 장개석의 외선안내外先安內의 시대착오적인 주장을 충분이 보여주었다.《대강》은 전국 국민에게 국민당 정부의 지휘하에 "계획적이고 조직적으로" 결사항쟁을 하고 있지만, 이런 종류의 반일 방법은 반드시 "적에게 구실만 만들 뿐 오히려 지방의 질서유지에 방해가 된다."[82]고 했다. 대신에 "정부를 도와 적비赤匪 토벌에 박차를 가해야 한다.", 그리고 "온 나라는 한마음 한뜻으로 정부를 도와 공비共匪 토벌에 매진해서 최단 시일 안에 철저히 적비를 숙청한 후에 전력을 집중해 일본을 겨냥해야 한다."고 했다. 계속해서 "합심을 통한 적비 소탕은 참사 교섭에 근간으로 망국을 구하고 국난을 극복할 수 있다."[83]라고 했다.

7월 12일 국민당 중앙집행위원회는 다시 전보를 통해 "전국 각지의 당黨과 인민은 이 사안에 대해 침착한 태도를 취하고, 중앙과 일

---

82)《萬寶山事件及朝鮮排華慘案》, 擴大廣大群眾的反帝國主義的工作,立即組織反帝同盟、中韓反帝同盟, 使這一反帝組織普遍擴大到城市中的每一個工廠、每J作坊、每一學校、每個兵營, 以及鄉村中每一村落, 吸收廣大的中韓工農勞苦群眾來參加舉行盛大示威遊行、群眾集會, 對日本帝國主義的這種侵略企圖表示堅決的反抗。", 27쪽.

83)《萬寶山事件及朝鮮排華慘案》, 27쪽.

치된 행동을 하고, 인내와 결의를 갖고 외교상의 최후 승리를 도모해야 한다."[84]고 했고, "절대로 일본인에 대해 규정 이외의 행동을 해서는 안 된다."[85]고 했다. 17일 국민당 중앙집행위원회는 다시 전국 국민당에 전보를 보내서 "시민단체를 올바르게 지도하고, 거리대회와 시위는 피해야 한다고 촉구했다."[86]고 했다.

국민당 주일 고베神戶의 직속 지부 상무위원인 양수팽楊壽彭은 장개석에게 보고서를 제출하면서 건의해 이르길 "만보산 사건과 한국 화교 무고한 피살당한 상세한 상황을 밝혀서 국제연맹에 회부 해야 한다."[87]고 했다. 이에 장개석은 마치 기회를 얻은 듯 외교부와 내무부에 "해당 사안을 검토해서 실행"을 허가했다. 그는 "국제연맹 회부"라는 말로 전 국민의 비난을 무마하려 했다. 장개석은 8월 5일 동북에 전화를 걸어 당시 북평北平에 있었던 최고 책임자인 장학량張學良에게 이후 일본의 침략 행위에도 저항하지 말도록 지시했다. 이는 당시 그의 기회주의적 본질을 분명히 드러낸 것이다.

만보산 사건 발생 후에 일제는 악의적으로 사태를 먼저 알리고 중국 정부에 항의했다. 그러나 국민당 남경 정부는 전 인민이 강렬하게 요구하자 비로소 일본에 항의하며 교섭을 진행했고, 줄곧 타협적 태도 속에 만보산 사건의 진상은 흐지부지되고 말았다. 또한 한국 화교의 배화참사 역시 그렇게 마무리되고 말았다.

---

84) "全國各地黨部及人民對於此案應取鎭靜之態度,與中央一致行動, 以堅忍之決心, 謀外交上之最後勝利。"
85) 《萬寶山案》專卷, 全宗11, 錄6-3. "萬不可對日人為軌外行動。"
86) 《萬寶山案》專卷, 全宗11, 錄6-3. "對於民衆團體應予正確之指導, 並避免露天大會及示威遊行。"
87) 《萬寶山事件》(下), 遼寧省檔案館藏. "將萬寶山事件及朝鮮華僑無辜被殺之詳細情形查明, 提交國際聯盟。"

7월 7일 저녁, 국민당 외교부는 중국 주재 일본대사관에 엄중하게 항의했다. 8일 국민당 중앙정치위원회는 회의를 개최했다. 외무부 장관 왕정정王正廷은 2가지 사안을 보고했다. 한국 배화사건은 회의를 통해 다음과 같이 결의했다. (1) 한국의 배화사건은 일부의 문제가 아니기 때문에 중앙에서 직접 교섭한다. (2) 한국 주재 중국총영사인 장유성張維城에게 사건 상황을 조사하도록 한다. (3) 왕가정王家楨을 한국에 파견해 사건 정황을 조사한다. (4) 중국의 주일공사인 왕영보汪榮寶를 한국에 파견해 사건 상황을 조사한다. 하지만 같은 날 일본 수상 와카쓰키 레이지로若槻礼次郎는 한국 배화사건에 대한 담화를 발표해 진상을 뒤집었다. 즉 배화의 발생은 중국 동북의 관민이 한국 교민을 압박한 원인이라 하면서 한국의 일경이 화교를 보호하지 않은 책임도 함께 추궁했다. 일본주재 중국의 2등 서기관은 정부의 훈령을 받아서 중국외교부에 깊은 사죄의 뜻을 전했고, 아울러 조선총독부가 피해 입은 화교를 구제하고 있다고 했다. 9일, 중국외교부는 재차 한국의 배화사건에 대해 일본 주재 중국 공사를 통해서 항의했다. 10일, 일본 내각은 바로 한국의 배화사건에 대한 회의를 열었고, 시데하라 기주로幣原喜重郎 외상은 주일 중국 공사 왕영보汪榮寶가 제시한 피해 화교에 대한 지원 문제를 보고했다. 13일 일제는 중국 정부에게 문서를 보냈다. 그 주요 내용은 다음과 같다.

(1) 한국 배화사건에 대해 유감을 표명한다. (2) 이미 일본 경찰을 파견해 화교를 보호했다고 주장한다. (3) 화교 사망 희생자는 사람들에 의해 과장되었다. (4) 조선총독부에 명하여 화교 사상자와 재산에 대해 위로금을 참작하도록 했다. (5) 한국의 배화사태는 중국 만보산 사건이 교민을 압박해 일어난 것이기 때문에 일본은 배상의 책임이 없다. 이후 국민당 정부의 외교장관 장정정王正廷은 성명을 발표하고

한국 화교 사건은 일본이 마땅히 배상의 책임을 져야 한다고 했다. 다음날 국민당 중앙정치회의 외교위원회는 다시 한국 배화사건에 대해서 다음과 같이 결의했다. (1) 일본은 마땅히 배상의 책임을 져야 하고, 이에 일본의 기부금을 거부한다. (2) 중국 내 만보산 사건과 관련해 인민 활동에 간섭하지 않는다. 15일, 일본 외무성은 중국 주재 공사인 시게미쓰重光에게 훈령을 통해 중국 정부에게 다음과 같이 언급했다. "이번 만보산 사건이 이번 한국과 중국인과의 충돌을 야기시킨 것에 대해 유감을 표한다. 본 사건은 순수한 국내문제로 일본은 폭행자는 물론이고 관헌이 직무상 과실이 있다면 마땅히 모두 법에 따라서 처분해야 한다. 그리고 중국인 희생자와 유족은 마땅히 신속히 조사해서 위문과 구제해야 한다. 현 사태는 이미 평정되었다. 이후 한국 화교에 대한 생명과 재산에 대해서는 일본 정부를 신뢰하기를 바란다."[88]라고 했다. 17일, 중국외교부는 재차 한국의 배화사건을 논의하며 일본에 항의했다. 이때 다음과 같은 사항을 지적했다. (1) 만보산 사건에서 일경이 먼저 발포했다. (2) 중국 관민은 동북의 한국 교민을 탄압하지 않았다. (3) 한국의 배화사건에 대해 일본은 외국 거류민이 소재하는 국가의 안전을 보호할 의무가 있다. 그리고 다음과 같은 요구사항을 제시했다. (1) 확실하게 폭도를 제지하여 이런 사태가 다시는 발생하지 않도록 해야 한다. (2) 살인범을 처벌해야 한다. (3) 과실이 있는 관헌은 파면한다. 8월 12일 국민당 중앙정치회의는 한국 배화안에 대해서 재차 일본에 항의했다. 이때 일본이

---

88) "玆對萬寶山事件引起之此次華鮮人衝突事件表示遺憾。本事件乃純粹國內問題, 日本不僅對暴行者, 即對官憲於警備上有失職之處, 亦當按國法予以懲處。對華人犧牲者及遺族, 當從速調查, 予以慰問與故恤。現事態已漸平靜。對今後朝鮮華人之生命財産希信賴日本政府。"

9.18사변을 일으키기 직전으로 중국의 항의와 요구에 전혀 관심을 두지 않았다. 이렇게 한국 배화사건은 만보산 사태와 함께 9.18 사변의 촉발과 함께 흐지부지되고 말았다.

제2절 1931~1945년의 한국 화교

1 자연 상황

1) 화교 인구

1931년 한국의 배화참사 이후 한국 화교는 대거 귀국했다. 같은 해 9월 일제는 9.18사변을 일으켰고, 귀국하는 화교는 다시 증가해서 국내 화교 인구는 격감했다. 1930년 화교 인구는 67,794명[89]이고, 1931년에는 36,778명[90]으로 줄었는데 이는 거의 50% 이상이 감소한 것이다. 이후 정세가 다소 안정되면서 한국 화교의 인구는 다시 증가했고, 피난을 위해 귀국했던 화교가 해마다 늘었다. 한국 화교 인구 37,732명, 1933년 41,266명, 1934년 49,334명이 되었다.[91]

1932년 2월 위만주국僞滿州國이 등장하며 조선총독부는 동북 3성의 화교를 "만주국화교"로 호칭하기도 했다. 이후 한국 화교의 입지는 갈수록 악화되었다. 1937년 일제는 중국과 전면적인 전쟁을 선포했고, 중국은 국공합작이 성립되면서 중화민족은 일본과 전면적 항

---

89) 《外交部公報》1931年12月. 朝鮮總督府, 《昭和九年總督府統計要覽》. 그리고 1920년대 한국화교 인구는 91,466명이라 했다. 黃劍隱〈朝鮮徵收華僑入口稅問題之檢討〉, 《僑務月報》, 9期, 1934年.

90) 위의 책.

91) 위의 책.

전을 벌이며, 중일은 교전 상태에 놓였다. 한국 화교는 일본 적대국의 교민이 되면서 처지는 더욱 위태롭게 되었다. 일제는 "간첩죄"로 마음대로 화교를 체포해 잔혹하게 탄압했다. 1940년 3월 일제는 왕정위汪精衛의 남경 정부를 수립하고 관내 한국 화교를 왕정위의 "중화민국" 화교라고 불렀고, 일제는 화교에 대해 100위안에 달하는 입국 수수료를 징수했다. 때문에 한국 화교의 인구는 시종일관 크게 증가하지 않았다. 1936년의 31,711명[92)]에서 1945년 일본의 투항 이전 한국 화교의 인구는 겨우 4만 명 정도였다.[93)]

태평양 전쟁이 발발한 후에 일본의 패전이 더욱 분명해졌다. 일제는 한국을 완강히 저항하기 위한 군사 보루로 만들고자 했고, 이를 위해 멋대로 광물을 채취해 각종 방어시설을 만들었다. 이때 중국의 동북과 산동에서 잡혀간 대규모 노동자는 대략 2만 명에 달했다. 만약 2만 명의 화공을 함께 계산하면 1945년 일제가 투항하기 직전의 한국 화교의 수량은 6만 명에 달한다.

이와 동시에 한국에 이주한 일본인 역시 대폭 증가했다. 예를 들면 1933년 한국 화교 수는 41,266명이고, 한국의 일본인은 543,099명[94)]으로 한국 화교에 비해 거의 10배에 달했다.

2) 화교의 분포

이 시기 한국 화교의 거주 분포 상황에 관해서 1933년도를 사례로 들면 아래 표와 같다.

---

92) 《旅朝華商最近槪況》, 《僑務月報》 1938年 3月.
93) 王淯民 等, 《韓國華僑志》, 48쪽.
94) 朝鮮總督府, 《昭和九年總督府統計要覽》.

표 5.2 1933년 한국 화교의 지역별 거주 상황표[95]

행정구역	호수	인원수		
		남자	여자	합계
경기도	1,675	6,843	1,376	8,219
충청북도	163	442	72	514
충청남도	401	1,220	145	1,365
전라북도	475	1,409	253	1,662
전라남도	296	860	129	989
경상북도	322	1,016	153	1,169
경상남도	232	701	124	825
황해도	662	1,884	475	2,359
평안남도	744	2,793	584	3,377
평안북도	2,696	8,773	3,166	11,939
강원도	216	490	89	579
함경남도	1,162	3,509	833	4,342
함경북도	1,074	3,115	812	3,927
합계	10,118	33,055	8,211	41,266

그리고 한국 화교가 거주한 지역과 도시별 상세 상황은 아래 표와 같다. 한국 화교의 거주지역은 거의 한국 전역에 모두 분포했다. 한국의 13개 도道와 232개 부군府郡 가운데 경상남도의 산청군山淸郡과 경상북도의 영양군英陽郡 2곳과 울릉도鬱陵島를 제외하면 거의 모든 곳에 화교가 거주했다.

---

95) 《外文部公報》7卷9期, 124-125쪽.

표 5.3 1933년 한국 화교 지역별 거주 상황표[96]

행정구역	호수	인원수		
		남자	여자	합계
경기도京畿道	1,675	6,843	1,376	8,219
경성부京城府	749	4,044	669	4,713
인천부仁川府	390	1,383	437	1,820
개성부開城府	63	123	12	135
고양군高陽郡	67	275	31	306
광주군廣州郡	2	4	1	5
양주군楊州郡	8	20		20
연천군蓮川郡	6	8		8
포천군抱川郡	1	1	1	2
가평군加平郡	1	4	1	5
양평군楊平郡	6	12	3	15
여주군驪州郡	8	18		18
이천군利川郡	16	47	9	56
용인군龍仁郡	8	20		20
안성군安城郡	23	41	6	47
진위군振威郡	26	66	12	78
수원군水原郡	33	92	12	104
시흥군始興郡	95	202	57	259
부천군富川郡	145	394	107	501
김포군金浦郡	4	6		6
강화군江華郡	7	21	4	25
파주군坡州郡	7	15	7	22
장단군長湍郡	단湍3	11		11
개풍군開豊郡	7	36	7	43
충청북도忠淸北道	163	442	72	514
청주군淸州郡	41	136	19	155
보은군報恩郡	12	25	4	29

96) 《外文部公報》7卷9期, 125-140쪽.

행정구역	호수	인원수		
		남자	여자	합계
옥천군沃川郡	11	33	6	39
영동군永同郡	19	66	11	77
진천군鎭川郡	8	16	8	24
괴산군槐山郡	23	48	5	53
음성군陰城郡	15	30	2	32
충주군忠州郡	22	64	15	79
제천군堤川郡	9	20	2	22
단양군丹揚郡	3	4		4
충청남도忠淸南道	401	1,220	145	1,361
대전군大田郡	36	140	22	163
연기군燕岐郡	26	42	2	74
공주군公州郡	28	101	13	114
논산군論山郡	59	186	25	211
부여군扶餘郡	28	82	10	92
서천군舒川郡	17	47	3	50
보령군保寧郡	16	55	3	53
청양군靑陽郡	13	33	1	34
홍성군洪城郡	24	82	5	87
예산군禮山郡	36	106	14	120
서산군瑞山郡	32	74	14	88
당진군唐津郡	14	32	5	37
아산군牙山郡	29	67	6	73
천안군天安郡	43	143	22	165
전라북도全羅北道	475	1,409	253	1,662
군산부群山府	103	337	48	385
전주군全州郡	75	232	60	292
진안군鎭安郡	2	5		5
금산군錦山郡	18	43	12	55
무주군茂朱郡	23	47	1	48
장수군長水郡	8	18	5	23

행정구역	호수	인원수		
		남자	여자	합계
임실군任實郡	18	57	5	62
남원군南原郡	13	42	16	58
순창군淳昌郡	10	23	7	30
정읍군井邑郡	43	160	21	11
고창군高昌郡	11	28	3	31
부안군扶安郡	27	99	14	113
김제군金堤郡	41	128	14	142
옥구군沃溝郡	23	47	18	65
익산군益山郡	60	143	29	172
전라남도全羅南道	296	860	129	989
목포군木浦郡	44	182	15	197
광주군光州郡	47	158	26	184
담양군潭陽郡	10	30	3	33
곡성군谷城郡	9	21		21
구례군求禮郡	5	11	1	12
광양군光陽郡	3	10		10
여수군麗水郡	8	27	3	30
순천군順川郡	20	45	10	55
고흥군高興郡	2	5	2	7
보성군寶城郡	16	54	18	72
화순군和順郡	1	3	3	6
장흥군長興郡	4	12		12
강진군康津郡	11	23	3	26
해남군海南郡	14	39	5	44
영암군靈巖郡	1	5		5
무안군務安郡	4	14	1	15
나주군羅州郡	16	34	3	37
함평군咸平郡	3	10		10
영광군靈光郡	7	22		22
장성군長城郡	18	58	14	72

행정구역	호수	인원수		
		남자	여자	합계
완도군莞島郡	10	26		26
진도군珍島郡	5	16		16
제주군濟州郡	38	54	22	76
경상북도慶尙北道	322	1,016	153	1,169
대구부大丘府	95	356	56	412
달성군達城君	18	64	5	69
군위군軍威郡	3	10		10
의성군義城郡	7	17	4	21
안동군安東郡	12	33		33
청송군靑松郡	10	26	1	27
영덕군盈德郡	3	7	7	14
영일군迎日郡	35	76	16	92
경주군慶州郡	18	55	15	70
영천군潁川郡	10	26	4	30
경산군慶山郡	8	19	1	20
청도군淸道郡	5	13		13
고영군高靈郡	2	3		3
성주군星州郡	8	20	2	22
칠곡군漆谷郡	5	9	1	10
김천군金泉郡	16	76	5	81
선산군善山郡	9	22	14	36
상주군尙州郡	21	72	9	81
문경군聞慶郡	13	21	6	33
예천군醴泉郡	12	45	5	50
영주군寧州軍	7	28	2	30
봉화군奉化郡	5	12		12
경상남도慶尙南道	232	701	124	825
부산부釜山府	56	155	31	186
마산부馬山府	9	30	3	33
진주군晉州郡	13	44	6	50

행정구역	호수	인원수		
		남자	여자	합계
의령군宜寧郡	7	25	6	31
함안군咸安郡	6	12		12
창영군昌寧郡	10	23	3	26
밀양군密陽郡	13	42	4	46
양산군梁山郡	7	14	7	21
울산군蔚山郡	18	109	11	120
동래군東萊郡	12	29	9	38
김해군金海郡	15	46	2	48
창원군昌原郡	2	5	1	6
통영군統營郡	22	58	21	79
고성군固城郡	5	13	2	15
사천군泗川郡	9	26	10	36
남해군南海郡	5	17	4	21
하동군河東郡	6	15	1	16
함양군咸陽郡	7	15	2	17
거창군居昌郡	5	12		12
합천군陜川郡	5	11	1	12
황해도黃海道	662	1,884	475	2,359
해주군海州郡	106	256	75	331
연백군延白郡	51	167	16	183
금천군金川郡	10	30	1	31
평산군平山郡	21	56	21	77
신해군新奚郡	6	21	13	24
공와진군公瓦津郡	23	63	10	73
장연군長淵郡	49	168	33	201
송화군松禾郡	25	68	6	74
은율군殷栗郡	10	27	7	34
안악군安岳郡	48	103	17	120
신천군信川郡	42	110	23	133
재령군載寧郡	57	166	57	223

행정구역	호수	인원수		
		남자	여자	합계
황주군黃州郡	80	227	93	320
봉산군鳳山郡	68	262	59	321
서흥군瑞興郡	37	104	25	129
수안군遂安郡	19	32	22	54
곡산군谷山郡	10	24	7	31
평안남도平安南道	744	2,793	584	3,377
평양부平壤府	281	1,025	259	1,284
경남포부鎮南浦府	102	389	95	484
대동군大同郡	78	193	62	255
순천군順川郡	18	52	4	56
맹산군孟山郡	2	6		6
양덕군陽德郡	7	21	9	30
함천군咸川君	22	122	11	133
강동군江東郡	24	171	27	198
중화군中和郡	7	16	5	21
용강군龍岡郡	71	250	42	292
강서군江西郡	29	261	12	273
평원군平原郡	22	67	10	77
안주군安州郡	61	172	97	209
개천군价川郡	10	29	11	40
덕주군德州郡	4	8		8
영원군寧遠郡	6	11		11
평안북도平安北道	2,696	8,773	3,166	11,939
신의주부新義州府	955	4,190	1,433	5,612
의주군義州郡	266	801	331	1132
구성군龜城郡	22	64	22	86
태천군泰川郡	48	59	1	60
운산군雲山郡	281	528	321	849
희천군熙川郡	72	94	17	111
영변군寧邊郡	21	44	11	55

행정구역	호수	인원수		
		남자	여자	합계
박천군博川郡	24	51	11	62
정주군定州郡	57	140	28	168
산천군宣川郡	47	132	47	179
철산군鐵山郡	21	83	22	105
용천군龍川郡	210	549	308	857
삭주군朔州郡	21	46	17	63
창성군昌城郡	122	268	91	359
벽동군碧潼郡	19	53	18	71
초산군楚山郡	54	177	78	255
위원군渭原郡	28	96	22	118
강계군江界郡	109	377	103	480
자성군慈城郡	217	543	209	752
원창군原昌郡	102	478	87	565
강원도江原道	216	490	89	579
춘천군春川郡	22	63	9	72
인제군麟蹄郡	3	10		10
양구군楊口郡	3	9	3	12
회양군淮陽郡	회淮13	43	16	59
통천군通川郡	13	38	4	42
고성군高城郡	34	64	11	75
양양군襄陽郡	15	41	6	47
강릉군江陵郡	7	13	2	15
삼척군三陟郡	7	14		14
울진군蔚珍郡	4	6	1	7
정선군旌善郡	2	2		2
평창군平昌郡	5	5	2	7
영월군寧越郡	5	6	4	10
원주군原州郡	11	21	9	30
횡성군橫城郡	4	5		5
홍천군洪川郡	14	16	1	17

행정구역	호수	인원수		
		남자	여자	합계
화천군華川郡	1	2		2
금화군金化郡	10	40	1	41
철원군鐵原郡	24	58	17	75
평강군平康郡	7	19	2	21
이천군伊川郡	12	15	1	16
함경남도咸鏡南道	1,162	3,509	833	4,342
원산부元山府	168	570	191	761
함흥부咸興府	63	230	45	275
함주군咸州郡	213	552	195	747
정평군定平郡	정定14	36	2	38
영흥군永興郡	36	101	14	115
고원군高原郡	61	80	6	86
문천군文川郡	26	86	29	115
덕원군德源郡	40	106	54	160
영변군寧邊郡	14	43	13	56
홍원군洪原郡	20	49	2	51
북청군北靑郡	53	151	37	188
이원군利原郡	22	56	7	63
단천군端川郡	36	73	10	83
신흥군新興郡	40	123	34	157
장진군長津郡	152	735	63	798
풍산군豊山君	6	13	5	18
삼수군三水郡	88	156	47	203
갑산군甲山郡	110	349	79	428
함경북도咸鏡北道	1,074	3,115	812	3,927
청진군淸津郡	163	489	176	665
경성군鏡城郡	160	453	104	557
명천군明川郡	73	155	26	181
길주군吉州郡	71	225	39	264
성진군城津郡	54	127	14	141

행정구역	호수	인원수		
		남자	여자	합계
부령군富寧郡	38	79	28	107
무산군茂山郡	72	198	57	255
회령군會寧郡	160	564	141	705
종성군鍾城郡	24	65	14	79
온성군穩城郡	64	200	42	242
경원군慶源郡	35	77	28	105
경흥군慶興郡	160	483	143	626

3) 화교의 본적

이 시기 한국 화교의 본적은 여전히 산동 출신이 가장 많았다. 1934년 한국 화교가 가장 많았던 평안북도를 예로 들면 그해 이곳의 화교는 모두 13,374명에 달했다.[97] 그중에 산동은 11,104명, 하북 1227명, 요녕 425명, 호북湖北, 155명, 기타 출신은 43명에 달했다.[98]

4) 화교의 직업

이 시기 한국 화교는 상업, 농업, 공업인구가 가장 많았다. 1936년 을 예로 들면 다음과 같다.

1936년 한국 화교와 일본인을 제외한 외국인은 총수는 39,151명[99] 이고, 그중에 화교는 37,732명으로 가장 많았다. 같은 해 화교와 외국 인의 직업분포는 상업과 운송업은 15,169명, 농업 8,225명, 공업

---

97) 《外交部公報》8卷4期, 1935年5月.

98) 《外交部公報》8卷4期, 1935年5月.

99) 黃劍隱,《朝鮮徵收華僑人口稅問題之檢討》.

5,688명, 공무원과 자유직업은 2,379명, 어업은 12명, 기타 직업은 7360명, 무직과 직업을 알리지 않은 자는 300명에 달했다.[100] 화교의 점유 비율이 가장 많았던 이들의 업종을 분류하면 대략 아래와 같다.

한국 화교 인구가 가장 많이 집중한 1934년도 평안북도의 직업분포 상황을 표로 정리하면 다음과 같다.

표 5.4 1934년 평안북도 화교 직업의 상황표[101]

업종	호구	인구수		
		남자	여자	합계
공업工業[102]	1,045	4,124	1,007	5,131
상업商業	917	3,084	927	4,011
농업農業[103]	758	2,262	915	3,177
학계學界	34	437	144	581
기타其他	67	318	156	474
합계	2,821	10,225	3,149	13,374

2 경제상황

1931~1945년 사이는 화교경제가 쇠락하던 시기였다. 이 시기 일제는 화교에 대해 박해와 통제를 가중시켰기 때문이다.

앞에서 언급한 바와 같이 1931년 7월 한국의 배화참사 이후 목숨을 유지한 화교는 가난을 벗어나지 못하고, 절반 이상에 해당하는 3

---

100) 黃劍隱, 《朝鮮徵收華僑人口稅問題之檢討》.

101) 《外交部公報》8卷4期, 1935年5月.

102) 공업에는 기업과 노동자를 포함한다.

103) 축산과 목축업을 포함한다.

만 명의 화교가 귀국했다. 이후 참사를 피해 귀국 길에 올랐던 화교
는 다시 한국으로 복귀했고, 다시 상업, 공업, 농업에 종사했지만, 그
규모는 이전과 같지 않았다.

1932년 이후 한국의 화교경제는 1936년 말에 이르러 어렵게 회복되
었다. 화교경제가 어느 정도 회복되면서 자본이 축적되었고, 경영 상
태도 호전되었다. 하지만 이런 상황은 오래가지 못했다. 1937년 일제
는 중국을 향해 침략전쟁의 선포했고, 중국도 전면적인 항일전쟁에
돌입했다. 이후 한국 화교에 대한 일제의 탄압은 날로 극심해졌고, 한
국의 화교경제는 더 이상 발전을 할 수가 없었다. 1941년 일제는 다시
태평양 전쟁을 도발했지만, 패색의 기미가 짙어지자 더욱 악랄하게
한국인과 화교를 탄압하고 착취했다. 이로 인해 1937~1945년 한국의
화교경제는 더욱 침체되고 말았다.

1) 상업

이 시기 화상의 상업은 날로 침체되었다. 그 이유는 다음과 같다.

(1) 일제의 중국침략

1931년 일제는 9.18사변, 즉 만주사변滿洲事變을 일으켰고, 1937년
7월에 중국을 향해 전면적인 전쟁을 선포했다.

중일 양국은 장기간 교전 상태를 지속했고, 이 시간 무역은 정상적
으로 교류되지 못했고, 한국의 화교 상업, 특히 무역 상행과 주단업,
일용품과 잡화점은 중국에서 수입한 상품이 주류를 이루었기 때문에
치명적인 영향을 받았다.

(2) 일제의 중국 상품 수입 가중세의 부과

일제는 한국의 화교경제발전을 억제하기 위해서 대중국 수입품에 무거운 세금을 부과했다. 당시 화교상점의 상품은 주로 중국에서 수입한 물건이 주류를 이루었다. 주로 주단, 모시, 비료, 좁쌀, 곶감, 후추, 소금, 자기磁器, 약재, 대추 등이었다. 일제는 일찍이 1924년부터 주단, 모시에 대해 100% 관세를 부과했고, 그 후에는 주단의 수입을 금지시켰다. 그리고 사치품이란 명단에 대추와 곶감을 넣어 가중 세를 부가했고, 동시에 후추, 마호가니紅木, 휘묵徽墨, 자기, 약재 등을 다시 명단에 추가해 가중세를 부과했다.

(3) 전매 특허제도의 강행

한국은 매년 중국에서 대량의 소금을 수입했고, 화상 가운데 중국 소금을 판매하는 업자가 많았다. 하지만 일제는 소금에 대한 전매제도를 실행하며 이를 일본 업체가 통합 관리해 운영하며, 화상은 더 이상 거래를 할 수 없게 했다. 비료 역시 화교상점의 상품이었는데 후에 일본은 이를 전매하면서 화상은 더 이상 판매할 수가 없게 했다.

(4) 복잡한 인허가

일제는 화상의 상업 발전을 억제하기 위해서 화교의 영업 관련 인허가 절차를 매우 까다롭게 만들었다. 심지어 식당과 이발소까지 인허가 수속을 매우 어렵게 만들었다.

(5) 일본 자본과의 경쟁

일본인도 대수의 공장을 열어 사업을 시작했고, 이는 화교 상업이 침체되는 직접적인 원인이 되었다.

(6) 과중하고 잡다한 징세

일제는 화교가 입국할 경우 입국비 100원 외에 잡다한 명목의 세금을 징수했고, 공상업의 세율은 매년 가중했다. 징수한 세금으로 지세, 가옥세, 영업세, 호구세, 소득세, 차량세, 구세狗稅 등이 있다. 세율은 점차 증가했는데, 예를 들면 지세, 가옥세, 영업세, 호구세 등은 1935년 업종별 징세액은 1917년에 비해 4배가 증가했다.[104] 1934년을 사례로 들면 원산元山의 화교의 상업과 공업세 납부액은 아래 표와 같다.

표 5.5 1934년 원산 화교 상공업 납세 상황표[105]

세목	최다자	최소자	총액(위안)
지세地稅	185	20	1,500
가옥세家屋稅	40	12	350
영업세營業稅	320	30	2,000
호별세戶別稅	130	26	1,100
소득세所得稅	120	14	800
차량세車輛稅	6개월마다 2		280
구세狗稅	매년 2		40
합계			6,070

이 시기 한국 화교 상업에는 무역양행, 주단점포, 일용식품점, 과일점, 일용잡과점, 시계점, 유리점, 생선점, 채소점, 곡식점, 식당, 분식

---

104) 駐元山副領事館,《元山僑務之概要外交部公報》8卷3期1935年4月.
105) 駐元山副領事館;〈元山僑務之概要〉,《外交部公報》8卷3期1935年4月.

점小吃鋪, 숙박점, 신발점, 의복점, 이발소 등이 있다.

① 무역업

한국의 배화참사 과정에서 무역 상행의 손실은 가장 막중했고, 각 지역의 무역 상행商行은 곳곳에서 문을 닫았다. 1933년 함경도와 강원도의 예를 들면 다음과 같다.

이런 두 지역의 무역 상행은 대략 3가지 경영방식이 있다.

첫째, 전문적으로 수출품과 수입품을 취급했다. 수출을 전문으로 하는 경우 원래는 천화덕天和德 한 곳밖에 없었고, 주로 한국의 인삼, 녹용, 호골虎骨, 호랑피狐狼皮, 해삼, 당삼黨參, 잣 등의 토산품을 매입해서 중국에 수출했다. 계속해서 겸태흥謙泰興과 동중성同增成은 주로 해삼, 당삼을 수입해서 수출했다. 그러나 "해마다 금값이 폭등했고 시국이 엄중해서 큰 영향을 받았다."고 했다. 수출을 전문으로 했던 사업자는 원래는 영순永順과 원통달遠通達 2곳이 있었지만, 후에 영순은 폐업했고, 원동달 만이 남아 주로 중국의 동북에서 좁쌀을 수입했다.

둘째, 화물의 수출입 업무를 겸업했다. 이런 겸업에는 원래는 성기成記·덕흥영德興永·덕태원德泰源·삼합영三合永 등 4곳이 있었고, 이들은 각기 10만 원의 자본금으로 연간 30~40만 원의 매출을 올렸다. 한국의 배화참사 이후에 성기와 덕흥영은 폐업했고, 오직 덕태원와 삼합영이 근근이 명맥만 유지했다. 이 2곳은 소량의 중국 상품을 수입했고, 주로 오사카大阪에서 일본인의 비단과 면제품을 수입했다.

셋째, 현지에서 상품을 구매한 후에 도매와 소매업을 했다. 이런 상점은 큰 자금이 필요 없고, 위험도 그리 크지 않았다. 대신 수익도 높지 않았다.

다른 업종 분야의 상업 상황을 보면 1935년 신의주의 상점의 대략적인 상황은 아래 표와 같다. 신의주는 한중 국경에 위치했고, 압록강 철교가 개통된 후에 화교들이 증가하며 상업의 회복도 신속했다.

② 주단과 포목상점

주단과 포목은 한국 화교가 주력했던 분야로 1935년 신의주의 관련 대형 상점은 다음과 같다.

표 5.6 1935년 신의주 주단포목점 상황표(자본금 2,000원 이상)[106]

점포명	점주	개업 연도	자본금	종업원	영업 상황
영순상永順祥	조수증趙壽增	민국12년	40,000	18	왕성
신흥동新興東	왕점신王占臣	22	16,000	9	우수
익순동益順東	손태익孫泰益	22	25,000	10	우수
영태양행永泰洋行	석계방石桂芳	23	10,000	6	보통
삼성양행三盛洋行	왕경무王景武	20	15,000	7	우수
유흥덕裕興德	마흠오馬欽五	21	36,000	10	왕성
만태양행滿泰洋行	손자헌孫紫軒	23	10,000	12	
신태양행新泰洋行	유서오劉序五	23	10,000	6	보통
순태양행順泰洋行	양약동梁躍東	24	10,000	6	보통
태성양泰成祥	이린각李麟閣	11	15,000	12	왕성
동증호同增號	양인박楊仁薄	22	10,000	13	우수
동화상점東和商店	송문거宋文擧	15	10,000	13	우수
쌍취동雙聚東	서륜원徐掄元	18	15,000	13	우수
왕창호王昶號	주옥장周玉章	23	2,000	6	
항태화恒泰和	장순정張順亭	23	2,000	5	

---

106) 摘自《外交部公報》9卷3期, 1936年4月. 표 5.7~5.9 출처 동일.

점포명	점주	개업 연도	자본금	종업원	영업 상황
쌍흥동雙興東	곡자정曲紫亭	21	20,000	20	왕성
영천덕永順德	영성오榮星五	20	10,000	11	우수
보흥영福興昶	유헌장劉憲章	17	12,000	9	왕성
의발원義發元	이봉명李鳳鳴	24	3,000	6	보통
항태장恒泰長	유월루劉月樓	11	5,500	8	우수
만취양滿聚祥	곽홍기郭鴻琪	16	35,000	26	왕성
진흥춘晉興春	생기산生岐山	15	10,000	30	우수
복화태福和泰	장항륜張恒倫	22	20,000	8	보통

이상의 표에서 알 수 있듯이 1935년 신의주에서 자본금 2,000원 이상의 대형 주단점은 23개였고, 그중에 자본금이 1만 원 이상인 곳은 4곳이고 40,000원에 달한 곳도 있었다. 점포와 직원이 10~20명인 곳은 10곳, 20명 이상인 곳은 3곳, 가장 많게는 30명이 곳도 있었다. 영업 상황을 보면 우수한 곳은 9곳, 왕성한 곳은 6곳을 모두 15곳에 달했다.

③ 잡화점

잡화점은 한국 화교가 가장 많이 운영을 했는데 그 상황은 아래 표와 같다.

아래 표에서 알 수 있듯이 신의주는 1935년 자본금이 2,000원 이상인 잡화점은 19곳이고, 2,000~5,000원은 16곳, 1만 원 이상은 3곳에 달했다. 그리고 점원과 직원이 3~5명인 곳은 7곳, 6~10명은 9곳, 10인 이상은 3곳이었다. 경영 상태를 보면 왕성한 곳은 2곳, 우수한 곳은 9곳에 달했다.

표 5.7 1935년 신의주 잡화점 상황표(자본금 2,000원 이상)

점포명	점주	창업연대	자본과 재산총액	종업원	영업상황
신흥덕新興德	필화지畢和之	민국21년	37,000	25	왕성
경창덕慶昌德	왕영청王永淸	21	10,000	10	보통
의흥성義興盛	모봉창牟鳳昌	13	20,000	9	우수
첩발동貼發東	송금성宋金聲	5	3,000	12	우수
의순복義順福	노유의盧有義	18	5,000	5	
의성영義盛永	손수인孫守仁	14	35,000	6	보통
덕순경德順慶	손규당孫圭堂	20	2,000	3	보통
쌍성동雙成東	왕연련王延璉	19	2,000	3	보통
서상영瑞祥永	묘서전苗書田	9	3,000	9	왕성
홍원증鴻源增	필한청畢漢淸	원년	5,000	7	우수
취흥복聚興福	손악홍孫樂鴻	12	3,000	5	우수
익흥성益興盛	유수일劉樹鎰	16	4,000	11	우수
복성흥復成興	유거천劉巨川	13	2,000	6	보통이상
겸순덕謙亨德	임서창任恕昌	19	2,000	7	보통이상
홍취영洪聚永	왕비희王丕熙	21	2,000	4	
장발영長發永	이수봉李秀峰	12	3,500	5	우수
복취흥福聚興	장온산張蘊珊	9	4,000	3	우수
복생상福生祥	조명전曹明傳	18	2,500	10	우수
동복유東福裕	문자연門子連	17	2,000	6	우수

④ 식품점

식품점은 주로 과일, 통조림, 술, 과자(중국 곶감, 대추) 등을 판매했다. 식품점의 상황은 아래 표와 같다. 아래 표를 보면 1935년 신의주 식품점은 자본금이 2,000원 이상은 9곳이고, 2,000~5,000원은 7곳, 10,000원 이상은 2곳에 달했다. 점원과 직원이 5~10명은 5곳, 10명 이상은 4곳이다. 경영 상태를 보면 왕성한 곳은 3곳, 우수한 곳은 2곳에 달했다.

표 5.8 1935년 신의주 식품점 상황표(자본금 2,000원 이상)

점포명	점주	창업연대	자본과 재산총액	종업원	영업상황
보취동寶聚東	송계림宋桂林	민국10년	15,000	13	왕성
덕흥동德興東	곽장영郭長榮	3	5,000	13	우수
덕흥영德興永	손계당孫季棠	3	5,000	14	우수
장발동長發東	서장발徐長發	2	4,000	12	보통
부흥항富興恒	왕부문王富文	8	3,000	8	보통
길승영吉升永	이문통李文通	16	2,000	6	
영래흥永來興	전영부田永富	8	10,000	9	왕성
영래흥 지점	유진성劉振聲	10	5,000	7	왕성
동순륭東順隆	이덕병李德屛	4	3,000	5	

⑤ 중국식당

식당은 화교경제가 가장 많이 종사한 업종이고, 대형 식당의 상황은 아래 표와 같다.

표 5.9 1935년 신의주 지역 식당 상황표(자본금 2,000원 이상)

점포명	점주	창업연대	자본과 재산총액	종업원	영업상황
동화루東和樓	장동하張東河	민국24	15,000	9	왕성
쌍장원雙長園	이장발李長發	9	10,000	21	왕성
신안로新宴樓	서자량徐子良	23	5,000	15	우수
협수거協懋居	왕신지王愼之	18	4,000	12	
유흥원裕興園	강순명姜順明	21	3,000	11	보통이상
의화성義和成	정화당丁華堂	15	3,000	8	우수
덕기德記	성사덕盛思德	15	3,000	7	우수
고순원高順園	은전명殷殿明	22	3,000	11	우수
천증원天增園	왕발적王發績	21	4,000	6	왕성

표를 보면 알 수 있듯이 1935년 신의주의 식당 중 자본금이 2,000원 이상은 9곳이고, 3,000~5,000원은 7곳, 10,000~15,000원은 2곳에

달했다. 그리고 종업원이 6~10명은 4곳, 11~12명은 4곳, 20명 이상은 1곳이다. 경영 상태를 보면 왕성한 곳은 2곳, 우수한 곳은 4곳에 달했다.

2) 공업

(1) 화교공장

일제의 탄압과 일본인 공장과의 병합으로 한국 화교 공업은 발달하지 못했다. 화교 공장의 수량, 자본 규모, 수량, 마력馬力 등이 적었고, 다수는 인력에 의지했다. 그리고 노동자의 수도 적었다. 1931년 한국의 배화참사 이후에 화교 공장이 대다수 폐업했다가 이후 다소 회복했다.

1931~1945년 사이에 한국 화교의 공장으로는 주로 제철공장, 제분공장, 당면공장, 주조공장, 기름공장, 돗자리공장, 노끈공장, 목기공장, 양말공장 등이다. 1935년 신의주의 화교공장을 예로 들면 다음 표와 같다.

표 5.10 1935년 신의주 지역 화교 공장 상황표(자본금 2,000원 이상)

점포명	점주	창업연대	자본과 재산총액	종업원	영업상황
동흥공東興公	한문청韓文淸	민국8	50,000	38	왕성
신연리新延利	이안도李安道	21	40,000	37	왕성
복성덕福盛德	진주령陳周苓	원년	20,000	18	우수
신명호新明號	왕덕탁王德晫	14	50,000	38	우수
의합진意合爐	지광요支廣耀	5	4,000	17	우수
홍성영鴻盛永	임홍운任鴻運	13	5,000	10	왕성
원흥성元興成	유정원劉靖元	12	3,200	8	우수

점포명	점주	창업연대	자본과 재산총액	종업원	영업상황
동순흥東順興	유계영劉桂榮	19	2,000	12	보통이상
옥순동玉順東	마금파馬金波	24	5,000	16	우수
옥순성玉順成	제옥당齊玉堂	21	2,200	12	우수
동성동同盛東	왕옥당王玉堂	23	5,000	23	왕성
쌍의성雙義盛	손자춘孫子春	15	5,000	10	우수
유합영裕合永	곡춘부曲春富	18	4,000	11	우수
옥생영玉生永	위진정魏振亭	4	3,000	12	우수
장풍덕長豊德	우강于江	16	2,400	12	우수
인덕화仁德和	필영산畢榮山	14	3,000	8	보통이상

이상 16개의 공장 중에 자본금이 2,000~5,000원은 12곳, 2,000원이하는 4곳이고, 10인 이하의 노동자는 2곳, 10~20명은 10곳, 10명 이상인 곳은 4곳에 달했다. 이처럼 공장의 규모는 작았다.

계속해서 1941년 서울의 화교 공장을 살펴보면, 1931년 한국의 배화참사 이전의 경우 169곳이 있었다.[107] 반면 참사 발생 이후에 공장은 파괴되고 기계는 파손되었고, 생산품은 약탈당해 1941년 서울의 화교 공장은 겨우 18곳에 불과했다.[108]

그중에 제철공장은 3곳이고, 방앗간, 제분공장, 양조장, 기름공장 등의 식품 가공 공장은 12곳, 목기공장은 2곳, 기타 공장은 1곳에 달했다. 3곳의 제철공장은 총생산량은 185,360원이고, 2곳의 목기공장은 153,700원, 식품 가공 공장은 105,730원에 달했다.

---

107) 《朝鮮工業協會會報》第10期, 1932年 5月.

108) 京城商工會議所《京城的工廠調查》1943年, 75쪽.

(2) 화교 노동자

1931~1945년 사이에 화교 노동자는 1931년 배화참사 이전에 비해서 급격히 감소했다. 그 원인은 참사 이후 대다수 노동자가 귀국을 했고, 일제가 화교 노동자의 입국을 제한했기 때문이다. 1931년 이후 일제는 100원의 현금을 노동자에게 징수했고, 모든 취업자는 반드시 등록한 후에 입국하도록 했다.[109] 입국한 후에 화공은 마음대로 거주지를 옮길 수 없었다. 일찍이 1910년 일제가 한국을 강점한 후에 바로 《화공거주법》을 만들어 화공거주지를 제한했다. 만약 규정 이외에 곳에서 거주하면 반드시 지방 장관의 동의를 얻도록 했고, 또한 허가증을 얻어야 했다. 그렇지 않으면 100원 이하의 벌금에 처했다. 그리고 화공의 취업도 매우 엄격하게 제한했다. 일제는 관영기업, 공장과 광산에는 10명 이상의 화공 고용을 금지하도록 규정했다. 일본과 한국 자본가가 경영하는 공장에서 고요한 화공 역시 해당 노동자 총수의 1/3을 초과하지 못하도록 했다. [110]

이 시기 화공의 노동 형태는 이전과 거의 일치했고, 주로 광공, 목공, 석공, 철공, 미장공, 운송공, 잡공, 일용직 노동자 등이었다. 광공은 모두 일본이나 미국의 자본가가 경영하는 금광, 철광, 탄광 등에서 매우 힘든 노동에 종사했다. 화공 중에 많은 사람들은 화교가 경영는 양조장, 기름공장, 양말공장, 철공장, 방앗간 외에도 더욱 많은 화공은 일본과 한국 자본가의 공장에서 고된 노동에 종사했다.

화공의 거주와 노동조건은 매우 열악했고, 공장에서 사고는 빈번히 발생했다.

---

109) 黃劍隱,《朝鮮徵收華僑入口稅問題之檢討》.
110) 黃劍隱,《朝鮮徵收華僑入口稅問題之檢討》.

화공의 노동시간은 상당히 길었다. 평안북도와 청진항구의 화공은 매일 노동시간은 12시간에 달했다.[111] 경상남도와 북도, 그리고 원산항의 화공은 매일 노동시간은 최소한 10시간에 달했다.[112]

화공과 일본 노동자는 동일한 직종과 시간에 노동해도 임금 격차는 매우 컸다. 1932년 평양의 각 업종별 화공과 일본 및 한국 노동자의 임금 상황을 예로 들면 아래 표와 같다.

표 5.11 1932년 중국, 한국, 일본 노동자 임금 상황표[113]　　　　　　(단위 : 엔)

업종	화교 노동자	일본 노동자	한국 노동자
목공	1.80	3.50	1.80
잡공	1.80	3.50	1.80
조선공	1.80	3.50	1.80
미장공		3.80	1.80
대장공	2.30	4.00	2.50
석공	1.80		1.80
기와공	1.80	3.80	1.80
도장공	2.80		2.10
고력苦力	0.80		0.80

표 중에 9가지 업종에 화공의 임금은 일본 노동자에 절반에 불과했다. 한국인의 임금과 비교하면 7개 업종의 경우 동일했지만, 2개 업종은 더욱 낮았다.

계속해서 1935년 신의주의 업종별 화공과 일본 및 한국 노동자의 임금 상황을 예로 들면 아래 표와 같다.

---

111) 黃劍隱 ,《朝鮮徵收華僑入口稅問題之檢討》.
112) 駐朝總領事館,〈朝鮮華工之待遇〉,《外交部公報》4卷7期, 1931年11月.
113) 駐朝總領館,〈平壤中國工入工資比較表〉,《外交部公報》5卷2期, 1932年 7月.

표 5.12 1932년 중국·한국·일본 노동자 임금 상황표[114]   (단위 : 엔)

업종	화교 노동자		일본 노동자		한국 노동자	
	최고	최저	최고	최저	최고	최저
철공	1.10	0.25	2.00	0.35	2.00	0.25
세철공	1.20	0.25	2.90	2.35	2.20	0.33
주물공	1.60	0.25			2.00	
철공	1.20	0.24			1.20	0.50
목형공	1.45	0.24	4.00	2.00	2.00	1.00
양철공	1.50	1.00	2.50	1.50	1.50	1.00
벽돌공	1.00	0.50			1.00	0.50
기와공	1.00	0.50			1.20	0.70
토관공	1.00	0.50			1.20	0.70
양조공	0.70	0.50	2.60	1.50	1.00	1.80
제과공	1.20	0.80	2.00		1.20	1.00
제지공	2.39	0.45	3.40	0.75	2.29	0.35
젓가락공	0.50	0.26			0.50	0.27
양말직공	0.60	0.24			1.00	0.50
목공	2.50	1.00	3.50	3.00	2.00	1.30
미장공	0.60	1.20	3.50	2.50	2.00	1.00
석공	1.50	1.20			1.50	1.00
대장공	1.50	0.80			1.50	1.00
벽돌운반공	1.50	1.00			1.50	1.00
미장공	1.50	1.00	3.50	2.00	1.50	1.00
우물공	1.50	1.00			1.50	1.00
화공	1.50	1.00	2.50	1.50	1.50	1.00
잡공	0.80	0.50	1.30	0.80	0.80	0.50
건설공	2.33	0.34	2.90	1.20	1.96	0.22
기계공	1.96	0.80	4.55	0.70	3.20	0.30
소목공	2.00	0.80	3.00	1.50	2.00	1.00
창호공	2.00	0.80	3.00	1.50	2.00	1.00
이발공	0.70	0.40	1.00	0.50	1.00	0.50
세탁공	0.60	0.40			0.60	0.40
운반공	1.00	0.60			1.00	0.80
인력거공	1.00	0.56			1.00	0.50
우마차공	1.52	1.00			3.00	2.00

114) 駐新義州領事館,〈新義州華工勞銀之調查〉,《外交部公報》卷6期, 1935年7月.

이상과 같이 화공 17개 업종별 노동자의 임금과 일본의 동종 노동자와 비교해 임금은 천양지차를 보였다. 양국의 업종별 최고 임금을 보면 일본노동자는 이발사의 경우 화공에 비해 3각角이, 잡역은 화공에 비해 5각이 많았다. 이외에도 선반공 등 10개 업종은 화공에 비해 1원元이 많았다. 몇 개 업종은 화공보다 1배가 많았다. 양철공 등 4종의 임금은 화공보다 2배가 많았고, 간장을 만드는 노동자이 경우 화공보다 4배가 많았다.

화교 노동자의 임금은 한국인에 비해 역시 낮았다. 위의 표 중 32개 업종의 화공의 임금 가운데 17개는 한국인과 동일했고, 7개 업종은 한국인 보다 보통 3~5각 낮았다. 4개의 업종은 한국인보다 대략 1원정도 낮았다. 특히 몇 개 업종의 경우 절반에 불과했다. 예를 들면 마차를 모는 화공은 1.52원인 반면 한국인은 3원에 달했다. 화공의 임금은 가운데 한국인보다 많은 경우는 4개 업종에 불과했고, 그것도 겨우 5각 정도가 많았다.

3) 화교농업

한국 화교 농민은 배화사태가 발생한 후에 대거 귀국해서 인원이 급감했다. 귀국 후 참사를 끝난 후 다시 이들이 점차 한국으로 돌아오면서 인구가 증가했다. 1932년 한국 화교 농호農戶는 2,208호이고, 1933년은 2,332호, 1934년은 2,563호에 달했다.[115] 1934년을 예로 들면 한국 각지의 화교 농호의 상황은 다음과 같았다.[116] 경기도 274호, 충청북도 25호, 충청남도 52호, 전라북도 110호, 전라남도 36호, 경상

---

115) 朝鮮總督府,《昭和九年朝鮮總督府統計要覽》昭和11年, 22쪽.
116) 朝鮮總督府,《昭和九年朝鮮總督府統計要覽》昭和11年, 22쪽.

북도 48호, 경상남도 2호, 황해도 261호, 평안남도 276호, 평안북도 681호, 함경남도 333호, 함경북도 411호, 강원도 40호 등에 달했다. 화교 농민은 평안북도와 함경남도와 함경북도 도시 근교에 거주하는 인구가 가장 많았다.

이 시기 한국 화교 농민은 이전과 같이 주로 채소밭은 경영하며 주로 채소들을 경작했다. 당시 이들은 주로 대도시 근교에서 토지를 임대해 채소밭 개간하여 제철 채소인 배추, 무를 중심으로 오이, 고추, 파, 마늘 등을 재배했다.

화교 농민이 경영하는 채소밭은 크기는 서로 달랐다. 1935년 신의주 화교 농민의 경우 가장 큰 채소밭의 경우 5,000~6,000평에 달했고, 가장 작게는 2,000~3,000평에 이르렀다.[117] 같은 해 원산 화교 농민의 경우 가장 큰 채소밭은 4,000평, 가장 작은 것은 1,100평에 달했다.[118] 화교 자본의 평균 크기는 크지 않았다. 1935년 원산의 화농 중 규모가 가장 큰 것은 1,200원이고, 가장 작은 것은 80원에 불과했다.

화농은 보통 채소밭을 경영하는 동시에 양돈養豚 등의 일정한 부업을 유지하기도 했다. 화농은 고생을 참고 견디었고, 작물 재배 기술도 좋아서 채소의 판로도 매우 좋았다.

화농은 채소 판매를 위해 거리를 따라 소리치며 골목길을 다녔고, 그 후 일부 도시에 시장이 서면서 판매가 매우 편리해졌다. 1933년 원산 영사관과 원사부윤府尹이 교섭을 통해 원산 수백 평의 대지에 "경정공설시장京町公設市場"을 개설해서 화농을 위한 채소시장을 만들었다. 원산은 이외에도 "야채판매사野菜販賣社"를 조직해서 화농의 채소 판매 업무를 담당하며, 시장의 통일과 재배방법의 개량 등을 주관했다.

---

117) 駐新義州領事館, 〈管內僑民狀態〉, 《外交部公報》8卷4期, 1936年5月.
118) 駐元山領事館, 〈元山僑務之槪要〉, 《外交部公報》8卷3期, 1935年4月.

이 시기 한국 채소시장은 화교 농민이 독점했고, 일본과 한국은 경쟁상대가 되지 못했다. 그럼에도 화교 농민의 매월 수입은 평균 150원에 불과했고, 장기고용인의 경우는 매월 임금은 10원 남짓해서 이들의 생활은 매우 궁핍했다.[119]

3 교육상황

1) 개황

(1) 초중학교

이 시기 한국 화교소학교는 22곳, 중학교는 1개에 달했다. 이점에 대해서는 이후 다시 나누어 설명하기로 한다.

① 한성화교학교漢城華僑學校

이 학교는 1910년에 개교했고, 한국의 화교학교 중 운영자금이 가장 충분했고 설비도 우수한 학교이다. 교사校舍는 서울총영사관이 내준 것으로 크고 넓었다. 학교에는 도서관, 실험실이 있고, 교정校庭과 운동장이 있다. 학교 총면적은 12,000㎡에 달했다. 평립삼平立三과 여홀余笏이 선후로 교장을 역임했다. 평립삼은 1938년 교장을 역임한 이래 학교 정비에 전념하고 교무 개혁에 매진했고, 교원 자질을 높이고, 학교를 정상궤도에 올리며, 교학의 질도 향상시켰다. 이 학교는 공립으로 충분한 운영경비가 마련되었고, 연간 고정 수입은 4,760원에 달했다.

---

119) 駐新義州領事館, 〈管內僑民狀態〉, 《外交部公報》8卷4期, 1935年5月.

② 인천 화교소학교漢城華僑小學校

이 학교는 1902년에 가장 먼저 설립된 학교로 교사校舍는 인천 영사관이 제공한 건물로, 교정, 운동장이 있고 규모도 비교적 컸다. 1931년 배화참사 이후 이 학교는 잠시 폐교되었다가 다시 개교했다. 1942년 이인탁李人卓 학교장을 역임했다.

③ 인천로교소학仁川魯僑小學

이 학교는 "남북지역 화상은 인천 화교소학교가 1곳인 것에 의견을 달리했고, 이에 북방 화상이 격앙되어 이 학교를 설립했다."[120]고 했다. 이 학교에는 산동동향회山東同鄕會 안에 설립되었고, 교사 건물은 매우 우수했지만, 채광이 좋지 않았고, 운동장이 없었다. 또한 의무교육의 성격을 띠면서 학비를 받지 않았고, 경비는 인천산동향우회에서 지불했다.

④ 평양화교소학平壤華僑小學

이곳은 평양 화상회가 설립한 곳으로 1942년에 제보서齊寶瑞가 학교장을 역임했다.

⑤ 진남포화교소학鎭南浦華僑小學

이 학교는 1932년에 영사인 장의신張義信과 진남포 화상회가 함께 설립한 곳이다. 교사는 영사관에서 제공했고, 1942년에 왕조장王兆章이 교장을 역임했다.

---

120) 張嘉鑄, 〈朝鮮與日本華僑教育之調査〉, 《申報月刊》4卷10期.

⑥ 신의주화교소학新義州華僑小學

이 학교는 1915년에 개교했고, 신의주화교상회 안에 건설되었고, 1928년 새로운 교사를 건설해 반을 증가하고 교사를 초빙했다. 1942년에 송문웅宋文雄이 교장을 역임했다. 남경국민당 정부 화무위원회에서 매월 60원을 지원했고, 해당 지역 화교상회에서 매월 30원을 기부했다. 학비는 매월 평균 80원에 달했다. "지금으로서는 수입과 지출이 비슷해서, 특별히 확충할 여력이 없다."[121]고 했다.

⑦ 신의주화공소학新義州華工小學

이 학교는 해당 지역 신명호新明號 주류공장의 대표 필심인畢心人이 설립했다. 1933년 이르길 "처음으로 학교 이사를 선발하고 별도의 교사校舍를 임대하고 학급을 확충해서 시설을 점차 구비했다."[122]고 했다. 후에 영사관과 화상회가 자금을 기부하여 새로운 교사校舍를 구입했다. 1942년에는 풍문웅馮文雄이 교장으로 임명되었다.

⑧ 신의주화농소학新義州華農小學

이 학교는 신의주 교외의 140호 화교 농민과 진학 연령에 달한 200여 명을 위해 개교했다. 특히 신의주소학과 신의주화공소학과 거리가 멀어서 화농의 기부로 화농소학을 만들었다. 1942년에 마계상馬繼常이 교장으로 임명되었다.

⑨ 운산북진화교소학雲山北鎭華僑小學

운산은 신의주 부근에 위치하고 미국인이 금광을 열었던 곳이다.

---

121) 張嘉鑄, 〈朝鮮與日本華僑敎育之調査〉, 《申報月刊》4卷10期.
122) 張嘉鑄, 〈朝鮮與日本華僑敎育之調査〉, 《申報月刊》4卷10期.

많은 화교 노동자가 이곳에서 노동했다. 1931년 이 학교가 설립되었고, 1942년 송옥린宋玉麟이 학교장을 역임했다.

⑩ 운산북진화교제이소학雲山北鎭華僑第二小學

이 학교는 1934년에 성립되었고, "교민僑民이 의기를 투합한 결과"[123]였다. 학생의 수는 매우 적었다.

⑪ 용암포화교소학龍岩浦華僑小學

용암포는 신의주 부근에 위치한다. 이 학교는 1931년에 성립되었고, 초등1~2학년만 있었으며 1942년 소영발肖永發이 학교장을 역임했다.

⑫ 대유동화교소학大榆洞華僑小學

대유동은 신의주 부근에 위치한다. 이 학교는 1934년에 설립되었다.

⑬ 원산중화소학해교元山中華小學該校

이 학교는 1923년에 설립되었고, 원산의 캐나다 교회가 만들었기 때문에 성격은 화교학교와 서로 달랐다. 매년 캐나다 장로회가 기부금으로 360원을 제공했다. 그 후에 원산 화상회가 경영을 했고, 이름을 원산화교소학元山華僑小學으로 바꾸었다. 1942년에 축소안祝紹顔이 교장을 역임했다.

⑭ 청진화교학교清津華僑學校

교육에 열정을 갖은 화상 두매오杜梅五와 범경전範耕田이 설립했

---

123) 張嘉鑄,〈朝鮮與日本華僑教育之調查〉,《申報月刊》4卷10期.

다. 설립 초기 건물 부지는 좁았고, "교사는 누추했고, 외딴 황무지에 있어 보는 사람으로 하여금 측은한 마음이 들게 할 정도였다."[124] 그 후에 청진 영사인 장병건張秉乾과 화상이 기부했고, 포항윤浦項潤에 교사 부지를 구입하며 상황이 개선되었다. 1942년 임일동林日東이 교장을 역임했다.

⑮ 부산화교소학釜山華僑小學

이 학교는 1912년에 만들었고, 부산 화상이 설립했다. 교사는 화상회가 제공했다. 남경국민정부 화무위원회는 매월 경비로 40원을 지급했고, 설비는 완비되지 않았다.[125]

⑯ 성흥중화학교成興中華學校

이 학교는 1942년 국정산鞠靜山이 교장을 역임했다.

⑰ 나남화교소학羅南華僑小學

이 학교는 1942년 주채성朱采成이 교장을 역임했다.

⑱ 웅기화교학교雄基華僑學校

이 학교는 1942년 손연창孫連昌이 교장을 역임했다.

⑲ 회령정화학교會寧正華學校

이 학교는 일본인이 설립했고, 1942년에 목야세일牧野勢一이 교장을 역임했다.

---

124) 張嘉鑄, 〈朝鮮與日本華僑敎育之調査〉, 《申報月刊》4卷10期.
125) 張嘉鑄, 〈朝鮮與日本華僑敎育之調査〉, 《申報月刊》4卷10期.

⑳ 해주화교소학海州華僑小學

이 학교는 1942년 손학령孫鶴苓이 교장을 역임했다.

㉑ 대구화교소학大丘華僑小學

이 학교는 1931년에 설립되었다.

㉒ 군산화교소학群山華僑小學

이 학교는 1931년에 설립되었다.

이후에도 일부 학교들이 합병되기도 했는데, 예를 들면 신의주노교소학新義州魯僑小學과 운산북진화교이소학교雲山北鎭華僑二小等校가 합병했고, 일부는 폐교되기도 했다.

㉓ 한성광화중학漢城光華中學

1939년 가을 한성화교학교는 1개의 반으로 중학부中學部을 증설했다. 1942년 3월에 한성화교인 사자명司子明과 정원건丁元乾은 한성화교학교 중학부를 한성화교중학으로 확대하며 중학부를 만들었다.

(2) 학생

한국의 화교소학교는 남녀 학생을 모두 모집했다. 1931~1935년 사이에 신의주 지역 7곳의 화교소학교의 경우 남녀의 입학 상황을 알 수 있다.

이상의 7개 소학교 가운데 연도별로 남학생 수가 절대를 차지했고, 여학생은 1/3이나 1/4에 불과했다.

표 5.13 1931~1935년 신의주 지역 화교학교의 남녀학생 비교표[126]

학교명	1931년		1932년		1933년		1934년		1935년	
	남	여	남	여	남	여	남	여	남	여
신의주新義州화교소학	83	34	41	15	58	24	93	31	113	28
신의주화공소학	33	5	25	4	48	11	63	17	93	28
신의주화농소학									77	27
운산雲山북진화교일소	32	9	18	4	52	17	64	25	68	28
운산북진화교이소									19	16
용암포龍巖浦화교소학	35	7	20	4	34	10	40	14	47	18
대유동大裕洞화교소학							27	13	30	15
합계	173	55	104	25	192	62	287	100	447	160

당시 화교소학교는 초급 소학교[127]가 많았다. 일부 소학교는 학년이 불과 1~2학년만이 있었다. 신의주를 사례를 보면 아래 표와 같다.

표 5.14 1931~1935년 신의주 지역 7개 화교학교의 학년별 학생 비교표[128]

학년	1931년	1932년	1933년	1934년	1935년
초소初小 1년	73	52	97	133	256
초소初小 2년	52	36	61	92	168
초소初小 3년	43	21	47	78	79
초소初小 4년	32	16	35	43	35
고소高小 1년	4		14	29	33
고소高小 2년	24	4		12	35
합계	228	129	254	387	607

126) 駐新義州領事館,〈駐新義州領事館轄境內華僑教育概況〉,《外交部公報》
9卷4期, 1936年5月.

127) 초급 소학교: 6년제 소학교 중에 1-4학년을 지칭하며 초소初小라 했고, 반면에
5-6학년을 고급소학교, 즉 고소高小라 했다.(역자 주)

128) 駐新義州領事館,〈駐新義州領事館轄境內華僑教育概況〉,《外交部公報》
9卷4期, 1936年5月.

표를 보면 초소初小 학급 학생이 비교적 많았고, 고소高小 학급은 상대적으로 적었다.

많은 초소初小 학급 학생은 학교마다 1~2학년 반만을 설치했고, 더 이상 고소高小 학년으로 올라가지 못했다. 이는 가정환경이 빈곤해서 소학교 4학년을 마치면 학업을 포기하는 경우가 많았기 때문이다.

1942년 한국 화교학교 학생 수와 졸업생 현황은 아래 표와 같다.

표 5.15 1942년 한국 화교 소학교 상황표[129]

학교명	재학생 수량	역대 졸업생
한성漢城화교소학교	373	34
인천仁川화교소학교	185	65
평양平壤화교소학교	137	9
신의주新義州화교소학교	147	52
신의주新義州화공소학교	131	29
신의주新義州화농소학교	220	42
용암포龍巖浦화교소학교	129	53
운산雲山북진화교소학교	201	178
회령會寧정화학교	85	21
함흥咸興중화학교	85	缺
나남羅南화교소학교	84	缺
웅기雄基화교학교	63	缺
청진淸津화교학교	95	55
부산釜山화교소학교	24	
진남포鎭南浦화교소학교	87	
해주海州화교소학	69	결
원산元山화교소학교	69	
합계	2,360	653

이 시기 한국 화교소학교를 졸업한 학생은 가정형편이 어려워 절
대다수가 취업했고, 중학교에 진학하거나 중국으로 귀국해 진학하는
경우는 비교적 드물었다. 1931~1935년 신의주 지역 7개 화교소학교
의 졸업생 통계에 보면 졸업 후 취업자는 90%에 달했다. 그중에 현
지 취업자는 85%, 귀국 취업자는 5%, 귀국 후 중학교에 입학한 자는
10%에 불과했다.[130] 한성화교소학교 졸업은 귀국 후 중학교로 진학
하는 경우가 많았다. 1938년부터 이 학교는 매년 수명의 졸업생이 귀
국 후에 비교적 좋은 중학교에 입학했다. 예를 들면 북경의 경우 여
자사법대학교 부속중학이 1명, 각생覺生여중 5명, 모정慕貞 여중 3명,
육영育英 중학 2명, 지성知成 중학 4명 등이 있다. 천진 지역의 경우
중일中日 중학 5명, 휘문彙文 중학 2명이 있고, 청도靑島와 연대煙臺,
상해上海 지역 학교에도 몇 명이 있다. 그중에 제23회 16명의 졸업생
가운데 8명은 귀국해서 북경과 천진 각 학교에 진학했다.[131]

(3) 교원

한국 화교의 소·중학교 교원은 대다수가 중국에서 초빙되어 교학
을 담당했다. 신의주 지역 7개 화교소학교이 경우 16명의 교원이 있
었고, 그중에 대학 졸업자는 1명이고, 사범대학 졸업자는 9명, 보통
중학 졸업자는 3명, 사범강습소 졸업자는 1명, 기타는 1명이었다.[132]
1935명 교원 월급은 최고가 40원, 최저는 30원이었다. 교원은 모두

---

129) 《僑務季刊》2卷3期, 1942.12.
130) 駐新義州領事館, 〈駐新義州領事館轄境內華僑敎育槪況〉, 《外交部公服》
    9卷4期, 1936.5.
131) 《漢城華僑學校槪況》, 1941.7.
132) 〈朝鮮華僑敎育調査〉, 《華僑週報》第5期.

학교에서 기숙했고, 매 학년이 끝날 때마다 교학 성적이 우수한 경우 1개월 월급을 더 지급했다. 주임 교사는 매주 20~22시간을 강의했고, 일반교사는 매주 25~30시간을 강의했다. 학과담임의 경우 매주 12~16시간 강의했고, 의무 교원은 매주 10~12시간 강의했다. 주임 교원은 학교의 관리와 사무에 관여했다. 일반적으로 교원의 월급은 박했고, 생활은 힘들었으며 사회적 지위도 비교적 낮았다.

(4) 학제

화교소학교는 4~2제로 초급 4년과 고급 2년제로 나뉘었고, 이는 중국 제도와 동일했다. 중학교는 3년제였다.

(5) 운영비

한국 화교학교의 운영비의 출처는 다음과 같다.

① 중국 남경정부의 교무무위원회僑務委員會나 영사관의 보조금이다. 그러나 한성화교소학의 보조금을 제외하고는 다른 곳의 보조금 수량은 극히 적었고, 다수 학교의 경우 이런 보조금도 받지 못했다.

② 현지 화교가 각 학교의 비용 충당을 제공한 기부금이 있다. 하지만 그 액수는 많지 않았다.

③ 학생이 납부 한 학비가 있다.

한국 화교학교의 경비는 부족했고, 대다수 학교는 수입이 부족해서 겨우 유지되었다.

(6) 교학과정

소학교의 교학 과정은 공민훈련公民訓練, 국어國語, 산술算術, 사회

社會, 자연自然, 역사, 노작勞作, 일어日語, 미술, 음악, 체육, 위생衛生 등으로 구성되었다.[133] 교학은 표준 중국어로 강의했고, 특히 자국의 국어와 문자 훈련을 강조했고, 학생의 애국심을 배양했다. 일본어 교육도 중요시하여 2학년부터 일본어를 공부했고, 일주일에 5차례 고급 2학년까지 강의했다. 일어 교원은 일본인을 초빙해서 강의했다. 한성화교소학은 무술 교사를 초빙해서 학생들에게 무술학습을 지도하기도 했다.

1937년 7월, 일제는 중국침략을 전면화하기 이전에는 일반적으로 남경국민당정부 교육부가 심의한 교재를 사용했다. 하지만 유일하게 신의주에서의 화교소학교에서만 1932년 위僞만주국이 성립한 후에 이곳 교육부가 심의한 검정교재를 사용했다. 1940년 3월 왕정위汪精衛의 위僞남경정부가 등장한 후에 각 지역 화교소학교는 왕정위의 교육부가 심의하고 정한 교재를 사용했다.

(7) 학교관리

1937년 일제는 중국을 침략하기 이전 한국의 화교소학교는 모두 남경 정부의 영사관이 관리했다. 하지만 1940년 3월 위僞남경정부[134]가 등장한 후에 화교소학교는 위僞정부의 영사관이 관할했다.

각지 화교상회의 화교는 소학교를 창설하거나 지원했다. 그래서 화상회는 실제적으로 화교학교의 관리자였다. 각 지역의 화교학교는 보통 이사회를 구비했고, 이사회는 각 지역 화교 명망가나 교육공익

---

133) 그 중에 공민훈련은 수신修身, 사회는 상식常識, 자연은 지리地理, 노작勞作은 수공手工으로 바뀌었다.

134) 위僞남경정부: 1940년 4월 남경에서 왕정위汪精衛와 일제가 합작으로 친일 정권을 지칭한다.(역자 주)

사업에 열의를 갖은 인사로 구성했다. 이사장은 대다수 화교상회의 회장이나 해당 지역 영사가 겸임했다. 예를 들면 한성화교소학교의 이사장은 서울 주재 영사 범한생范漢生이 겸임했고, 이사장 중에 중화상회 회장인 사자명司子明과 서울 중화상회 회장 주신구周愼九와 왕보장王甫章 등이 역임했다. 학교 이사회의 직책은 학교의 모든 직무를 감독하고 지도했다. 그리고 경비의 조달과 기금의 모집 및 관리, 학교장의 선임과 예산의 결산 등을 심사했다. 그리고 이사는 학교 행정 및 기타 교무의 개선에 대해 건의하고, 관련 사항이 있을 때 이사회에 상정하여 의결하고 교장이 이를 집행하도록 했다.

(8) 학교의 설립 취지

각 지역 화교소학교에서 규정한 학교설립의 취지는 중국의 문화를 전수하고 중화민족의 정신을 널리 알려서 화교 자제가 자국 전통 교육을 받도록 하는 것이었다. 예를 들면 한성화교소학교의 학교설립 취지를 보면 화교 자제의 고상한 품행, 보편적인 학식, 강한 체력과 능률적인 기술을 함양하여 장차 사회의 온전한 인물로 성장하는 것이다. 그래서 졸업 후에 중학교에 진학하거나, 그렇지 않은 경우 어려움을 참고 인내하는 정신으로 가정과 사회에 봉사했다.

2) 화교교육의 지체와 그 원인

이상에서 언급한 바와 같이 이 시기 한국의 화교교육은 기본적으로 식민지 교육의 성격이 강했다. 일제가 통치하는 한국 사회에 화교의 사회적 지위는 낮았다. 특히 1935년 중일전쟁이 발생한 후에 화교는 적대국의 교민으로 억압과 핍박당하는 등 화교교육도 크게 박해

받았다. 그럼에도 한국 화교교육은 많은 교민의 노력을 통해서 소규모에서 대규모로 발전을 거듭했다. 그러나 같은 시기 동남아 지역의 화교학교 발전에 비해서 기반이 비교적 취약해서 낙후를 면치 못했다. 특히 학교의 수량이 적었고, 규모도 작았고, 적정연령기 취학생 비율도 낮았다. 그래서 발전 과정이 완만했으며 곡절도 많았다. 그런 원인은 다음과 같다.

① 일제의 규제와 탄압 때문이다. 일제는 한국이 애국주의 계몽운동을 탄압하기 위해서 "신문법"과 "사립학교법" 등을 제정해서 문화단체를 해산하고, 학교, 신문, 잡지사를 폐간하며 애국지사를 체포했다. 1934년 배화참사 가운데 화교학교가 파괴되었고, 일부 학교는 폐교되었으며, 대다수 화교 학생은 부모를 따라 중국으로 귀국했다. 예를 들면 신의주의 7곳 화교소학교는 배화참사 이전에는 모두 228명이 있었지만 1932년에는 129명으로 감소했다.

② 거주지역의 분산과 생계가 힘들었다. 각 지역의 화교는 주로 상업에 종사했고, 혹은 농업이나 고력에 종사했다. 일제가 화교경제를 배척하고 규제하자 그 영향력은 점차 쇠퇴했고, 특히 화교 참사 이후에 화교경제는 한층 더 쇠락했다. 이런 환경에서 학교 경영을 위한 재원 마련은 더욱 힘들어졌고, 겨우 유지하기에 급급했다.

③ 화교 가정의 가족들은 주로 중국에 거주하는 경우가 많아서 학생모집이 힘들었다.

④ 대다수 화교는 자녀교육을 보살필 여유도 없이 힘들었고, 소학교를 졸업하고 중학교에 진학할 여력은 더욱 없었다.

⑤ 한국 주재 중국 영사관은 화교교육을 충분히 중시하지 못했고, 전담할 인력도 두지 않았으며, 지원할 자금도 거의 없었다. 각 지역의 화교 상인회 역시 화교교육을 그다지 중시하지 않았다. 비록 중

시했지만, 여력이 부족했고, 학교를 세울만한 경제력이 더욱 없었다.

4 한국 화교의 항일투쟁

1) 일제의 가혹한 화교 탄압

1931~1945년 사이에 일제의 한국에 대한 탄압은 갈수록 심해졌다. 1937년 7월에 일제는 중국침략을 전면화하는 전쟁을 도발하면서 이런 탄압은 극에 달했다.

한국으로 귀국한 화교 최 씨에 대해 언급한 바에 따르면 그 해 일제는 한국 화교를 박해하기 시작했다. 한국 화교인 최전방崔殿芳는 당시 화교가 직면해야 했던 일제의 탄압 상황을 다음과 같이 언급했다.

"9.18사변이 일어난 후 일제는 만몽滿蒙를 점령하고 나아가 화북지역을 점령하려는 야심을 날로 드러내면서 중국인과 화교에 대한 박해를 더욱 가중했다. 한국 주재 중국의 청진영사관이 폐쇄되었다. 청진의 하갈우下碣隅에서 화교들이 국경절에 국기를 걸었지만, 일제 경찰에 의해 찢겨버렸다. 한국의 대다수 화상들은 점포를 닫고 귀국했다. 하지만 흉악한 일제는 남아있는 몇 안 되는 소규모 점포와 채소를 재배하는 화농, 음식점, 영세한 일용직 노동자와 화공을 가만두지 않고서 차별과 박해를 가했다. 그 정도는 믿기 힘들 정도에 달했다. 화교는 사회에서 중국옷을 입지 못하도록 했고, 중국말을 할 수도 없으며, 부부는 함께 동행할 수도 없었다. 당시 일부 중국 여성은 전족을 했는데 혼자 걸을 때 일부 사람은 조롱하거나, 욕을 하면 "저각녀猪脚女"라고 했다. 이런 자들은 공개적으로 중국인을 "대국노大國奴", "장미려長尾驢", "저각녀"라고 큰 소리로 외쳤다. 그래서 당시 여성 화교는 아이를 출산할 때도 일본병원을 가려하지 않았고, 병원비용도 더욱 비쌌다. 차별을 받았기 때문에 출산을 한 후에도 바로 퇴원해야 했다. (중략) 원산의 와우리臥牛里에 한 화교는 채소를 재배하며 시장에 오이를 팔았는데, 7~8명이 오이를 강탈하고 그를 구타하여 콧등이 시퍼렇게 부어올랐다. 이에 경찰은 '그들이 중국에 가서 너희를 때린 것이 아니니, 맞아도 싸다!'고 했다. 그리고 원산에 유劉씨라는 화교는 토지를 임대해서 10년을 계약했다. 그는 임대한 토지에 우물을 파고 집을 지었다. 3년을 경작한 후에 토지도 비옥해졌다. 이때 지주는 이 땅을 다시 묘포苗圃 임대하려 했다. 이에 유씨는 계약서를 근거로 거부를 했지만, 작물이 훼손되었고 사람도 구타당했다. 함흥 화상인 성동盛東은 일본인과 10년간 계약하고 장전면長箭面에서 해삼海蔘을 잡았다. 하지만 일본인이 보기에 유리한 점을 간파하고 화상의 조업을 금지 시켰고, 이들의 건물과 선박을 강제로 팔도록 했다. 하지만 화상은 이를 거부하고 결국 총독부에게 호소했지만 전혀 효과가 없었다. 결국 6만여 원을 손해를 보고 말았다."135)

"7·7사변 이후 한국의 화교는 극심한 탄압을 받았다. (중략) 한국에 있는 화교는 적국의 교민이 되었고, 이에 보복 조치를 당하며 정치적 탄압의 대상으로 전락했다. 화교의 모든 행동은 일본특무대와 일경의 감시를 받았다. 재산상의 손해는 헤아리기 어려울 정도로 많았다. 일부 화교는 노점을 폐업하고 귀국했고, 마지막 남은 자금도 회수할 수 없도록 했다. 일부는 화교는 가옥과 점포를 모두 포기하고 문을 잠그고 몸만 빠져나왔다. 원산의 차이나타운, 서울의 관수동灌水洞과 다른 지역에 남겨진 텅빈 가옥은 모두 일제가 강제로 점거했다. 일부 화교는 모든 수단을 동원해 자금을 갖고 가려고 했지만, 결국 자금을 팔로군八路軍을 지원한다고 하여 정치범으로 무고하기도 했다. 원산의 차이나타운과 서울의 관수동, 그리고 일부 지방에는 큰 가옥들이

---

135) 崔殿芳, 〈旅朝僑胞話今昔〉, 《遼寧文史資料》第11輯, 1986年.

남아 식민지 개척자들이 차지하고 있다. 돈을 어떻게든 가져가려다 팔로군을 지원한 정치범으로 몰리는 화교도 있었다.

당시 인천의 영국계 은행인 HSBC 은행은 화상의 예금을 받았기 때문에 일부 화상은 요행을 바라는 심정으로 이곳에 잠시 예치해 보존했다가 중국으로 옮기려고 했다. 하지만 일제에게 발각되어 화상의 예금은 몰수당하고 투옥되기도 했다. 원산의 화상인 덕태원德泰源 상행은 동료인 공경례孔慶禮에게 HSBC에 예금하도록 했지만 일본특무대에게 발각되어 공孔은 투옥되고, 사장인 축계원祝桂源은 폭행을 당했다. 이후에 화상은 일련의 계속된 수난을 당했고, 오늘 이곳 화교상점의 장부를 조사했고, 내일은 저곳 화교상점에 가서 사람을 체포했고, 회계와 사장의 말이 서로 다르면 바로 투옥시켰다. 화상은 HSBC 은행에 증빙자료를 요청했지만 거들떠보지도 않았다. 증빙자료에는 진짜와 가짜인 것이 혼재해서 사람들의 마음을 불안하게 만들었고, 결국은 한국 화교의 수난은 말로 형용할 수 없을 정도가 되었다. 중국 고향에 부양비를 보내려 해도 한 번에 20원으로 제한했고, 후에는 20원도 허가하지 않았다. 우체국에 가면 우선 어디서 나온 돈인지 출처를 물었고, 어떤 비용인지, 전쟁 지원금은 아닌지를 물었다. 이런 방법으로 화공이 집으로 돈을 부치지 못하도록 탄압했다. (중략) 평소의 통신도 매우 힘들었다. 어떤 지역은 화교가 잘 모르는 것도 문제로 삼았다. 화교의 가족 방문을 위한 귀국은 더욱 어려워졌다. 귀국을 위한 방문 여권은 사람을 통하고 뇌물을 주어도 6개월이나 1년이 지나야 얻을 수 있었다. 화교가 귀국할 때 일제는 다시 심문하고 조사했고, 다시 돌아온 후에도 반년을 감시했다. 친구를 만나든 사무적인 업무에서든 특무경찰이 따라다녔다. 종종 외사계 사복경찰은 화상의 사무실에서 잠을 자면서 누가 왔는지 무슨 말을 했는지 염탐했다. 이에 화상은 불안한 마음이 더했고, 민심도 흉흉했다. 인천의 만취동萬聚東이란 여관업을 하는 조모曹某라는 화교는 일본집회에서 '일본 천황만세'를 부를 때 일제의 주장에 의하면 그는 "빨리 무너져라!"라고 외쳐서 일경에 체포되었고, 이후 흔적도 없이 사라졌다. 청진清津의 한 화교는 일본을 향에 절을 올릴 때 부주의하게 경례를 했고, 당시 바로 일경에게 구타당하고 체포되었다. 서울의 한 화교는 광동인으로 미국에서 식당을 운영했다. 그의 아들은 대학생으로 서울로 부모님을 만나러 왔다. 이때 어떤 특무대 경찰이 그의 집을 방문했을 때 아들을 소개하자, 아들은 바로 바른 자세로 특무경찰에게 절을 했다. 이때 특무경찰은 아들이 군사훈련을 받았다고 여기고 바로 수차례 질문을 하다가 바로 체포했다. 그리고 어떤 경우는 무고하게 기차에서 사람들을 체포하기도 했다. 태평양 전쟁이 발발한 후에 일본은 궁지에 몰리면서 정치범, 사상범, 용의자 외에 화교에게 고의로 경제사범이란 죄명을 씌우는 데는 어떤 문제도 없었다. (중략) 나는 두 차례 실직을 했고, 3차례 한국에 갔던 사람으로 몸이 이런 지경에 처하니 정말로 해외에서 고아와 같은 처량한 삶을 겪어야 했다."

한국의 저명한 화교인 진유광秦裕光 선생은 《60년견문록六十年見聞錄》에서 일제가 서울화교인 우홍장于鴻章 등을 탄압한 상황을 다음과 같이 기술했다.

"우홍장于鴻章 선생…… 1930년대 말 다시 인천으로 돌아왔다. 그는 가정형편이 넉넉해 더 많은 책을 볼 수 있었다. 그 박학했기 때문에 일경은 그를 더욱 괴롭혔다. 태평양 전쟁 발생 후인 1943년에 일경은 그의 사상이 불량하고 간첩활동의 죄목으로 고문하였다. 당시 서울과 인천 각지에 다소 알려진 화교들은 거의 모두 이런 고초를 겪었다. 예를 들면 복성잔復成棧 무역상을 경영하는 사항락史恒樂과 인회동仁會東 대표 손자수孫自修 등은 모두 우于선생과 함께 옥중에서 고초를 겪었다. 그중 손씨 옥중에서 사망했다. 당시 많은 지식인 화교는 일경의 박해를 피하기 위해서 중국으로 귀국했다. 우 선생은 석방된 후에 바로 중국으로 귀국했고, 8.15 해방 후에 비로소 한국으로 돌아왔다."

당시 일제는 걸핏하면 정치범, 간첩죄, 정보원 등의 죄명으로 한국 화교를 체포했다. 특히 태평양 전쟁 후에 화교에 대한 일제의 탄압은 더욱 극심해졌다. 통계를 보면 1937~1944년 사이에 일제는 정보원이란 죄명으로 체포한 수량은 다음과 같다.[136] 즉 1937년 15명, 1938년 8명, 1939년 9인, 1941년 4명, 1942년 70명, 1943년 49명, 1944년 6명 등으로 모두 161명에 달했다.

2) 한국 화교의 애국 항일투쟁

한국 화교는 한국에서 생활할 때 일제의 탄압과 차별을 당해야 했다. 그로 인해 화교는 자연스럽게 중국의 번영과 부강을 간절히 바라며 '조국'의 운명에 관심을 갖고 혁명을 지지했다.

일찍이 1911년 신해혁명이 발발했을 때부터 한국 화교는 열렬히 이를 옹호했다. 당시 서울의 《화교상보》에는 손중산 선생의 신해혁명을 지지하는 글이 실리기도 했다.[137] 이렇게 화교는 청조 전복을 적극 지지했다.

1937년 국공國共 합작을 통해 전면적 항일전쟁이 시작되었고, 한국 화교는 이에 크게 고무되었다. 비록 화교는 일제에게 정치적 박해를 받았지만 여전히 다양한 방식으로 애국 항일 투쟁을 전개했다. 이런 투쟁은 화교학교에서 더욱 활발했고, 교사는 일제가 강요하는 "천황에 대한 충성" 교육을 학생에게 실행하지 않았다. 대신에 학생에게 애국주의 사상을 고취시켰다. 신의주의 만교소학滿橋小學는 일제의

---

136) 近藤初一, 《太平洋戰爭下的朝鮮政治》, 1861, 79-81쪽.
137) 張慶京, 〈旅朝華僑的愛國主義精神永放光芒〉, 《吉林省華僑歷史學會第二次論文討論會資料彙編》, 10쪽.

삼엄한 감독 하에 있던 학교였다. 그러나 이 학교의 교사인 안학향安學香은 용감하게 학생에게 여순旅順과 대련大連이 일본에게 침략된 역사를 강의했고, 또한 칠판에 "대련大連과 여순만旅順灣을 반환하라"고 크게 쓰기도 했다. 그리고 양楊 선생이란 분은 학생에게 악비岳飛의 "나라에 충성으로 보답"하는 이야기를 강연하며 학생들 마음 속에 애국의 씨앗을 심었다.

신의주 화교소학교의 필자문畢子文 선생은 학생들에게 악비岳飛와 문천상文天祥의 애국충정과 그의 시사詩詞를 강의했고, 《만강홍滿江紅》[138], 《유망삼부곡(流亡三部曲)》[139] 등의 애국적 노래를 교육하며

---

[138] 《만강홍滿江紅》: 怒发冲冠, 凭栏处、潇潇雨歇。抬望眼, 仰天长啸, 壮怀激烈。三十功名尘与土, 八千里路云和月。莫等闲, 白了少年头, 空悲切！靖康耻, 犹未雪。臣子恨, 何时灭！驾长车, 踏破贺兰山缺。壮志饥餐胡虏肉, 笑谈渴饮匈奴血。待从头、收拾旧山河, 朝天阙。

"나는 분노로 머리카락이 곤두서고 모자가 벗어져 날아갔다. 홀로 높은 곳에 올라 먼 곳을 바라보니 급했던 비바람이 막 멎었다. 고개를 들어 하늘을 바라보니 하늘을 우러러보며 길게 울부짖는 것을 참지 못하고 보국의 마음이 충만하다. 30여 년 동안 비록 공명을 쌓았지만, 흙먼지와 같이 남북으로 8천 리를 이동하고, 얼마나 많은 풍운아생을 거쳐 왔는가. 호남아, 시간을 다투어 공훈을 세우고 청춘을 헛되이 보내지 말고, 노년을 기다려 홀로 애절하게 하라. 정강이의 변모는 아직도 설욕되지 않고 있다. 나라의 신하로서 분한 일이 언제 사라지겠는가! 전차를 몰고 하란산으로 진격해 하란산마저 초토화시키겠다. 나는 장한 뜻을 가슴에 품고 싸우다가 배가 고프면 적의 살을 먹고 목마르면 피를 마신다. 옛 일본산을 되찾고 승전보를 띄워 국가에 승리 소식을 알린다!"(역자주)

[139] 《유망삼부곡流亡三部曲》: 항일전쟁 때 많은 사람이 따라 불러 인구에 회자된 애국적 내용의 3편의 노래을 지칭한다. 이들 노래는 사람들에게 항일 투쟁을 독려하는 역할을 했다. 유랑 3부작 가운데 1부작인 〈송화강에서〉은 장한휘張寒晖, 2부작인 〈유랑곡〉과 3부 〈복수곡〉은 유설암刘雪庵이 각각 작곡했다.(역자주)

화교 학생에게 애국주의 사상을 고취시켰다. 어떤 화교학교에서는 항일 표어가 등장하기도 했다. 이에 일제는 매우 놀라서 바로 삼엄하게 조사를 했다.

일제는 각종 여론 수단을 동원해서 대동아공영권과 일본의 성전聖戰 필승과 중국의 필패 등을 선전했다. 하지만 항일과 항전의 소식은 한국뿐만이 아니라 화교소학생 역시 모택동毛澤東, 주덕朱德, 중국공산당, 팔로군八路軍 등을 모두 알고 있을 정도였다. 일부 화교는 비밀리에 자금과 물건을 기부했고, 돛단배를 이용해 산동으로 이를 운송했고, 심지어 조직적으로 돛단배를 통해 교동膠東으로 화약 원료인 유황硫黄을 운반하기도 했다.140) 일부 화교 청년은 귀국한 후에 의연히 산동에 있는 팔로군에 입대하기도 했다. 1941~1944년 사이에 신의주 화교인 이소호李小虎와 왕경은汪慶恩 등 10여 명의 청년은 귀향한 후에 팔로군에 입대했다. 이들은 전쟁에서 용맹스럽게 적과 싸웠고, 후에 이소호와 왕경은 전장에서 희생되고 말았다.141) 이들 '조국'의 해방전쟁에서 이들 한국 화교 역시 크게 공헌했다.

140) 張慶京, 〈旅朝華僑的愛國主義精神永放光芒〉, 《吉林省華僑歷史學會第二次論文討論會資料彙編》.
141) 張慶京, 〈旅朝華僑的愛國主義精神永放光芒〉, 《吉林省華僑歷史學會第二次論文討論會資料彙編》.

제6장
현대 북한의 화교

제1절 북한 화교의 상황

1 일반개황

1) 인구와 직업

제2차 세계 대전이 끝날 때 한반도 전역에 약 8만의 화교가 있었다. 그중에 2만여 명은 일제와 위만주국의 강제 동원으로 끌려온 온 동북화공이 포함되었다. 당시 북한지역의 화교는 6만 명이고 남한은 약 2만 명에 달했다.

한국이 광복할 때 2만여 명의 동북화공은 가족과의 상봉을 요구한지 얼마 후 귀국했다. 1950년 한국전쟁이 발발한 후에 화교는 전쟁을 피해서 대거 귀국했다. 대략 2만 명의 화교는 여전히 북한에 여전히 거주했다. 1953년에 전쟁이 끝나고 일부 다시 돌아온 화교는 북한지역에 거주했다. 1958년 통계 자료에 의하면 북한이 화교는 3,778호戶 14,351명에 달했다. 그중에 남자는 7,980명, 여자는 6,371명이었다. 1963년 이후 매년 상당 수량의 화교는 귀국 후에 정착했다. 현재 북한지역 화교는 겨우 8,000명에 불과하다.

북한에 거주하는 화교의 본적은 산동 출신이 가장 많았다. 1958년 화교의 총수는 14,351명인데, 그중에 산동 출신은 무려 12,462명에 달해서 전체 90% 이상을 차지했다. 기타 지역을 보면 요녕遼寧, 하북河北, 강소江蘇, 안휘安徽 등의 순서로 나타났다. 화교의 대다수는 중국내 친척과 관계를 유지했고, 주로 직계 가족들과 함께 거주했다. 1957년 평양시 537호ﬔ 화교를 조사한 결과 중국 내 직계 친척이 있는 경우는 352호였고, 친척이 있는 경우는 146호, 친척이 없는 경우는 21호에 불과했다.

북한 화교의 직업을 보면 농업이 가장 많았다. 화농은 채소재배에 능숙했기 때문에 다양한 채소를 경작했고, 소수만이 곡물을 경작했다. 화교 노동자는 대다수가 수공업자가 많았다. 일부는 식당이나 일용잡화점 등 소규모 점포를 운영했다.

1958년 조사에 따르면 화교 농민은 10,993명으로 전체 화교의 74%를 차지했다. 당시 화교의 직업별 상황을 표로 정리하면 다음과 같다.

표 6.1 북한 화교직업 통계표(1958년)

계층	호수	인구수	가족	비고
농민	2,884	10,993		일부 가족을 포함
노동자	444	539	1,143	
상인	249	369	596	
교직원	153	199	403	
기타	48	122		일부 가족을 포함

2) 분포

화교 인구는 비교적 북한의 수도인 평양과 함경북도, 평안북도, 자강도, 평안남도 등에 집중했고, 대부분 도시나 근교에 거주했고, 소수만이 산간오지에 거주했다. 예를 들면 1958년 화교의 총인구는 14,351명인데, 앞서 언급한 5개 지역의 거주인구는 11,970명에 달했

고, 기타 지역에 2,381명에 불과했다. 화교 인구의 분포 상황을 표로
정리하면 다음과 같다.

표 6.2 1958년 북한 화교 인구 통계 상황표

행정구역	호수	인구수
평양平壤	503	2,449
평안남도平安南道	780	1,172
양강도兩江道	196	642
함경북도咸鏡北道	158	501
자강도慈江道	441	1,644
황해남도黃海南道	144	433
황해북도黃海北道	91	303
평안북도平安北道	371	2,867
강원도江原道	157	496
함경북도咸鏡北道	1,042	3,838
합계	3,773	14,351

2 경제상황

북한 화교는 농업에 종사하는 자가 가장 많았고, 공업은 주로 개인
수공업자가 다수였으며, 사업의 경우 소규모 식당업이 주류를 이루
었다. 이처럼 북한 화교의 경제력은 매우 미약했고, 북한에서 경제생
활을 그다지 중시 받지 못했다.

1) 농업

한국은 광복 이전에 화교 농민의 대다수는 가난한 전농佃農으로

한국인 지주의 토지를 임대하거나, 다른 화농의 토지를 재차 임대한 곳에서 작물을 재배했다. 대부분은 도시 근교에서 채소를 재배했고, 일부는 산간오지에서 토지를 임대해 농사를 지었다. 소수의 화교는 한국 지주에게 토지를 임대해 이곳에 다른 화농을 고용해 경작하기도 했다.

1946년 초에 북한은 토지개혁을 단행했지만, 화교와는 상관이 없었다. 1947년 봄 화교연합회는 화교 군중을 조직했고, 북한의 화농에게도 토지개혁을 실시했다. 화교 출신 채소밭 경영주는 자국의 지주와 달랐기 때문에 토지소유권이 없었고, 단지 지주의 토지를 임대해서 화농을 고용해 이들을 착취했다. 그렇기 때문에 토지개혁 초기 중국 동북 지역에서 채용한 급진적인 방법을 개선하고 주의 깊게 연구하여 한국 화교의 토지개혁정책 범위를 파악했다. 화교의 채소밭은 주로 평화적이고 개량적 방법을 적용해서 착취행위는 제한했고, 적정한 수준에서 고용한 화농의 임금을 높였고, 생활도 개선했다. 6,260호戶는 토지가 없거나 소규모 토지를 보유한 화농은 북한의 농민과 같이 토지를 분배받았는데, 전체 970만 평에 달했다.[1] 이리하여 화농은 자기 땅을 갖게 되었고, 생활도 개선되었다. 비교적 생활이 풍족했던 3,076호는 전체 화교에서 51%에 달했다. 기타 절대다수는 평균 수준의 생활을 유지했다.[2] 그중에 499호의 화농은 1,200여 개에 달하는 새로운 집을 지었고, 경작에 필요한 가축 549마리를 구입할 수 있게 되었다.[3]

1950~1953년 사이에 한국전쟁이 발발했고, 이 시기 화교의 생명과

---

1) 馬玉聲,《慶祝華聯會成立十周年大會的講話》(《華訊》, 1957.4.
2)《民主華僑》, 1949.3.2.
3) 馬玉聲,《慶祝華聯會成立十周年大會的講話》(《華訊》, 1957.4.

재산은 막대한 손실을 입었다. 정전 후에 북한은 일련의 조치를 통해서 농촌경제를 회복했다. 전쟁 중에 피해를 입은 418호 화농은 다시 445,200평의 토지를 분배받아서 가정을 꾸리고 생산을 회복했다. 1954년 봄에 정부가 자금과 곡식을 대출해 준 화교의 총 수량은 47% 이상에 달했다. 정전 후 반년 안에 210호의 화교는 400여 곳의 새로운 집을 건축했고, 70여 마리의 소와 30여 필의 말을 구입했다.[4)]

1955년 북한은 농업의 합리화를 도모했고, 이에 화교 농민은 적극적으로 화답했다. 1957년 북한의 화농은 이미 114개의 농업생산합작사를 조직했다. 이곳에 가입한 화농은 61%에 달했다.[5)] 농업의 합리화를 통해서 농업생산은 향상되었고, 화농의 수입도 날로 증가했다. 1956년 49개 화농의 생산합작사 통계에 따르면 비록 재해에도 불구하고 생산량은 국가의 생산계획을 초과해 달성했다. 각 가정마다 평균수입은 151,303위안이고, 그중에 가장 높은 액수는 707,932원에 달했다.[6)] 대다수 구성원의 생활은 중농 수준에 달했다. 농업생산 합작사의 공동자본도 증가했다. 어떤 합작사는 처음 시작할 때 한 필의 말에 불과했지만, 지금은 수많은 소와 말을 구비하게 되었다. 평양에 있는 4곳의 합작사는 시작할 때 공공자산은 2,450,000원이었는데, 1956년 이익을 배당할 때는 이미 800여만 원으로 증가했다.[7)] 그리하여 1/3이상의 구성원은 모두 저축을 할 수 있게 되었다.

화교의 합작사가 등장한 후에 실천 중 협력의 장점을 발견하면서 생산 의지의 적극성도 높아졌다. 1956년 연말에 농업 합작사에 참여

---

4) 馬玉聲, 《在朝鮮北半部華僑生活》(《戰友》, 1955.1.22.

5) 《戰友》, 1957.4.13.

6) 馬玉聲, 《慶祝華聯會成立十周年大會上的講話》(《華訊》, 1957.4.15.

7) 馬玉聲, 《慶祝華聯會成立十周年大會上的講話》(《華訊》, 1957.4.15.

한 화농은 전체 79.91%에 달했다. 함경북도 부녕군富寧郡의 전체 화농은 모두 농업생산 합작사에 가입하기도 했다.8) 1958년 3월에 이르러 농업사에 가입한 화교의 수는 전체 93.3%에 달했다. 거주지가 분산된 소수 화농의 경우는 인근 북한 농민의 생산협동조합에 가입했다.

1958년 하반기에 북한은 농업경제발전의 촉진을 위해서 농업생산 합작사를 확대해서 "농업협동조합"을 만들었다. 이에 북한의 화교는 적극적으로 호응하며 자신과 북한 농민의 생산협동조합을 잇달아 합병했다. 1958년 10월 말 북한의 114개 화농의 생산합작사는 해당 지역 128개 북한 농민의 생산조합과 합병해서 "농업협동조합"을 만들어 북한 농민과 함께 농업생산에 종사했다. 많은 화농은 새롭게 조직된 협동조합에서 각 단위의 간부로 선발되었다. 즉 농업협동조합 관리위원의 부위원장은 81명, 관리원회의 위원은 152명, 농업협동조합 검사위원회 부위원이 6명, 검사위원은 85명 등에 달했다. 1958년 128개의 농업협동조합은 1955년에 비해 평균 38%의 생산량이 증가했다. 매 호마다 화농 조합원의 수입은 1955년에 비해 평균 58%가 증가했다.9) 예를 들면 자성군慈城郡 자성읍慈城邑의 화교 조합원은 1959년 분배 받을 때 평균 매 호마다 얻었던 양식은 이전보다 60% 증가했고, 분배 받은 현금은 30%가 늘었다.10) 자강도慈江道의 화교 조합원의 평균 수입은 전년도에 비해서 양식糧食은 35%, 현금은 40%가 각각 증가했다.11) 강계시江界市 석연石硯 화교의 협동조합 제2 채소작업대

---

8) 《戰友》, 1957.4.13.

9) 馬玉馨, 〈華聯會八次執委會的報告〉, 《華訊》, 1959.5.20.

10) 馬玉馨, 〈華聯會十次執委會的報告〉, 《華訊》, 1960.1.10.

11) 《華訊》, 1961.1.5.

는 매호 조원이 분배 받은 평균 양식은 523kg이고, 현금은 1,167원이었다. 이는 전년도에 비해서 현금은 41%, 양식은 25%가 증가한 것이다.[12] 화교는 농업협동조합에서 적극적으로 자신의 능력을 발휘했고, 또한 높은 평가를 받았다. 평양시 선교구船橋區 서포西浦의 화교로 부관리원인 유세공劉世恭은 북한 전체에서 능력을 인정받아 김일성金日成이 수여하는 상장과 상품을 받았고, 아울러 다른 수상자와 함께 저녁 만찬에 참여하기도 했다.[13] 신의주 남하南下에서 채소를 재배하던 작업반장 담지가譚志家는 전체 구성원과 함께 국가가 지정한 채소생산량을 초과 달성했고, 이에 북한의 최고인민회의에서 3급 국기훈장國旗勳章을 수상하기도 했다.[14]

2) 공업

북한의 화교 노동자는 그리 많지 않았고, 대다수는 수공업자였다. 점포를 경영하는 대다수는 철공소나 작은 작업장 및 소형 주물, 유리, 당면 등의 공장이었고, 실력 있는 대형 공장은 없었다. 그리고 소수의 화교 노동자는 탄광, 철광, 재련공장, 기계공장, 방직공장, 철로와 기업에서 일했다.

1955년 북한은 농업의 합리화 작업을 시작했고, 공상과 실업 분야에서도 사회주의 개조작업을 실행했다. 북한의 공상업은 자본 상태가 매우 박약했기 때문에 국가는 공상업의 이용을 제한했다. 아울러 다양한 형식의 집단경제를 통해 사회주의 개조방침을 진행했다. 화

---

12)《華訊》, 1961.1.5.

13)《華訊》, 1961.1.5.

14)《華訊》, 1962.2.15.

교 개인 수공업자와 사영공업에 대해서 각종 화교 생산합작사를 조직했다. 1957년 생산합작사에 가입한 호수戶數는 총 37.11%가 되었고, 1958년 3월에는 82.1%로 증가했다. 북한 농업의 생산합작화가 진일보 발전함에 따라서 농업생산합작사를 농업협동조합 조직으로 확대한 후에 이를 개인공업의 개조까지 확대했고, 업종에 따라서 협동조합을 만들었다. 예를 들면 평양시 화교 유리제품 협동조합, 혜산시惠山市 화교 당면생산협동조합, 강계江界와 청진 화교의 철물협동조합, 신의주 화교의 음식업협동조합 등이 그것이다. 북한의 모든 화교는 사영소기업은 모두 1958년에 완전히 국영공광國營工礦 기업으로 전환했다. 화교수공업자와 소형기업주는 자기 힘으로 생존하는 노동자로 북한의 노동자와 생산노동에 종사했다.

3) 상업

화교 상인의 수량은 비교적 적었고, 대다수는 음식업에 종사했다. 그리고 운영하는 점보 역시 크지 않았고, 대다수는 호떡집이나 만두집 등 간이 식당이나 소형식당이다. 이외에 소량의 잡화점 등이 있다.

1955년 북한 농업이 합작화를 성공함에 따라서 상업 역시 사회주의로 개조하면서 합작사를 조직했다. 이 기간 동안에 화교연합회 총회는 북한 정부와 함께 삼반운동三反運動[15]을 전개했다. 화상에게 준법교육을 실시하고, 탈세와 뇌물공여 등의 불법행위와 이익만을 추

---

15) 삼반운동: 원래는 중국의 경제회복기(1949~1952)에 공산당의 권력 강화를 위해서 마오쩌둥이 주도하여 전개되었던 숙청운동에 하나이다. (1) 독직瀆職 (2) 낭비 (3) 관료주의 현상을 타파하기 위해서 대중이 심사, 고발 및 고백 등의 방식으로 반反독직·반낭비·반관료주의를 기치를 걸고 관련자를 선발해 숙청했다.(역자 주)

구하려는 경영 풍조를 비판했다. 이를 통해 사회주의 개조를 순조롭게 완수할 수 있는 사상적 토대를 마련했다. 당시에 화상들은 판매협동조합과 음식업 생산판매협동조합 등을 결성했다. 예를 들면 평양시 동구東區는 83%의 화상 음식업 합작사를 만들었고, 평양시의 중구中區의 화상 음식업 역시 음식업 생산판매회사를 만들었다. 평양의 남구南區와 원산, 청진 등에서도 화상은 음식업 생산판매합작사를 조직했다.16) 이외에도 화교연합회를 통해 화상이 화농 생산합작사와 수공업 생산합작사, 혹은 북한 국영기업에 가입하도록 했다. 1955년 화상 전체 인원의 30% 이상이 합작화에 참여했다.17)

1958년 합작경제를 통한 사회주의 개조화가 심화됨에 따라서 화상의 판매합작사, 음식업 생산판매합작사 역시 북한 국경상점에 병합되었다. 이렇게 해서 화상의 합작사 구성원은 국영상점의 직원이 되었다.

이상과 같이 제2차 대전 이후 북한의 화교 농민, 노동자, 수공업자, 상인은 인원과 자금이 적어지며 경제력도 쇠락했다. 1955년 북한은 농업, 수산업, 상공업 분야에 대해 사회주의 개조작업을 단행했고, 화교의 농업, 수공업, 상공업 역시 합작화를 실현했다. 1958년 북한의 사회주의 개조 과정이 더욱 심화되면서 화농은 농업협동조합의 구성원이 되었다. 화공과 화상은 북한 국영공기업의 노동자로 국영상공업의 직원이 되었다. 1958년 연말에 화교는 더 이상 독립된 경제 주체는 없었다. 이러한 북한의 화교경제는 다른 나라의 화교는 구별이 되는, 특히 한국의 화교경제와 다른 특징을 갖게 되었다.

---

16) 馬玉聲, 〈慶祝華聯會成立十周年大會上的講話〉, 《華訊》, 1957.4.15.
17) 馬玉聲, 〈慶祝華聯會成立十周年大會上的講話〉, 《華訊》, 1957.4.15.

3 문화와 교육 상황

1) 화교교육

북한의 화교교육은 대략 3단계로 나누어 살펴볼 수가 있다.

(1) 1단계 : 1945~1949년 초

1945년 일제가 패망한 후에 북한의 화교와 북한인은 함께 광복을 맞이했고, 생활은 이전에 비해서 개선의 기미가 보이기 시작했다. 화교연합회와 북한 정부의 배려로 많은 화교는 화교학교를 설립했고, 북한지역 화교교육은 신속하게 발전했다.

북한은 해방 초기에 각 지역이 화교연합회가 화교소학교 설립을 계획하며 현지에서 화교를 교사로 선발했다. 당시 새롭게 개교한 화교소학교 규모는 비교적 작았지만 빠르게 발전했다.

1946년 말 국민당의 군대가 동북 요동으로 대거 진격하자 인민 해방군은 전략적으로 동요를 했고, 요동군의 후방부와 지방정부의 일부는 북한으로 후퇴했다. 그중에 일부 인원이 각지 화교소학교의 교사를 담임했고, 화교교육 발전에 활력을 제공했다. 당시 평양, 신의주, 용암포龍巖浦, 남포南浦, 해주海州, 원산元山 등지의 화교소학의 간부와 교사 등이 담당했다. 중간군中江郡은 1946년 중국인 인민학교를 설립했고, 화교가 이를 적극 지지했다. 이 학교의 건축면적은 400여 평에 달했고, 학생 수는 100여 명에 이르렀다. 당시 화교소학교는 주로 정상적인 교과 과목과 함께 애국주의 교육을 실행했다. 학생은 과학과 문화 지식을 학습했고, 아울러 소년단, 합창단, 홍보단과 공연단 등의 활동을 했고, 이를 통해 학생들에게 광복과 애국주의 사상을 고취시켰다. 교사들은 고된 노동 속에서도 학교의 긍정적인 교학 환경을 조성해서 학생들의 건강한 성장을 이끌었다. 동시에 북한에 화교교육의 초석을 다지는 데 매우 중요한 단서를 제공했다.

화교의 교육 사업을 더욱 발전시키기 위해 화교중학교 설립은 반드시 필요했다. 당시 소학교 졸업생은 지속적인 학업을 원했고, 학부모 역시 매우 간절히 이를 갈망했다. 1947년 9월 화교연합회 회장이 중심이 되어 동북의 민주 정부와 북한 정부 및 화교들의 지지로 평양시 대타령大駝嶺에 북한 최초의 화교중학이 설립했다. 최승지崔承志가 초대 교장을 역임했다. 최승지 교장은 오랫동안 교육 사업에 종사한 원로로 학교설립과 교학 사업에 크게 공헌했다. 선임 교감은 주자방朱子芳이었고, 후에 조곡덕趙穀德이 담임했다. 교학을 담당한 교사로는 필자문畢子文, 주덕재周德才, 장계창張啟昌, 왕신일王辛逸, 유청劉倩, 유치호俞治浩 등이 있었다. 학교의 건축면적은 약 800평으로 6개의 교실과 2개의 기숙사, 2곳의 식당 등이 있었다. 이외에 100여 평의 운동장이 있었다. 동북 인민 정부는 특별히 피아노와 교과서 및 학용품을 제공했다.

평양 화교중학은 9월에 정식으로 개학했고, 100여 명에 가까운 학생들이 북한 각지에서 시험을 통해서 합격했고, 통학생은 물론 기숙하는 학생도 있었다. 당시 중학교 1학년 1개 반을 설치했고, 이를 보통반이라 불렀다. 이밖에 문화반와 사범반을 설치했다가 문화반은 1948년에 폐지했다. 교재는 동북의 인민 정부의 교육부가 검안의 중학교 교재를 사용했다. 개설한 교과로는 어문, 역사, 수학, 물리, 화학, 지리 등이었다. 하지만 당시 형세로 인해서 문화 수업 시간은 비교적 적었고, 매주 하루 이상 국어, 수학 등을 학습하는 데 그쳤고, 대다수의 시간은 애국주의 교육과 정치학습과 문화연습이 대수를 차지했다.

화교학교는 중국의 해방과 정치적 각성 및 문화를 선전하는 인력 양성이 주된 임무였다. 정치 과목은 모택동毛澤東의 《현재 정세와 우리의 임무》, 《토지법의 대강》 등을 학습했다. 문화반은 문화과목 외에도 많은 시간을 문예 공연 연습과 문예 선전을 위해서 학교는 극단과 합창단을 조직했다. 1947년 평양시 노동극장에서 처음으로 학생이 연출한 가극인 《피맺힌 원한》을 공연해 성공을 거두었다. 이날 평양시의 화교는 앞을 다투며 관람했고, 현장은 사람들로 가득했다. 이후 재차 전국 순회공연을 진행하며 많은 화교가 관람한 후 폭발적인 반응을 보였다. 1948년 7월 다시 대형 연극인 《피맺힌 원한》 등을 공연했고, 이번에도 북한 전역의 화교를 들썩이게 했고, 각 지역 화교연합회는 잇달아 공연을 요청하기도 했다. 1949년 초에 북한은 화교소학교는 모두 50여 곳으로 학생은 3,000명, 교사는 150여 명에 달했다. 평양 화교중학교는 300여 명의 학생이 있었다. 신의주에도 화교중학이 설립되어 100여 명의 학생이 있었다. 이때 화교중학교와 소학교 학제와 교학 계획, 교학 과정의 설치, 교재 등은 중국과 동일했다. 교사의 수준 향상을 위해서 화교연합회는 1948년과 1949년에 겨울 방학을 이용해 교사 단기 양성반을 운영해 200여 명의 교사를 양성했다. 이는 화교교육 수준을 높이는데 적극적인 의미를 갖는다.

(2) 2단계 : 1949~1963년

1949년 3월 북한은 중국 동북의 행정위원회와 조선 화교연합총회의 요청을 수용해 11일 내각회의에서 《중국인 학교관리에 관한 규정 결정》을 의결했다. 결정한 규정은 1949년 4월 1일부터 원래 북한 화교연합회 총회가 지원했던 화교학교를 추후에는 교육성敎育省이 관리하도록 했다. 이를 위해 일반 교육국 안에 다시 중국 교육부를 설치했다. 또한 각 도道 마다 중국인 교육 감독관을 1명씩 증설했다. 화교 소·중학교의 교과서 및 교학 요강을 제정하고, 화교학교 교원의 수준 향상을 위해서 화교중학교에 중국인 교원양성소를 설치했다. 화교 교직원은 북한 사람과 동등한 대우를 받았다. 화교학교의 운영 경비와 학교 건물, 학교의 교장과 교사의 임명 및 배치는 북한 정부가 책임 권한을 갖도록 했다. 이후 화교중학은 중국인 중학교로 개칭했다. 화교소학은 중국인 인민학교로 바꾸었고, 교과 과정의 설치는 중국과 동일했으며, 중국 교재를 사용했다. 또한 별도로 한국어 과목도 설치했다. 북한 정부가 화교교육을 본격적으로 관할하면서 교학은 본궤도에 올랐다. 1949년 연말 중국인 인민학교는 101개로 학생수는 6,738명, 교사는 300여 명, 중학교는 2곳에 달했다.

1950년 6월 25일 한국전쟁이 발발했다. 전쟁 과정에서 무차별 폭격으로 각지의 화교학교는 심하게 파괴되었다. 그리고 인천 상륙 작전 이후에 형세는 더욱 악화되었다. 미처 철수하지 못한 화교학교의 교사는 살해되거나 납치되었고, 대다수의 화교는 잇달아 귀국했다. 많은 학교들이 강제로 휴교했고, 극소수의 화교학교는 여전히 생존했지만 정상적인 수업을 진행하지 못했다. 평양의 중국인 중학교 건물은 폭격기에 의해 붕괴되고, 교정은 포탄 구덩이가 즐비해서 교사와 학생은 수업할 수가 없었다. 결국 일부 학교는 시골로 옮겨 계속 수업했지만 이것도 안전하지 못했다. 폭격기의 출몰로 종종 중단되었고, 학교 운영 여건도 매우 힘들었다. 하지만 교사는 이에 굴하지 않고서 계속해서 수업을 진행했다. 이후 북한군이 후퇴했을 때 평양 화교중학교는 심양瀋陽으로 옮겼고, 학생은 동북실험중학교에서 학업을 계속했다. 1952년 이들 학생은 다시 북한으로 돌아갔다. 당시 평양은 학교를 설립할 여건이 되지 않아 학교를 둘로 나누었다. 일부는 자강도 중강군中江郡으로 다른 일부는 함경북도 청진시清津市에 두고, 두 학교의 학생은 100여 명, 교사는 10명에 달했다. 1952년 북한 정부와 화교연합회 총회는 신의주 중국인 중학교의 회복에 합의했고, 장계창張啟昌을 교장으로 임명했다. 이전 교사校舍가 폭파되자 압록강 다리 근처에 한 부대가 버려둔 반지하의 방을 임시 교사로 사용했다. 전체 학급의 학생은 중1학년 1개 반, 중2학년 1개 반으로 모두 100명에 달했고, 1953년까지 학교를 유지했다.

1953년 7월 27일 한국전쟁은 정전협정을 맺었다. 이후 북한은 전후 회복의 시기로 접어들었다. 이때 화교교육은 신속하게 회복하며 발전했다. 많은 화교 학생과 교사 및 학부모는 북한과 중국 정부의 배려로 짧은 시간 안에 파괴된 화교학교를 재건했다. 수많은 학교의 교장과 교사 및 학생과 학부모는 모두 함께 폐허 속에서 기와와 벽돌을 모아 교사를 세웠다. 나무를 베어 책상과 걸상을 만들었고, 포탄으로 수차례 파괴된 폐허에 새 교정을 세웠다. 교사를 중건하는 과정에서 화교학교의 교장과 교사는 크게 공헌했다.

1953년 연말에 이르러 중강中江과 청진清津에 양분되었던 중국인 중학교는 다시 평양으로 돌아와 정상적으로 수업을 재개했다. 동시에 평양에 중1과 중2 2개 반 70여 명과 교원 10명으로 중국인 초급 중학교를 증설했고, 교재, 학제, 교학 과정은 중국과 동일하게 유지했고, 특별히 한국어 과목을 추가했다. 그리고 1954년 중국인 인민학교의 교원양성을 위해서 해당 학교 안에 학기가 1년인 교원양성소를 설치했다. 1955년 평양에는 중국인 고급 중학교가 설립되었고, 13개 초급중학교, 5개의 고급 중학교 학급에 학생은 모두 600여 명에 달했다.

전후 화교소학교의 회복은 매우 신속했다. 새롭게 건설되고 복구된 50여 개 화교소학교는 잇달아 수업을 시작했다. 비록 학교는 초라했지만 대략 3,000여 명의 학생이 즐겁게 공부했다. 북한 정부와 화교총연합회 총회는 신의주에 중국인 중학교의 개교는 물론 함경북도 청진시淸津市와 자강도의 중간군中江郡에도 중국인 중학교 1곳을 설립했다.

한국전쟁 기간 중 중국 정부는 사범대학 졸업생을 선발해 북한 각지에 있는 화교 초등학교에 파견했다. 1954~1958년 수차례 우수 중학교 교사와 우수한 대학과 전문대학 졸업생을 선발해 북한 화교교육의 교사 역량을 높였다. 이후 이들 교사의 상당수는 화교학교에서 근무하거나 핵심 지도자로 화교교육 발전에 크게 공헌했다.

1959~1961년은 화교교육의 전성기였다. 이 시기 통계를 보면 소학교는 53곳, 초급 중학교는 3곳으로 함경북도 청진, 평안북도 신의주, 자강도 강계江界에 위치했고, 고급 중학교는 평양에 1곳이 있었다. 이런 4곳의 중학교의 매년 평균 학생 수는 1,300명 이상이고, 교직원은 150명에 달했다.[18] 평양의 중국인 중학교의 졸업생은 1966년까지 고급 중학교는 11회, 초급중학교는 9회로 400명에 달했다. 중학교를 졸업한 학생 가운데 100여 명은 김일성종합대학 등 30여 개 대학과 전문대학 진학했다.[19] 그리고 20여 명의 학생은 추천을 통해 중국의 심양瀋陽, 장춘長春, 대련大連, 금주金州에 있는 대학에 입학했다. 북한 각 지의 53개 화교소학교는 370여 명의 교직원이 있고, 학생 수는 최고 2,400여 명에 달하기도 했다. 이외에도 5~600명의 화교 자녀는 스스로 북한의 중학교와 소학교를 선택하기도 했다. 이 시기 모든 화

---

18) 章智東,《朝鮮華僑教育簡介》.
19) 劉建偉,《朝鮮華僑教育概要》.

교 자녀는 거의 빠짐없이 교육받았다.

중국과 북한은 한국전쟁 시기에 두터운 우의를 다졌고, 중국은 북한을 위해 큰 희생을 감수하기도 했다. 이로 인해 이 시기 화교교육은 북한 정부와 북한 사람들의 전폭적인 지지를 받았다. 또한 화교학교는 북한 학교 이상의 후한 대우를 받기도 했다.

평양 중국인 고급중학교는 1954년 휴전 직후 설립했다. 북한은 이를 매우 중시했다. 이 학교의 교사는 신속하게 지어졌고, 교육의 질과 표준 수준, 완비된 설비 및 규모도 비교적 컸다. 그리고 주방과 식당, 강당, 도서관, 실험실, 실습공장, 체육관, 유리온실 등이 구비되었다. 학교의 장서는 2만 권에 달했는데, 다량의 도서와 설비를 구비했다. 그리고 상당수의 악기와 체육 기재, 그리고 실험 시설과 도구 및 약물과 표본 등을 갖추었다. 이는 당시 규모와 시설에서 북한 화교학교 중 최고 수준에 속했다.

북한 정부는 화교중학생들에게 장학금을 지급해서 화교의 경제적 부담을 덜어주기도 했다. 칠교七僑의 중학생은 책값만 부담하면 순조롭게 졸업할 수 있었다. 당시 각 중학교의 화교 학생은 대부분 쌀밥을 먹었고, 무료로 병을 치료했고, 주 1회 무료로 목욕했고, 월 1~2회 이발도 했다. 이처럼 화교 학생의 생활과 숙식 여건이 매우 좋았다.

화교학교의 교원을 보충하고 교사의 자질향상을 위해 1955년 12월 평양 중국인 통신사범학교를 설립했고, 이를 평양 중국인 고급중학에 부설로 설치했다. 통신사범대학은 초급과 고급반을 두고 소학교 초급과 고급반 교사를 양성했다. 1936년까지 300여 명을 양성해서 거의 모든 화교소학교 교사가 교육받았다.

고등학교와 중학교 교사 양성 해결을 위해 우수한 졸업자를 교사로 선발해 모교에서 강의하도록 했다. 그리고 1958~1959년 2차례 우수 졸업자를 선발해 귀국시켜 동북사범대학東北師範大學과 금주사원錦州師院, 심양사원瀋陽師院, 대련사원大連師院 등의 대학에 진학시켰다. 1960년 이후 이들 학생은 잇달아 복귀해서 교학을 담당했다. 1958년 이래 화교 학생은 북한의 각 대학에 입학했고, 일부는 졸업 후 모교로 돌아와 교편을 잡았다.

화교학교는 교사들이 보충된 이후에 중국에서 파견된 교사는 속속 귀국했다. 1662년에 이르러 완전히 철수했다.

이 시기에 화교의 교육 사업이 이렇게 빨리 발전한 것은 지원 교사와 화교 교사의 노고와 무관하지 않다. 평양화교중학교의 초대 교장인 최승지崔承志는 가장 어려운 시기에 북한에 와서 학교를 건설하고 개교했다. 그는 많은 어려움을 극복하며 화교교육 사업을 개척해 발전시키기 위해 많은 일을 했다. 장계창張啟昌은 1948년 동북대학 물리학과를 졸업했고, 1951년 봄에 신의주 중국인학교를 설립했다. 그와 교사는 폭격에도 불구하고 반지하 임시교실에서 학생을 가르쳤다. 이들 교사는 수년간 화교교육 사업에 전념하면서 교육 발전에 크게 공헌했다. 이러한 공로에 힘입어 이들 가운데 일부는 북한의 최고인민회의 상무위원회가 수여하는 3급 국기훈장과 공로장을, 일부는 내각의 수상인 김성일의 표장을, 일부는 북한 각 정부의 상장을 받기도 했다. 이들 중 일부는 북한 최고인민회의 상무위원회에서 3급 국기훈장과 공로장을 받았으며, 내각 총리 김일성 상장을 받았으며, 북한 각급 정부로부터도 표창받기도 했다.

(3) 3단계 : 1963~1990년 현재

1960년대에 진입하면서 북한 화교는 계속 귀국했고, 지금까지 8,000여 명에 달했다. 화교 인구의 감소는 화교교육 발전에 큰 영향을 주었다. 화교학교와 학생 수가 급격히 감소했다. 현재 북한에는 평양, 신의주, 청진, 강계 등 4개 지역에 13곳의 중학교와 소학교를 합쳐서 1,300명의 학생과 화교 교사 39명이 있을 뿐이다.

1963년 8월 북한은 보통교육성普通教育省 제17호령令에 근거해 중국인 인민학교, 중국인 중학교에서 사용하던 교재를 모두 북한의 보통 교재로 바꾸었고, 또한 조선어로 교육하도록 결정했다. 그리고 국어 수업도 매주 5교시에서 10교시로 늘려고, 화교 자녀의 일반 학교 입학을 권장했고, 아울러 화교학교의 교장도 북한 사람이 담임했다. 이후 화교연합회는 함흥에서 회의를 열고서 일부 화교학교를 점차 합병하거나 해산하기로 했다. 평양의 승호勝湖 지역의 제4중국인학교는 1964년에 해산했다. 1966년에 이르러 화교학교의 교장은 모두 북한인으로 바뀌었고, 중국인학교는 대다수 폐교되거나 일반 학교로 통합되었다.

1970년대 북한 정부는 재차 화교학교의 관리를 강화했고, 1972년 평양의 중국인 고급 중학교를 정부가 직접 관리했다. 1974년 화교학교의 학제는 완전히 북한과 같아져서, 소학5년, 중학3년, 고등3년으로 바뀌었다. 교과 과정도 일반 학교와 같아졌다. 다른 점은 과목에 중국어를 증설했다는 것이고, 중학교는 매주 6교시, 소학교는 매주 10교시에 달했다. 중국어 교과서는 북한당국이 편찬한 것이고, 대다수 북한교재를 번역한 것이며, 10% 정도의 내용만 중국어 교재에서 선별했다. 중국어 교재는 교육 대강이 없었고, 교사의 교학경험에 의지했다. 이로부터 북한의 화교교육은 이미 독립적인 의미를 상실하고 말았다.

1978년 대학입시가 부활했고, 화교 학생도 대학 진학을 할 수 있도록 중국 정부는 집미集美20)와 광주廣州 두 곳에 화교보교華僑補校를 설립했다. 이렇게 매년 10~30명의 북한 화교 졸업생이 보교補校에 시험을 통해 입학했다. 보교에서 3년 과정을 마친 후에 중국의 대학 시험을 보았다. 이렇게 해서 복건福建의 화교대학과 광주廣州의 기남暨南대학에 진학했다. 이외에도 매년 북한 화교고교를 졸업하고 귀국하면 단동丹東에서 전국고교 통합시험에 참가했다. 현재 100여 명의 화교학교 졸업생이 국내 대학과 화교대학에 합격했다.

2) 문화와 체육

(1) 문맹 퇴치 교육

원래 화교교육은 매우 낙후된 상태였다. 북한은 광복 초에 화교의 문맹률은 전체 인구의 85%에 달했고, 소학교 수준의 문화 수준을 가진 자도 드물었다. 화교연합회를 창립한 후에 추진한 중요한 사업이 식자반識字班을 조직해 문맹 퇴치 사업을 벌이는 것이었다. 1949년 우선 평양과 신의주을 중심으로 40세 이하의 청장년을 대상으로 문맹 퇴치 사업을 전개했다. 화교는 이 사업에 적극적으로 호응했다. 당시 식자반을 만들어 저녁에 수업을 진행했다. 화교는 하루의 피로에도 불구하고 저녁 식사가 끝나면 식자반에서 공부했다. 식자반은 일정한 교재가 있었고, 제1과 내용은 "중국인민정치협상회의中國人民政治協商會議"였다. 문맹 퇴치 운동의 확산을 위해서 1949년 11월

---

20) 집미集美: 현재 복건성 하문시廈門市 중심에 위치한 도시이다. 이곳은 민국民國 시기부터 화교의 발원지로 유명하다. 그중 화교 출신의 교육인 진가경陳嘉庚 (1874-1961)은 1913년에 이곳에 화교를 위한 초중·고등학교 및 집미대학과 하문대학 등을 설립하며 화교교육에 공헌했다. 그 후에 모택동은 그에게 "화교의 모범"이란 칭호를 내리기도 했다.(역자 주)

화교연합회 총회에서 겨울 학습반 개설을 결정했다. 1949년 12월 1일부터 1950년 2월 말까지 3개월 동안 매일 2시간씩 공부했다. 겨울 학습반은 정치반과 문화반으로 양분했고, 식자반 학생은 정치반에 소속되었다.

각지 화교학교의 학생 역시 문맹 퇴치 교육에 적극 협조하며 식자반 운영에 참여했다. 이런 학생들은 낮에는 학생으로, 밤에는 선생이 되었다. 일정한 시간이 지나면서 글자를 몰랐던 화교는 점차 편지를 쓸 수 있게 되었다. 1949년 식자반에 참가한 화교는 전체 인구의 75% 이상을 차지했다. 1950년 한국전쟁이 발발하며 문맹 퇴치 사업은 중단되었고, 1953년 휴전 후에 다시 부활했다. 1954년에 이르러 27개 시군에 11개 식자반이 만들어졌고, 이곳에서 공부한 화교는 1,529명에 달했다. 1954년 12월부터 1955년 2월 말까지 각지에서 다시 동계 학습반을 만들었다. 이런 학습반은 보통반과 속성반으로 나누었고, 보통반은 400자를 속성반은 1,000자를 각각 공부했다. 보통반은 59개, 속성반은 36개로 편성했다. 나머지는 성인학교[21]로 편재했다. 1956년에 이르러 300여 명의 화교는 초등학교 4학년 수준으로 발전했다. 1958년 각지의 화교연합회는 북한의 "문화진군文化進軍 활동"에 호응하여 문화학습반, 혹은 노동자학교를 설립했고, 이를 통해 1,000여 명의 화교가 초등학교 4학년 수준의 문화 수준에 이르렀다. 노동자학교는 2년 안에 초등학교 4~6학년 수준의 도달을 목표로 중국어, 한국어, 산술, 정치 상식, 위생, 농업 지식 등을 공부했다. 그리고 노동자 중에 3년 안에 중학교 수준에 도달을 목표로 삼았다. 1959년 10월 통계에 의하면 북한의 화교는 노동자 소학교 1곳에 학생 30

---

21) 원문은 민교民校로 표기했다.(역자 주)

명, 노동자학교 55곳 학생 1,256명, 한국어 식자반 93곳 학생 1,505명, 중국어 식자반 9곳 학생 78명 등의 학습반을 계획해서 운영했다.[22] 화교 농업과 공업, 그리고 상업이 북한의 농업협동조합과 병합됨에 따라서 화교와 북한 사람과 함께 근무했다. 대부분의 화교는 이때 한국어 학습의 중요성을 충분히 인식했다. 화교연합회는 문맹퇴치사업 과정에서 화교를 조직해 15~45세의 문맹자에게 중국어는 초등학교 수준으로, 간부는 신문과 문서를 볼 수 있을 정도로 학습했다. 1960년 7월까지 북한에 세워진 문맹 퇴치 학습반은 251개로 학생은 3,230명에 달했다. 전체 화교의 한글 문맹률 80.2%였고, 학습반을 설치한 곳의 문맹률은 90.6%에 이르렀다.

4 문화 체육 활동

북한 화교가 종사하는 직업에는 전문 극단이나 다른 문화예술 단체가 없었다. 1947년 화교연합회가 창립된 후에 현황에 따라 화교의 문화생활 활성화를 위해 평양의 중학생을 주축으로 화교극단을 조직했다. 1947년 이 극단은 평양노동극장에서 가극《피맺힌 원한》을 공연했다. 그리고 원산, 함흥, 나진, 청진, 신의주, 남포 등을 순회하며 공연했다. 1948년 7월 평양에서 가극《피맺힌 원한》을 공연해 화교의 열렬한 환영을 받았다. 그리고 각 시군의 화교연합회에서도 극단을 초청해 공연을 요청했다.

신의주 화교 학생은 화교 어린이단을 조직하고 문예선전대를 조직했다.《남매의 황무지 개간兄妹開荒》,《부부의 식자夫妻識字》,《너의

---

22) 馬玉聲,〈華聯會十次執委會上報告〉,《華訊》, 1960.1.30.

채찍을 내려놓아라放下你的鞭子》[23] 등의 소극을 교내외에서 공연했다. 이들은 거리에서 징과 북을 치며 화교를 불러 모아 공연했다. 1948년에는 대형가극인 가극 《한恨》을 공연했고, 후에 신의주에서도 몇 차례 공연한 뒤 의주義州, 용암龍岩 등지에서 공연했다. 이들 공연은 가는 곳마다 화교들의 열렬한 환영을 받았다. 1949년 극단이 가극 《백모녀白毛女》를 공연했고, 이때 일부 화교 청년을 영입했다. 이때 각 지역은 이 극단을 "중국 해방구 예술단"으로 대접할 정도로 큰 인기를 끌었다.

1948년 5.4 청년절에 화교연합회 총회는 화교 학생의 문예공연을 3일간 공연했다. 그리고 설날을 맞아 화교연합회는 다양한 문예행사를 개최했다. 1959년에는 중화인민공화국 수립 10주년을 축하하는 화교연합회 총회에서는 노래, 무용, 연극, 가극, 곡예 등 대규모 문예공연을 개최했다. 화교연합회는 1955년 이동영화 상영 팀을 만들어 각지를 돌며 화교에게 고국에서 제작한 영화를 상영하기도 했다.

화교 체육도 매우 활발하게 전개되었다. 각 지방 화교는 초·중·고등학교마다 각종 구단과 육상팀을 조직해 자주 대회를 열었다. 1948년 5월 4일 화교연합총회는 화교 학생 체육대회를 조직해 구기 종목, 육상종목 등의 시합을 벌였다. 그리고 평양의 중국인 고등학교에서

---

23) 《너의 채찍을 내려 놓아라》: 《의용군 행진곡》을 쓴 전한田漢이 각색한 단막극이다. 원래는 1931년 집단 창작극작가인 천리정陳鯉亭이 집필한 항전抗戰을 위한 마당극이었다. 1936~1937년 사이에 극작가연합회가 이끌던 극인협회와 실험극단이 참가해 선후로 이사회의 이사와 공연부의 부주임이 다양한 진보적 예술가과 협력해서 중국의 진보적 연극운동을 예술적으로 성장시켰다. 길거리에서 작품을 공연하는 형식으로 각본을 만들었고, 배우와 관중이 함께 어우러져 9.18사변을 폭로하고 동북에서 일제의 억압통치의 상황을 관중으로 하여금 단결해서 항일이 유일한 희망임을 인식하도록 했다.(역자 주)

는 매년 한 차례 체육대회를 개최했다. 1959년에는 중화인민공화국 수립 10주년을 경축하기 위해 농구와 탁구대회를 열었고, 농구 경기에는 8개 팀이, 탁구에는 24명의 선수가 각각 참가했다.

5 여론과 선전 활동

화교연합회 총회는 1948년 10월 기관지인 《민주화교民主華教》를 창간했고, 이를 통해 북한 정부의 각종 정책법령과 우수한 성과를 홍보하고 중국혁명의 정세와 현지 화교의 활동을 보도했다.

1951년 인민의용군 사령부가 창간한 신문 《전우戰友》는 화교에게 큰 인기를 끌었다. 1957년 초 화교연합회 총회가 창간해 열흘에 한 번씩 간행한 《화신華訊》은 매번 1,400부를 출판해 평균 10명의 화교 중 1명이 보았다. 1959년 북한 노동당의 허가를 통해 5일 마다 간행하게 되었다. 1964년 《화신》은 폐간되고 반월간의 《학습재료學習材料》로 바뀌었다.

화교연합총회는 북한 정부와 협력해 조선중앙방송의 중국어 방송을 추진했고, 총회에서 아나운서를 파견했다.

화교문화를 널리 알리기 위해 화교연합총회는 화광서점華光書店을 열기도 했다. 1949년 총회는 민주화교사民主華僑社를 창립했고, 《북한 화교의 중화인민공화국 건국 경축》과 《북한개황》 등 다양한 서적을 출판했다.

제2절 북한 화교와 중국

1 화교연합회

1946년 10월 중국동북 주재 북한사무소는 중국과 북한 화교 관계를 더욱 긴밀히 유지하고 북한 화교와의 단결을 도모하고, 교포의 복지사업 전개 등을 위해 화교연합회를 조직해 원래의 화교상회를 대신하기로 결정했다. 그해 12월 평양에서 화교연합회(后에 북한 화교연합로 개칭했고 화연회華聯會로 약칭)을 결성했다. 위원장은 왕정의 王靜宜, 조직부장은 왕배王裴, 선전부장 팽광함彭光涵, 비서는 왕배王裴가 겸임했다.

계속해서 각 도道와 시군별로 화련회의 지부를 만들었다. 화련회와 지부는 상하관계로 상급 기관은 하급기관에 간부 임면권을 보유했다. 각 지부의 간부는 다음과 같다. 평양지부 위원장 왕수정王守正, 평안북도 지부위원장 이종박李從樸, 신의주 지부위원자 채거비蔡去非, 황해도 지부위원장 하수봉夏秀峰, 함경북도 지부위원장 박신재朴辛哉 등이 역임했다.

화련회는 창립 초기 북한노동당 중앙교민위원회와 중국 동북주재 북한사무처의 관리를 받았다. 당시 상황에 따라 화련회의 주요 임무는 국제주의와 애국주의의 사상을 교육해서 북한의 상황을 알리는 것이었다. 북한의 노동당과 정부 방침에 따라 화교에게 북한에 대한 사랑과 북한의 정책과 법령을 준수하여, 북한 사회건설에 적극 참여하도록 했다. 그리고 중국공산당의 강조한 "장계석蔣介石 타도와 신중국의 건설", 그리고 조국의 해방전쟁에 화교의 애국교육과 조국인 동북해방전쟁에 적극 지원하도록 선전했다. 또한 북한과 중국 양국 간의 전통적인 우의友誼를 선전하고, 화교와 북한과의 우호적인 친선 관계 유지와 장애 극복, 그리고 화교 간의 내부 단결, 상호 우애를 교육했고, 이를 통해 화교의 이익과 북한 정부에게 화교의 정당한 요구 등을 요청했다.

1949년 10월 1일 중화인민공화국이 건국했다. 그리고 10월 6일 북한과 중국 양국은 외교관계를 수립했다. 이후 화련회는 북한 주재 중국대사관이 직접 관할했다. 1958년 이후 화련회는 조선노동당 중앙 조직부의 통전과統戰科가 지금까지 관할하고 있다.

화련회의 지방조직은 비교적 빠르게 발전했다. 1957년 화련회 총회 산하에는 10개 도道 위원회와 37개 시군위원회, 138개의 지부가 구성되었다.[24]

화련회 총회의 상설기구는 중앙위원회가 있고, 그 산하에 조직부·선전부·총무부를 두었다. 화련회 총회의 주요 간부는 수차례 교체되었다. 역대 위원장은 정설송丁雪松, 조영덕趙令德, 왕수정王守正, 마옥성馬玉聲 등이 순서로 역임했다. 마옥성은 1979년에 사망했고, 조직부의 지도원인 여지서呂枝瑞는 1983년 5월까지 위원장을 대리 했다. 과거 제4기 위원장까지는 모두 중국에서 파견했고, 제5기부터는 화교가 선임했다. 1983년 5월 화련회는 조직을 개편했고, 위원장 새종항賽宗恒, 지도원 가광륙賈廣陸, 부위원장 겸 조직부장 송병환宋

---

24) 《戰友》, 1957.4.13.

秉煥, 선전부장 육원준陸遠俊, 선전부 지도원 장경파張景波 등을 임명했다.

중화인민공화국 건국 후에 화련회는 적극적으로 각종 사업을 진행했고, 북한 사회주의 건설에 수많은 화교를 조직해 적극적으로 참여시키는 것이었다. 한국전쟁이 발생한 후에 화교의 '항미원조'의 적극적인 참여를 위해 북한 화교는 북한인민군과 중국인민지원군에 지원했다. 전후에 조직한 화교는 적극적으로 사회건설 운동에 참여했다. 동시에 중국과도 긴밀한 관계를 유지했다. 전후로 대표를 파견해 정치협상회의와 전국인민대회에 참여하며 '조국인민'과 함께 '조국건설' 계획을 함께 논의했다. 그리고 수차례 화교의 귀국 관광을 조직해서 조국의 번영된 건설과 아름다운 산하를 참관하는 기회를 만들었다. 대표의 귀국 관광 보고회를 통해서 전체 화교는 '조국'의 찬란한 발전 성과를 목도 했고, 앞으로 더 이상 고립되어 치욕을 겪지 않아도 된다는 확고한 자신감을 널리 알렸다. 그리고 중국공산당과 사회주의 중국을 사랑하는 애국심을 더욱 고양시켰다.

2 북한 화교의 애국운동

1) 국공내전의 지원

1945년 8월 15일 일제가 패망한 후에 국민당은 전면 내전을 일으켰다. 북한 화교는 강력히 내전을 반대했고, 중국공산당은 장개석을 타도하고 '신중국'을 건설자는 주장을 열렬히 옹호했다.

1947~48년 사이에 국민당의 군대는 동북 요동의 대다수 중요도시와 교통 간선 및 인근지역을 점령했다. 그리고 남북을 소통하는 철도

간선을 장악했고, 화동지역 해방구는 산동 일부로 축소되었다. 그리고 산동 전선의 해방군 부상자와 동북 요동 남부의 부상자는 수송의 어려움으로 선박을 사용해 우선 북한 남포항南浦港에 도착한 후에 다시 열차로 남양南陽에서 두만강을 거쳐 연변과 하얼빈哈爾濱으로 이동시켰다. 남포와 평양의 화교는 적극적으로 부상자 운송을 도왔다. 밤에 부상자가 도착하면 화교들은 들것으로 환자를 배에서 열차까지 운반하고 보살폈다. 화교의 환자 이송은 정확해서 한 번도 잘못된 적이 없었다.

1947년 북한은 수백 톤의 화약을 산동에 지원했다. 이번 화약운송은 남포항에 도착한 후에 믿을 만한 화교 가운데 청년을 선발해 경호와 하역 임무를 담당시켰다. 이들은 힘든 임무를 두려워하지 않았고, 높은 경계 수준을 유지하면 하역작업을 완수했고, 제때 산동으로 화물을 운송하며 해방전쟁을 지원했다.

1946년 인민해방군이 요동 일대에 주둔했을 때 병사의 확충을 위해서 현재 안동시安東市, 즉 단동丹東에서 기층의 군사간부를 양성하는 군정대학軍政大學을 창설했다. 당시 신의주시 10여 명의 화교 청년은 이 군정대학에 입학, 인민해방군이 되어 전쟁에 참전했다.

1947년에는 더욱 많은 화교 청년이 전쟁에 지원했고, 이때는 신의주에서 100여 명이 참전했다.

1948년 3월 인민해방군은 대반격을 전개했고, 이로 인해 긴급하게 병사 확충이 필요했다. 북한 신의주에서 귀국해 목단강에 잠시 정착했다 돌아온 100여 호 교민은 바로 60여 명의 청년 부대 출신이었다.

1948년 9월에는 평양 화교중학교 학생 20여 명이 귀국했고, 성련중학省聯中學에 배치되어 공부했다. 이후 전쟁의 전개 상황에 따라 군에 입대했고, 일부는 현재까지 군에서 복무하고 있다.

중국 해방전쟁의 승리는 수많은 인민의 지지와 불가분의 관계에 있다. 북한의 화교 역시 해방전쟁 전선에서 중요한 임무를 담당했다. 1948년 11월 21일 평양시 화교연합회는 제2차 대표대회를 열어서 결의문을 채택하고, 노군勞軍[25]위원회를 조직했고, 광범위하게 노군勞軍지원 운동을 전개했다.[26] 당시 북한의 화교 부녀자는 직업이 없었고, 화련회는 이들을 조직해서 해방군을 위한 군화와 군복을 만들었다. 부녀자는 모두 이 활동에 기꺼이 참가했다. 1948년 김화군金化郡의 화교는 화련회華聯會를 통해 여성마다 자발적으로 해방군의 군화를 만들었다. 양준원梁俊遠과 유금란劉金蘭은 김화군 화교를 대표해 깃발에 "위대한 인민의 지도자 모주석"이란 수를 놓았고, 이는 강원도 화련회의 평가대회에서 수상했다. 한 땀 한 땀 수많은 화교의 애국심과 위대한 모 주석과 인민해방군에 대한 깊은 심정을 담아냈다.

1948년 4월 화련회 총회는 당장 마옥성馬玉聲, 부단장 채거비蔡去非 및 각계 대표 40여 명을 동반해 '조국'인 동북을 방문해 이곳 병사를 위로했다. 화교는 수를 놓은 깃발과 위문품, 위문편지 등을 담아 전달하고 인민해방군에 대한 깊고 돈독한 우정을 표시했다. 위문단은 4량의 기차에 담은 위문품을 갖고 두만강을 거쳐 하얼빈에 도착했고, 당정군黨政軍의 지도와 군중의 열렬한 환영을 받았다. 위문단은 해방전쟁의 상황을 보고 받았고, 병원을 방문해 인민해방군 부상

---

25) 노군勞軍 : 전선에 있는 군대를 지원하는 민중 활동을 지칭한다. 후방의 민중은 낙후된 도구와 당나귀 등을 이용해 식량과 탄약을 등의 군수물자를 전선으로 운반하거나, 도로 보수나 부상병을 후방으로 이송해 치료하는 일을 담당했다. 특히 국공내전 당시 수많은 인민이 노군에 참여해 중공군의 승리에 결정적인 역할을 했다는 평가를 받고 있다.(역자 주)

26) 《民主華僑》, 1948.11.29.

자를 위로했다. 이번 위문 활동은 대표단 구성원뿐만 아니라 북한 화교의 애국심을 고취하여 화교들의 지원활동은 더욱 활발해졌다. 1948년 8월 중순에서 12월 중순까지 불과 한 달여 만에 화교들은 총 200만 원이 넘는 물자와 현금을 기부했고, 위로 서신 1,818통을 쓰기도 했다. 이 중에 황해도 13개 군 3,000여 명의 화교는 46만여 원을 기탁하기도 했다.[27]

어떤 화교는 인민해방군을 지원하기 위해 장신구를 팔기도 했고, 한 노부인은 저금했던 100원을 기부했다가, 아무래도 적어 미안하다고 생각해서 다시 인민해방군에게 편지를 써줄 사람을 찾았다. 서신에 이르길 "저는 비록 적은 돈이지만 마음은 매우 기쁩니다. 적군의 항복을 기다리고 있으니, 저의 낡은 집도 필요 없으니, 군을 지원하는 곳에 쓰고자 합니다."라고 했다. 평양에서 노동하던 한옥향韓玉香이란 여성화교는 자신이 모은 현금 2,000원을 헌납했고, 직접 만든 복주머니 두 개에 100원씩을 담아 병사에게 전달했다. 그리고 어린 아이들도 평소 엄마가 주던 잔돈을 모아서 병사에게 헌납했다. 웅기雄基의 7살짜리 두 아들은 "엄마가 군것질하라고 용돈을 주면 나는 군대를 위문하러 좋은 물건을 사서 해방군 아저씨에게 주어 국민당을 힘차게 쳐부숴달라고 했다."고 말했다. 해주海州 93명의 아동은 4,830원을 헌납했다.[28] 1949년 7월 각지의 화교는 동북행정위원회에 북한 돈 1,296,609원을 헌납했다. 1948년에 화교는 2차례에 걸쳐 인민해방군의 위문금으로 헌납한 총액은 북한 중앙은행권으로 260만~260만 원에 달했다.[29] 북한 화교가 헌납한 물자와 자금은 잇달아

---

27)《民主華僑》, 1948.12.28, 1949.3.21.

28)《民主華僑》, 1948.12.28, 1949.3.21.

29)《民主華僑》, 1948.12.28, 1949.3.21.

중국 동북에 도착했고, 이는 해방전쟁 수행에 큰 도움을 주었다.

중국공산당이 제시한 8개 항목에 서명한 후에 해방전쟁은 승리로 전환되었고, 일부 주요 도시들은 잇따라 해방되었다. 1949년 4월 30일 평양시에서는 1,200여 명의 화교가 남경 해방을 경축하는 대회를 개최했다. 이곳에서 화련회華聯會 위원장인 조영덕趙令德이 연설했다. 대회에서 모주석과 주덕 총사령에게 공개적으로 축하 전보를 보냈고, 조국 해방전쟁의 위대한 승리를 경축했다. 이르길 "이번 승리는 중국 인민이 3년 동안 중국 공산당의 지도하에 전체 당정黨政과 군민이 일치단결해 분투한 결과이고, 무적의 인민해방군은 향해 파죽지세로 적을 향해 전진했다는 소식을 듣고 장개석 군대는 간담이 서늘해 패망하거나, 항복하거나, 괴멸했으니 다른 길은 없었다."라고 했다.

북한의 화교 4만여 명은 매우 기쁘게 춤을 추었고, 청진淸津, 함흥咸興, 철산鐵山, 황주黃州, 신의주新義州, 원산元山, 해주海州, 나남시羅南市, 나진羅津, 강계江界, 강동江東, 재령載寧, 계천繼川, 후창厚昌 등에서도 화교 경축대회를 거행했다.

1949년 10월 1일 신新중국 성립 후, 북한 각지에서 화교들은 노래와 춤을 추면서 승리를 경축했다. 1949년 10월 3일, 북한 화교연합총회는 모毛 주석에게 전보를 보냈고, 그 내용은 다음과 같다.

중화인민공화국 중앙정부 모毛 주석님께

중국 인민이 그토록 오랫동안 갈망하던 신민주주의의 중화인민공화국이 탄생했다는 소식을 듣고 북조선 4만여 화교는 기뻐하지 않는 사람이 한 사람도 없습니다.

저희는 매우 흥분된 심정으로 중화인민공화국과 중앙인민정부의 탄생을 경축하고, 또한 중국 인민이 민주적이고 부강한 독립의 민주주의 길로 나아가게 된 것도 경축을 드립니다.

우리는 모 주석의 호소에 호응해서 "외국인 친구와 단결"했고, 우리와 북한 인민과 함께 단결했으며, 더 나아가 북한에서 2년을 넘게 경제건설을 위해 분투했고, 앞으로 동양의 억압 민족의 완전한 해방과 영구적 세계평화 실현을 위해 분투할 것입니다.

북조선 화교연합회
1949년 10월 3일[30)]

10월 3일 북한 화교총회와 동북인민정부 주재 북한상업 대표단의 주최로 예술극장에서 열린 '신중국' 건국 경축대회에서 총회 부위원장인 마위성馬玉聲은 다음과 같이 말했다. "우리가 고대했던 중화인민공화국이 건국되어 구舊중국이 영원히 사라지고 위대한 신新중국이 탄생했습니다. 우리가 이런 승리를 얻을 수 있었던 것은 위대한 중국 인민의 지도자인 모택동毛澤東과 전국인민이 함께 고난과 시련을 이겨냈기 때문입니다. (중략) 우리 화교는 과거 인민해방전쟁을 지원하면서 적극적으로 조국에 정신과 물질로 헌신했습니다. 그리고 중국의 해방전쟁 승리와 신중국의 건설을 갈망했습니다. 오늘 우리는 이 두 가지 소원을 모두 이루었습니다."[31)]고 했다. 계속해서 각지의 화교는 잇달아 경축대회, 좌담회 등을 거행하며 역사적 승리를 경축했다. 많은 화교는 다년간 국가의 무관심 속에서 해외에서 관심과 보호를 받

---

30) 《民主華僑》, 1949.10.3.

31) 《民主華僑》, 1949.10.3.

지 못했다. 그리하여 수난과 모멸을 당했던 고난의 역사에서 조국 강성의 필요성을 절감했다. 때문에 인민이 주인이 되는 '신중국'이 동방에서 굴기하자 이들이 감격과 기쁨은 이루 말로 형용할 수 없었다.

2) '항미원조'와 화교의 공헌

1950년 6월 미국은 이승만 정권을 지지하며 한국전쟁에 참전했다. 9월 인천에 병력을 집결시켜 상륙작전을 감행해 38선을 넘어 북으로 진격했다. 10월에는 북한과 중국 국경지대로 병력을 집결시키고 전투기를 중국으로 보내 전쟁의 불씨를 확대하기 위해 동북부의 지역을 폭격하기도 했다.

"역사적으로 압록강은 북한과 중국 두 나라를 나누는 장벽은 아니었다."는 점에서 북한은 생사존망의 위기에 직면했다. 중국은 지원군을 파견했다. 의용군은 10월 25일 한반도에 진입해서 북한과 함께 싸웠다. 북한의 수많은 화교는 '조국'에 적극적으로 '항미원조'에 참여했다.

(1) 중국 의용군의 참전

'항미원조' 전쟁 중에 전후 50여 명의 북한 화교 청년이 중국 인민 지원군에 참가했다.[32] 1950년 말에 인민 지원군은 원산시를 수복했고, 화교청년 진장상陳長祥은 정찰대로 입대해 동해안 일대 전투에 참여했다. 상감령上甘嶺 전투에서는 적의 보초병을 생포하는 전공을 세우기도 했다. 그리고 오성산五聖山 전투에서는 불행하게 부상을 입

---

32) 馬玉聲, 〈在朝鮮北部的華僑生活〉,《戰友》, 1955.1.22.

어 두 눈을 잃고 말았고, 이에 북한에서는 그에게 조국해방 기념장과 조국해방 전쟁 공로장을 수여했다.[33] 1951년 봄 김화군金化郡의 한 화교는 18세의 외동아들 유길명劉吉明은 모친이 돌아가시자마자 부친에게 입대를 알리고 중국 인민지원군에 입대했다. 군에 입대한 북한 화교 청년은 대다수 육군에 입대했지만, 공군에도 참전해 매우 용감하게 싸워 수차례 전공을 세웠다. 전투기 조종사인 탕괴湯魁는 용감하게 싸웠고 적기인 F86 세이버Sabre 전투기 2대를 격추해 2등 훈장 1차례, 3등 훈장 1차례를 받았고, 후에는 항공대 편대장이 되었다.

(2) 전쟁 중의 후방 지원

북한 화교는 적극적으로 전선에 참전했고, 일부는 후방에서 지원했다. 즉 환자의 이송, 전쟁 물자 운송, 혹은 소총을 수리하거나 파괴된 도로와 교량을 복구했다. 일부는 수송대에 참가해 무기와 탄약, 식량을 제때 전선으로 보내기도 했다. 관련 통계에 따르면 전쟁 시기 화교가 전선으로 운송한 물자는 4,440량에 달했고, 물자의 하역과 건설에 참여한 인원은 5만여 명에 달했다.[34]

지원군은 북한에 대한 지리와 언어가 통하지 않았다. 그래서 많은 화교들이 지원군을 위해 통역에 참여했다.

자강도慈江道 화교인 유봉기劉鳳起 일가가 바로 그러한 예이다.[35] 1950년 겨울에 중국 인민지원군의 모 부대 16병참의 한 연대가 유봉기가 있던 지역에 주둔했다.

---

33) 許寶璋, 《吉林僑聯》第3期.
34) 馬玉聲, 〈在朝鮮北部的華僑生活〉, 《戰友》, 1955.1.22.
35) 劉桂芝, 《我們華僑願為中國人民志願軍當翻譯》.

유봉기는 지원군에게 집을 내주었고, 동분서주하며 지원군과 북한 군 간의 연락과 통역을 담당했다. 한 번은 유봉기가 지원군의 연락 임무를 수행하다 적기에 의해 폭사당하고 말았다. 그의 부친도 쓰러지자 두 딸은 눈물을 닦으며 부친이 수행 못한 임무를 용감하게 담당하며 지원군의 안내와 통역을 담당했다.

이 밖에도 수많은 화교는 부상당한 지원군과 북한병사를 구호하며 후방 수송을 담당했다.

(3) 물자의 기증

전쟁 시기에 북한 화교는 노동력뿐만이 아니라 의복과 음식을 절약해서 이를 기증하며 전쟁을 도왔다.

1951년 7월 함경북도 화교인 조함은曹咸恩은 북한 돈 3,500원, 황해도의 화교는 92,300원을 기부했다. 그리고 1952년 1월 강계江界의 화교인 오운신吳雲信 등이 20,000원을, 2월 평양과 평안남도 화교들은 576,306원을 각각 기부했다. 자강도 화교의 기부금 305,000원에 달했다.36)

북·중 양국의 군대 지원을 위해 중국에 비행기와 대포를 헌납하는 운동을 전개했다. 북한 화교 역시 이에 호응했고, 1951년 청진에서 농기구 공장을 운영하던 화교 송자욱宋子郁은 20만 원을, 청진 화교인 이계재李桂財는 5만 원을, 평안북도 선천宣川의 화교 만백무萬伯武는 1만 원을 헌납했다. 5월 26일에 이르러 청진시는 32만 원, 평안북도 선천군은 25만 원, 자강도 화교는 815,000원을, 황해도 화교는 7,821,200원을 헌납했다. 이렇게 북한 전역에서 무기 구입을 위해

---

36) 《戰友》, 1951.7.5, 1952.1.5., 1952.2.4.

서 화교가 기부한 총액은 4만 2,172원에 달했다. 무산茂山의 화교 포목상인 곡유동曲維東은 1951년 자동차 1대와 면포 1대 트럭분을 기부했고, 1952년에는 다시 차량 1대를 기부했다.

전쟁 중 북한은 미군의 포격으로 만신창이가 되었고, 식량뿐만이 아니라 채소 역시 매우 부족했다. 전쟁 기간 중에 화교가 기부한 채소의 수량은 헤아리기 어려울 정도였다.

1951년 청진 화교인 장계선張啟先은 채소는 6,000근을, 평안북도 화교인 왕정건王正乾 역시 23,000근을, 황해도 화교는 7,164근을 각각 기부했다.[37] 1952년 평양과 평안남도 채소 19,337kg을, 자강도 화교는 5,700kg을, 황해도 화교는 4,365kg의 채소를 각각 헌납했다.[38] 1953년 평양대타령大駝嶺 화교 왕명산王明山은 4,620kg의 야채를 헌납했다.[39]

병사를 위로하고 독려하기 위한 화교와 화교 학생들이 보낸 위문편지와 위문품도 적지 않았다. 1952년 2월 황해도 화교는 한 번에 318,780원에 달하는 위문품을 병사에게 보냈다.[40]

북한 화교가 '항미원조'에 기여한 공로는 북한과 중국 양국의 우호 증진과 북한 화교사의 내용을 더욱 풍부하게 만들며 양국관계의 새로운 장을 열게 했다.

---

37)《戰友》, 1951.7.5.

38)《戰友》, 1952.2.4.

39)《戰友》, 1953.6.18.

40)《戰友》, 1952.2.4.

제7장
현대 한국 화교

제1절 한국 화교의 일반개황

1 화교 인구와 본적

일제가 항복한 후에 중국은 3년간의 국공내전을 치렀고, 또한 한국
전쟁이 발발해서 한국과 중국의 교통은 두절되고 말았다. 당시 한국
의 화교 인구는 커다란 증가와 감소는 없었다. 한국의 화교자치연합
총회 조사에 따르면 한국 화교의 인구는 1948년 17,443명이었던 것이
1953년에 21,058명으로 증가했고, 1954년에는 총인구수가 22,090명에
달했다.[1] 성별의 비율은 비교적 유사했다. 그중에 남성은 12,740명,
여성은 9,350명으로 나타났다.[2]

한국 화교의 출신지는 북한과 비슷해서 산동성 출신이 가장 많았
다. 때문에 혹자는 이르길 "한국 화교 사회는 산동동포가 천하를 차
지하고 있다."고 할 정도였다. 1954년 말 조사에 따르면 전체 화교
22,090명 가운데 산동 출신은 20,251명으로 91.22%를 차지했다. 다른
지역을 보면 하북이 837명으로 2위였다. 한국 화교의 본적 상황을 열
거하면 다음과 같다.

---

1) 盧冠群, 《韓國華僑經濟》, 8쪽.
2) 王治民等, 《韓國華僑志》, 51쪽.

표 7.1

	본적	인구수		본적	인구수
1	산동山東	2,0251	6	호북湖北	67
2	하북河北	837	7	광동廣東	56
3	요녕遼寧	508	8	복건福建	17
4	절강浙江	125	9	호남湖南	17
5	강소江蘇	113	10	기타	99

2 인구 분포와 직업

한국 화교 대부분은 주로 대도시에 집중 거주했고, 가장 많이 거주한 지역은 서울, 부산, 인천, 대구 등 4개의 도시로 나타났다. 이곳에서 전체 화교 인구 64.71%가 거주했다. 한국전쟁 발생 이전에는 서울에 화교가 가장 많았다. 1948년 한국 화교 자치총회의 조사에 의하면 화교의 구체적인 분포 상황은 아래 표와 같다.[3]

표 7.2 1948년 도시별 화교 인구 통계 상황표

지역	호수	인구수
서울	1,111	6,603
인천仁川	701	4,016
영등포永登浦	141	698
대구大邱	140	633
군산群山	98	535
부산釜山	95	493

---

3) 王治民等, 《韓國華僑志》, 51쪽.

1950년 한국전쟁이 발발하자 서울과 인천의 많은 화교는 대구와 부산釜山으로 이주했다. 때문에 한국전쟁 이전보다 대구와 부산 지역의 화교 인구는 대폭 증가했다. 특히 부산의 증가 추세는 대구보다 많았다. 서울과 인천은 전쟁으로 도시의 파괴가 심각했고, 군항이 되어버린 인천에는 더 이상 상선이 정박할 수 없게 되었다. 이로 인해 많은 화교는 귀국할 수가 없었다. 한국전쟁 후에 한국 화교의 인구는 여전히 부산이 가장 많았다. 1954년 통계에 따르면 구체적인 상황은 아래 표와 같다.

표 7.3 1950년 도시별 화교 인구 통계 상황표

지역	인구	도시	인구
서울	4,368	전주全州	247
부산釜山	5,032	정읍井邑	291
인천仁川	3,098	청주清州	273
대구大邱	1,864	조치원鳥致院	89
영등포永登浦	877	강경江景	288
군산群山	630	예산禮山	149
이리裡里	335	목포木浦	133
광주光州	410	순천順天	143
수원水原	597	진주晉州	162
대전大田	318	경주慶州	124
마산馬山	288	서산瑞山	181
강릉江陵	175	북평北坪	60
제주濟州	135	통영統營	40
온양溫陽	112	영동永同	71
괴산槐山	115	영광靈光	46
춘천春川	101	제천提川	60
천안天安	92	무주茂朱	33
당진唐津	119	옥천沃川	39

지역	인구	도시	인구
충주忠州	106	보령保寧	78
음성陰城	59	원주原州	17
안성安城	89	송정리松汀里	46
홍성洪城	101	공주公州	55
김천金泉	83	부여夫餘	70
포항浦項	110	거제도巨濟島	140

한국 화교는 주로 식당을 경영하는 수가 4,990여 명으로 전체 화교에서 1/4를 차지했다. 그리고 다수의 화교는 소규모 잡화 판매점 등을 운영했다. 농업에 종사한 화교 역시 적지 않았고, 이들은 인천과 영등포 등에 집중되었다. 구체적인 내용은 아래 표와 같다.

표 7.4 한국 화교의 직업분포도

업종	인구수	업종	인구수
음식업	4997	공업	736
잡화	1003	농업	933
의약	103	무역	187
행상	410	공교	176
기타	1,3545	(학생과 무직자 포함)	

1954년 조사에 의하면 한국 화교의 직업 분류와 분포는 다음과 같다.4)

---

4) 王治民等,《韓國華僑志》, 51쪽.

표 7.5 1954년도 한국화교의 직업 분류와 분포

지역	직업							
	음식	공업	잡화	농업	의약	행상	교사	기타
서울	1,345	238	324	17	20			2,372
부산釜山	1,437	188	62	22	19	207	68	2,875
인천仁川	275	114	68	489	6	72	18	2,056
대구大邱	243	47	61	5	16	16	15	1,461
영등포永登浦	92	25	6	189	2	3	4	556
군산群山	59	15	39	30	1	2	7	477
이리裡里	34	4	35	13		16	2	231
광주光州	93	6	20	42		12	4	233
수원水原	105	15	25	7		4	3	428
대전大田	92	19	9	4	6	2	3	184
마산馬山	84	2			1	1	2	198
전주全州	132		22	15	2	3	3	170
정읍井邑	89	4	20	2	1	4	2	169
청주淸州	80	17	12	4	1	2	2	155
조치원鳥致院	25	1	1	6	1	1	1	53
강경江景	20	7	12	10		5	2	172
예산禮山	21		23				1	104
목포木浦	38		7				1	82
순천順天	51		3				1	86
진주晉州	43		4				2	109
경주慶州	52		2				1	59
서산瑞山	50		10			9	1	97
강릉江陵	31		5			3	1	129
제주濟州	40		6				1	84
온양溫陽	35		21			11	1	40
괴산槐山	31		19	4	1			06
춘천春川	51		3			1		46
천안天安	21		6			7	1	57
당진唐津	18		23		2		1	57

지역	직업							
	음식	공업	잡화	농업	의약	행상	교사	기타
충주忠州	22		31	3	1		1	48
음성陰聲	7		14	1				37
홍성洪城	20		29		2			50
금천金泉	30		1	1			1	50
포항浦項	36			2	1	1	1	69
북평北坪	12		4	1			1	42
통영統營	18		3	5		2	1	8
영광靈光	5		3					37
안성安城	15		2	22		6		44
제천提川	9		6	4		8		33
무주茂朱	4		12					17
옥천沃川	11		7	12	1	7		26
보령保寧	24	2	12	1	1	2		25
송정리松汀里	18	4	2		2			8
공주公州	25		7	6		2		26
부여夫餘	12	4					1	38
거제도巨濟島	17						2	121
원주原州	5				3			6

표 7.6 1957년 한국 화교의 직업종류와 분포표

지역	직업									
	음식	잡화	공업	농업	무역	의약	행상	교사	학생	기타
서울	790	42	84	58		190	187	316	1,352	2,265
부산釜山	308	47	2	17	42		418	50	815	2,171
인천仁川	395	75	67	472			28	21	570	1,616
대구大邱	637	176	107	31			52	29	313	707
영등포永登浦	123	2	25	217	5	5		5	262	330
군산群山	188	129	6	123			27	22		89

지역	직업									
	음식	잡화	공업	농업	무역	의약	행상	교사	학생	기타
이리裡里	90	20	6	22				3	105	64
광주光州	164	108	9	117		14		5	98	24
수원水原	120	18	10	51		4		4	142	347
대전大田	109	3	18	3			4	3	87	226
마산馬山	146							4	35	37
전주全州	134	59	3	33			3	3	76	63
정읍井邑	24	53	4	6			5	1	79	131
청주淸州	140	17	24	2				5	73	20
조치원鳥致院	60	2		31		2		2	22	
강경江景	81	50	18	10				5	64	
예산禮山	18	20						3	32	66
목포木浦	21	2					1	2	31	77
순천順天	75	35		2			5	1	15	10
진주晉州	96	1	2	1				2	37	22
경주慶州	60	21						1	33	9
서산瑞山	42	60					33	1	35	25
강릉江陵	54	35		2			2	3	35	15
제주濟州	75	20		12			6	4	21	3
온양溫陽	22	9		1				1	33	52
괴산槐山	45	14							15	33
춘천春川	90	15		5						38
천안天安	50	7		5				3	27	
강진姜晉	16	20		1				1	29	55
충주忠州	70	20		6			4	1	24	7
음성陰聲	10	13		1			2	2	13	22

지역	직업									
	음식	잡화	공업	농업	무역	의약	행상	교사	학생	기타
홍성洪城	22	40						1	32	
김천金泉	62	5					2	1	24	32
포항浦項	40	30						2	20	18
북평北坪	20	10								18
통영統營	25	3								17
영동永同	13	8						1	14	31
안성安城	10			8				1	20	67
영광靈光	30	67						4		
제천提川	20	10						2	18	10
보령保寧	25	15						1	14	23
원주原州	31	3		1				1	5	17
송정리松汀里	26	18								12
공주公州	27	19								8
부여夫餘	18	26				1				14
조수肇水	19	24								13
무주茂朱	4	10								21
옥천沃川	30	4								

3 화교 사회와 자치단체

한국 화교 단체는 일제가 투항한 후에 비로소 만들어지기 시작했다. 1947년 한국주재 중국영사 유어만劉馭萬은 국내법에 근거해서 "한국자치총회"를 만들었다. 그리고 한국의 현縣과 시市를 48개 자치구를 나누어 각 구區마다 사무소를 설치했고, 자치총회가 이를 통일적으로 관리했다. 구의 장과 그 아래에는 보장保長과 갑장甲長을 두었고, 이들은 모두 화교 출신으로 선거로 선발했다. 한국전쟁이 끝난 후에 화교단체는 큰 변화를 겪으며 "한국 화교자치연합총회"를 만들었다. 초대 회장으로 장자천張子泉이 역임했다. "자치연합총회"는 자치구 45곳, 인천에 있는 자치회 1곳, 거제도에 특보特保를 두었다. "한국 화교연합회"는 조직에 관한 장정章程을 5장 20조로 만들었다. 이외에 청년, 여성, 교사 등이 단체를 만들기도 했는데, 예를 들면 교사로 이루어진 "재한 화교교사 연의회聯誼會"등이 그것이다.

제2절 경제와 문화 상황

1 경제상황

일제가 패망한 후에 한국의 화교경제는 이런 기회를 충분히 이용하며 영향력을 확대했고, 재차 튼튼한 기반을 조성하며 한때 상당히 번창했다.

한국 화교의 경제 회복은 무역상에서 먼저 시작되었다. 전후 초기에 한국은 달러가 부족해서 매우 귀했고, 반면에 화교 수중에는 다량의 달러를 보유했다. 이는 화교무역이 활성화하는 결정적 요인으로 작용했다. 당시 한국에는 교통, 도로, 주택, 공장과 광산, 농업 등 방면의 건축자재는 대다수 수입에 의존을 했고, 다량의 일용품 역시 수입에 의존해 공급되었다. 화교 무역상은 홍콩과 상해, 천진, 청도 등에서 신속히 화물을 한국으로 운송했고, 그 과정에서 수익을 획득했다. 1949년 한국경제연감의 통계 자료를 보면, 1946년 한국 수출 총액은 한국 금액으로 47,099,922원이었고, 그중에 대일 무역은 8,874,699원으로 전체 18%를 차지했다. 나머지 3,800여만 원은 주로 화교무역에 의한 것으로 총액에서 82%에 달했다. 1947년도 수출액 가운데 대미무역은 52,722,450원으로 총 수출액의 약 47.5%를 차지했고, 이를 제외하면 대중교역은 941,269,434원으로 전체 수출액의 약 52.5%를 차지했다.5)

수입 상황은 수출과 대체로 유사했다. 1946년 수입 총액은 168,406,057 원이고, 그중 대중무역은 159,204,915원으로 총액 중에 84%를 차지했다. 1947년 수입 총액은 208,815,206원이고 대중 무역액은 94,269,434 원으로 전체에서 45%를 차지했다.[6] 이상에서 알 수 있듯이 한국은 제2차 대전 이후에 수출은 물론 수입에서도 대중국 무역이 큰 비중을 차지했다. 이는 필연적으로 화상에게 큰 기회로 작용하면서 화상 무역 의 발전을 촉진시켰다. 당시 한국은행은 대중국 무역에서 화교 자본이 약 70%, 한국 상인자본은 30%를 차지한다고 추정하기도 했다. 이는 전후 한국의 대중무역에서 화교 무역상이 차지하는 위상을 보여주는 것이다.

1948년 한국에는 13개의 핵심 화교 무역상이 있었는데, 만취동萬 聚東·계중啟中·호혜互惠·정흥덕正興德·익창덕益昌德·인창仁昌·복 륭상福隆祥·익태동益泰東·광태장廣泰廠·화교華僑·천덕天德·중한中 韓·남측南方 등이 그들이다. 이들 13개 무역상은 1948년 1년간 수입 한 액수는 18억 7,600여만 원으로 당시 남한 수입 총액이 88억 5천 700만여 원인 점을 고려하면 무려 21%에 달했다. 화교의 수출액은 11억 6300억 원으로 한국 수출 총액은 71억 9,500여 원에서 16%를 넘게 차지했다. 이런 13개 무역상의 수입 초과액은 16억 6,000여만 원으로 43%를 넘었다. 아래 표는 1948년 한국 13개 화교 무역상의 수출과 수입 실적표이다.[7] 이는 한국 상공부의 통계에 근거했다.

5) 王治民等,《韓國華僑志》, 77쪽.
6) 王治民等,《韓國華僑志》, 77쪽.
7) 盧冠群,《韓國華僑經濟》, 75쪽.

표 7.7 1948년 한국 13개 화교 무역상의 수출입 통계표

무역상	소재지	수입액	수출액	차액
만취동萬聚東	인천	416,450,245	284,804,240	167,646,005
계중啓中	인천	294,297,698	93,243,194	198,862,504
호혜互惠	인천	331,658,163	196,954,437	134,703,726
정흥덕正興德	인천	204,717,215	157,293,440	47,423,776
익창성益昌盛	인천	58,191,109	24,983,900	33,207,209
인창仁昌	인천	296,671,805	62,199,033	3,224,772
복륭상福隆祥	인천	8,691,840	2,928,000	5,763,840
익태동益泰東	인천	9,621,155	8,144,368	976,787
광태성廣泰成	인천	35,938,206	6,070,210	29,867,996
화교華僑	인천	141,119,942	86,292,840	59,824,170
천덕천덕	인천	39,272,426	36,431,630	2,840,796
중한中韓	인천	34,742,400	19,460,800	15,281,600
남방화교南方華僑	인천	4,918,780	803,880	4,114,900
합계	인천	1,876,290,984	1,163,609,972	700,688,080

표 7.8 한국 화교 업종의 시기별 비교표(1948년 10월)[8]

업종	일본투항 이전 수량	일본투항 이후의 수량	현재 수량
음식업	175	157	32
무역업	4	11	15
철공	5	2	7
제약	6	2	8
양조	1	4	5
제화	4	0	4
이발	2	3	5
목공	3	6	9
재봉	3	13	16
잡화	17	27	41

---

8) 盧冠群, 《韓國華僑經濟》, 75쪽.

업종	일본투항 이전 수량	일본투항 이후의 수량	현재 수량
제과점	1	5	6
채소상	1	1	2
여관	1	1	2
의원		1	1
모피		2	2
목욕	1	3	4
안경	1	2	3
합계	225	238	463

한국전쟁 후에 한국 화교의 경제적 호황은 무역상사의 활약에서 뿐만이 아니라 다른 잡화상의 비교적 빠른 발전에서도 볼 수 있다. 전체 화교경제는 전쟁 이전의 침체 상태에서 벗어나 총체적인 호황 국면이 전개되었다. 앞의 표는 서울 화교의 전전과 전후의 업종별 상황을 비교한 것으로, 전후 화교경제 상황이 매우 낙관적이었다는 사실을 알 수 있다.

이상의 표에서 알 수 있듯이 당시 화교경제는 여러 업종에서 발전했고, 그 속도 역시 놀라울 정도였다. 한국은 이를 평가하며 이르길 전후 3년간 화교경제의 발전 속도가 과거 70년 이상에 달했다고 평가했다. 당시에 평가에 따르면 전후 서울 화교상점의 자산은 3,000만 원 이상이 25곳, 1,000만 원 이상이 31곳, 500만 원 이상은 93곳, 50만 원 이상은 155곳 등으로 파악했다. 화교 자산은 비교적 풍족해졌고, 이는 전쟁 이전과 비교할 수 없을 정도였다.[9]

그러나 미래 상황은 그다지 낙관적이지 않았다. 한국 정부의 재건 이후 화교상에 대한 배제 정책이 단행되면서 화교경제, 특히 무역 분

---

9) 盧冠群, 《韓國華僑經濟》, 76쪽.

야에서 커다란 타격을 받았고 점차 내리막길을 걷게 되었다.

1950년대 초여름에 화상의 창고는 모두 한국 정부에 의해 폐쇄되며 국유화되었다. 계속해서 한국전쟁이 발발하면서 화교 자산은 남김없이 약탈당했고, 화상은 총 3억 원 이상으로 추정되는 막대한 손해를 감수해야 했다. 그리고 1954년에 이후에 이르러 비로소 화교경제는 비로소 조금씩 회복되기 시작했다. 1954년 서울에 소재한 비교적 유명한 화교 무역상에는 교풍공사僑豐公司·진화상행進和商行·신륭공사新隆公司·수풍산업공사水豐産業公司·영흥산업상행榮興産業商行.화흥산업상회和興産業商行·미아상행美亞商行·중림기업상행中林企業商行·건흥실업상행建興實業商行·건영상행建永商行·신흥실업상행新興實業商行·건영상행建永商行·신생기업상행新生企業商行·동신실업상행東新實業商行·천보무역상행天保貿易商行·동보산업상행東寶産業商行, 신풍무역상행新豐貿易商行·연우상행聯友商行·천양상행泉洋商行·익흥실업상행益興實業商行·천덕양행天德洋行 등이 있었다. 그러나 정식으로 등록한 곳은 교풍공사僑豐公司와 천덕양행天德洋行 2곳에 불과했다. 자산 규모가 가장 컸던 곳은 교풍공사였고, 주로 한국 광공업에 투자했으며 중국, 홍콩, 일본, 미국 등에도 지점을 설치했다. 한국 정부는 화상의 발전을 제한했다. 예를 들면 외화 할당에 있어 한국 상인은 공정 환율로 이루어진 반면에 화상은 이런 동일한 대우를 받지 못했다. 때문에 화상은 한국회사가 은행에서 신용대출을 받을 수 있는 편리한 조건에 맞추어 한국인과 합작해서 회사를 만들었다. 이런 한중합작 회사는 한국인 명의로 등록했고, 화교가 경영했다. 대다수 자본의 지분은 화교가 소유했다. 1954년 통계에 따르면 당시 한국의 무역상은 약 400여 개 곳이 있었고, 그중에 합작회사는 29개에 달했다. 서울 한 곳만 해도 한중합작 회사는 무려 17곳에

이르렀다.[10]

한국 화교의 공업은 매우 박약했다. 철공소는 11곳이고, 그중에 쌍화상雙和祥과 복취성福聚盛의 규모가 비교적 컸고, 각 지역에 지점을 두었다. 나머지는 모두 소규모로 노동자는 보통 30~40명에 달했다. 이전에는 모두 화교를 고용했지만, 현재는 소수의 한국인도 고용했다. 이런 공장은 주로 가마솥과 쟁기의 날 등 농기구를 만들었다.

양조장은 12곳으로 규모는 매우 작았다. 한국은 일찍이 술의 수입을 금지했고, 한국인은 중국의 술을 좋아했기 때문에 판로는 양호했지만 확장 가능성은 크지 않았다.

무역에 종사하는 상행商行 업종이 매우 힘들었기 때문에 음식업을 경영하는 화교가 날로 증가했다. 서울 중화상회의 1954년 12월 조사에 의하면 서울에 직업을 둔 1996명의 화상 중에 음식업 종사자는 1,345명으로 전체에서 절반 이상을 차지했다. 반면에 상공업자는 353호로 그중 음식업 종사자는 307호에 달했다.

화교가 운영하는 음식점은 대규모 식당과 작은 분식집이었다. 대규모 식당은 규모가 크고 음식의 품질과 좋았고 다양했지만, 그 수가 많지 않았다. 유명한 곳으로 아서원雅敍園과 대려도大麗都 등이 있다. 소규모 분식점은 규모가 매우 작았고, 이곳을 호떡집이라고도 불렀고, 주로 호떡, 꽈배기 등을 만들었고, 이런 종류의 점포는 수량이 매우 많았다. 하지만 규모가 너무 적어서 자영으로 경영했고, 수입도 매우 적었다. 한국의 음식점의 세금은 비교적 중해서, "유흥세", "특별소비", "영업세" 등 화교가 부담하기 힘든 경우도 많았다. 때문에 음식업에 종사하는 화교는 생계만을 꾸리는 경우가 다수였다.

---

10) 盧冠群, 《韓國華僑經濟》, 81쪽.

화교로 농업 종사는 적지 않았다. 특히 인천이 군항軍港으로 바뀐 뒤에 상업이 부진해서 농업종사자가 증가했다.

1957년 4월 통계에 따르면 전라남도 화교 가운데 화농은 모두 375호, 1,247명에 달했다.[11] 화농은 채소를 가장 많이 재배했고, 집집마다 규모는 매우 작았고, 방법도 영세해서 일 년 내내 일해도 가족밖에 부양할 수 없었다.

한국의 화교경제는 정부의 통제를 받지 않은 적이 없었다. 전후 한국경제는 경제적 혼란과 경제 회복 단계를 경과했다. 1970년대 경제가 발전하는 단계에 이르러 화교 생활 역시 이에 상응하며 개선되었다. 그럼에도 한국 화교는 여전히 서울, 부산, 인천, 대구, 광주 등 몇 개 도시에 집중되었고, 업종도 주로 음식업이 주를 이루었다. 기타 업종은 잡화점, 한의원, 의원, 약방, 여관, 양복점, 철공소, 무역상, 음식 가공 공장, 목욕탕, 서점, 화랑, 건축업, 요리사 등이 있었다. 화교는 성실하고 힘든 일을 견디었기 때문에 기본적으로 거의 모두 중상위 이상의 생활 수준을 유지했다. 최근 10여 년 동안 대다수 화교는 모두 자신의 점포, 주택 등의 부동산과 대다수는 개인 자동차를 소유했다.

2 교육상황

일제는 강점 시기에 일본 법령으로 외국인의 학교설립을 제한했고, 한국의 화교교육은 매우 낙후되었다. 제2차 세계대전이 끝난 후에 한국의 화교학교는 소학교 6곳, 중학교 1곳으로 모두 700여 명에

---

11) 盧冠群, 《韓國華僑經濟》, 85쪽.

이르지 못했고, 전부 남학생이었다. 대다수 화교의 자제들은 제때 교육을 받지 못했다.

일제가 패망한 후에 한국전쟁 발생 전 5년 동안 한국의 화교교육은 발전의 기회를 맞이했다. 각 지역에 새롭게 세워진 화교소학교는 14곳으로 이전의 6곳 소학교를 포함해서 20곳에 달했다. 초급 중학교는 1곳이었다.

각 지역에 새로 건설된 화교소학교는 14곳으로 기존 6개 초등학교를 포함해 모두 20곳이며 초급중학교는 1곳이다. 화교 인구의 약 10%인 2,000여 명의 학생이 공부하고 있으며 여학생도 있어 교육의 질도 많이 향상되었다. 학생 수는 이미 2,000여 명으로 이는 전체 화교 인구의 10%에 달했고, 여학생도 취학했으며 교학의 수준도 명백히 높아졌다.[12]

한국전쟁 발발 후에 대다수 학교는 소실되었고, 일부만이 전쟁의 참사를 피했지만, 화교 피난민에게 점거되면서 학교는 1년 정도 휴교해야만 했다.

한국전쟁이 끝난 후에 화교학교는 다시 발전의 기회를 맞이했다. 1952년에서 1958년 사이에 소학교는 15곳이 증가했고, 부산, 인천에는 중학교가 각 1곳이 세워졌다. 서울의 중학교는 고중高中 반을 새롭게 세웠다. 1957년 통계에 의하면 한국에는 고중부高中部를 포함해 모두 3곳의 중학교, 소학교 36곳, 중학생과 소학생은 모두 4,900여 명에 달했다.[13]

한성화교중학교는 1948년 봄에 보습반으로 설립했고, 같은 해 9월

---

12) 王治民 等, 《韓國華僑志》, 90쪽.
13) 王治民 等, 《韓國華僑志》, 91쪽.

에 1~2학년 1개 반을 모집해 정식으로 수업을 시작했다. 1950년 6월 한국전쟁이 발발한 후에 부산으로 학교를 이전했고, 이듬해 부산 교외에서 천막을 치고 수업을 계속했다. 1954년 2월 한성화교소학교의 교사를 잠시 빌려 개강했다. 1955년 말에 새로운 교사를 준공했고, 1959년에 완공되어 한국한성화교중학교로 교명을 정식으로 변경했다. 학교는 모두 3층 건물로 120평 부지에 4,000만 원을 들였다. 이곳은 한국 화교학교의 최고 학부가 되었다.

부산화교중학교는 1953년에는 부산의 구영사관을 교사로 삼았고, 1954년에 신 교사를 건축해서 한국부산화교초급중학으로 개칭했다.

인천 화교초급중학은 1957년 구영사관을 인천 소학의 기초로 삼아서 교사를 새롭게 건축했다.

대구화교초급중학은 1958년 9월에 설립했다.

한국 화교의 소학교 분포 상황을 보면 경기도 4곳, 충청남도 7곳, 충청북도 4곳, 경상남도 5곳, 경상북도 6곳, 전라남도 4곳, 전라북도 4곳, 제주도 1곳, 강원도 1곳에 달했다.

이러한 36곳의 소학교와 중학교는 9곳이 100명 이상이었고, 500인 이상은 3곳, 50명 이하인 곳은 22곳, 30명 이하인 곳은 9곳에 달했다.

화교중학교와 소학교의 학제와 교학은 대만과 같았고, 다만 영어와 한국어를 증설했다. 교과서는 영어와 한국어를 제외하고는 모두 대만학교와 같은 교재를 사용했고, 중국어를 사용해 강의했다. 한국 매년 화교중학교 졸업생하고 난 후에 대만의 고등학교와 전문대학에 진학했다.

1952년 중졸자 60명이 대만으로 건너가 첫 시험을 치렀고, 33명이 고등학교에, 27명이 사관학교에 입학했다. 1957년까지 대만학교에 입학한 학생 수는 464명에 달했다.

화교학교의 모든 경비는 대부분 교민 학교 운영자가 모금을 통해 해결했다. 학교와 일상의 경비는 주로 학비로 지급했다. 화교는 학생부양의 부담이 매우 컸고, 학교의 경비는 매우 빠듯했다. 그래서 학교의 도서와 실험자제 및 체육시설 등이 항상 부족했다. 39개 초·중·고교 가운데 제대로 된 도서관과 실험실도 한 곳도 없었다. 심지어 학생의 책걸상까지 겨우 조달할 정도였다. 오지의 학교는 교실이 거의 없었고, 한 교실을 여러 학년이 함께 사용하는 복식 학급제 교학 방식을 채택했다. 이와 같이 교학 경비가 부족했고, 교학 조건과 시설도 매우 초라했다.

1957년 통계를 보면 한국의 39개 초·중·고교에는 총 148명의 교사가 있었다. 서울, 부산, 인천, 대구 등 4개 도시의 교사는 91명이고, 나머지 29개 지역은 57명에 불과했다.[14] 각 학교는 1953년 이전에 기본적으로 모두 해당 지역에서 교사를 초빙했다. 하지만 학교가 증가하면서 교사도 부족해졌고, 그래서 1954년부터 대만에서 교사를 채용했고, 또한 화교중학교 졸업생은 대만사범학교 입학을 독려했다. 1955년 이후 수시로 우수한 초등학교 교원을 대만사범학교에 1년간 연수를 보내 화교 교원과정을 수료하도록 했다. 1957년까지 모두 24명의 우수 교원을 보내 연수를 보내 큰 효과를 거두었다. 1957년에 이르러 각 지역 화교중학의 교사 부족 문제는 해결되었다. 절반은 학학교에서 합격한 인원, 절반은 대만사법대학과 전문대학 졸업생으로 충당하며 교학 수준은 계속해서 높아졌다.

초·중·고교 교사의 임용은 학교장이 학기 시작 전에 1년씩 임용 절차를 통해 채용했다. 교장과 교사의 대우는 다른 학교와 모두 동일

---

14) 王治民等, 《韓國華僑志》, 100쪽.

했다.

한국 화교학교는 모두 이사회를 두었고, 각 학교 교장은 이사회가 채용해서 대사관에 보고했다. 교장은 대외적으로 학교를 대표했고, 대내적으로 교무를 총괄하면서 교원을 선임했다. 그리고 교원의 50%의 범위에서 교원 임무를 수행했다. 그리고 화교 교사들은 친목회를 설립하기도 했다.

한국 화교 역시 사회교육을 중시해서 주로 성인 대상 보습교육을 실시했다. 예를 들면 여성 문맹 퇴치반의 경우 14~50세 문맹 여성을 대상으로 실행했고, 여성협회가 서울, 부산, 인천, 대구, 수원 등에서 운영했다. 그리고 여성봉제 보습반에서 훈련받는 대다수 역시 15~30세의 여성이었다. 이밖에 한글과 영문 및 음악 학습반과 하계강습반 등도 개설했다.

현재는 한국 화교의 생활개선에 따라 이들은 자녀교육에 치중하고 있다. 화교 초·중·고 학생들은 모두 표준 중국어와 한자 사용에 능숙하다. 외부의 영향으로 일부 화교 학생은 해외로 유학을 떠나는 추세도 있다. 중학교를 졸업한 학생이 미국이나 호주 등지로 유학을 떠나 정착하며 새로운 발전을 도모하고 있다.

3 문화와 체육

한국 화교는 한국전쟁 이후 2개의 중국어 신문을 간행했다. 첫째는 《중화시보中華時報》로 1953년 봄에 창간되었다. 대표인 주협朱協과 편집장인 오진우吳振宇가 모두 고등교육을 받았고, 중국 문화와 화교 사회에 정통한 인물이다. 《중화시보》가 발간된 이후 많은 화교에게 환영받았지만 운영 비용과 기타 사정으로 1956년 5월 폐간되고 말았다.

중화시보中華時報가 폐간된 후에 화교 소식이 끊기면서 복간 요청이 쇄도했다. 이에 오진우 등의 노력으로 1957년 5월에 개명하여 다시 《한화일보韓華日報》을 창간했다.

1953년 말부터 한국 서울 중앙방송국에서는 매일 중국어를 방송을 시작했고, 화교가 중국어 앵커를 선발하여 파견하기도 했다. 1955년 10월에는 중국어는 방송 시간을 매일 1시간을 증편해 오전과 오후 30분씩으로 늘어났다.

한국 화교들은 희극을 좋아해서 설날마다 무대에 오르기도 했다. 청년층은 연극을 좋아했고, 일반 화교 역시 대다수 중국 영화를 즐겨 보았다.

한국 화교는 체육 활동을 활발히 전개했다. 매년 3월 29일에 화교 청년배 농구대회를 개최하기도 했고, 대만을 방문해 경기에 참가하기도 했다. 대만의 화교 체육회에는 한국에 화교지부를 두기도 했다.

부록
한국 화교사 대사기大事記*

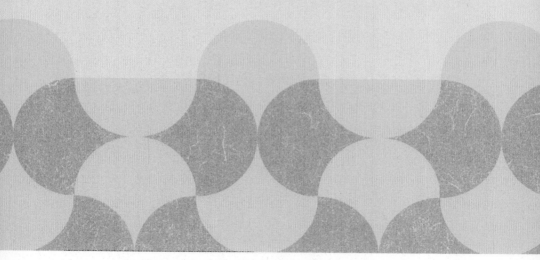

---

* 유사 이래로 많은 중국인 한국으로 이주했다. 하지만 대다수 구체적 연대와 인원
및 성명 등 분명한 기록이 없다. 이런 내용은 〈대사기〉에서 생략했다.

연대	사건
B.C 1066	• 은나라 말기 왕족인 기자箕子가 5천 명을 이끌고 조선으로 이주함
209	• 진秦나라 말에 전란을 피하기 위해 많은 중국인들이 조선으로 피난하여 거주했다. 산동 반도에서 바닷길을 거쳐 조선의 중·남부로 들어와 현지 민족과 융합해서 진한辰韓을 건국했다. 요동반도에서 육로로 조선 북부로 이주한 중국인은 고조선의 준왕準王 이들을 받아들여 조선 서부에 거주시켰다.
95	• 연燕나라 사람 위만衛滿은 무리를 거느리고 조선에 들어왔고, 고조선의 준왕이 관직과 봉토를 주고 서부에 주둔시켰다.
194	• 위만은 고조선의 준왕을 공격하고 스스로 왕이 되며 위만조선을 건국했다. 한나라 초기에 천문에 정통한 왕중王仲과 광경王景이 조건에 거주했다.
A.D 109	• 한나라 무제는 위만조선을 멸하고 이곳에 낙랑樂浪, 임둔臨屯, 진번眞番, 현토玄菟의 사군을 설치했다. 한나라 관리와 사람을 사군에 이주시켰다. 무제 팽오彭吳을 조선에 파견해서 수리水利를 정비하도록 했다.
375	• 동진東晉의 박사인 고흥高興이 백제에 도착했다.
541	• 양梁나라 육후陸詡는 백제에 도착해 경학을 강의했다. 공장工匠과 화가 역시 백제를 방문했다.
	• 당나라 태종太宗은 진대덕陳大德을 신라에 파견했다.
926	• 발해가 멸망하고 다수의 왕족과 평민이 고려로 이주했다. • 장군 신덕申德 등 500명이 고려로 이주했다. • 대화균大和鈞은 백성 100여 호를 통솔해 고려로 이주했다. • 박어樸漁가 백성 1,000여 호를 통솔해 고려로 이주했다.
927	• 발해의 오흥吳興 등 50명이 고려로 이주했다. • 승려인 재웅載雄 등 60명이 고려로 이주했다.
928	• 발해의 김신金神 등 3차례에 걸쳐 군중이 고려로 이주했다.
929	• 발해의 홍견洪見 등 2차례에 걸쳐 300여 명이 고려로 이주했다.

연대	사건
934	• 발해의 세자인 대광현大光顯이 백성 수만 명을 이끌고 고려로 이주했다.
938	• 발해의 박승樸升이 900여 호戶를 이끌고 고려로 이주했다.
957	• 후주後周의 쌍기雙翼는 전수사前隨使로 고려에 도착했지만 병으로 귀국하지 않고서 관리에 임용되었다. 이때 고려의 광종光宗에게 당唐의 과거제도 실행을 건의했다. • 북송 시기 다량의 상인이 고려를 방문해 상업 활동을 했다. 송의 진종眞宗시기 9차례 271명, 인종仁宗시기 39차례 1,387명, 영종英宗시기 8차례 7명, 신종神宗시기 21차례 451명, 철종哲宗시기 18차례 763명, 휘종徽宗시기 13차례 290명 등 모두 103차례 3,169명이 고려에서 상업 활동에 종사했다. 그중에 일부 상인은 고려에 정착했고, 관리에 임용되었다. 고려의 수도에 있는 수백 명의 중국인은 다수가 복건 출신으로 상선을 타고 왔다. 몰래 이들의 능력을 시험해서 벼슬로 유인하거나 강제로 평생을 머물도록 했다. • 송상인 황흔黃忻 부자와 황문경黃文景 고려에 머물러 귀국하지 않자 관직을 제공했다. 황문경을 권지각문權知閤門 저후柢侯로 임명했다. • 고려 목종시기(998~1009) 송의 문인 주녕周佇이 고려로 왔고, 관직은 예부상서까지 올랐으며 1024년에 사망했다.
1016	• 거란인 96명이 고려로 이주했다.
1017	• 거란인이 5차례에 걸쳐 7,161명이 고려로 이주했다.
1018	• 거란인이 3차례에 걸쳐 14명이, 여진인 200호가 고려로 이주했다.
1022	• 거란인이 3차에 걸쳐 34인이 고려로 이주했다.
1023	• 거란인이 3차에 걸쳐 32인이 고려로 이주했다.
1024	• 거란인 3명, 서여진 90명이 고려로 이주했다.
1028	• 여진인 2차에 걸쳐 800호가 고려로 이주했다.
1029	• 거란인 1호, 동여진 300호가 고려로 이주했다.
1030	• 거란인이 2차에 걸쳐 7명, 서여진 27호가 고려로 이주했다.

연대	사건
1031	• 발해인이 5차에 걸쳐 수백여 명이 고려로 이주했고, 그중에 1차는 500명에 달했다. 거란인 19인, 여진인 340호가 고려로 이주했다. 송나라 문인 대익戴翼이 고려로 이주했고, 후에 관직이 유림랑儒林郎 수궁령守宮令에 이르렀다.
1032	• 발해인이 8차에 걸쳐 120명, 거란인은 8차에 걸쳐 29인, 서여진인 8명이 고려로 이주했다.
1033	• 거란인이 2차에 걸쳐 29인, 서여진이 6명이 고려로 이주했다.
1040	• 거란인이 2차에 걸쳐 40호, 서여진이 13인이 고려로 이주했다.
1047	• 거란인 2명, 동여진이 2차에 걸쳐 312호가 고려로 이주했다. 고려 문종시기(1047~1082) 송나라 진사인 신수慎修가 고려로 이주했고, 관직은 수사도좌복사참지정사守司徒左僕射參知政事에 이르렀다. 그의 아들인 신안지慎安之 역시 고려에서 관직을 역임했다.
1052	• 동여진 48명이 고려로 이주했다.
1055	• 거란인 15명이 고려로 이주했다.
1058	• 송나라 의사인 강조동江朝東와 상인 초종명肖宗明이 고려로 이주했고, 모두 관직을 역임했다.
1061	• 송나라 진사인 진위陳渭, 초정肖鼎, 초천肖遷, 엽성葉盛 등이 고려로 이주했고, 무도 문관직을 역임했다.
1072	• 동여진 25명이 고려로 이주했다.
1074	• 송나라 의사와 화가가 고려의 요청을 받고서 고려로 이주했다. 둔갑遁甲을 강연하는 장완張琬이 고려로 이주했고, 太史監侯를 역임했다. 이을 전후로 송의 문인 주항周沆이 고려로 이주했고, 예빈성주부禮賓省注簿를 역임했다.
1078	• 동여진 17명이 고려로 이주했다.
1081	• 서여진 17명이 고려로 이주했다. 고려 선종宣宗 시기(1084-1094) 송의 문인 유재劉載가 고려로 이주했고, 관직은 수사공상서우복사守司空尚書右僕射에 이르렀다. 1118년에 사망했다.

연대	사건
1091	• 송의 문인 전성田盛, 무장 동양東養이 고려로 이주해서 모두 관직을 임명했다.
1101	• 송의 문인 소규邵珪, 육정준陸廷俊, 유급劉伋이 고려로 이주했다. 고려는 이들에게 관직을 사여했다. 여진인이 2차에 걸쳐 7명이 고려로 이주했다.
1107	• 동여진 3,230명이 고려로 이주했다.
1116	• 거란인 33명, 발해인 44명, 여진인 15명과 한인漢人이 4차례에 걸쳐 67명이 고려로 이주했다.
1117	• 발해인 52인, 거란인 18인, 여진인 8인이 고려로 이주했다. 고려 예종睿宗 시기 (1106~1122) • 송의 문인 호종단胡宗旦이 고려로 이주했고, 관직은 기거사인起居舍人에 달했다. 인종 시기(1123~1146) 송의 문인 임완林完이 고려로 이주했고, 관직은 국자사업國子司業에 달했다. • 이를 전후로 송의 문인으로 진사 출신인 장정張廷, 노인盧寅, 장침章忱 등과 유지성 劉志誠, 두도제杜道濟, 축연조祝延祚 등이 고려로 이주해서 관직을 수여받았다. • 명종 시기(1711~1197) 거란인 위초尉貂가 고려로 이주해 관직을 수여받았다.
1225	• 주희의 후손인 주경돈朱景陶 등 8명이 고려로 이주했다.
1274	• 원의 세조는 여제국女齊國의 대장공주大長公主인 쿠틀룩켈미쉬忽都魯揭里迷失을 고려의 충렬왕에게 출가시켰다.※ 이듬해 공주는 충렬왕을 따라 고려로 이주했고, 1296년에 사망했다. ─── ※ 당시 충렬왕은 원나라의 인질이 되었다. 고려왕은 원의 인질이 되었고, 고려왕이 사망한 후에 왕자는 비로소 귀국해 왕위를 계승했다.
1277	• 원은 죄인 33명을 탐라로 유배시켰다. • 원은 1275~1340년 사이에 5차례에 걸쳐 죄인 250명을 고려로 유배보냈다.
1296	• 원은 진왕의 여식인 계국대장공주蓟國大長公主 보탑실령寶塔實憐을 고려의 충선왕에게 출가시켰다. 1298년 충선왕을 따라 고려로 이주했다. 1315년 사망했다. 그의 후손인 공주 야속진也速真은 고려 충선왕에게 출가해서 아들을 낳아 충숙왕이 되었다. 야속진은 1316년에 사망했다.

연대	사건
1310	• 원의 유녕왕流寧王과 그의 가족 50여 명이 고려로 이주했다.
1316	• 원의 영왕營王 여식인 한국장공주漢國長公主는 고려의 충숙왕에게 출가했고, 같은 해 왕을 따라 고려로 이주해서 1319년에 사망했다.
1324	• 원의 위왕魏王 아목가阿木哥의 여식 조국장공주曹國長公主인 금동金童은 고려 충숙왕忠肅王에게 출가해 고려로 이주해 아들을 한명 낳았다. • 원의 공주 백안홀도伯顏忽都는 고려 충숙왕에게 출가했고, 고려로 이주했다.
1330	• 원의 진서무정왕초팔鎮西武靖王焦八의 여식 역련진반亦憐真班 공주는 충혜왕忠惠王에게 출가해서 고려로 이주해 아들 1명을 낳았다. 그가 충목왕忠穆王이고, 역련진반은 1375년에 사망했다. • 원은 명종明宗의 태자인 타권첩목이妥懽帖睦爾을 고려로 유배했고, 이듬해 사면해 귀국시켰다.
1340	• 원의 이란계왕李蘭溪王이 고려로 유배되었다.
1350	• 원 위왕魏王의 딸 노국개장공주女魯國大長公主 보탑실리寶塔失里가 공민왕恭愍王에게 출가했고, 이듬해 고려로 이주해서 1365년에 사망했다.
1351	• 공자의 53대 후손 공완孔浣의 차남 공소孔昭는 원의 한림학사인 호(扈)를 따라 노국대장공주를 따라 고려에 도착했다. 모든 집안이 이주해 고려의 수원에 거주했다.
1356	• 고려 평양도 순문사巡問使인 이여경李余慶은 여진족 남녀 20여인을 헌납함에 이들을 양광도楊廣道에 거주시켰다. 동북의 병마사는 여진의 여자 20명을 헌납하자 각 관청의 노비로 분속分屬시켰다. • 이시기를 전후로 원의 회골回鶻 출신 설손偰遜이 고려로 이주하자 고창후高昌侯로 봉했다. 1360년에 사망했다. 그의 5명 아들은 모두 고려에 거주하며 관직을 역임했다. 장자인 설장수偰長壽는 고려에서 판삼사사判三司事를 역임했다. 조선 건국 후에 설장수의 관직은 문하시중에 달했다. 일찍이 8차에 걸쳐 명의 사신으로 나갔고, 1399년에 사망했다. 둘째 아들 설미수偰眉壽는 조선에서 의정부 참찬을 역임하며 2차례 명의 사신으로 나갔고, 1415년에 사망했다.
1359	• 요심遼瀋의 군민 230호가 고려로 이주했고, 고려 서북부에 거주했다.

연대	사건
1370	• 원의 진사 배주拜住인 한복韓複이 고려로 이주했고, 관직은 대광서원군진현관대학사大匡西原君進賢館大學士에 달했다.
1372	• 명의 서촉왕西蜀王 명옥진明玉珍의 아들인 명승明昇이 고려에 이주했다. • 고려의 우왕禑王 연간(1375~1388) 원래 원의 장수인 나세羅世가 고려로 이주했고, 고려의 전라도 상원수上元帥 겸 도안무사都按撫使를 역임했다. 1390년 왜구가 고려를 침략할 때 나세는 군대를 이끌고 격퇴해 승리하며 전공을 세웠다. 당시 심양 출신 변안렬邊安烈 역시 고려에 거주하며 양광도楊廣道와 전라도 도지휘사都指揮使 겸 조전무솔助戰無帥를 역임하며 외구의 조선침략에 저항하며 전공을 세웠다.
1373	• 명나라 상인 이원조李元粗는 화약제조법을 알았고, 고려에서 상업에 종사하면서 고려인 최무선崔茂宣이 그의 화약 제조법을 습득했다. 그 후에 고려는 새로운 화기를 제작했고 이후 왜구의 침략을 격퇴하는 중요한 역할을 했다.
1382	• 명나라 문인 선윤지宣允祉 사신을 따로 고려로 이주했다가 귀국하지 않았다. 이를 전후로 명나라 사람 당성唐誠이 율령을 알았고, 고려에 장착한 후에 공안부윤恭安府尹에 임관했다. 1413년에 사망했다.
1386	• 명나라는 고려에 사신을 파견해 원말과 명초에 고려에 거주했던 중국인 4만여 호의 송환을 요구했다. 이를 전후로 고려에 거주하며 임관했던 문인으로는 사역완司譯浣에 임관한 장현張顯, 중국어를 강의했던 한방)韓昉), 이원필李原弼, 이吏의 조숭덕曹崇德, 의사인 이민도李敏道는 관직이 상의중추원사商儀中樞院事까지 올랐고, 1395년에 사망했다.
1404	• 요동에서 90명이 조선※으로 이주했고, 후에 다시 150호가 이주하자 조선의 서북에 안치했다. • 이해 임팔자실리林八剌失里는 18,600호를 이끌고 조선으로 이주했다. 조선은 그와 가속을 천왕경千王京에 안치하고, 나머지는 경상도와 충청도 및 전라도 등에 나누어 안치했다. 후에 명조의 요구에 따라 조선을 이들을 다시 돌려보냈다. 하지만 2,225명이 도망해서 여전히 조선에 은거했다. ※ 1393년 조선의 건국.

연대	사건
1415	• 명나라 장인 유사의劉思義, 이선李宣은 조선에 거주하며 "당선唐船"을 제조했다.
1461	• 명나라 사람 왕인王仁, 서자徐刺, 양인梁寅, 동국보동國保와 그의 처가 조선에 이주했다. 조선은 이들을 광주, 전주, 순창, 남원 등에 안치하고 한전閑田을 주어 경작하되 5년으로 한정을 했고, 관에서는 의복을 제공했다. ※《조선왕조실록》 세조 7년 6월 3일.
1517	• 여진인 30여 호가 이주하자 여연閭延, 무창茂昌에 안치했고, 수년 후에 90호로 증가했다.
1628	• 명나라 사람 239명이 이주하자 이들을 평양에 안치했다.
1631	• 선윤지宣允祉의 후손인 선약해宣若海가 조선의 절도사로 임명되어 후금의 신하로 나갔다.
1635	• 조선을 지원한 명의 장수 한종공韓宗功의 손자 한등과韓登科가 조선으로 이주했다.
1636	• 명의 상장인 전모田某가 조선으로 이주했다.
1644	• 명의 대신 석성石星과 동생 석규石奎의 아들 석계조石繼祖와 증손인 휘정徽貞이 조선으로 이주했고 안협安峽에 거주했다.
1645	• 산동 임흥臨朐의 풍씨馮氏가 이주했다. 그의 후손은 현재 한국에서 "임흥풍씨종친회"를 조직했다.
1650	• 명의 관리 황공黃功이 이주했고, 병조참의兵曹參議를 역임했다.
1655	• 한등과韓登科가 판순이 넘자 상서로 숙종에게 알현했다. 숙종은 "술과 의식"을 하사하도록 했다.
1681	• 숙종은 한등과, 유태산劉太山에게 옷감을 하사했다.
1700	• 명의 장수 강세작康世爵이 이주했다. 후에 조선여성과 혼인해 아들 2명을 낳았다.
1731	• 영종은 강세작의 후손을 아전의 이吏로 삼았다.
1759	• 공소孔昭의 후손인 공서린孔瑞麟은 관직이 대사헌大司憲까지 올랐다.

연대	사건
1760	• 조선을 지원했던 명군 제독인 이여송李如松의 손자인 이훤李萱은 영종을 모시고 이여송을 제사했다. 이선은 진해현감鎭海縣監을 역임했다.
1773	• 영종은 강세작 후손인 강상효康相堯를 북도北道 변경 장수로 삼았다. 명나라 장수인 전모의 후손 전득양田得兩은 경상병사慶尙兵使가 되었다. 영종은 황명인皇明人의 자손들에게 혹은 급제及第를 내리고 혹은 가자加資하며 혹은 말을 주고 혹은 궁시弓矢를 내렸다. 그 밖의 아이와 노약자에게는 쌀을 내리고 미혼자는 해당 관청으로 하여금 혼수婚需를 도와주게 하였다.
1788	• 영종은 황공黃功의 증손인 황세중黃世中을 오위장五衛將으로 삼았다. 아울러 조선에 거주하는 명의 관리 후손을 만났다. 상서 전응양田應揚의 7대손인 전세풍田世豊, 관찰사 왕집王楫의 7대손 왕도성王道成, 시랑 정문겸鄭文謙의 5대손인 정창인鄭昌仁, 상생庠生 왕상문王尙文의 5대손 왕원충王願忠, 상생 풍삼사馮三仕의 6대손인 풍경문馮慶文 등은 모두 관직을 담임했다.
1791	• 정조正祖는 이여송李如松의 후손과 석성石星의 동생인 석린石案의 현손 석한영石漢英과 석한준石漢俊 등을 접견하고 관직을 하사했다.
1792	• 정조는 공소孔昭의 후손인 공윤동孔允東을 접견했다.
1793	• 정조는 이선李萱의 아들 이원李源을 지중추부사知中樞府事로 삼았다.
1794	• 중국의 신부인 주문모周文謨가 조선으로 들어가 선교를 했고, 1801년에 체포되어 순교했다.
1799	• 정조는 조선을 지원했던 명조의 후손을 접견하고 이여송의 후손인 이종윤李宗胤을 아장亞將으로 삼았다.
1801	• 순종純宗은 이여송의 후손 이승李承을 부총관副總管으로 삼았다.
1803	• 순종은 조선을 지원한 명조 후손을 접견했다.
1825	• 순종은 조선을 지원한 명조 후손을 접견했다.
1843	• 헌종은 조선을 지원한 명군의 제독提督인 마귀麻貴 후손인 마하백麻夏帛을 접견하고 관리로 임명했다.

연대	사건
1874	• 광동 출신 화상 담걸생譚傑生이 한국에 도착해서 한국 근대 화상의 시조가 되었다. 담걸생은 서울에서 동순태同順泰 무역상행을 창업했고, 인천, 부산, 원산, 군산 등에 지점을 개설했을 뿐만 아니라 상해, 광동, 홍콩, 일본의 나가사키長崎에도 지점을 열었다. 당시 한국에서 가장 규모가 방대한 국제무역 상행이 되었다.
1882	• 8월, 《중국조선상민수륙무역장정中國朝鮮商民水陸貿易章程》을 체결했다. 이로써 양 국은 해금 정책을 철회하고 해상무역과 중국 상민商民이 한국에 이주하기 시작했다.
1883	• 《길림조선상민수시무역장정吉林朝鮮商民隨時貿易章程》과 《봉천여조선변민교역장 정奉天與朝鮮邊民交易章程》을 체결했다. 이로써 한중 양국은 변경무역의 확대와 중 국 상민의 조선에 이주하는 기초를 마련했다. • 상해초상국上海招商局의 광제륜廣濟輪은 상해-연대-인천 항로를 정기적으로 운항 했다. • 이해에 한국의 화교 인구는 162명에 달했다.
1884	• 4월 2일 《인천구화상지계장정仁川口華商地界章程》을 체결하고, 인천은 최초로 화상 의 조계지가 되었다. • 이 해에 한국의 화교 인구는 666명에 달했다.
1885	• 한국의 화교 인구는 264명에 달했다.
1886	• 한국의 화교 인구는 468명에 달했다.
1887	• 산동 출신 화교인 왕모王某와 강모姜某가 한국으로 이주했고, 경기도 부천군에서 채소밭을 경영하며 화교 농업의 효시가 되었다.
1891	• 원산과 부산도 화상의 조계지로 개항했다. • 이 해에 한국 화교 인구는 1,489명에 달했다.
1892	• 6월19일. 《조선전운아문여화상동순태호대관합동朝鮮轉運衙門與華商同順泰號貸款 合同》을 체결했다. • 10월6일. 《조선전운아문여화상동순태호속정대관합동朝鮮轉運衙門與華商同順泰號 續訂貸款合同》을 체결했다. • 이상 2건의 차관은 모두 청조가 "백은 20만 량"을 출자한 것이고, 화상인 동순태同順 泰 무역상의 명의로 조선 정부에 대출한 것이다.

연대	사건
1892	• 같은 달 《조선전운아문여화상동순태호약구천수소화륜조규朝鮮轉運衙門與華商同順泰號約購淺水小火輪條規》를 체결했다. 이 조약을 근거로 동순태同順泰 투자 지분을 장악하며 통혜通惠 선박회사를 창립하고 인천-용산 간 내지 화물 운송 담당했다. • 이 해 한국 화교 인구는 1,805명에 달했다. • 원산 화상인 동풍호同豐號는 원산 지방정부에 2,000원을 기부했다.
1893	• 통해通惠 선박회사의 설립과 경영은 자본금을 가장 많이 출자한 화상華商 동순태同順泰의 대표인 담이시譚以時가 장악했다. • 같은 해, 마차 운송회사를 화교가 설립하고 서울과 인천 간 여객운송 사업을 운영했다. • 이 해에 한국의 화교 인구는 2,182명에 달했다.
1894	• 7월 중일전쟁이 발발했고, 한국에 주둔한 청조 영사관 인원이 귀국했다. 청조는 영국 영사관에 화교의 보고를 위탁했다. • 11월12일 조선과 총 9개 조항의 《보호청상규칙保護淸商規則》을 체결다.
1896	• 청일전쟁과 한반도에 상륙해 전쟁에 참가한 청조의 병사인 여국안呂國安 등 30여 명이 조선에 정착했다. • 조선의 의병장인 안승우安承禹 부대는 일제에 대해 항일 투쟁을 전개했고, 아울러 수차례 전공을 세웠다. • 청조의 조선주재 상무위원인 당소의唐紹儀는 총 4개 조항의 《화상조규華商條規》을 제정했다.
1899	• 9월11일. 총 15조항의 《중한통상조약中韓通商條約》을 체결했다.
1900	• 산동출신 화상 서광빈徐廣彬이 한국으로 이주해서 아서원雅敍園을 창업하고 당시 최고 유명한 고급음식점이 되었다.
1901	• 서울의 화상은 광동방幇, 남방방, 북방방이 연합해 한성중화상회를 만들었다. 계속해서 인천, 원산, 부산, 신의주에서 역시 상회를 조직했다. 이를 기초로 서울에서는 중화상무총회中華商務總會가 만들어졌다.

연대	사건
1902	• 인천 화교인 김경장金慶章 등이 자본을 모아 인천 화교학당仁川華僑學堂을 설립했다.
1907	• 한국 화교는 1,713호 7,902명이고, 그중에 남자는 7,739명, 여자는 163명에 달했다.
1908	• 한국 화교는 2,012호 9,978명이고, 그중에 남자는 9,600명, 여자는 378명에 달했다.
1909	• 3월28일. 청조 혈연주의를 원칙으로 하는《대청국적조례大淸國籍條例》를 반포했다. • 서울 화교 장시영張時英 등은 자본을 모아 한성화교학당漢城華僑學堂을 설립했다. • 한국 화교는 1,856호 6,568명이고, 그중에 남자는 6,183명, 여자는 405명에 달했다.
1910	• 3월11일. 총14개 조항의《한국인천, 부산, 원산중국조계장정韓國仁川, 釜山, 元山中國租界章程》을 체결했다. • 한국 화교는 2790호, 11,218명으로 그중에 남자는 10,729명, 여자는 1,089명에 달했다. • 8월22일. 일제는《한일합병조약韓日合併條約》으로 한국을 강점했다. 청조와 조선의 외교관계는 단절되었고, 청은 서울에 총영사관을 설치했다.
1911	• 5월. 조선총독부는《관영사업금지사용중국인지법령官營事業禁止使用中國人之法令》을 반포했다. • 10월10일. 중국에서 신해혁명이 발발했고, 중국은 공화정을 선포했다. • 이 해 한국 화교 인구는 남자 11,145명, 여자 692명으로 모두 11,837명에 달했다.
1912	• 1월1일. 중화민국이 건국했다. 서울의《화교상보華僑商報》는 축하문을 게재했다. 중화민국정부는 서울에 총령사관을 두었다. • 이 해에 한국 화교 인구는 남자 14,593명, 여자 924명으로 모두 15,517명에 달했다.
1913	• 중국과 일본 간에《재한중화민국거류지에 대한 폐지협정關於在朝鮮中華民國居留地廢止之協定》을 체결했다. • 이 해에 한국 화교는 3875호, 16,222명으로 그중에 남자는 1523명, 여성은 987명에 달했다. 화교 노동자 67명이 파업에 참가했고, 체포되어 투옥된 화교는 181명이다.
1914	• 한국 화교 인구는 남자 15,745명, 여자 1,137명으로 모두 16,884명에 달했다.
1915	• 신의주 화교소학교를 설립했다. • 이 해에 한국 화교는 3821호, 15968명으로 그중에 남자는 14,714명, 여자는 1,254명에 달했다.1,100명의 화공이 파업에 참여했다.

연대	사건
1916	• 한국 화교의 인구는 남자 15,496명, 여자 1,408명으로 모두 16,904명에 달했다. 88명이 파업에 참여했다.
1917	• 조선통독부는 관비官秘 제 17호령을 반포해 "하루에 30명이상을 고용하는 경우 반드시 해당지역 도道의 장관 동의서를 첨부해야한다"고 규정했다. • 이 해에 한국 화교는 4,722호로 17,967명에 달했고, 그중에 남자는 16,241명이고, 여자는 1,726이다.
1918	• 조선통독부는 《외국인의 한국입국에 관한 법령關於外國人入鮮之法令》을 공포했고, 계속해서 《조약에 근거에 거주지가 없는 자유로운 외국인에 관한 법령依據條約無居住自由之外國人之關係法》을 반포해 "조약에 근거해 거주지가 없는 자유 외국인이 노공에 종사하는 경우 반드시 지방장관의 허가를 받아야 하고, 이전 거류지 이외에 곳에 거주하거나 그 업무를 수행할 수 없다"고 했다. 위법자는 "100원 이하의 벌금에 처한다"고 정했다. • 이 해에 한국 화교 인구는 남자 20,264명, 여자는 163명으로 모두 21,894에 달했다. 1,187명이 파업에 참가했다.
1919	• 3월 11일. 한국 전역에서 3.1운동을 전개해 일제 식민통치에 항거했다. 수많은 화교가 항일 운동에 동참했고, 327명의 화공이 파업에 참여했다. 화교 정인호鄭寅琥는 항일 비밀 조직에 참가했다. • 이 해에 한국 화교 인구는 5,218호 18,588명으로 그중에 남자는 16,897명, 여자는 1,691명이다.
1920	• 한국 화교 인구는 남자 21,380명, 여자 16명으로 모두 23,981명에 달했다. 180명의 화공이 파공에 참가했다.
1921	• 한국 화교 인구는 7,093호, 24,695명으로 그중에 남자는 21,912명, 여자는 2,783명에 달했다. 553명의 화교가 감옥에 투옥되었고, 그중에 6명이 옥사했다. 99명의 화공이 파업에 참여했다.
1922	• 한국 화교 인구는 7,260호, 30,826명으로 남자는 27,623명, 여자는 3,203명에 달했다. 79명의 화공이 파업에 참여했다.

연대	사건
1923	• 조선총독부는 중국의 주단綢緞과 모시를 "사치품"으로 규정하고 수입세를 50%로 높였다. • 원산 화교소학교를 설립했다. • 이 해에 한국 화교는 8,638호, 33,654명으로 그중에 남자는 29,947명, 여자는 3,707에 달했다. 164명의 화공이 파업에 참여했다.
1924	• 조선총독부는 중국의 주단과 모시에 대해 수입세를 100%로 높였다. • 이 해에 한국 화교는 8,638호, 35,653명으로 남자는 31,194명, 여자는 4,459명에 달했다. 571명의 화공이 파업이 참여했다.
1925	• 한국 화교는 9,902호, 46,196명으로 남자는 40,527명, 여자는 5,669명에 달했다. 261명의 화공이 파업에 참여했다.
1926	• 한국 화교 인구는 10,126호, 45,291명으로 남자는 3,982명, 여자는 5,471명에 달했다. 133명의 화공이 파업에 참여했다.
1927	• 12월 7일~17일. 전라남도 이리에서 발발한 배화사건이 신속히 전라북도로 확대되었다. 그리고 충청도, 경기도, 서울, 인천에서도 배화사건이 발생했다. • 이 해에 한국 화교는 10,663호, 50,058명으로 남자는 43,173명, 여자는 6,883명에 달했다. 746명의 화교가 파업에 참여했다.
1928	• 한국 화교 인구는 10,902호 52,054명으로 그중에 남자는 43,828명, 여자 8,216에 달했다. 435명의 화공이 파업에 참여했다.
1929	• 한국 화교 인구는 11,996호, 56,672명으로 남자는 47,226명, 여자는 9,446에 달했다. 823명의 화교가 파업에 참여했다.
1930	• 한국 화교 인구는 12,596호, 67,794명으로 남자는 55,973명, 여자는 11,821명에 달했다. 1,608명의 화공이 파업에 참여했다.
1931	• 7월2일. 인천에서 배화사건이 발생해서 전국으로 확대되었다. 특히 평양의 배화가 특히 극심했다. • 10일에 이르러 배화사건이 안정되었다. 화교의 사상사가 무수히 많았고, 재산 손실은 막심했으며 다수가 귀국했다.

연대	사건
1931	• 7월 7일. 중공中共의 만주성滿洲省 위원회는 《만보산사건과 한국배화참안 선전대강 萬寶山事件及朝鮮排華慘案宣傳大綱》를 발표했다. 국민당 선전부 역시 선전대강을 발표했다. • 중일 간에 한국 배화안에 대해 교섭을 했지만 결과를 얻지 못했다. • 신주의 운산雲山의 화공과 화농의 화교소학교 3곳이 설립했다. 대구와 군산에서 화교소학교가 설립했다. • 이 해에 한국 화교 인구는 36,778명이 감소했다.
1932	• 한국 화교 인구는 37,732명에 달했다. 진남포鎭南浦에서 화교가 소학교를 설립했다.
1933	• 한국 화교 인구는 41,266명에 달했다.
1934	• 한국 화교 인구는 49,334명에 달했다. 신의주 운산북진雲山北鎭에 2곳의 화교소학교가, 대유동大楡洞에 화교소학교가 설립했다. • 1935년 조선총독부는 화교의 입경에 인구세 징수를 실행했고, 화교는 반드시 현금 100원을 입국할 때 납부하도록 했다.
1936	• 한국화고 인구는 31,711명에 달했다.
1937	• 15명의 화교가 "간첩죄"로 체포되어 투옥되었다.
1938	• 8명의 화교가 "간첩죄"로 체포되어 투옥되었다.
1938	• 한성화교학교 중학부를 설치했다. • 9명의 화교가 "간첩죄"로 체포되어 투옥되었다.
1940	• 3월. 왕정위汪精衛의 위僞 남경국민정부가 성립해 서울에 총영사관을 설치했다.
1941	• 이 해에 1944년에 화교 이소호李小虎등 10여 명의 청년이 산동으로 귀국해 팔로군八路軍에 참전했다. • 4명의 화교가 일제에 의해 "간첩죄"로 체포되어 투옥되었다.
1942	• 한성화교중학부를 확장해 한성광화漢城光華중학을 세웠다. • 70명의 화교가 "간첩죄"로 체포되어 투옥되었다. • 이후에 일본은 동북東北과 화북華北 지역에서 2만 명의 화공이 한국으로 이주해 고역苦役에 종사했다.

연대	사건
1943	• 49명의 화교가 "간첩죄"로 체포되어 투옥되었다.
1944	• 6명의 화교가 "간첩죄"로 체포되어 투옥되었다.
1945	• 8월. 일제가 무조건 투항했다. 한국에서 체포된 2만 명의 화공이 귀국했다. • 한국이 남한과 북한으로 분단되었다.
1946	• 중국공산당 중앙 동북국 북한사무처가 평양에 설치되었다. • 북한의 화교연합회가 설립되었다. • 신의주의 30여 명 화교청년이 귀국해 인민해방군에 참가했다. • 신의주의 화교 어린이단체가 성립했다.
1947	• 북한은 화농을 대상으로 토지개혁을 실행했다. • 북한 화교는 산동山東과 요남遼南 지역의 해방군 부상병을 연변延邊 등으로 운송하는 과정을 도왔다. 동시에 화약을 산동 전역으로 운송했다. • 평양화교에 중학교를 설립했다. • 화교로 조직된 이동 극단이 평양에서 출범했다. • 화교 학생과 화공 50여 명이 귀국을 해서 인민해방군에 참여했다. • 한국에서 화교자치회가 설립했다.
1948	• 9월9일. 북한이 조선민주주의인민공화국으로 건국했다. • 북한에서 화교연합회 동북지역 참관단이 귀국해서 참관을 했다. • 《민주화교民主華僑》가 창간되었다. • 100여 호의 화교가 귀국을 했고, 그중에 60여 명의 청년이 참군했다. • 한국의 화교 인구는 17,443명에 달했다.
1949	• 10월1일 중화인민공화국이 건국했다. • 중국과 북한은 6일에 국교관계를 맺었다. • 중국은 평양에 대사관을 설치했다. • 3월. 북한 내각은 〈중국인 학교관리에 관한 결정〉을 통과했다. • 화교교육은 북한교육성이 관리했다. • 화교중학교를 중국인중학교로 개명했고, 화교소학교는 중국인 인민학교로 바꾸었다. • 화교의 화광서점과 민주화교출판사가 설립되었다.

연대	사건
1949	• 4월. 화교 위문단이 동북 지역을 위문 방문했다. • 7월. 각지역 화교는 동북행정위원회에 1,296,609원元을 기부했다. • 9월. 화교연합회 위원인 조령덕趙令德은 귀국해 정치협상회의에 참석했다. • 10월3일. 평양 등의 화교가 중화인민공화국 건국 경축대회를 개최했고, 모毛 주석에게 축전을 전달했다. • 평양의 중국인 중학생 20여 명이 귀국해서 참군했다. • 각지의 중국인 인민학교(화교소학교)가 이미 50여 곳에 달했다.
1950	• 한국 정부가 화상의 창고를 봉쇄해 거대한 손실을 초래시켰다. • 화교소학교는 20여 곳, 초급중학교는 1곳에 달했다. • 6월 25일. 한국전쟁이 발발했다. • 10월. 중국 인민 지원군이 북한에서 작전을 전개했다. • 북한은 선후로 50여 명의 화교가 인민지원군에 지원했다. • 1천여 명의 화교는 인민지원군에 참여해 번역과 안내원 역할을 수행했다. • 화교는 42,172,000원을 기부했다.
1953	• 한국전쟁이 정전국면에 접어들었다. • 한국 화교의 인구는 21,058명에 달했다. • 한국 화교자치연합회가 성립되었다. • 《중화시보中華時報》가 창간되었다. • 9-12월 북한 화교의 귀국 관광단이 중국 각지를 방문했고, 북경에 경축대회에 참가했다.
1954	• 한국의 화교 인구는 22,090명에 달했다.
1955	• 북한에서 농업합리화를 실행했다. 화농은 화농생활합작사를 조직했다. • 북한은 공상업의 사회주의 개조를 실행, 화교 개인 수공업자는 생산합작사를 조직했다. 화교 공장과 상점은 판매합작사와 도매합작사를 조직했다. • 화교가 귀국 참관단이 귀국해서 참관을 했다. • 평양에 중국인 고급중학을 설립했다. 화교의 이동 영화방영소조가 성립했다.
1956	• 북한 평양에 중국인 통신사범학교가 개교했다. • 한국에 《중화시보中華時報》가 정간停刊을 했다.

연대	사건
1957	• 북한에 《화신華訊》이 창간되었다. • 한국 화교 인구는 22,734에 달했다. • 《한화일보韓華日報》가 창간되었다. • 한국의 화교학교는 고등학교 1곳, 중학교 8곳, 초등학교 36곳에 달했다.
1958	• 북한은 농업생산합작사를 농업협동조합으로 개편했다. • 114개 화농생산합작사와 128곳의 북한농업생산합작사를 합병해서 농업협동조합으로 만들었다. • 화공은 북한 국영공장으로, 화상은 북한 국영상점으로 편입되었다. • 북한의 화교는 3,778호, 14,351명으로 남자는 7,980명, 여자는 6,371명에 달했다.
1959	• 평양 화교는 건국경축 10주년 문예공연을 거행했다.
1960	• 북한의 화교가 귀국하는 경우가 더욱 많아졌다.
1963	• 북한의 보통교육성은 17호령을 반포하고 중국인 인민학교, 중국인중학교는 모두 한국어교재와 한국어로 교육하도록 했다. 중국어 교육 시간을 매주 5시간에서 10시간으로 증가했다. 교장은 모두 한국인으로 임명했다. 이후 일부 학교는 합병하거나 해산하기도 했다.
1964	• 북한에서 《화순華訊》이 정간停刊되었다.
1972	• 북한의 보통교육성은 평양의 중국인 고급중학을 인수해 관리했다.
1974	• 중국인 인민학교, 중국인중학교의 학제를 북한의 학제로 바꾸어 초등 4년, 중학교 8년, 고등학교 2년으로 했다.
1984	• 중국인 인민학교, 중국인중학교의 학제를 북한의 신학제로 바꾸어 초등5년, 중학교3년, 고등학교 3년으로 했다.
1986	• 화교연합회 위원장 새종항賽宗恒은 화교교사 방문단을 인솔해 방학기간 귀국을 해서 중국을 관광을 했다. • 화교교사 중국어 양성반은 길림성에서 3기期에 걸쳐 교육을 진행했다.
1988	• "길림·흑룡성 제1차 해외청년 하기 훈련 캠프"가 길림과 흑룡강성에서 전후로 열렸다. 다수의 화교 학생이 이번 훈련캠프 활동에 참가했다.

연대	사건
1989	• 북한 화교 학생 40명이 귀국관광단으로 귀국하여 중국을 관광했다. • 한국에서 "곡부曲阜의 공씨대종회曲阜孔氏大宗會" 대표단 일행 15명이 산동 곡부에서 제1회 공자절孔子節을 거행했다. 관련 자료에 의하면 한국의 공씨 후손은 58,000명에 달했다.

이 책은 중국의 화교사 연구를 촉진하고 중한中韓 양국의 두터운
우의를 다지기 위해 길림성 귀국화교연합회의 화교역사학회와 길림
성 사회과학원 한국연구소와 공동으로 편찬한 것이다.

길림성 귀국화교연합회와 길림성 화무판공실, 길림성 부여扶余화
교농장, 백성행서白城行署 화교련 사무실 등의 책임자가 집필에 관심
을 갖고 출판을 후원했다. 그리고 중국 화교출판사는 이 책의 출판을
대대적으로 지지했다. 이에 다시 한 번 감사의 뜻을 표한다.

이 책은 길림성 사회과학원 한국연구소의 양소전楊昭全과 손옥매
孫玉梅가 편찬했다. 분담한 장절은 서론, 제2장, 제3장, 제4장, 제5장,
부록은 양소전이, 제1장, 제6장, 제9장은 손옥매가 각각 집필했다.

저자의 학문적인 한계로 내용상 오류를 피할 수 없을 것이다. 많은
독자들의 비평과 수정을 희망한다.

저자

1990년 장춘에서

　이 책은 양소전楊昭全, 손옥매孫玉梅 교수가 저술한《조선화교사朝鮮華僑史》를 완역한 것이다. 역자가 화교에 관심을 둔 것은 수년간 산동에서 '교민'으로 생활하면서 산동과 한국 화교는 불가분의 관련을 갖고 있다는 사실을 발견하면서 부터였다.《산동성지·화교지僑務志》(1988년)에 따르면 1864~1907년, 즉 세계 1차 대전과 항일전쟁 시기 대략 80만 명의 화교가 해외로 이주했고, 그중에 40만이 현재 94개국에서 생활하고 있으며, 그중에 20만은 현재 아시아 지역에서 거주하고 있다고 한다. 특히 현재 한국에 거주하는 90% 이상의 화교가 바로 산동출신이라는 점이다. 이런 지역 특성에 화교와 화교사에 주목하기 시작했다. 그리고 한중의 화교를 통사적으로 이해할 수 있는 국내의 관련 저술은 거의 전무한 상태라는 점을 알고서 이 책의 번역을 결정하게 되었다.

　이후 역자의 화교에 대한 관심은 산동 출신으로 한중 문화교류에 흔적을 남긴 인물 탐구로 옮겨갔다. 그래서 발견한 것이 "구의사九義士"였다. 구의사란 명나라가 멸망한 후에 조선에서 활동한 9명의 사대부를 지칭한다. 이들은 1644년 명이 망한 후에 심양瀋陽에서 봉림대군과 항청抗淸을 위해 조선에 입국했고, 그중 5명이 산동 출신이었다. 봉림대군은 귀국 후 효종孝宗으로 등극해 반청복명反淸復明을 기치로 북벌론을 주장했다. 이때 북벌론의 국제적 당위성과 명분론에 힘을 더한 이들이 바로 구의사였다. 그러나 북벌은 정치적 명분론에 머물었고, 효종의 사망과 함께 물거품이 되고 말았다.

　북벌 실패 이후 산동 출신인 왕미승王美承, 풍삼임馮三任, 정선갑鄭先甲, 왕이문王以文, 왕문상王文祥 등의 구의사는 조선의 관직을 거부하고 "절의"를 시키며 조선의 재야에 은둔하다 사망했다. 명청 교체기 당시 청조에 벼슬을 하지 않고 항전과 은둔으로 충절忠節를 지킨 사인을 "명유민明遺民"이라 칭했다. 구의사 사후 100여 년이 지나고 조선 후기 숙종肅宗 때에 이르러 대보단大報壇을 설치해 구의사의 절개와 명유민의 후손을 우대하기 시작했다. 또한《황조유민전皇朝遺民傳》,《팔성전八姓傳》,《소화외사小華外史》,《존주휘편尊周彙編》등의 저술을 통해 이들의 절의와 충절을 기리며 조선의 존주론尊周論과 '소중화' 사상의 단초로 삼기도 했다. 그리고 1831년에 이르러 구의사의 후손인 왕덕일王德一, 정석일鄭錫一, 풍재수馮載修, 황재겸黃載謙 등은 경기도 가평군 조종암 근처에 제단을 만들고 이곳을 구의행사九義行祠라고 호칭했다. 매년 이곳에서 음력 1월 4일에는 명나라 태조, 1월 6일에는 구의사에게 제사를 지냈다. 특히 왕이문王以文의 후손인 왕덕구王德九, 1788~1863는 그가 저술한《황명유민록皇明遺民錄》,《창해가범滄海家範》을 통해 자신의 정체성을 황조인皇朝人 명의 유민遺民으로 규정하면서 "일찍이 단 하루도 명조의 황실을 잊은 적이 없었다."라고 했다. 아울러 조선은 구의사의 존재로 인해서 중화 문명의 계승자가 될 수 있었다는 점을 강조하기도 했다.

　원래 화교란 근대적 조약 관계를 근거로 중국 국적을 유지한 채 타국에 거주하는 중국인을 지칭하는 지극히 근대적인 개념의 사회계층이다. 이와는 달리 한국의 화교는 역사적으로 '구의사'와 같은 특수한 계층이 항상 존재했다는 사실에 주목할 필요가 있다. 이 책은 바로 이런 한중 화교의 역사적 기원과 발전 과정에 주목하면서 고대와 근대 및 현대를 관통하는 통사적 사관으로 한국 화교사의 큰 흐름을 기술했다. 그리고 고대 역사문헌 속에서 등장한 다양한 화교 유형, 근대적 조약관계를 통해 등장하는 화교의 인구와 직업 및 분포지역, 일제에 의해 조작된 배화排華 사건의 전모와 남북 분단 시기 자신의 '조국'의 독립을 위해 헌신한 남북한의 화교의 모습을 실증적인 문헌자료를 통해 구체적이고도 상세히 기술했다. 이 책의 장점을 몇 가지로 제시하면 다음과 같다.

첫째, 이 책은 최초의 한국 화교 '통사'로 한국 화교의 역사성은 물론 한국 화교 자체에 대한 이해를 심화할 수 있다. 최근 중국의 굴기와 함께 화교를 바라보는 국제사회의 시선에는 지역과 나라에 따라서 다양한 시각적인 편차가 공존한다. 그 안에는 중화 패권주의 첨병 역할을 화교가 담당할 것이라는 다소 부정적인 입장과 함께 국가와 지역을 초월해서 세계 경제를 작동한다는 화교네트워크에 주목하는 긍정적인 시선도 함께 병존한다. 한국 사회는 1990년대 한중 수교 이후 화교 문제에 대해 관심을 갖기 시작했고, 그 연구 경향은 주로 한국 화교보다는 세계 화교에 집중했다. 이는 부유한 세계 화교가 갖는 경제역량과 네트워크가 주는 현실적인 영향력 때문일 것이다. 그럼에도 불구하고 동아시아 사회의 이해와 역사적 동질성을 함께 이해할 수 있는 한국 화교의 역사성과 독창성의 이해는 상대적으로 부족한 편이다. 한중관계의 심도 있는 이해를 위해서 한국 화교 자체의 이해와 연구가 선행되어야 할 것이다.

한국 화교의 뿌리는 '구의사'처럼 아편전쟁 이후 중국이 세계 자본주의로 편입되는 과정에서 등장한 노동 인구의 이동과 근대적 이민으로 발생한 것이 아니었다. 또한 근대 시기 한국의 자본주의가 축적되거나, 식민지와 노동력의 약탈 과정에서 한국 화교가 형성된 것 역시 아니었다. 한국 화교는 한중의 유구한 역사와 문화교류 과정에서 등장했고, 이들의 이민Migration, 체류Stay, 정주Settlement에는 강한 문화적 유사성과 동질감이 전제되었다는 점이다. 이런 역사적 사실에 착안해서 양소전 교수는 고대는 물론 근대 이후 만국공법萬國公法 체제하의 한국 화교, 일제하의 한국 화교, 항일운동과 사회주의 혁명하의 한국 화교 등의 모습을 다양한 사료를 통해 그 시대적 특성을 구체적인 모습으로 기술했다. 특히 일제 강점기와 북한 화교의 상황까지 상세히 기술한 것은 다른 저술에서 보기 힘든 내용이다. 그리고 한중 관계를 근거로 한 시대구분과 한국통사의 체계를 통해 한국 화교를 일관되게 기술했다는 점 역시 이 책의 큰 장점이라 할 수 있다.

둘째, 이 책은 한국 화교의 역사를 연구하는 사료와 방법적인 측면에서 시사하는 점이 많다. 이 책은 한국 독자와 학계에 던지는 과제는 비교적 구체적이면서도 실증적이다. 저자는 한국 화교의 관심과 연구는 일회적 차원을 넘어서 동아시아 역사 관점을 견지하고 지속적이고 체계적인 연구가 필요하다는 점을 강조하고 있다. 관련 장절로 나누어 간단히 소개하면 다음과 같다. 우선 1-2장의 고대시기 화교의 연구에서 《三國史記》, 《三國遺事》, 《帝王韻紀》, 《高麗史》, 《高麗史節要》, 《朝鮮王朝實錄》, 《燕山君日記》, 《東史會綱》, 《東國通鑑》 등 한국 측의 다양한 역사 문헌자료를 풍부하게 인용했다. 뿐만 아니라 《史記》, 《漢書》, 《後漢書》, 《三國志》, 《新唐書》, 《舊唐書》, 《南史》, 《北史》, 《宋史》, 《元史》, 《明史》, 《資治通鑑》, 《續資治通鑑長編》, 《宋會要輯稿》, 《明實錄》, 《淸實錄》, 《皇朝文獻通考》, 《大淸律例全纂》, 《宣和奉使高麗圖經》, 《觀縣通志》, 《東坡奏議》, 《牧庵集》 등의 중국의 문헌도 풍부하게 참고했다. 이를 통해 저자는 한국 화교의 연구에는 역사학, 문헌학, 사회학, 지리학, 인구학 등의 다양한 학문 분야의 참여가 절실하다는 점을 단적으로 보여주고 있다.

근대 시기 한국 화교와 관련해서 3-4장은 (1)《중국조선상민수륙무역장정中國朝鮮商民水陸貿易章程》(1882년), (2)《인천구화상지계장정仁川口華商地界章程》(1884년), (3)《보호청상규칙保護淸商規則》(1894년), (4)《화상조규華商條規》(1896년), (5)《중한통상조약中韓通商條約》(1899년), (6)《인천·부산·원산과 중국의 조계장정仁川、釜山、元山中國租界章程》(1910년), (7)《조선전운아문과 화상동순태호의 천수용화물선 구입에 관한 규정약정朝鮮轉運衙門與華商同順泰號約購造淺水小火輪船條規》(1892년) 등 모두 7가지 조약의 72개의 항목을 통해 청조가 일제와 서구를 견제하며 조선에서의 이권유지와 경제침탈을 위해 화교를 이용하는 과정을 상세히 기술했다.

그리고 5장은 일제가 한중을 이간질하기 위해 조작한 만보산萬寶山 사건과 1931년의 배화排華 사건의 과정을 편년의 순서에 따라서 상세하게 사건과 경과를 언급했다. 이를 통해 동북지역의 한국 교민의 문제와 일제의 침략야욕과 국민정부의 소극적 대처, 중일의 외교교섭 과정과 화교, 특히 화공華工의 반일과 항일운동에 참여하는 과정을 상세한 통계자료를 통해 기술했다. 6-7장은 남북한의 화교가 한국전쟁 이후에 재건하는 과정을 언급했다. 특히 북한의 화교가 국공대전에 참여하는 과정은 물론 한국전쟁 발발 후에 '항미원조'에 동원되는 과정, 전후에 화교자본이 합작화를 통해 국유화, 문맹 퇴치 운동과 함께 화교 교육의 개선되는 상황은 주목할 만하다. 특히 4-7장의 1910년 이후의 근현대 시기 한국 화교와 인구와 출신, 거주상황에 관련해서《1883년 한국 화교의 본적 열람표》,《1883~1910년 한중무역 일람표》,《1920~1930년 한국화교의 행정구역별 거주 상황표》,

《1923년 한국 11개 도시 화교의 중요직업 상황표》,《1921~1923년 한국 화교가 수입한 조선상품 품목표》,《1935년 신의주 주단포목점 상황표》,《1932년 중국·한국·일본 노동자의 임금 상황표》,《1942년 한국 화교 소학교 상황표》,《1958년 북한 화교 인구통계 상황표》,《1957년 한국 화교의 직업종류와 분포도》 등 등 모두 55개에 달하는 도표를 통해 풍부한 가시적이고 실증적인 통계자료를 제공했다. 이들 자료의 출처는 매우 다양하고 방대한데,《남경정부외교부공보南京政府外交部公報》,《청계중일한관계사료淸季中日韓關係史料》,《중앙화무월간中央華務月刊》,《남대여화교南大與華僑》,《한국화교지韓國華僑志》,《동문휘고同文彙考》,《국문주보國聞週報》,《조선총독부조사자료朝鮮總督府調査資料》,《조선총독부통계년보朝鮮總督府統計年譜》,《조선총독부관보朝鮮總督府官報》,《일본외교문서日本外交文書》 등이 있다. 역자는 번역 과정에서 접근이 가능한 사료 경우 최대한 관련 문헌을 확인하고 해당 인용처의 페이지를 표기했다. 이를 통해 독자와 연구자에게 사료 이해와 접근에 편리를 제공하고자 노력했다.

셋째, 한국 화교사의 연구를 통해 한중 관계는 물론 동아시아 연구를 다변화 할 수 있는 시각을 모색할 수 있다. 한국 화교사는 한국사의 일부이면서도 또한 중국사를 구성하는 일부이기도 하다. 한국 화교사의 이해란 역사적 맥락에서 보면 각 시대별 서로 다른 형태로 등장했다. 하지만 양국의 문화적 동질감을 근거로 중국인은 한국으로 이주해 정착했고, 양국의 문화적 가치를 함께 공유하면서 자신의 정체성을 전승해왔다. 한국 화교가 이들의 정체성을 유지할 수 있는 것은 한국인이 화교를 포용적인 태도로 수용했기에 가능했고, 이런 포용성은 오랜 역사 교류와 경험의 축적을 통해 높은 문화적 동질감이 있었기에 가능했다. 이런 토대 위에서 한국 화교는 자연스럽게 한국 역사와 사회 속에서 스며들며 한국과 한국 사회 일원으로 한국은 물론 한중 양국 관계 발전에 공헌을 할 수 있었던 것이다. 현재 다문화 사회로 접어든 한국과 한국 사회의 포용력은 한국 화교사의 연구와 범주의 확대를 통해 그 가능치를 확인할 수 있을 것이다.

역자는 이 책의 번역과 소개를 통해 연구 범위가 화교에서 화교사로 확대하는 계기가 될 수 있기를 희망한다. 화교사의 심화를 통해 그 정의와 범주를 명청과 이전 시대까지 소급했던 저자의 문제의식 등이 그것이다. 현존하는 한국 화교의 가운데 자신을 공자의 후손, 주자의 후손 혹은 이여송李如松·강세작康世爵 등 명나라, 혹은 청나라 시기의 후손이라는 인식을 갖고 있다. 이들이 갖는 2-3개의 정체성은 바로 한국 화교의 특성이고, 화교사의 연구를 통해서만 이런 다양성을 도출해 낼 수 있을 것이다. 화교사 연구 범위의 확대란 이들의 정체성이 다양화하는 것이고, 또한 화교사의 구성했던 인구와 계층, 시대의 스펙트럼 역시 더욱 넓어질 수 있을 것이다. 예를 들면 송원과 명청 시기의 경우 한국으로 이주한 중국인은 황실 귀족, 사대부, 무인, 상인, 장인, 일반 백성, 죄인 등과 북방의 다양한 민족들이 있었기 때문이다. 이들의 이주와 정착, 자손의 흔적을 현존하는 다양한 자료 가운데 실록과 족보 등의 사료를 통해 이들 후손을 분석해 나간다면 한국의 화교는 더욱 현실적이고 실증적인 존재로 부각 될 수 있을 것이다.

《한국화교사》는 많은 장점에도 불구하고 단점 또한 분명하다. 이 책은 1991년에 출간되었다. 한중의 국교가 수교되는 1992년 이전에 출판되었기 때문에 일부 내용에는 냉전시기 이념 대립의 흔적이 분명히 남아있다. 북한과 한국(남한)의 화교를 '북반부'와 '남반부'로 표기한다거나, 북한을 중심으로 현대 화교를 서술하거나, 한국을 미국의 독재와 억압에 편향된 정권으로 묘사하는 등의 문제점을 지적받기도 했다. 그리고 '기자箕子'를 한국 화교의 기원으로 보는 등의 관점은 우리의 정서와는 맞지 않는 부분도 있다. 역자 역시 이런 '민감한 문제'들을 접하면서 고민했다. 그럼에도 이런 사항들은 저자의 문제라기보다는 한중 역사학계의 근본적인 입장차이이고, 이런 문제는 앞으로 학계가 함께 해결하고 극복해야 할 학술적인 '과제'라는 결론에 도달했다. 아무쪼록 이 책의 단점보다는 장점들이 독자들에게 더 많이 전달되기를 희망할 뿐이다.

이 책의 번역 과정에서 많은 분들의 도움을 받았다. 우선 저자께 감사의 뜻을 전하고 싶다. 퇴임하신 양소전楊昭全 선생을 찾아 물어 물어 연락을 드렸지만, 지병으로 입원 중이셨기 때문에 직접 통화를 하지 못했다. 대신 아드님과 수차례 통화했고, 이 책이 한국에 번역 소개되어 매우 기뻐하셨다는 전언을 들을 수 있었다. 원래는 기회를 봐서 선생이 계신 장춘長春을 방문하고자 했다. 하지만 그것도 코로나19로 결국 찾아뵙지 못하고 말았다. 후에 초벌 번역본을 제본해서 보내드리는 것으로 마음의 위안 삼아야 했다. 다음으로 제남대학교 '환황해지역연구센터'의 관계자분께 감사를 드리고 싶다. 코로나19의 창궐로 수차례가 연구소가 폐쇄될 때마다 이상뢰李常磊 센터장님께서는 튼튼한 버팀목이 되어주셨다. 그리고 연구원 마효양馬曉陽, 적위기翟瑋琪 선생은 난해한 근대 조약문의 내용을 쉽게 번역할 수 있도록 큰 도움을 주셨다. 이 자리를 빌려서 감사의 마음을 전한다. 또한 표지에 화교 사진사용을 허락해 주신 인천화교협회에도 감사를 드린다. 인기 없는 학술 번역서의 출간을 흔쾌히 허락해 주신 학고방의 하운근 대표님과 명지현 팀장님께 깊은 감사를 드린다. 특히 학고방의 화교관련 저술은 국내에서 특화되어 있는데, 이 역서가 누가 되지 않기를 바랄 뿐이다. 그리고 코로나19 상황에서도 연구에 전념할 수 있도록 물신양면으로 지원해 주신 한국학중앙연구원 해외한국학지원사업 관계자 분께도 감사의 뜻을 전하고 싶다. 끝으로 역자의 부족으로 번역에 많은 오류가 있을 것이다. 부디 독자 여러분의 애정 어린 질정을 바랄 뿐이다.

| 지은이 소개 |

양소전楊昭全 교수는 한족漢族 출신으로 1933년 하북성河北省에서 출생했고, 1958년에 북경대학교 조선어학과를 입학했다. 졸업 후에 길림성吉林省 사회과학원 산하 조선연구소 연구원으로 한국사와 한중관계사 등의 분야를 연구했다. 저자는 자생적으로 한국어 전공을 통해 한국사와 한중관계사를 연구한 중국의 1세대 연구자로 분류된다.

저자는 일찍이 중국조선사연구회 상무이사 등을 역임했고, 1993년에는 한국의 국사편찬위원회 초청으로 중국지역 사료조사위원의 역할을 5년 동안(1993~1998년) 수행했다. 아울러 한국독립기념관이 초빙하는 한국독립운동사연구소의 연구위원을 1993년에서 1996년까지 약 3년 동안 담당했다. 그리고 1995년에는 한국의 한국정신문화원(현 한국학중앙연구원의 전신)에서 1년간 방문학자로 한국에서 학술 활동을 직접 수행하기도 했다. 뿐만 아니라 1993~2007년 사이 5차례 한국을, 1988~1992년 사이에 3차례 북한을, 1989년에는 일본 등을 각각 방문해 국제학술활동에 참가했다. 이처럼 저자는 한중일 3국의 학술교류와 학술 자문역할을 수행하면서 다양한 시각과 균형 잡힌 관점을 겸비했다. 한국 화교사에 대한 관심은 이미 1979~1990년 사이에 10여 편의 논문을 통해 발표하기도 했다.

저자의 주된 연구 분야는 한중 문화교류사, 한국독립운동사, 한국 통사로 통사적 관점을 견지하며 중국에서 전개된 3.1운동, 항일투쟁, 독립운동, 중국 내 한국임시정부, 한국 화교사 등에 관한 다수의 저술을 출간했다. 특히 저자의 저술은 이미 국내에 번역되어 소개되기도 했는데 《중국에 있어서의 한국독립운동사》(정신문화연구원, 1996), 《조선의용군 항일전사》(고구려, 1995) 등이 있다.

손옥매孫玉梅 선생은 1950년생으로 길림성 장춘長春에서 출생한 여성 연구원이다. 1974년 외국어 대학교를 졸업했고, 길림성 사회과학원의 "조선 및 한국연구소"에서 다년간 전문연구원을 역임했다. 저술로는 《중조변계사中朝邊界史》(공저)가 있고, 논문으로는 〈조선화교의 항미원조 중의 공헌朝鮮華僑在抗美援朝中的貢獻〉 등이 있다.

| 옮긴이 소개 |

조영래趙永來(WeChat: is-815)는 중국 고대사에 관심을 두고 있는 중국학 연구 자이다. 경희대학교 사학과를 졸업하고, 중국의 북경대학교 역사학과에서 중국 고 대사를 전공했다. 《북조北朝시기 잡호雜戶의 연구》로 석사학위를, 《북위北魏 탁발 拓跋 통치 집단의 형성 과정 연구》로 박사학위를 취득했다. 이후 북경수도사범대 학교 역사학과 객원교수와 경희대학교 사학과 학술연구교수 등을 거쳐 현재는 중 국 산동성 제남대학교濟南大學校 산하 "환황해지역연구센터"의 초빙연구원으로 재직 중에 있다.

주요 역서로는 《중국학개론》, 《신자愼子》, 《제갈량 문집》(지만지출판사 2011~2014) 등과 공역으로는 《중국가보학통론中國家譜學通論》(서울대학교출판문화원, 2022) 등이 있다.

한국화교사 韓國華僑史

초판 인쇄   2023년 2월 5일
초판 발행   2023년 2월 15일

지 은 이 | 양소전楊昭全 · 손옥매孫玉梅
옮 긴 이 | 조영래
펴 낸 이 | 하운근
펴 낸 곳 | 學古房

주   소 | 경기도 고양시 덕양구 통일로 140 삼송테크노밸리 A동 B224
전   화 | (02)353-9908 편집부 (02)356-9903
팩   스 | (02)6959-8234
홈페이지 | www.hakgobang.co.kr
전자우편 | hakgobang@naver.com, hakgobang@chol.com
등록번호 | 제311-1994-000001호

ISBN 979-11-6995-000-8 93910

값 : 35,000원

■ 파본은 교환해 드립니다.